U0528933

河南大学文学院圣经文学研究所主办

圣经文学研究

主编 梁工　副主编 程小娟

| 第13辑 | 2016年秋 |

人民文学出版社

图书在版编目(CIP)数据

圣经文学研究.第十三辑／梁工,程小娟主编.—北京：人民文学出版社,2016

ISBN 978-7-02-011915-8

Ⅰ.①圣… Ⅱ.①梁…②程… Ⅲ.①《圣经》—文学研究 Ⅳ.①B971②I106.99

中国版本图书馆CIP数据核字(2016)第185812号

责任编辑　张福生　马　博
装帧设计　崔欣晔
责任印制　王景林

出版发行　人民文学出版社
社　　址　北京市朝内大街166号
邮政编码　100705
网　　址　http://www.rw-cn.com

印　　刷　北京明恒达印务有限公司
经　　销　全国新华书店等

字　　数　309千字
开　　本　710毫米×1000毫米　1/16
印　　张　22.5　插页2
印　　数　1—2000
版　　次　2016年9月北京第1版
印　　次　2016年9月第1次印刷

书　　号　978-7-02-011915-8
定　　价　38.00元

如有印装质量问题，请与本社图书销售中心调换。电话：010-65233595

学术顾问委员

（按姓氏音序排列）

奥特,罗伯特	美国加州大学伯克利分校
博尔,罗兰	澳大利亚纽卡斯尔大学
陈俊伟	美国创新基督教学术研究中心
戴歌德	德国海德堡大学
邓雅各	英国德伦大学
高利克,马立安	斯洛伐克科学院
柯大卫	英国谢菲尔大学
莱肯,勒兰德	美国惠顿学院
伦茨伯格,加里	美国罗格斯大学
斯腾伯格,梅厄	以色列特拉维夫大学
温司卡	美国南卫理大学
萧俊良	美国普林斯顿神学院
谢大卫	美国贝勒大学
杨克勤	美国西北大学迦勒特神学院
钟志邦	英国伦敦大学

学术委员

（按姓氏音序排列）

陈贻绎	北京大学
傅有德	山东大学
李炽昌	香港中文大学
梁　慧	浙江大学
林鸿信	香港汉语基督教文化研究所
刘建军	东北师范大学
刘意青	北京大学
卢龙光	香港中文大学
王立新	南开大学
杨慧林	中国人民大学

杨熙楠　　　　香港汉语基督教文化研究所
游　斌　　　　中央民族大学
卓新平　　　　中国社会科学院

主　编

梁　工

副主编

程小娟

编辑部主任

邱业祥

本辑汉语编辑

陈会亮　程小娟　梁　工　邱业祥　孙彩霞　王　鹏

英语编辑

张璟慧

主　管

河南大学

主　办

河南大学文学院圣经文学研究所

协　办

香港中文大学崇基学院神学院
香港汉语基督教文化研究所
美国创新基督教学术研究中心

Academic Advisory Board

(in alphabetical order)

ALTER, Robert	University of California, Berkeley, USA
BOER, Roland	University of Newcastle, AUS
CHEN, Isaac	Seekers Christian Research Center, USA
CHOONG, Chee Pang	University of London, UK
CLINES, David	University of Sheffield, UK
DUNN, James	University of Durham, UK
GÁLIK, Marián	Slovak Academy of Sciences, Slovakia
JEFFERY, David L.	Baylor University, USA
RENDSBURG, Gary	Rutgers University, USA
RYKEN, Leland	Wheaton College, USA
SEOW, Choon-leong	Princeton Theological Seminary, USA
STERNBERG, Meir	Tel Aviv University, Israel
THEISSEN, Gerd	Heidelberg University, Germany
WAN, Sze-kar	Southern Methodist University, USA
YEO, K. K.	Garrett–Evangelical, Northwestern University, USA

Academic Board

(in alphabetical order)

CHEN, Yiyi	Peking University
FU, Youde	Shandong University
LEE, Archie	Chinese University of Hong Kong
LIANG, Hui	Zhejiang University
LIN, Hong-Hsin	Institute of Sino–Christian Studies, Hong Kong
LIU, Jianjun	Northeast Normal University
LIU, Yiqing	Peking University
LO, Lung-kwong	Chinese University of Hong Kong
WANG, Lixin	Nankai University
YANG, Huilin	Renmin University of China
YEUNG, Daniel	Institute of Sino–Christian Studies, Hong Kong

YOU, Bin   Central University for Nationalities
ZHUO, Xinping   Chinese Academy of Social Sciences

Editor-in-Chief

LIANG, Gong

Associate Editor

CHENG, Xiaojuan

Director of Editorial Board

QIU, Yexiang

Executive Editors

CHEN, Huiliang CHENG, Xiaojuan LIANG, Gong QIU, Yexiang SUN, Caixia
  WANG, Peng

English Editor

ZHANG, Jinghui

Administrative Unit

Henan University

Host Unit

Institute of Biblical Literature Studies, School of Chinese Language & Literature,
  Henan University

Assistant Units

Divinity School of Chung Chi College, The Chinese University of Hong Kong
Institute of Sino-Christian Studies of Hong Kong
Seekers Christian Research Center, USA

目　录

致读者…………………………………………………………（1）

唯物论圣经阅读

庄园制与村社制：论古代以色列神圣经济…………［澳］罗兰·博尔(1)
复原古代以色列边缘群体：方法论思考……………［美］余莲秀(15)
走向唯物论女性主义阅读……………………［美］布丽奇特·卡尔(36)
简论革命者弥迦……………………………［美］乔治·V. 皮克斯利(54)
耶稣运动的历史文化语境：犹大和加利利地区的
　　反抗斗争……………………………［美］理查德·A. 霍斯利(67)
《马太福音》的民粹主义特征…………………［加拿大］布鲁斯·沃辛顿(91)
以色列献祭系统的类税收制性质………………………刘久晴(107)

专题论述

"行淫时被拿的妇人"（约 7:53—8:11）诠释…………［美］谢大卫(120)
纪元初期犹太教与基督教的相互影响………［挪威］托雷夫·艾葛文(145)
想象基督的身体………………………［澳］克瑞斯蒂娜·佩特森(162)

1

圣经与翻译

对当前圣经汉译研究中几个问题的反思 ………………… 程小娟（184）
经文辩读与理雅各对"God"和"上帝"互译的经学及
　　神学基础 …………………………………………… 邱业祥（200）
圣经根本隐喻 οἰκονομία 的汉译研究 …………… 周复初　谢仁寿（218）

圣经与神话

作为多维资源载体的伊甸园神话 ……………………… 周　妍（233）
生育禁令　命名改造　族内婚制
　　——《创世记》2:18—20 刍议 ……………………… 胡玉明（246）

圣经与文学

约瑟与法老故事的文化解析 …………………………… 赵克仁（260）
异象与拯救：《但以理书》的启示性叙事 ……………… 张若一（275）
俄罗斯文学对圣经中浪子寓言原型的阐释 …………… 刘　溪（289）
盛开于阎连科小说世界的圣经之"花" ………………… 许相全（303）

圣经与伦理

《马可福音》中上帝之国的法律伦理与婚姻伦理 ……… 查常平（315）
艾丽丝·门罗作品中的圣经故事及其现代性伦理内涵 … 赵晓芳（323）

编后记 ……………………………………………………………（340）

CONTENTS

PREFACE ·· (4)

MATERIALIST READING ON THE BIBLE

Estates & Village-Communes:
On the Sacred Economy of Ancient Israel ········· Roland BOER [AUS] (2)
Recovering Marginalized Groups in Ancient Israel:
Methodological Considerations ······················ Gale A. YEE [USA] (16)
Toward a Materialist-Feminist Reading ············ Brigitte KAHL[USA] (37)
Micah: A Revolutionary ······················· George V. PIXLEY [USA] (55)
The Historical and Cultural Context of Jesus Movement: Resistance and
    Rebellion in Judea and Galilee ······ Richard A. HORSLEY [USA] (68)
Populist Features in the Gospel
    of Matthew ···························· Bruce WORTHINGTON [Canada] (92)
The Quasi-taxation System Characteristic
    of Israel Offering System ································· LIU Jiuqing (107)

MONOGRAPHIC STUDIES

Interpreting John 7:53—8:11 ············ David Lyle JEFFREY [USA] (121)
How Judaism & Christianity Influenced Each Other
   in the Early Centuries ················ Torleif ELGVIN [Norway] (146)
Imagining the Body of Christ ············ Christina PETTERSON [AUS] (163)

BIBLE & TRANSLATION

Reflection on Several Issues in the Current
   Chinese Bible Translation Research ················ CHENG Xiaojuan (184)
Theological Foundations of the Scriptural Reasoning & Classics Studies
   for the Mutual Translation between
   "God" & "Shang Te" ································ QIU Yexiang (201)
A Study of Chinese Translation of Biblical Root Metaphor
   οἰκονομία ···················· CHOU Fu-Chu HSIEH Jen-Sou (218)

BIBLE & MYTH

Eden Myth as Carrier of Multidimensional Resources ······ ZHOU Yan (233)
Childbirth Control, Totemism Conversion, Consanguinity Marriage
   & Genesis 2:18—20 ································ HU Yuming (247)

BIBLE & LITERATURE

Cultural Analysis of the Story Joseph & Pharaoh ········· ZHAO Keren (260)
Vision & Salvation: Research on the Apocalyptic Narrative
   of Daniel ·· ZHANG Ruoyi (275)
Parable of the Prodigal Son in Russian Literature ················ LIU Xi (289)

The Bible in YAN Lianke's Novels ·················· XU Xiangquan (303)

BIBLE & ETHICS

Law & Marriage Ethics of God's Kingdom in
 Mark's Gospel ···························· ZHA Changping (315)
Biblical Stories & their Modern Ethical Connotation
 in Alice MUNRO's Fictions ················· ZHAO Xiaofang (323)

AFTERWORD ·· (340)

致读者

  《圣经文学研究》是研究圣经文学的专业性学术集刊,主张运用各种传统和现代文论对圣经进行文学评论,亦倡导对圣经进行全方位多层面的学术透视。诚征具有原创性、前沿性、思想性的学术论文及译文(一般6000至12000字),亦欢迎评介本领域新书及学术动态等的短文(3000字内)。论文主旨须针对某个学术问题,正文是对该问题的展开论述;请勿投寄用于解经布道的讲章性、导读性、鉴赏性、资料性文章。译文请附其原文的复印件,并提供原作者或出版者同意翻译的授权书。

  本刊所载论文应致力于圣经学术研究,包括针对圣经文本的语言学、修辞学、叙事学等研究,以及针对圣经与其周边诸学科关系的交叉性、跨越性、互文性、综合性研究。本刊常设栏目包括"旧约研究""新约研究""专题论述""圣经与文学""圣经与翻译""圣经与史学""圣经与神学""圣经阐释学""圣经修辞学""后现代圣经批评""认识名家"等。对于一类可能聚焦于"基督教文化"的文章,建议其作者再度聚焦,使圣经辨析成为论文的焦点内容。

  编辑部推行国际化办刊策略,以吸引更优秀的前沿性稿件,包括境内外圣经学者对重大学术问题的探索、业已发表过的堪称典范圣经论文的汉语翻译,以及基于中国人生存体验而显示出某种中国元素或中国特色的圣经研讨。在追求发表名家名作之际，亦大力扶持学术新人的创作。

　　来稿请遵循严谨的学术规范及体例。稿件须含中英文标题（20字以内）、内容提要（皆400字左右）、关键词（3至5个）。正文应对所选题目进行专而深的评论，在理论、方法、观点、材料等方面显示出某种新意，且材料较翔实、论证较充分。注释请用脚注，每页另行编号，列出所引文献的作者、著作或篇名、译者、出版地、出版社、出版年、卷期、页码等（可参考本刊以往篇章的格式）。按照国际惯例，本刊实行双向匿名审稿制度，请勿在正文或注释中透露作者信息。请于篇末提供作者概况（约100字，含姓名、学历、所在单位、职称、研究专长、近期代表作等），并说明联络方式（仅供编辑部使用，包括通讯地址、邮政编码、电话、E-mail等）。来稿请用中文简体字（Word文档doc格式）排印，正文主体用5号宋体，其间的专引段落及卷首的内容提要用5号楷体。英文使用Times New Roman字体。全篇均用1.25倍（固定值20磅）行距。来稿体例有失规范者谢绝进入编辑程序。请勿一稿两投。编辑部自收到稿件时起，即获得作者赋予的首发版权。作者投稿后若遇到异常情况须撤稿，请及时信告编辑部。编辑部于收到稿件后三个月内将采用信息反馈给作者，若未采用，请作者嗣后另行处理。本刊保留对所用稿件酌情删改的权力，若拒绝删改请明示。稿件刊登后即赠样刊；中国内地作（译）者另致薄酬，境外作（译）者免付稿酬。作者对所刊载稿件自负文责，一切立论均不代表本刊见解，版权则归本刊所有。

　　本刊已允许中国学术期刊（光盘版）电子杂志社、万方数据电子出版社在中国知网（CNKI）、万方数据及其系列数据库产品中以数字化方式复制、汇编、发行、网络传播本刊的全部论文，该社著作权使用费与本刊稿酬一并支付（或以样刊支付）。作者向本刊投寄稿件行为本身被视为同意此项声明。

　　请用电子邮件投稿，投稿邮箱（E-mail）：sjwxyj2007@163.com

　　联系电话（Tel.）：139 3786 5639（梁工）

136 8378 1301（程小娟）

133 2378 1980（邱业祥）

网址（website）：http://sjwxyj.henu.edu.cn/

邮寄地址（Address）：中华人民共和国 475001，河南省 开封市 明伦街 85 号 河南大学圣经文学研究所《圣经文学研究》编辑部

PREFACE

This Journal serves as a specialized publication for the academic research on the Bible literature, advocating various commentaries on the Bible in terms of traditional and modern literary theories from all-round and multiple perspectives. It is designed to carry academic papers and translated works with originality, insights and frontier features (ranging from 6000 to 12000 words), as well as essays (within 3000 words) reviewing new books or academic trends in the subject area. Papers are expected to conduct discussions on a specific academic topic. However, articles providing lectures, guidance, appreciation and documents for sermons would not be accepted. Authorizing letters from the original authors or publishers, along with hard copies of the original papers are supposed to be attached to the translation works.

Papers published in the Journal are devoted to the academic research on the Bible, covering the academic area of linguistic, rhetoric or narrative studies on the Bible text as well as comprehensive studies on such connections between the Bible and the relevant subjects as cross-disciplinary attribute and intertextuality. This collection contains the following columns: *Old Testament Studies*, *New Testament Studies*, *Monographic Studies*, *Bible & Literature*, *Bible & Translation*, *Bible

PREFACE

& *History*, *Bible & Theology*, *Bible Hermeneutics*, *Bible Rhetorics*, *Post-modernist Critiques on The Bible*, and *Wellknown Scholars*, etc. As to articles deal generally with Christian culture, the authors are suggested to focalize on the biblical analysis.

International editorial conventions are to be adopted in the editing for welcoming more frontier research, which may involve the Bible scholars' insights into academic issues, the Chinese version of the published classic papers on the Bible, and the Bible study featuring Chinese context or based on Chinese existential experience. And this Journal shall publish influential works of renowned scholars and support the creations of new talents as well.

Contributions are required to rigidly follow the academic writing norms and patterns, containing Chinese and English titles respectively (within 20 words), abstract (about 400 words), and key words (3 to 5 words). The bodies are expected to make specialized discussion on the selected topics with informative contents and full argumentations, demonstrating scholarly creativity in the topic selection, methodologies, perspectives and material collection. Footnotes are expected to be employed and numbered on each page, with a list of the author, the title, the translator, the publishing place and house, the year of publication, the volume and the page number of the cited works (please refer to the publishing patterns of the Journal for detailed information). In accordance with the international practice, two-way anonymous reviewing system is carried out, and please do not reveal the author's information either in the text or in the footnotes. A brief introduction to the authors (containing names, education background, institutional affiliation, professional titles, research expertise, recent significant works, etc.) and the contact details (including address, postcode, phone number, E-mail, etc.) are expected at the end of the contributions for editors' use only.

Simplified Chinese characters and *Microsoft Word* format with size 5 *Song* font are suggested to be used in the bodies and, size 5 *Kai* font in the cited paragraphs and the abstracts. Paragraphs should be 1.25 spaced with 20 point value and *Times New Roman* is required for English writings. Contributions fail to abide by the patterns and norms will be declined before entering the editing process. Duplicate submission would not be acceptable, as the editorial office of this collection has obtained the copyright of the initial publication from the authors since the reception of the contributions. Authors are expected to inform the editorial office in exceptional circumstance. The feedback of the reviewing will be offered to the authors within three months after the receival of the contributions, and the authors have the right to deal with them if the contributions are not adopted. Furthermore, the Journal reserves the right to revise the papers as appropriate, and authors should inform in advance if any revision is unacceptable. Samples will be provided to the authors after the publication. Domestic authors (or translators) will receive a contribution fee, while the authors (or translators) abroad would not be paid. The authors take the full responsibility for the contents of the contributions. The articles published do not necessarily represent the view of position of the Journal or the editorial board.

  The Journal has authorized the electronic periodical agency of Chinese Academic Journals (CD-ROM versions) the right to copy, compile, issue and circulate all of its papers in the digitalized form in the network of China National Knowledge Infrastructures (CNKI) as well as the serial databases. The royalties would be paid either in the form of contribution fee, or redeemed by samples of the journals. Authors contributing papers have simultaneously assigned to the Journal the right to publish the text both electronically and in any other format.

  Please sent your article or suggestion to: sjwxyj2007@163.com

Telephone number: (86-371)2285 5280 / 139 3786 5639(LIANG Gong)

136 8378 1301(CHENG Xiaojuan)

133 2378 1980(QIU Yexiang)

Website: http://sjwxyj. henu. edu. cn/

Address: Editorial Office of *Biblical Literature Studies*

The Institute of Biblical Literature Studies atHenan University

#85, Minglun Street, Kaifeng, Henan Province, 475001, P. R. China

庄园制与村社制:论古代以色列神圣经济*

[澳]罗兰·博尔

内容提要:公元前一千纪古代以色列的经济冲突是领主庄园制与村社农业生产制之间的冲突。圣经的多段文本,诸如《创世记》和《出埃及记》(约瑟与雅各的冲突)、《约伯记》以及《箴言》,便以不同方式反映了上述经济冲突:《创世记》第41章至《出埃及记》第15章使用了叙述结构,《约伯记》借助于文本形式,而《箴言》则诉诸于意识形态冲突。社会—经济冲突在文本中的反映尽管往往是迂回间接的,但它终究会被文本的意识形态和叙述技巧所披露。

关键词:领主庄园制;村社农业生产制;叙述结构;文本形式;意识形态冲突

---

* 本文作者罗兰·博尔教授应邀于2015年5月23日在河南大学就此课题发表讲演。经其授权,兹将该讲稿译成汉语,发表于本刊。

Estates & Village-Communes:
On the Sacred Economy of Ancient Israel

Roland BOER [AUS]

Trans. by HOU Linmei

Abstract: The constitutive economic contradiction in ancient Israel of the first millennium was one between palatine estates and the agricultural labour of village communities. Some biblical texts, such as Genesis and Exodus (the tension between Joseph and Jacob), Job and Proverbs, respond to such a situation in a number of ways: Genesis 41 to Exodus 15 by narrative structures; Job, textual form; and Proverbs, ideological oppositions. Though the socio-economic contradictions are responded in unexpected and mediated ways, they will be revealed by the ideological and narrative resolutions in the text.

Key words: palatine estates; agricultural labour of village communities; narrative structures; textual form; ideological oppositions

我愿意换一种研究方法来探讨古代西南亚经济。① 就经济而论,以色列"小国"出现得较晚,②于公元前一千纪早期昙花一现地存在过一段时间,此后在很长一段时间里,它都是一个皇帝直辖的行省。要理解以色列在古代西南亚广泛经济动态中所发挥的作用,则以色列在经济和政治上的边缘

---

① 本文的论述架构取自罗兰·博尔教授的新书《古以色列的神圣经济》(Roland Boer, *The Sacred Economy of Ancient Israel*, 2015),该书的理论框架借鉴了马克思主义调节学派(Marxist *Régulation* School)和前苏联学者的研究成果。有关调节学派,请参考鲍耶和赛拉德(Boyer & Saillard)的著作(2002),以及杰瑟普和萨姆(Jessop & Sum)的著作(2006)。有关前苏联学者的研究成果,请参看本文注释。——译者

② "小国"是古代西南亚的说法。我所说的"以色列"指长时期经济"危机"之后、大约一世纪期间出现的小州或多个州(有人认为是两个州)。

地位是理解的关键。在下文中我将先对公元前一千纪与古代以色列相关的经济模式作一番简要概述,然后再以实例说明部分圣经文本对此情形的隐性表述。我所用的文本实例主要取自《创世记》和《出埃及记》(约瑟和雅各的冲突),以及《约伯记》和《箴言》。

庄园与村社

我认为,公元前一千纪南黎凡特(Levant)①的基本经济冲突是领主庄园制与村社农业生产制之间的冲突②。庄园制最初是神庙的特点(如同其公元前4000年曾被苏美尔人的祭司或大祭司所用),这是很多强大城镇及其自称为"小王国"的主要活动③。很快,庄园制就被纳入王权范围之内。

庄园制的基本目的是提供"物资给少数人"④,即为无薪受雇的人们——祭司、君主及其食客——供应食物、酒类和纺织品。总之,他们需要按照业已习惯的生活方式生活。因此庄园都靠近神庙和政治中心,它们或是由官员直接掌管,或是由持有权力的地主来掌管。劳作于其上的是那些具有永久契约的劳工和临时契约的劳工(服徭役者、俘虏和欠债者)。由于永久性的劳工短缺,庄园必须不断设法吸收更多的村社劳力,而无视村社持

---

① 黎凡特指地中海东部沿岸诸国和岛屿。——译者
② Igor M. Diakonoff,"The Structure of Near Eastern Society before the Middle of the Second Millennium B. C.", *Oikumene*,3(1982):7—100; *The Paths of History*. Cambridge:Cambridge University Press,1999,21—55.
③ Igor M. Diakonoff,"General Outline of the First Period of the History of the Ancient World and the Problem of the Ways of Development",In *Early Antiquity*,edited by Igor M. Diakonoff and Philip L. Kohl,27—66. Chicago:University of Chicago Press. 1991,37; Liverani,Mario. "Ville et campagne dans le royaume d'Ugarit:Essai d'analyse economique",In *Societies and Languages of the Ancient Near East*:Studies in Honour of I. M. D'iakonoff,edited by Muhammad A. Dandamaev,J. Nicholas Postgate,and Mogens Trolle Larsen,250—258. Warminster,PA:Aris and Phillips,1982,250; *Israel's History and the History of Israel*. Translated by Chiara Peri and Philip Davies. London:Equinox. 2005,7.
④ Igor M. Diakonoff,*The Paths of History*. Cambridge:Cambridge University Press,1999,36.

续生存的能力。

为什么不通过对村社征税来代替庄园制呢？原因有二。其一，这些下属统治者的权力往往颇具间歇性和多变性。他们可能会夸口其疆域辽阔（王上 4：21），但事实并非如此。由于缺乏精心设定的管理机构、明确的边疆界限以及管辖领土的能力，可行使的现实权力往往非常有限，以致定期对村社征税不属于其权力范围。村社离首府越远，下属统治者可行使的权力就越弱。如果村民觉得徭役或税收压力沉重，他们就会避而远之——搬至远处，甚至搬至山区加入无所不在的哈比鲁人。其二，对村民征税为 10%，而庄园供应神庙和王宫的物品则介于其产出的二分之一和三分之二之间。显然，庄园是更好的经济选择，因为它们能保证较高产量，而且可以对其实行较为持续的管辖。

至于村社自身，其多样且通用的畜牧业（绵羊和山羊的比例为 2∶1）和农业①结构更关注经济生活的社会规定，而非上述情况。那种经济生活以苏联时期俄国学者所谓的大家庭村社制或村社制②，以及西方研究者所戏

---

① Aharon Sasson, *Animal Husbandry in Ancient Israel: A Zooarchaeological Perspective on Livestock Exploitation, Herd Management and Economic Strategies*. London: Equinox, 2010; Mette Marie Hald. *A Thousand Years of Farming: Late Chalcolithic Agricultural Practices at Tell Brak in Northern Mesopotamia*. Oxford: Archaeopress, 2008, 44—121; Frank Hole. "Middle Khabur Settlement and Agriculture in the Ninevite 5 Period". *Bulletin of the Canadian Society for Mesopotamian Studies* 21（1991）:17—29.

② Igor M. Diakonoff, "The Commune in the Ancient East as Treated in the Works of Soviet Researchers". In *Introduction to Soviet Ethnography*, vol. 2, edited by Stephen P. Dunn and Ethel Dunn, 519—548. Berkeley: Highgate Road Social Science Research Station. 1974; "The Rural Community in the Ancient Near East". *Journal of the Economic and Social History of the Orient* 18, 2（1975）:121—133; "The Structure of Near Eastern Society before the Middle of the Second Millennium B. C." *Oikumene* 3（1982）:35; "Early Despotisms in Mesopotamia", In *Early Antiquity*, edited by Igor M. Diakonoff and Philip L. Kohl. Chicago: University of Chicago Press, 1991, 88; "General Outline of the First Period of the History of the Ancient World and the Problem of the Ways of Development", In *Early Antiquity*, edited by Igor M. Diakonoff and Philip L. Kohl. Chicago: University of Chicago Press, 1991, 34—35; Ninel B. Jankowska, "Communal Self-Government and the King of the State of Arrapha", *Journal of the Economic and Social History of the Orient* 12（1969）:233—282; "Asshur, Mitanni, and Arrapkhe", In *Early Antiquity*, edited by Igor M. Diakonoff and Philip L. Kohl. Chicago: University of Chicago Press, 1991, 253.

称的穆沙农业(musha' farming)为中心①。它指明了研究温饱型农业的一种极为常见的学术方法,主要是因为它已久经考验。在通常情况下,农民们居住在村落中,那种村落的人口在75到150人之间,接近于氏族,尽管较小的定居点人口常常不足75人②。对此类定居点及其通道的考古学研究表明,农民们离开村庄去村外的田间耕作③。但是农民并不能永久占有那种土地。每家每户耕作的地块儿彼此都不相连,此即圣经中多次出现的**那块地**,可见于《创世记》33:19—20、《路得记》4:3、《撒母耳记下》14:30—31、《列王纪下》9:21,25、《耶利米书》12:10和《阿摩司书》4:7(参看《耶利米书》37:12中的动词 *hlq*,意为"部分")。上述经文提到的都是社会测量单位,而非对所占有土地的明确界定。那些地块儿通常长度惊人(长达一公里,或可以诸如犹大高地上梯田间的弯曲小路为参照),宽度却只有几犁沟。在规定的时间内,通常是一年或两年,那些地块儿会根据需要、肥度、劳动力等因素进行重新分配。重新分配的方法不一,或是通过抓阄,或是经由所有成年男性、长老组成的委员会,甚或是由村长来决定。显然,重新分配的过程涉及各种各样的不成文规定和争执,但最终结果是土地的重新配给。

村庄内部或相距二至四公里的村庄之间的集体行为是不可避免的,因

---

① Tony Wilkinson, *Archaeological Landscapes of the Near East*. Tucson: University of Arizona Press, 2003; "The Tell: Social Archaeology and Territorial Space", In *Development of Pre-State Communities in the Ancient Near East*, edited by Dianne Bolger and Louise C. Maguire, 55—62. Oxford: Oxbow, 2010; Philippe Guillaume, *Land, Credit and Crisis: Agrarian Finance in the Hebrew Bible*. Sheffield: Equinox, 2012, 28—42.

② Douglas A. Knight, *Law, Power, and Justice in Ancient Israel*, Library of Ancient Israel. Louisville, KY: Westminster John Knox. 2011, 122—123.

③ Tony Wilkinson, "The Tell: Social Archaeology and Territorial Space", In *Development of Pre-State Communities in the Ancient Near East*, edited by Dianne Bolger and Louise C. Maguire. Oxford: Oxbow, 2010, 56—57; "The Structure and Dynamics of Dry Farming States in Upper Mesopotamia", *Current Anthropology* 35, 1 (1994): 483—520; *Archaeological Landscapes of the Near East*. Tucson: University of Arizona Press, 2003; Jesse J. Casana, "Structural Transformations in Settlement Systems of the Northern Levant", *American Journal of Archaeology* 112 (2007): 195—222.

为面对自然和社会灾难时,个人无法应对,需要合作和互助才能生存①。因此,极为灵活的父系血缘关系就显得非常关键。另一个因素是合作劳动的好处,无论是在犁地、播种,还是在收割时。最后,紧密联系在一起的村社,及其村长和长老委员会有利于保卫村庄和反抗入侵。根据罗伯茨的看法,我们可以将上述三个因素视为认可公有、经济公有和执行公有②。

约瑟与摩西之间

请允许我借用与此种情形一致的多段圣经文本来论述前文所述的古代以色列经济重构。圣经文本对上述经济情形的反映方式往往是出人意料和迂回曲折的,但这将随着分析的展开渐趋明朗。社会—经济冲突的文本表述初次展现为约瑟与摩西之间的斗争(创41—出15)。不是法老与摩西展开了殊死搏斗吗,怎么会是约瑟?原文确实试图转换主人公,指出新法老不认识约瑟,因此开始压迫以色列人(出1:8)。我认为,此属对文中基本冲突进行多处间接表达之一例,而非原文在想方设法地转移读者的注意力。我重点论述四点来揭示上述冲突:庄园与自给农业之间的对立本身;对立双方之间的距离,此处指埃及与迦南;跨越上述距离的方式;以及推翻庄园制束缚所需的决裂。

首先,约瑟在埃及获得认可和权力之后,明确创建了一套超庄园体系。《创世记》第41章讲述了那则精彩的故事,约瑟先是从监狱中被召去,为法老解析他的两个梦。事实上,梦中的肥壮母牛(创41:1—8)已经预示了叙

---

① Igor M. Diakonoff, "Slaves, Helots and Serfs in Early Antiquity", In *Wirtschaft und Gesellschaft im alten Vorderasien*, edited by János Harmatta and Geörgy Komoróczy. Budapest: Akadémiai Kiadó, 1976, 66; David C. Hopkins, *The Highlands of Canaan: Agricultural Life in the Early Highlands*. Sheffield: Almond, 1985, 256.

② Brian Roberts, *Landscapes of Settlement: Prehistory to the Present*. London: Routledge. 1996, 35—37.

述的语调。肥壮到几乎难以行走的母牛,显然是相关于财富和权力的标志,很容易使读者联想到闲适富人对财富和权力的梦想。相反,农村少量的牛科动物通常是被用作畜力的;它们消耗了数量庞大的水和草料,且通常不是用来消费①。②约瑟成功地为法老解梦后,立即被任命为宰相,并非监管众多庄园中的一个,而是掌管着一个超级庄园,即埃及全地(创41:33—45)③。该故事除了为这样一个形象增色添彩之外,还虚构了遍及古代西南亚的绝对王权。下属的统治者一贯喜欢夸口大权在握(参见王上4:21)。如果给予充分自由的话,约瑟的行为与所有庄园主的行为并无二致:他聚敛所有的粮食,直至人民一无所有而不得已向他求助以维持生活(创41:46—49,53—57)。请忘掉对庄园产出三分之一或二分之一的征收,约瑟想将其产物全部收入囊中。不止于此,因为最关键的是劳动力,庄园中最好的劳动力是契约劳工。所以在后来的故事中,在约瑟的操纵下,人民为了饱腹而被迫卖身为奴。

圣经原文很少提及压迫的另一方(创46:8—27),尽管我认为可以将雅各家族视为村社制时期。这个由"牲畜饲养者"构成的家族共有70人。虽说这个理想的数字(标志着完整)与圣经中按照谱系所列的人数并不一致(创46:8—27),如果将妇女和儿童包含在内,我认为此数字还标示着一个村社的正常规模。家族常常等同于村社,如《士师记》6:24;8:32;《撒母耳记下》14:7和《耶利米书》3:14所揭示的。④ 有人可能会提出异议,认为其

---

① Douglas Brewer,"Hunting, Animal Husbandry and Diet in Ancient Egypt", In *A History of the Animal World in the Ancient Near East*, edited by Billie Jean Collins. Leiden: Brill, 2002, 434—438.
② 因此圣经中的"肥牛"和"肥牛群"成为权力和物资过剩的标志(撒上28:24;王上1:9,19,25;15:17;耶46:21;摩5:22)。
③ John Skinner, *A Critical and Exegetical Commentary on Genesis*. The International Critical Commentary. Edinburgh: T & T Clark, 1910, 501—502.
④ Ninel B. Jankowska, "Communal Self-Government and the King of the State of Arrapha", *Journal of the Economic and Social History of the Orient* 12(1969):239—53; J. David Schloen, *The House of the Father as Fact and Symbol: Patrimonialism in Ugarit and the Ancient Near East*. Winona Lake: Eisenbrauns. Liverani, 2001, 155—65; Mario Liverani, *Israel's History and the History of Israel*. Translated by Chiara Peri and Philip Davies. London: Equinox, 2005, 21—22.

所描述的只是一个半游牧社群，远非一个固定的村社。然而，"游牧和定居"之间的界限极为模糊，因为村社也有很强的流动性（按季迁移或受到暴君压迫），而游牧社群也会定期定居。① 由此，草原游牧制度和定居型农业都是维持最低生存的弹性经济形式的变体，两者之间还具有颇多共同之处。

上述故事已属一例恶化情形（约瑟的超级庄园），但另一种恶化情形接踵而来。另一种紧张冲突，远非刚刚讨论的庄园与自给农业之间的紧张冲突，一如既往，已经延伸到各个地方。他们现在也存在于相距甚远的其他民族和其他地方，远非仅仅存在于同一个农业空间中。所以迦南代表村社制，而埃及则属庄园制的核心。叙述的两个特点强调了这其间的空间距离：涉及此空间间隔的文本篇幅（创41—50），以及两地之间的频繁往来。这样的奔波需要极大的努力，无论是准备家畜驼载的旅行必需食物（众兄弟卖粮），还是需要精心谋划的家族迁徙，以及后来逃脱埃及压迫的实际行动。因此空间距离的叙述强调了庄园和村社之间的经济鸿沟。

由游历距离问题引出第三点，即庄园劳动力的增选。上述故事明显涉及家族纷争以及一次重大的和解，但是我们在叙述中看到的是对获得劳动力的隐喻式表达。增选始于扣留人质（创42:18—25），然后还包括利用家庭其他成员"作保"（创43:8—10）、众兄弟沦为奴隶的恐惧，以及运用各种诡计——如金杯计——来获得劳动力（创44:10—13;18—34）。此处值得一提的是，对于村社来说，若某人成为契约劳工，他就"不在了"（创42:6），就如同死了一样。然而，这仅仅是开始，因为雅各最终设法让庄园制束缚了他的整个家族——《创世记》44:16—17早已预示了那种可能性。因此，家族被召唤走出迦南，去埃及定居，而恰恰是上帝准许了那次迁徙（创45:4—

---

① J. David Schloen, *The House of the Father as Fact and Symbol: Patrimonialism in Ugarit and the Ancient Near East*. Winona Lake: Eisenbrauns. Liverani, 2001, 155.

14；46：1—4）。① 他们进入埃及之后怎么办？ 乃是沦为契约劳工,地主牲畜的牧养者(创 47：1—6)。约瑟以同样方式不仅把埃及人而且也将其本族人都变成了自己的奴隶。奴役以色列人的并非《出埃及记》开篇提到的新法老王,而是约瑟本人。实际上,圣经文本暗示约瑟就相当于残暴的法老,因为雅各家族的定居之地叫作兰塞(创 47：11),《出埃及记》1：11 中与苦役奴隶和积货城有关的地名也是兰塞。②

故事中出现的种种隐喻性事件——金杯、他乡、人质,以及奴役——都证实了为庄园增选劳动力所采用的种种复杂策略,也反映出村社选民对此种增选行为的抵抗。专制权力及其庄园制并非叙述的重点;相反,专制权力必须不时改变,以找到新手段来征募到庄园急需的劳力。这就引出了我要讨论的叙事的最后一点:为了挣脱庄园制控制所需要的决裂。可以将《出埃及记》第 1 至 15 章视为一个有关推翻庄园及其契约劳工制的宏大故事。③值得注意的是,故事试图把责任不仅推卸给一位残忍的法老(一如上文所述),而且还推卸给劳工日益艰难的处境(出 1：8—22；2：23—25；5：10—21)。好似约瑟掌管的契约劳工与此截然不同！ 当然,人们更容易将压迫归罪于外乡人。但是问题的关键在于摆脱庄园制束缚所需要的艰苦卓绝的奋斗。在此传奇故事中,所采取的奋斗形式不是断断续续的暴力行为,而是连篇累牍地叙述上天安排的灾难(出 5：1—12：36)。上帝一次次让法老的心

---

① 此处对于神意的断言以及声称约瑟得神佑而成功,是圣经中多处出现的对领主庄园制和自足农业之间矛盾性心理的标志之一。许多人被上帝对约瑟的赞许所误导(如 Hyun Chul Paul Kim, "Reading the Joseph Story (Genesis 37—50) as a Diaspora Narrative", *Catholic Biblical Quarterly* 75 (2010)：219—238),但是也有人指出了其中的否定语调(如 Timothy J. Stone, "Joseph in the Likeness of Adam：Narrative Echoes of the Fall", In *Genesis and Christian Theology*, edited by Nathan MacDonald, Mark W. Elliott and Grant Macaskill, 62—73. Grand Rapids：Eerdmans, 2012)。

② Thomas L. Brodie, *Genesis as Dialogue：a Literary, Historical, and Theological Commentary*. Oxford：Oxford University Press, 2001, 397.

③ 有关《出埃及记》的最新研究综述,参见德兹曼的《〈出埃及记〉研究方法论》(Thomas B. Dozeman, ed. *Methods for Exodus*. Cambridge：Cambridge University Press, 2010)。

肠变硬后,斗争变得更为艰难。此后我们看到了针对埃及人头生子的暴力行为,还有将法老的战车淹没在海水中的暴力行为。这暴力行为所标志的不仅仅有决裂,还有人民努力推翻暴君、统治中心以及权力象征的满腔热情。

这25章涵盖了从《创世记》到《出埃及记》之间的转变。可以将这25章看作一个故事,在此故事中,希伯来圣经中最为精彩的叙述之一处处留有庄园与村社之间的斗争痕迹。在通常情况下,此类故事中的这些线索会被转换和隐喻为家族纷争、异国风情、外族暴君以及奇迹逃脱。请允许我以曾追溯过的另一个紧张情形来为本部分做结。当雅各听说约瑟还活着而且还在埃及掌权时,原文写道:"雅各心里冰凉;因为他不信他们。"(45:26)我认为,雅各不是惊讶于约瑟还活着,而是惊讶于那个混蛋竟然掌管着一座超级庄园。

形式准则和道德准则:《约伯记》与《箴言》

与埃及异域庄园制度的暴力决裂的故事,也许会如预料的一样,为旷野流浪增添几重复杂性。在此故事中,解放者摩西也是一位人民经常抱怨和反抗的暴君,所以人民才会叫嚷,点明要埃及的韭菜、滨豆和奢侈生活。① 但我主要关注文本中庄园制和自给自足农业在社会—经济方面紧张关系的解决之道。在这一部分,我主要讨论诸多涉及这些紧张关系的其他文本。

首先,我认为可以按照我刚才的视角,来审视存在于《约伯记》序幕—尾声和诗歌本身,以及两部分之间备受争议的矛盾。显然,《约伯记》开篇就描述了一位超级地主,他有成千上万的羊、骆驼、牛和驴子。更重要的是,他有为数众多的奴隶、契约劳工来管理牲畜和庄稼。他儿女们的闲适和筵宴生

---

① 详见 Roland Boer, *Marxist Criticism of the Hebrew Bible*. London: Bloomsbury, 2014; Scott M. Langston, *Exodus Through the Centuries*. Oxford: Blackwell, 2006, 4—8。

活,也暴露了非正式统治阶级的铺张浪费(伯1:4)。然而,更引人入胜的是其最为常见的叙述模式:统治阶级权力的周期性衰亡(伯2:13—19)。给出的解释是纯粹传奇式的——袭击者来自示巴和迦勒底,天降大火,以及旷野突起狂风——实际上,地主的田产和权力遭到农民、庄园劳工和成群哈比鲁人的破坏,这是常事。若是有机会,他们会急切地加速某一位惹人怨恨的地主或暴君的灭亡。① 实际上,对于巴别塔(创11)以及所多玛和蛾摩拉城的神话叙述(创18—19),也都分别体现了此种视角,正如同《撒母耳记上》第8章的告诫,《士师记》9:8—15中的荆棘寓言,《列王纪上》和《列王纪下》中对于以色列和犹大诸国王权衰败的述说,以及最终必定遭受惩罚的长篇大论,以斯拉—尼希米时期"地上诸民"(以及数不清的其他群体)对随着流放者回归所实施的掠夺性帝国政权的反抗。就《约伯记》而论,其尾声也标志着重建庄园的努力,在周而复始的循环中此则属于自给自足农业制和王权庄园制斗争的一部分(伯42:10—17)。

如何解读《约伯记》序幕—尾声与其中大篇幅诗歌体文本的关系问题,依旧悬而未决。在一定程度上,尖锐的批评、悲叹、他"朋友们"言论的打击,尤其是对允许他受罪的耶和华的挑战(而且实际上是约伯迫使耶和华做出回答),都可以视为对庄园制,甚至后来(公元前一千年)在古西南亚逐渐代替了庄园制的贡品互换制的毁灭性破坏。如果我们认为序幕和尾声中描述的放纵行为暗含对于约伯生活的批判,则那些批判也会强化诗歌体文本中所揭示的。然而,《约伯记》中的长篇诗歌体部分还有另一层面:也可以将其视为一位地主对其业已习惯的生活被不公正地剥夺掉所发出的悲叹之声。在那个世界中人人都顺从地为他让路,穷人对于他的资助感恩戴德(伯

---

① Nelly V. Kozyreva,"The Old Babylonian Period of Mesopotamian History",In *Early Antiquity*,edited by Igor M. Diakonoff and Philip L. Kohl,Chicago:University of Chicago Press,1991,99;Gale A. Yee,"Recovering Marginalized Groups in Ancient Israel:Methodological Considerations",In *To Break Every Yoke:Essays in Honor of Marvin L. Chaney*,edited by Robert B. Coote and Norman K. Gottwald,10—27,Sheffield:Sheffield Phoenix,2007,13—15.

29）。就此而论，他当然"无可指责"——这是此卷书持久的主题①。《约伯记》第42章通过同族的疏远、妻子的厌恶、儿女们的轻视，以及约伯的皮包骨头，为此视角提供了一个典范。我对《约伯记》19:15—16尤为印象深刻：

> 我的使女都以我为外人；
> 我在他们眼中看为外邦人。
> 我呼唤仆人，虽用口求他，
> 他还是不回答。

确实，如果一个人连契约劳工也轻慢他，无视其要求，那么他的痛苦是最最真切的！无怪乎他感到好似"神之手"在攻击他（伯19:21；也见于伯30）。②

《约伯记》对于紧张状况的揭示是在文本结构层面，而《箴言》则是在不同的语域。此处的语域显然是意识形态的，是通过所谓的道德对立表现出来的。《箴言》是建立在一系列对比之上的：智慧人和愚妄人，通达人和愚昧人，谦逊人和骄傲人，义人和恶人，殷勤人和懒惰人，坚固和朽烂，真理和谎言，当然还有富人和穷人。③ 所有这些词语都与意识形态相关；实际上，无

---

① Jan Fokkelman, *The Book of Job in Form: a Literary Translation with Commentary*. Leiden: Brill, 2012, 199, 242—43.

② 令人惊讶的是，在为数众多的《约伯记》评论中，很少有研究者关注其经济和阶级特色（Carol A. Newsome, *The Book of Job: a Contest of Moral Imaginations*. New York: Oxford University Press, 2003, 48, 66—67; Abigail Pelham, *Contested Creations in the Book of Job: The-World-as-It-Ought-and-Ought-Not-To-Be*. Leiden: Brill, 2012, 170—183）。在那些确实从上述视角来进行研究的作品中，仅有道森的作品是真正意义上的此类研究[Kirsten Dawson, "'Did Not He Who Made Me in the Belly Make Him, and the Same One Fashion Us in the Womb?'(Job 31:15): Violence, Slavery, and the Book of Job", *Biblical Interpretation* 21 (2013): 435—468]。

③ 在对古代西南亚的大量借重下，圣科瓦讨论了希腊道德中相似的情形（G. E. M. de Ste. Croix, *Christian Persecution, Martyrdom, and Orthodoxy*. Edited by Michael Whitby and Joseph Streeter. Oxford: Oxford University Press, 2006, 338—39; *The Origins of the Peloponnesian War*. London: Duckworth, 1972, 371—376）。

一例外地都与阶级意识相关联。我们最初可能认为,对于骄傲人、恶人和说谎者的批评是针对懈怠的富人的,但显然那些优点都是赋予统治阶级的。他们是智慧人、义人、殷勤人,因而也是富人。所有这些都是他们已经被神赐福的标志。此处几乎无需想象就能理解地主们和帝王餐桌旁那些食客们的伦理和阶级意识。当然,被轻视之人正是那些为庄园劳作之人,或村社里的人。他们是恶人、愚昧人、懒惰人,是朽烂的因而贫穷。同时,《箴言》也揭示了此类统治阶级意识的另一层面,尤其是在个别提防富人的劝诫中(伯 11:4,28;15:16—17;16:8;17:1,5;18:23)。也许这些是村社智慧的遗风?若是如此,他们已经被涵盖于此言说方式的巧妙论断中,即人应该永远致力于谦逊、智慧和正义之更高愿望的实现。这些是通往真正的道德财富之路的路标;因此尘世财富只是其次,它不应该影响人对于美德的追求。当然,对不义之财的有意鄙视只适用于那些绰有余裕、无需为日常生活担忧的人们。这与村社的勉强维生式生存相去甚远。

结　论

至此,显然文本在政治和思想意识方面对社会—经济紧张状况的反映方式如同文本自身一样不尽相同。上述尝试涉及叙述结构(创 41—出 15)、文本形式(伯)和意识形态冲突(箴)。尽管这些反应是间接且意料之外的,但是它们归结于这样的事实,即文本总是尝试为社会—经济冲突提供意识形态和叙述方面的解决之道。决定性的矛盾存在于领主庄园制和村社自给经济之间,此矛盾既具建设性,又具破坏性。

然而,我结尾的口吻略有差异,实际上这是弗洛伊德的一个观察案例——有时,雪茄就是雪茄。《撒母耳记上》8:11—18 中有一段可视为村社对领主庄园制态度的纯粹描述。撒母耳警告道,国王必派你们的儿子"耕种田地,收割庄稼",他必取你们的女儿"为他制作香膏,做饭烤饼"。即使这种越来越多的部落成员成为庄园劳工的模式也不够，因为统治者也必取"你们最好的田地、葡萄园、橄榄园赐给他的臣仆"。他还将取村社粮食和牲畜的十分之一作为赋税。结果就是："你们也必作他的仆人。"这就是领主庄园制。

作者罗兰·博尔系澳大利亚纽卡斯尔大学人文与社会科学学院教授，主要研究圣经批评理论、宗教哲学、文学与神学、马克思主义与批评理论，最近发表新著《古代以色列神圣经济》(2015)、《马克思主义旧约批评》(2014)等。译者侯林梅，河南师范大学外国语学院副教授，河南大学文学院博士研究生，研究英美文学、圣经文学。

（侯林梅 译）

复原古代以色列边缘群体:方法论思考*

[美]余莲秀

内容提要:本文藉政治科学家詹姆斯·C.斯科特的研究方法,分析并复原了古代以色列边缘群体的生存实况。斯科特认为,不能忽略边缘群体日常生活中试图被动减缓压迫与积极反抗的各种形式,并建议我们要研究官方公开话语记述与民间地下记述之间的空间。因此,本文对古代以色列边缘群体研究工作的尝试,在于透过公开话语的描述,复原希伯来圣经中实际发生于现实中的来自边缘群体的各种反抗形式,解码那些看似顺从而实属反抗的行为,进而看透权力的动态较量,并解释那种反抗与公开记述之间的关系如何。

关键词:古代以色列;边缘化;反抗;公开记述;地下记述

---

* 本文原载于 Robert B. Coote & Norman K. Gottwald (eds.), *To Break Every Yoke: Essays in Honor of Marvin Chaney*. Shefield: Shefield Phoenix Press, 2007, 10—27, 经原作者授权译成汉语, 发表于本刊。

Recovering Marginalized Groups in Ancient Israel:
Methodological Considerations

Gale A. YEE [USA]
Trans. by ZHANG Jinghui

Abstract: This paper investigated the viability of recovering marginalized groups in ancient Israel through the works of political scientist James C. Scott. Scott alerts us to the weapons of the weak that subordinate groups brandish daily to mitigate or resist their exploitation, and counsels us on the public and hidden transcripts at work in these power dynamics. Thus the research of my work on marginalization is accessing this hidden transcript of the subordinated in Israel through the public transcript, as it is recorded in the Hebrew Bible, decoding these skillfully deciphered resistances to understand the dynamics of power relationships, and explain the relations the hidden ones bear to the public transcript.

Key words: ancient Israel; marginalization; revolt; the public transcript; the hidden transcript

很高兴为纪念马文·钱尼(Marvin Chaney)的论文集贡献此文。钱尼对古代以色列社会的分析对我的研究影响很大,一直是我的灵感源泉。这篇论文也是我本人正在进行中的一个更大研究项目的一部分:《阶级行为:古代以色列的边缘化》(威斯敏斯特·约翰·诺克斯出版社出版)。在那个项目中,与钱尼教授一样,我所感兴趣的,是"尽可能多地复原下层的历史"[1],

---

[1] E. J. Hobsbawm, "History from Below—Some Reflections". in Frederick Krantz ed., *History from Below: Studies in Popular Protest and Popular Ideology*. New York: Basil Blackwell, 1988: 13—27. Jim Sharp, "History from Below". in Peter Burke ed., *New Perspectives on Historical Writing*. Cambridge: Polity Press, 1991: 24—41. E. P. Thompson, "History from Below". The Times Literary Supplement. April 7, 1966, 279—280.

复原古代以色列边缘群体：方法论思考

展现下层边缘社会群体的众生相。与仅仅将他们看作忍受上层统治与剥削的被动受体不同，我希望复原并评价他们与剥削者之间的多重关系，诸如如何被剥削及如何反抗、颠覆、共谋、迎合、造反，即真实复原那些下层群体在面对其统治压迫者时的所有反应。鉴于在古代近东研究中，关于社会阶层间冲突的既有文献并不十分关注"日常生活"，我的研究工作也就具有了特殊意义。①

我将聚焦于以色列君主制时期（公元前1020—前587年），在那一时期，以色列的社会结构从支派联盟变得更为复杂，社会阶层分化明显。古代以色列是一个农业社会，位于顶层的是君主及精英（主要的贡赋征收者），下层是农民及其他更低的阶层（主要的贡赋承担者）。② 图例是杰哈德·伦斯基③解析的典型的农耕社会阶层结构。横轴列出每个阶层民众的数量，耕地的农民是最大的群体；纵轴显示谁在以色列拥有权力和特权，他们仅占极少数。

藉着方法论思考，本文试图重构该图中占最大数量的人们在古代以色列社会中被边缘化的生活实况，其声音在圣经文本中近乎失语。即使用"边缘化"这个词，必须明白，这个群体在数量上绝非少数，相反，他们为数众多，只是其话语权被边缘化了。正如图例所示，在一个剥削社会中，处于边缘化的群体往往反而人数众多，占人口的主要部分。圣经对那个群体的称呼往往是三合一地称之为"外邦人、寡妇、孤儿"，而实际上那个被圣经文本屏蔽了话语声的还有一般妇女、男女农民、男女穷人、徭役劳动者、外邦妇女及男女奴隶。显而

---

① Philip J. King & Lawrence E. Stager, *Life in Biblical Israel*. Library of Ancient Israel, Louisville：Westminster John Knox Press, 2001. Richard E. Averbeck, Mark W. Chavalas & David B. Weisberg eds., *Life and Culture in the Ancient Near East*. Potomac, MD：CDl Press, 2003. Oded Borowski, *Daily Life in Biblical Times*. Archaeology and Biblical Studies, 5. Atlanta：Society of Biblical Literature, 2003.

② Norman K. Gottwald, "Social Class as an Analytic and Hermeneutical Category in Biblical Studies". *Journal of Biblical Literature* 112：3—22, 1993.

③ Gerhard Lenski, *Power and Privilege：a Theory of Social Stratification*. New York：McGraw-Hill, 1966. repr. Chapel Hill：University of North Carolina Press, 1984, 284.

17

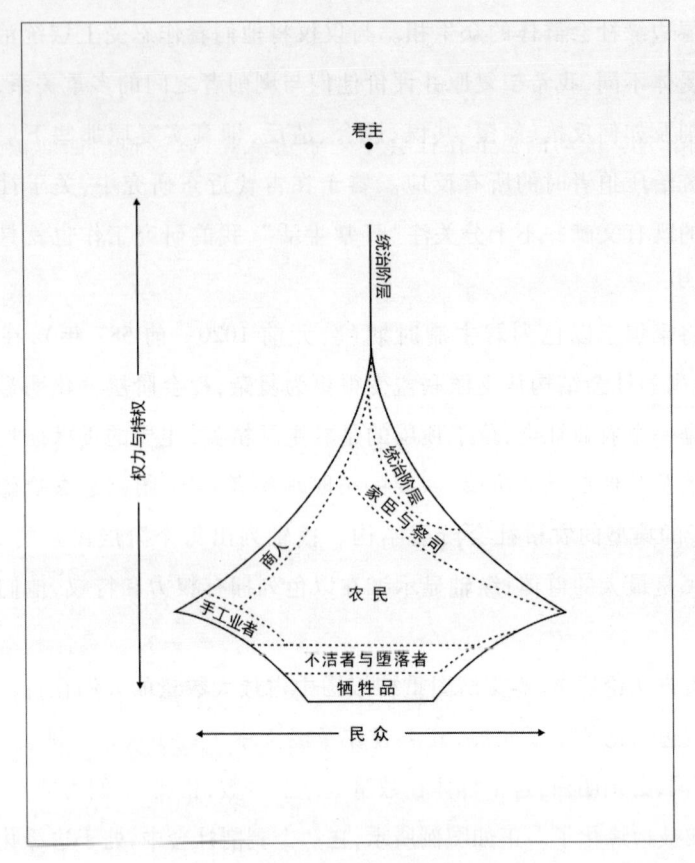

图例:农业社会阶层关系示意图

易见,这部分人口的性别、种族/民族、阶级、职业和殖民状态相互交织、重叠,其边缘化程度与他们的社会地位直接相关。考虑到上述因素,有色人种的女性主义者往往强调诸如性别歧视、种族歧视、阶层歧视、殖民压迫等因素的内在关联,称之为"统治矩阵"。① 无疑,某个社会中最被边缘化、被剥削、被压迫的人往往位于种族、性别、阶级的最底层及被殖民状态中。

---

① Patricia Hill Collins, *Black Feminist Thought: Knowledge, Consciousness, and the Politics of Empowerment*. Boston: Unwin Hyman, 1990, 225—237.

图例还显示,农业社会层级的划分并不像蛋糕那样界限分明,某些上层农民的权力与威望甚至可以高过一些祭司或统治阶层的某些成员,即边缘化总是相对的、变动的。谁在社会中处于边缘化,以及他们如何被边缘化,始终与他人息息相关。本文即试图揭开并解释那种不同社会阶层之间始终变动的复杂关系。

边缘化的诸模式

古代以色列的边缘化涉及诸种模式,且相互重叠。其中之一,当属经济。当以色列从各支派下的家族生产模式转变为君主统治社会的生产模式后,统治者主要是通过两种税收手段压榨农民的:以税收周期为手段,通过收取财物及使用人力,榨干农民的剩余财富与劳力;当颗粒无收,农民无法上缴赋税时,他们就迫使农民进入高利贷循环,以致形成需要偿还的无穷无尽的债务、①徭役。② 边缘化的第二种模式,是透过男权主义的社会结构以及赋予男性特权、剥夺女性权利的意识形态来实现的,尤其在血统、财产继承、婚内房产及其他社会习俗方面。③ 第三种边缘化模式是通过种族主义的法律和意识形态来弱化外来者或移民,尤其将信仰非以色列本土宗教的外来者边缘化。④ 需要注意的是,尤其对于外来女性的歧视,如波提乏的妻

---

① Marvin L. Chaney, "Systemic Study of the Israelite Monarch". *Semeia* 37, 1986, 53—76. Norman K. Gottwald, "Sociology (Ancient Israel)", *ABD* 6, 1992, 79—89.

② Marvin L. Chaney, "Debt Easement in Israelite History and Tradition", in David Jobling, Peggy L. Day & Gerald T. Sheppard eds., *The Bible and the Politics of Exegesis: Essays in Honor of Norman K. Gottwald on his Sixty-Fifth Birthday*. Cleveland: Pilgrim Press, 1991: 127—39. Gregory C. Chirichigno, *Debt-Slavery in Israel and the Ancient Near East*. Sheffield: JSOT Press, 1993. Richard A. Horsley, "The Slave Systems of Classical Antiquity and their Reluctant Recognition by Modern Scholars". *Semeia* 83/84, 1998: 19—66.

③ Gale A. Yee, *Poor Banished Children of Eve: Woman as Evil in the Hebrew Bible*. Minneapolis, MN: Fortress Press, 2003: 29—58.

④ Christopher T. Begg, "Foreigner". *Anchor Bible Dictionary*, II, 1992, 829—830. Mary Douglas, "The Stranger in the Bible". *Archives européennes de sociologie* 35(2), 1994, 283—298.

19

子、耶洗别、所罗门的妻子们、巴比伦妓女、《箴言》中的外女,以及那些被以斯拉和尼希米谴责的异族通婚女子们,性别歧视和异域歧视是合一的。①其间,对异邦人的歧视与对女性的歧视交互交织,尤其是在耶洗别和所罗门的妻子中,她们的异教偶像崇拜也是不被允许的。

第四种边缘化模式是借助两个阶层之间的社会行为来实现的,即享有荣誉、授权、特权的上层精英,与在他们面前默默承受着傲慢举止、侮辱、压迫、羞辱和体罚的下层人民。这个层面上,下层阶级所感受到的"贫困"已超越了物质与生存的界限:他们深深体会到作为"贫困者"在社会文化与传统中遭受到的歧视。假使只将《列王纪上》17章8—24节中撒勒法的寡妇当作穷人对待,我们就会忽略其真正内涵。必须明白,在当时社会文化背景下,没有丈夫的她不能为其儿子提供食物,儿子就有饿死的危险;儿子死后,她就不能妥当地埋葬儿子;她永远不会有自己的孙子;她不能在村庄招待客人或与人礼尚往来;她只能去讨饭;她无法带上祭品到圣殿向神许愿,或参加她所在社区的庆祝活动;她只是被可怜或嘲笑的对象;她只能被某个占主导地位的自私的人用来反证其特权。这些所有日常生活中她所受到的屈辱,其实是在反复提醒我们,并非仅仅因为她贫困,更因为她是个不幸的寡妇。

农民的反抗模式

在圣经文本中,边缘化人群的呼声或苦难或被遮蔽掉,或被书写文本的男性精英阶层作者曲意化解掉。为了努力将其生活实况复原,我目前正在撰写《阶级行为》中的一个理论章节,研究那些被剥削的人们与剥削其食物、劳动力、税收、房租及其他物质财富的对立面之间每天的斗争。② 我选出了

---

① Yee, *Poor Banished Children of Eve*, 143—158.
② Teodor Shanin ed., *Peasants and Peasant Societies*. Harmondsworth and New York: Penguin Books[original, 1971], 1979. Michael Kearney, *Reconceptualizing the Peasantry: Anthropology in Global Perspective*. Boulder, CO: Westview Press, 1996. Eric R. Wolf, *Peasants*. Englewood Cliffs, NJ: Prentice-Hall, 1966. Robert Redfield, *Peasant Society and Culture*. Chicago: University of Chicago Press, 1956.

政治科学家詹姆斯·C.斯科特于我而言最有帮助的两部作品,《弱者的武器:农民抗争的日常模式》和《统治与反抗的艺术》。前者已运用在我的作品《被放逐的夏娃们》中讨论以色列女性的非正面反抗。① 斯科特认为,近期对东南亚农村地区的研究都只聚焦于大规模、有组织的反抗运动,从而给人一种民众对政治漠不关心及农民们很顺从的印象,他们只有在煽动者、先知、激进知识分子或政党的动员之下才会行动,并且连这种情况也极少发生。斯科特试图将传统认为的农民温顺服从的形象与其造反、抵抗、攻占城堡时的情况放在一起加以研究。②

斯科特指出,在整个历史发展进程中,农民最主要关注的还是生存,鲜以公开的、有组织的政治活动来对抗甚至改变社会体制。此外,统治阶层拥有各种手段(如税收、军队)保障他们对下层群体的剥削得以顺利进行,那些手段也会起威慑作用,使下层民众无法与统治阶层公开对抗。然而,鲜有农民公开对抗并不意味着下层阶级的绝对投降。相反,农民可能更趋向于,用埃里克·霍布斯鲍姆的话来说,"在这个剥削体系中……将劣势最小化"③。如果研究者仅将注意力集中在极少数情况下发生的有组织的农民起义,就将错过农民阶级反抗上层社会的最常见形式,斯科特称之为"弱者的武器"。那些武器包括拖延、欺骗、掩饰、擅离职守、逃逸、阳奉阴违、顺手牵羊、假装天真、抵制、盗窃、蜚短流长、诽谤、纵火、蓄意破坏、偷猎等。上述日常发生的反抗(如拖延、擅离职守、盗窃、蓄意破坏)主要针对物质材料,试图降低被剥削的程度或增加配给。象征性反抗(如流言和诽谤)意在羞辱剥削者,并鼓舞被剥削者的士气。那些斗争有某些共同点:不直面当局者,避免引起注意或追查,不需要周密的组织、策划,不会挑战既有社会结构,而力求最大限

---

① Yee, *Poor Banished Children of Eve*, 48—53.
② James C. Scott, *Weapons of the Weak: Everyday Forms of Peasant Resistance*. New Haven: Yale University Press, 1985. James C. Scott, "Everyday Forms of Resistance", in Forrest D. Colburn ed., *Everyday Forms of Peasant Resistance*. Armonk. NY: M. E. Sharpe, Inc., 1989: 3—33.
③ E. J. Hobsbawm, "Peasants and Politics", *Journal of Peasant Studies* 1(1), 1973: 3—22.

度地减少对其的不利影响,依赖于当地的人脉关系。①

　　斯科特反对只把"反抗"定义为有组织的、无私的行动,伴随着一些革命成果,例如削弱了统治阶级,因为这种定义忽略了那种无固定组织、自我随性式的,未取得实质性成果、未撼动既有统治架构的反抗活动。斯科特认为,这种定义是对下层群体在统治阶层强大压迫下的日常抗争的无视。他指出,美国内战前南部的奴隶若暗中屠杀主人的猪,其实就是为了饱餐一顿,或藉此表达自己希望能更体面生活的愿望。② 然而,由于下层群体的斗争主要涉及对物质生活的诉求,对自身物质利益的关注也就成为其政治活动的重要部分,几乎每一例个人式的反抗斗争都牢牢植根于对物质的诉求。农民对上层阶级的斗争,无不是针对统治阶级对其劳动力、赋税、财产的剥夺:

> 　　当一个农民为了逃税私藏一部分作物,他既是为了填饱肚子,也是在与国家抢夺粮食;当一个农民士兵从服役的部队逃离,既是因为服役的生活太苦,而家乡丰收在望,也是一种对国家要求的否定。当这种行为是少数、孤立的,就引不起什么波澜。然而,当这种情况(即使不协调,更谈不上什么组织)常常发生,它们就成为我们要研究的"反抗形式"了。③

　　农民各种形式的反抗不会无缘无故地发生,就像雅典娜不会无故从宙斯的脑袋里诞生一样。精英阶层对农民的剥削在前,农民反抗的程度由剥削本身及精英阶层施予压迫与刑罚程度来决定,而非反抗在前。农民反抗的形式因此取决于上层社会,鲜有无缘无故自发的反抗。精英阶层所拥有

---

① Milton J. Esman,"Commentary", in Forrest D. Colburn ed., *Everyday Forms of Peasant Resistance*. Armonk, NY: M. E. Sharpe, Inc. 1989: 221—228.
② Ibid., 291.
③ Scott, 1985, 295—296.

的经济权力使他们并非十分介意下层群众是否顺从,因此,从属阶级必须在顺从与反抗之间做出自己的选择。

下层群体对上层的一般性顺从与反抗从来都要规避不必要的风险和报复,并且他们也在不停刺探精英阶层防卫的弱点,找寻可乘之机。最接近精英阶层定义中"值得尊敬的农民"或"值得奖励的穷人"或"柔顺的奴隶"的下层人往往可以得到好处,至少只受到最少的伤害。而"顺从的女人"与上述情况不同,女性的顺从往往是因为她顺从之后可以得到好处,其顺从源于男权力量的威慑。再来看所谓的"可敬的农民"对上层社会的顺从,其实也是顺从与逢迎的权宜之计的混合体。① 当我们研究了以色列男性及女性农民时,就必须考虑他们因身份和利益的多重原因而展现出的各种复杂表现:男人和女人、丈夫和妻子,他们各自或顺从或反抗或共谋或拖延的表现可能出于不同的原因。在某个农民村社里,对政权的反抗和顺从往往彼此共存。②

为了使自己的地位合法化,享有特权和物质财富,精英阶层必须设法说服下属群体相信,他们对上层社会的合作与支持亦符合其自己的利益。要达到这一目的,精英阶层必须向其附属者承诺,保证他们受到保护,确保他们的利益。精英阶层还要表现出慷慨、善意,而且还须不时实现一些许下的承诺。"统治的艺术并非只是扔给下层民众一个象征性的骨头,而是需要一些切实的自我利益牺牲或对自我的约束"。③ 当精英们未兑现其承诺时,那些本使其统治、剥削合法化的意识形态就可能成为下属阶层手中的反抗工具,尽管并非十分有力;他们会因此将统治阶层纳入评判标准,加以批评攻击。其中一种秘而不宣的方式,就是农民通过传谣,诋毁

---

① Ibid.,278—81。另见 Charles Tilly,"Domination, Resistance, Compliance... Discourse", *Sociological Forum* 6(3),1991:594。
② Christine White,"Everyday Resistance, Socialist Revolution and Rural Development: The Vietnamese Case", *Journal of Peasant Studies* 13(2),1986:60。
③ Ibid.,337。

统治阶层的声誉和特权。与其他日常反抗方式类似,这种八卦、诽谤、人格诋毁隐藏于一个个看似顺从、无个性、沉默的农民面孔之后,在不知不觉中发生着作用。① 在荣耻观念异常强烈的古代以色列,一个人在其社群中的社会声誉与信誉是至关重要的,因此,运用这种武器可以有效地对富人发挥制约作用。

权力关系记述

斯科特的《统治与反抗的艺术》在方法论上对我的古以色列边缘群体研究产生了重要影响。由于弱势群体的反抗方式天然地具有避免公开冲突和反侦查的特性,由精英阶层书写的圣经文本并未记录很多关于其拖延怠工、擅离职守、逃避、假意顺从、假扮天真等的小故事和小段子。斯科特在其马来西亚实地考察的工作中发现,"在富人面前穷人唱某首歌是一个调调,而在自己的穷人圈子中则是另一个调调"②。富人也是这样,他们面对穷人时说话是一种语气,在自己的圈子内是另一种语气。斯科特藉一句埃塞俄比亚谚语生动地表述了那种不同:"当伟大的领主走过时,聪明的农民既深深鞠躬,也偷偷放屁。"

1. 公开记述

斯科特区分了某个被特定研究的社会中的"官方"或"公开"记录和"民间"或"地下"记录。前者是官方公布的描述统治阶层与下层群体之间社会关系的官方话语。"公开记述其实就是占主导地位的精英们的自画像,他们使自己如其所愿的那样被看到……他们精心设计这种记述,将自己所享有

---

① Christine White, "Everyday Resistance, Socialist Revolution and Rural Development: The Vietnamese Case", *Journal of Peasant Studies* 13(2), 1986: 234—236, 282—285.
② James C. Scott, *Domination and the Arts of Resistance: Hidden Transcripts*. New Haven: Yale University Press, 1990, ix.

的权利与权力自然化,并偷偷藏起了不可外扬的家丑"。① 公开记述集中体现了在统治与顺从这个权力的竞技场,上层精英如何将自己剥削农民的物质盈余合法化,如等级制、顺从、羞辱及惩罚,并在意识形态领域为那种社会不平等的现状寻找合理合法的借口,尤其在宗教与政治领域。于是,这种官方记述就显示出在某个特定社会统治现象中物质、文化、意识形态间的内在关联。这种记述为社会财富的不均匀分布提供了理论支持,将下层民众的反抗视为不当,并在文化层面将下层民众描绘和贬低为欺诈、诡计多端和不诚实,从而为统治阶级的意识形态提供支撑。

斯科特用来描述官方权力话语记述的许多隐喻来自戏剧。双方演员都根据特定公共角色进行表演,面具和化装隐藏了各自的真实感情、动机及恐惧。精英阶层夸张地展示自己的财富与权力,彰显自身的优越,要求社会的尊重与贡赋。丈夫们坚称在夫妻关系中他们应占主导地位,妻子应在经济、社会和情感上依赖于丈夫。另一方面,下属阶层也通过隐藏自己的真实情感,表现出柔顺、服从来保护自己免受报复和惩罚,妻子们也以迂回的方式消解丈夫对自己的过分命令、要求。正如下属必须上演一些令人信服的节目,表现自己的温柔、顺从,上层群体也必须一边展示出的自己优越性,一边隐藏某些不当。"在下层群体众目睽睽的凝视中,所有统治阶级都不得不隐藏某些东西"。② 领导者必须展示出能力和成功,即使他们并不行;丈夫必须控制其妻子,即使实际上他根本控制不了。然而,上述两者之间还是存在着重大差异的。与从属阶层相比,精英群体占有物质、文化、意识形态方面的资源,藉此,他们可以展示特权,施行愿望和诉求。而且,奴隶或妻子如若僭越社会规则,就可能遭受人身暴力伤害,而地主或丈夫若如此,不过成为笑柄而已。③

---

① James C. Scott, *Domination and the Arts of Resistance: Hidden Transcripts*. New Haven: Yale University Press, 1990, 18.
② Ibid., 52 n 16.
③ Ibid., 3—13, 45—69.

公开记述实质上规定了从属阶层对统治阶层的顺从,同时指出不顺从、不服从可能遭致的惩罚。不服从是不现实的或危险的,或二者兼具。诸如点头哈腰、柔顺沉默、逢迎献媚、阿谀奉承等行为实质上拉开了阶层之间的距离。① 不仅如此,表演得真实可信的顺从会使精英阶层对其下属阶层的真实感受和行动一无所知。因此,一方面,从认识论的角度看,从属群体对统治阶层的了解多于对方对自己的了解。我曾仔细研究过古代以色列时期妇女在这方面的表现,她们通过迂回的方式防止男性过多地侵入自己的世界,并以欺瞒的方式掩饰其反抗。② 另一方面,由于精英阶层感觉他们很难看透顺从面具之下的实质,就以最坏的情况揣测不为其所知的下层群体,逐渐在官方话语中形成他们是"不值得尊重的穷人""坏女人""谎话连篇的农民"的认识。统治阶层并不把下层群众的欺骗、狡猾或不诚实归因于社会物质财富、权力的不平等分配,而是想当然地认为,他们之所以欺瞒、滑头、懒惰、愚蠢等是天性使然。这些想当然的对下层群众的想象,随着性别、肤色、阶层而具体化。藉此,上层社会更相信自己掌握着真理,且诚实、理性,自我阶层的优越感愈发加强。③

由于只关注表象与表演,对下层群体的公开记述由此是不可信的。④而我们在希伯来圣经上看到的,实质上就是这种公开记述话语,就是由上层社会的精英描述的下层边缘群体的故事。如果我们只看圣经文本的表象记述,却会发现,从属群体是安于现状的:徭役劳动者高兴地离开其妻子和家园,经年累月地投身于国王的建筑计划;犹太农民踊跃上缴其收成,为保障上层社会奢侈的生活贡献力量;又或是他们高高兴兴地抛弃了自己的家庭和庄稼,为国王而战(撒下 8:11—17;王上 4:22—28;9:15—22);妇女们是

---

① Howard Newby, "The Deferential Dialectic", *Comparative Studies in Society and History* 17(2), 1975:139—164.
② Yee, *Poor Banished Children of Eve*, 53—56.
③ Ibid., 35—36.
④ Ibid., 57—58.

有罪、不诚实、不可信的,与许多文本的描述完全一致(何1—3;结16,23)。

2. 地下记述(The Hidden Transcript)

据斯科特研究,当统治和剥削存在时,很多社会活动不得不在暗中进行。因为害怕遭到报复,下层人民对上层权力的批评、反抗都是秘密进行的,不让上层人士看到。于是,地下的民间记述发生在"舞台的后方",避开上层统治者的追查,① 为下层反抗话语提供了一个表达的空间。举例来说,奴隶们有同种族之间的聚会、为同一个主子服务的同伴、最亲近的朋友,及其最安全的场所即家庭。② 从历史上看,相对安全的地点有安静的亭子一角、奴仆聚会的场所、秘密宗教集会等。这些隐藏的反抗性表达并不局限于口头,还包括如上所列的弱者的武器:偷盗、逃税、偷猎、怠工等。③ 其行为都在匿名中进行,且通常在夜间活动。

那种因受了压迫的侮辱而自然而然引发的愤怒,即不能在公开场合对统治者表达的愤怒,在这种秘密场合中找到了发泄口。因为下属阶层不能公开对受到的屈辱、鞭打、蔑视表达不满,这种私下的方式就可提供"一个恣意报复的幻想世界,甚至某些时候付诸行动,表达自己被统治阶级深深压抑的愤怒与不满"。④ 在许多情况下,付诸行动发生在宗教活动的场合,⑤其复仇的幻想可以是诅咒他们的敌人,或亵渎官方宗教。在那些聚会中,他们可以分享神一样的英雄们的故事,英雄们以一种无所不能的方式贬损上层精英阶层。他们反抗的模式还有对富人的不幸遭遇幸灾乐祸,幻想不久的将来穷人会翻身,目前的富人会落入社会底层。这就是借机发泄愤怒或不满,

---

① Scott, *Domination and the Arts of Resistance*, 4.
② Ibid., 26.
③ Ibid., 14.
④ Ibid., 37—38.
⑤ James C. Scott, "Protest and Profanation: Agrarian Revolt and the Little Tradition, Part I", *Theory and Society* 4(1), 1977a:1—38. James C. Scott, "Protest and Profanation: Agrarian Revolt and the Little Tradition, Part II", *Theory and Society* 4(2), 1977a:211—46.

一抒被压抑的屈辱。①

我们不能忽视这种隐藏的象征性抵抗。这些反抗于精英阶层是有作用的,有力的证据之一就是,上层社会总是企图控制或镇压那种集会。② 在其宗教或广义的层面,我们可以看到揭开古代以色列此种隐藏的反抗形式的潜在意义,尤其是发掘他们那种狂热宗教集会与崇拜的意义,因为圣经文本的叙述总是试图将那种集会彻底杜绝。③

3. 在公开记述与地下记述之间

在公开记述与地下记述的连续统一体中,斯科特概述了四种与官方话语截然不同的边缘群体的政治话语。④ 第一种也即风险最小的反抗,意在利用充斥于公开记述中的上层精英的美好的自画像。以美国内战前的南方为例,公开记述总是表扬某位善心的白人奴隶主如何善待其黑奴们,尽管事实可能恰恰相反。下层劳动者也会利用这种宣传,向其主子要求一些小小的好处,如更多更好的食物或待遇,在教堂自由集会的权利等。"这样奴隶们就可以藉宣扬好心的白人主子如何善待其奴仆,而稍稍从其主子那里得到一些好处,且危险性最小"。⑤

第二种类型与第一种恰恰相反。在这种反抗中,下层人民在一个密闭的空间发泄对上层群体的愤懑,其发泄一旦被主子们发现,必然被扼杀。第三种类型介于公开记述与地下记述之间,是一种看似假意、匿名、虚伪、掩饰的政治话语,而实质上它是一语双关的,只是为了隐藏发表者的真实意图或身份。第四种类型是,当公开记述与地下记述发生强烈冲突时,下层民众会

---

① Ibid.,5—7.
② Ibid.,124—128.
③ William G. Dever, *Did God Have a Wife? Archaeology and Folk Religion in Ancient Israel*. Geand Rapids: William B. Eerdmans, 2005.
④ Ibid.,18—19.
⑤ Ibid.,18.

公开地对当权者爆发愤怒,发出自己的声音。

在研究以色列边缘群体的利益诉求时会发现,第三、四种类型尤其会发生。且以介于公开与地下之间的第三种类型为例。因为对于边缘群体来说,其诉求的主要目的是得到一些物质利益并且不被发现,他们往往以隐蔽的方式去表达,因此,很难从诸如圣经这类历史文本中发现对此类行为的正面描述。"在这种类型中,从属阶层心照不宣地希望其任何行为都不会引起官方的注意或留下不良记录,以致他们会小心翼翼地掩盖做事的痕迹"。[1]因此,从属阶层会以各种方式悄悄地将其意愿渗入公开记述。因为他们明白,任何直接的对抗都会招致当权者对他们的迅速消灭,因此下层群体慢慢学会了如何说话周全、委婉,也就是统治阶层所认为的他们的"滑头和虚伪",斯科特称之为"强权下的声音"。[2]

第三种类型的反抗行为有可能进入公开话语中,但往往是以柔和委婉的方式。那种伪装有两个技术要点:隐藏真实意图,并隐身发出那种声音的人。前者包括诸如在面对统治者时,为了避免被报复,哪怕是满含对统治者的不满、嘲弄,也要顺从地说"是的,先生""是的,主人""是的,阁下"。批评上层阶级的意图可以通过委婉、掩饰及模棱两可的方式表现出来。于是,对于受到不公正、期望得到补偿的请求,就以委婉的方式传达给主子们。将真实诉求隐藏于易于被统治阶级接受的温顺尊敬的话语中,此即下层民众的策略。它表面上与官方的记述话语相一致,因为如此代价最小,并可以让统治者对其忠诚放心,进而满足其请求,以一种让统治者自己觉得不失高尚的方式。而且,即使其请求失败了,也能全身而退。[3]

诅咒及巫术也是边缘群体常常依赖的反抗手段,尤其是妇女。一个精神恍惚、中了邪的妇女可以公开地抗议其丈夫,如诅咒、要求、僭越男性的主

---

[1] William G. Dever, *Did God Have a Wife? Archaeology and Folk Religion in Ancient Israel*. Geand Rapids:William B. Eerdmans,2005,87.
[2] Ibid. ,136—182.
[3] Ibid. ,101.

29

权。她不会因此受到惩罚,因为中了邪的妇女之所以如此,是"魔鬼示意她如此"的。①

与上述因模棱两可而很少招致报复的请愿类型所不同的,是那种也许诉求本身切实带有一定威胁,但表达那种诉求的人采取了隐身的策略。一个常见的例子是传播恶毒的流言蜚语,专门诋毁主子的人格。流言这种反抗形式的特点是,内容不堪入耳,却很难找寻其传播的源头,因为很多人都会乐于传播它。如果真的追查流言的源头,传播的人能轻易地推卸自己的责任。流言与小道八卦可以很好地为下层群体争取权利服务,且是匿名、无法追查的。流言的结果并不能主导上层人士的行为,但在某些场合,它使事情变得复杂,无法下结论。当情况不定时,流言可以轻易点燃人们之间的敌对感。喋喋不休是另一种隐身的抱怨方式,其核心在于以一种可以不承担责任的方式将自己的不满公之于众。

其实,在公开记述与地下记述之间,已形成了一种秘密反抗行为的口头表达文化。与流言蜚语、小道消息一样,民歌也来源模糊,但它们可以通过反复的表演歌唱,展现对立与抗争的历史。民歌可以被反复修改,出现很多版本,应景地表达特定需求。民间故事也可以嘲弄精英阶层,同时提升下层人民的自尊与士气。那些民间传说塑造出很多劫富济贫的"罗宾汉""佐罗"形象。一些本是记述无赖行为的故事,像贝尔兔子,最后成为智慧、灵巧的非裔美国人与对立阶层斗争胜利的象征,如《蠢笨奴隶主的故事》。那些故事通过描述不屈的抗争,给下层人民带去勇气与安慰。宗教也能成为另一种抗争方式。乌托邦之类的故事,因其描述了未来无压迫剥削的世界,给下层人民带去了希望。宗教故事也塑造出未来救星,给人们带去新的世界。那些乌托邦故事甚至想象出时间、地点,届时审判与惩罚将会到来,社会阶层必然翻转,那些作恶的富人会受到应有的惩罚。② 流言、八卦、民歌、民间

---

① William G. Dever, *Did God Have a Wife? Archaeology and Folk Religion in Ancient Israel*. Geand Rapids: William B. Eerdmans, 2005, 141.
② Ibid., 80—82, 160—172.

故事、乌托邦宗教都能创造出一个为下层人民疏解愤懑、表达反抗情绪的空间。"即使这种反抗是模糊的,但至少它们是存在的,它们敢于对强权发声,对反抗统治者起到不可小觑的作用"。①

正是这个位于公开记述与地下记述之间的空间,为研究古代以色列的边缘群体提供了更多的可能性。我只能点到为止。为了研究上述史实,我会再次从边缘群体的角度研究其间许多看似欺骗与无赖的故事。我想起《创世记》中男女家长撒谎欺瞒的故事;《出埃及记》第1章中的收生婆;《出埃及记》第2章中婢女的反抗;《约书亚记》第2至3章中喇合与淫妇的故事,《约书亚记》第9章中的基便民众——前者获得拯救,而后者被奴役;在《士师记》第9章中,约坦谴责了国王的为人;更多的示例在《列王纪上》第12章和马加比起义故事中。尤其在农业文化下的以色列,在官方宗教及君主祭祀制兴起之前,就已有丰产之神及偶像崇拜出现,我曾详细研究以巫术、媒介、妖术或其他形式的法术进行的抵制(申18:10—11;利19:26,31;20:6—7,27;比较撒上28:7—24)②——针对上层社会的宗教及其他形式的崇拜,③《以赛亚书》14:4—21;37:22—29及《士师记》第5章所载面对统治者的压迫,下层人民奋起反抗的微光。④

我将探讨有关奴隶和徭役劳动者的律法和故事,梳理出有关他们被囚

---

① William G. Dever, *Did God Have a Wife? Archaeology and Folk Religion in Ancient Israel*. Geand Rapids:William B. Eerdmans,2005,166.

② Todd Klutz ed., *Magic in the Biblical World: From the Rod of Aaron to the Ring of Solomon*. JSOTSup,245;London & New York:T. & T. Clark International,2003. Ann Jeffers, *Magic and Divination in Ancient Palestine and Syria*. Leiden:E. J. Brill,1996. Joanne K. Kuemmerlin-McLean, "Magic(Old Testament)", *Anchor Bible Dictionary*, Ⅳ,1992,468—471.

③ Dever, *Did God Have a Wife? Archaeology and Folk Religion in Ancient Israel*, 2005. Susan Ackerman, *Under Every Green Tree: Popular Religion in Sixth-Century Judah*. Harvard Semitic Monographs 46;Atlanta:Scholars Press,1992.

④ Gale. A. Yee, "The Anatomy of Biblical Parody:The Dirge from in 2 Samuel 1 and Isaiah 14", *Catholic Biblical Quarterly* 50(4),1988:565—586. Gale. A. Yee, "'By the Hand of a Woman':The Biblical Metaphor of the Woman Warrior", *Semeia* 61,1993:99—132.

禁、剥削的生存状况。① 我会重新审视记述诅咒的许多篇章,以发现更多的隐形反抗(利26;申28—32)。② 我会研究像哈拿之歌(撒上2)和圣母颂(路1)等处的复仇幻想,"素来饱足的,反作佣人求食;饥饿的,再不饥饿"(撒上2:5)。在这里,"他叫有权柄的失位,叫卑贱的升高,叫饥饿的得饱美食,叫富足的空手回去"(路1:52—53)。这些复仇幻想让我们明白下层民众如何受压迫,且怎样定义那种压迫。它们让我们更好地理解那些浓烈的情感,以致于使得他们宣告:"报复你,像你待我们的,那人便为有福。拿你的婴孩摔在磐石上的,那人便为有福。"(诗137:8—9;参看赛13:16)。当然,选文集与赞美诗试图以不激进的语言描述那种对孩童的行为。总之,这为我们观察总是对上层压迫默默不语的以色列下层社会提供了一个很好的机会,否则他们是绝不敢公开与统治者决裂的。

向强权说真话

作为从属阶层第四种方式的示例,斯科特讲述了一段插曲,一个白人家庭女教师记录了阿吉慷慨激昂的爆发。阿吉是一个受人尊重、谨慎的厨娘,

---

① Daniel C. Snell, *Flight and Freedom in the Ancient Near East* (Culture and History of the Ancient Near East,8). Leiden:E. J. Brill,2001. I. M. Diakonoff,"Slave-Labor vs. Non-Slave Labor:The Problem of Definition",in Marvin A. Powell ed. , *Labor in the Ancient Near East*. New Haven:American Oriental Society,1987,1—3. Victor H. Matthews,"The Anthropology of Slavery in the Covenant Code",in Bernard Levinson ed. , *Theory and Method in Biblical and Cuneiform Law:Revision, Interpolation and Development*. Sheffield:Sheffield Academin Press,1994,119—135. Muhammad A. Dandamayev, "Slavery (Old Testament)", *Anchor Bible Dictionary*, VI, 1992:62—65. J. Alberto Soggin,"Compulsory Labor under David and Solomon",in Tomoo Ishida ed. , *Studies in the Period of David and Solomon and Other Essays*. Winona Lake,IN:Eisenbrauns,1982,259—267. Anson Rainey,"Compulsory Labor Gangs in Ancient Israel", *Israel Exploration J* 20,1970:191—202. Isaac Mendelsohn,"On Corvée Labor in Ancient Canaan and Israel", *Bulletin of the American Schools of Oriental Research* 167,1968:51—57.

② Jeff A. Anderson,"The Social Function of Curses in the Hebrew Bible", *Zeitschrift fur die alttestamentliche Wissenschaft* 110(2),1998:223—237. Delbert R. Hillers, *Treaty-Curses and the Old Testament Prophets*. Rome:Pontificio Istituto Biblico,1964.

目睹了白人男主人对她女儿明显是冤枉的鞭笞。当主人刚离开,阿吉就向女教师爆发了,因为她视其为盟友:

> 这一天就要来到!这一天就要来到!……我听到战车隆隆的声音!我看到闪耀的火枪!白人的血四处流淌成河,他们的头颅被高高挂起!……啊,上帝!加速那一天的到来吧,我身上的伤痕和痛苦也必会降临到白人身上,秃鹰把他们吃掉,他们死在街头!啊,上帝!滚动你的战车,给予黑人和平!啊,上帝!让我快乐地生活到那一天到来吧!到那时,我将看到像被打死的野外饥肠辘辘的恶狼一样狼狈的白人。①

我们在这里看到的,就是一个典型的因蒙受不公正待遇而突然撕破日常的温顺而爆发了的例子,撕破了公开话语的面纱,显露出反抗话语。请注意,这里对于白人主子的反抗,以让白人读者心惊胆战的笔法绘出,以秃鹫般的厮杀方式出现。"令人尤为震惊的是,这次爆发仍然是一次尚未全面爆发的愤怒,它形象地昭示了主人末日的到来,一个属于复仇与胜利的日子,世界马上就会完全翻转,而且就以白人宗教信仰中展示的那种方式翻转。"②

圣经的先知书和启示性书卷为揭示下层民众隐藏的复仇愿望提供了肥沃的土壤。那些书卷的作者大多是来自社会特权阶级却持不同政见的知识分子,因此他们本人就隶属于精英群体。③ 阿摩司、何西阿、弥迦、以赛亚等先知通常都认为社会财富分配不公是非正义的,并谴责富人对穷人的剥削。通过他们的话语,边缘群体的话语被接收到,一如被压迫妇女的声音是通过讲述男性故事而被传播出去一样。同理,通过文本中先知的话语,被压迫阶层对真理的诉求也可以被复原。

---

① Scott, *Domination and the Arts of Resistance*, 5.
② Ibid., 6.
③ Joseph Blenkinsopp, *Sage, Priest, Prophet: Religious and Intellectual Leadership in Ancient Israel*. Louisville, KY: Westminster / John Knox Press, 1995, 147—154.

这些被压迫者代言人的话语也许并非十分具有说服力或令人印象深刻,因为他们各自都有自己独特的人格特质或魅力。实质上,其引人之处在于他们愿意为这种隐藏的反抗代言。一方面,他们必须有表达的途径;另一方面,他们必须保证这种表达被公开之后,其人身是安全的,不必害怕遭到报应,并保持下层群体被边缘化的现状,尽管他们时常为这个群体的权利而奔走呼号,并因此受到一定的惩处。斯科特注意到,这些为下层民众利益奔走而背叛自己阶级利益、使隐藏的反抗显现的精英们,给社会的权力制衡带来了很大威胁。他们深知精英阶层的脆弱,明白剥削和压迫只不过被体面地遮掩着,甚至在某些情况下他们自己也是剥削者的共谋。由于其较高的地位,他们可以将下层社会的抱怨、恐惧、愤怒及愿望公之于众,这引起精英阶层的不解与愤怒。"通常,精英阶层的背叛者与下层社会的背叛者,其背叛的原因及解释缘由是不同的。可以很轻易地解释为何原先隶属于奴隶阶层的一员会成为自己同胞的监工者,但一个出身上流阶层的精英,为何放着舒适的日子不过,却独独青睐解放奴隶、废除奴隶制,这确实很难理解"。①先知被视为背叛精英阶层的精英,关于他们被噤声、被迫害、被投入监牢之事时有发生(摩 7:10—17;弥 2:6;何 9:7—8;耶 20:1—3,7—10;得 4:24)。我们不会在先知书中发现关于边缘群体生活实况的记述,尤其在复杂的社会背景之下。然而,先知书依然是我们探究边缘群体生存真相时必须利用的工具。

结　论

本文藉政治科学家詹姆斯·斯科特的研究方法,分析并复原了古代以色列边缘群体的生存实况。为了复原边缘群体既受压迫,又以各种形式积极反抗的史实,斯科特提醒我们,不能忽略边缘群体日常生活中试图被动减

---

① Ibid.,67 n.42.

缓压迫与积极反抗的各种形式。在各种或象征性或实质性的游击战一般的与统治者斗智斗勇的较量中，他们必须抓准上层社会的弱点，又进攻又逃逸，在掩饰与迂回之间操作，并且要学会躲开追查。斯科特还建议我们，要研究公开记述与地下记述之间的空间。在公开记述层面，无论上层社会抑或下层人民，都会在某种程度上作秀。具体说来，上层社会需要使其特权与剥削合法化，并掩饰其脆弱的一面；从属阶层表面上看似符合官方与统治阶级的要求，因为，若非如此，其下场将是十分危险的；然而，下层民众已学会如何将其反抗隐藏于地下，以委婉、和顺、不招致报复的方式悄悄进行，既不让统治阶级发现，又实现了自己的诉求。

在研究古代以色列边缘群体时，我面临的挑战是穿过希伯来圣经中公开记述的迷障，进入有关以色列下层民众的地下记述中。下层社会常常表现出对上层社会的服从，不仅因为上层统治者有手段与能力迫使民众就范，而且也因为下层社会民众寻求自我保护，不受追查与迫害的威胁。斯科特的研究给众多研究下层民众生活的学者以启示，表现于他认为，下层民众已学会将反抗掩藏在社会要求的"和顺"之中，因而须解码那些看似顺从而实属反抗的行为，进而看透权力的动态较量。我所感兴趣的，是以色列的边缘群体如何形成了这种暗中的反抗形式，在何种情况下，边缘弱势群体决定诉诸或不诉诸公开的反抗形式，以及这种反抗与官方记述话语之间的关系如何。

作者余莲秀，现为美国剑桥新教圣公会神学院金南茜（Nancy W. King）圣经研究教授，在第四届国际华裔圣经学术会议（香港，2014）上获颁"前辈"学者奖章，著有《被放逐的夏娃们：希伯来圣经中作为祸水的女性》等。译者张璟慧，河南大学外语学院副教授，主要研究文艺学、圣经文学。

（张璟慧　译）

（邱业祥　编）

走向唯物论女性主义阅读*

[美]布丽奇特·卡尔

内容提要:唯物论圣经阅读作为一种科学方法论或探索原则,可以为神学创作提供一条新的进路,有助于揭露传统学术释经中普遍存在的唯心主义。在西欧,唯物论释经法主要见于三个学派:德国社会历史学派、荷兰阿姆斯特丹学派、"唯物论阅读"派,其中德国社会历史学派在女性主义释经领域影响力最大。然而,本文将重点关注"唯物论阅读"派及阿姆斯特丹学派,虽然这两个学派不那么有名,但据推测,他们定义及论述经文物质性的特殊方法可能也会对女性主义释经具有潜在的价值。文章首先介绍"唯物论阅读"派及其文本理论,并某些迄今为止尚未得出的女性主义结论,最后两部分将根据阿姆斯特丹学派的方法来探讨圣经自我诠释的女性主义内涵,并以《路加福音》为例来分析。

关键词:圣经诠释;唯物论阅读;女性主义批评释经;费尔南多·贝罗;阿姆斯特丹学派

---

* 本文原载于 Elisabath Schüssler Fiorenza (ed.), *Searching the Scriptures*. New York:Crossroad, 1993,225—240。经原作者授权译成汉语,发表于本刊;内容提要、关键词系译者依据正文编写。

Toward a Materialist-Feminist Reading

Brigitte KAHL[USA]

Trans. by HE Guijuan

Abstract: Materialist reading of the Bible, as a scientific methodology and heuristic principle, may help to expose the idealism of the prevalent academic exegesis. Materialist approaches can be found mainly in three exegetical schools in Western Europe: the Sociohistorical School in Germany, the Amsterdam School in the Netherlands and the "Lecture matérialiste", among which the Sociohistorical School has become an influential branch of feminist exegesis in Germany. However, this article will concentrate on the "Lecture matérialiste" and the Amsterdam school. Although both of them are not so well known, it is assumed that their specific way of defining and handling the materiality of biblical texts could be of potential value for feminist-critical interpretations. The article first deals with the "Lecture matérialiste" and its textual theory together with certain hitherto undrawn feminist conclusions, and then examines the feminist implications of inner-biblical self-interpretation according to the Amsterdam approach, taking Luke as an example.

Key words: exegesis; materialist reading; feminist-critical interpretation; Fernando Belo; the Amsterdam School

一、西欧"非唯心论"圣经诠释

在二十世纪六十年代那十年当中,欧洲的政治与神学经历了扣人心弦的事件及发展。第二次梵蒂冈大公会议召开,解放神学兴起,教会与社团世界大会于1966年在日内瓦召开,1969年,世界基督教会联合会决定启动对抗种族主义的项目,1968年,学生运动中爆发了乌托邦之社会希望与激情,数月后布拉格的民主社会主义惨遭溃败。与此同时,社会不公正及经济、政治、种族压迫等问题被提上教会的神学议程。

在此背景下,各种阅读圣经的新方法在西欧的诸多国家浮出水面,那些方法的神学、社会学、方法论框架大相径庭,却大都侧重于:(1)对圣经文本之历史背景的社会批判分析;(2)积极参与当前社会斗争的政治实践。它们的名称五花八门,如"具象"释经学、"政治"释经学、"社会历史"释经学、"非唯心论"释经学、或"唯物论"释经学,后两个名称通常被用作一种集合名词来描述那些新方法的共同特征。

"唯物论圣经诠释"这一术语最早出现于费尔南多·贝罗(Fernando Belo)的《从唯物论视角阅读〈马可福音〉》(Lecture matérialiste de l' Evangile de Marc,巴黎,1974)中,此名称听起来自相矛盾,甚至有些吊诡。[①] 乍一看,卡尔·马克思创立的历史与辩证唯物主义似乎与神学工作格格不入,不仅仅是因为它的无神论及反宗教内涵,更是由于其对东欧社会主义国家的镇压性国家意识形态的曲解。

然而,唯物论圣经阅读却为神学创作提供了一条新的进路,把唯物论视为一种科学方法论或探索性原则,而非一个封闭的哲学或意识形态体系,有助于揭露传统学术释经中普遍存在的唯心主义。个人主义的、抽象的、"超脱尘世的"圣经诠释并未顾及诸如经济与政治权力结构,反对压迫、剥削、歧视的社会斗争等各种具体的生活现实,因此,在这个意义上,从根本上说,"唯物论"意味着"唯心论"的对立面。非唯心论的圣经诠释从如下这些方面向业已确立的历史批判释经法提出挑战并更具批判性:首先,圣经文本社会背景的分析;其次,原作者/收信人及当前读者/释经者的社会地位及经济政治利益;再次,回

---

① 英文译本见 A Materialist Reading of the Gospel of Mark. Maryknoll,NY:Orbis,1981。

避特权阶层之实践及视角的必要性,因为他们的立场与十字架所启示的圣经中上帝的立场、实践及视角水火不容。因此,可以把唯物论圣经诠释的"唯物主义"理解为一种释经工具,它有助于把圣经从二手的"唯心论"传统及阅读习惯中解放出来,以重新获得福音带给贫困者的原初信息。

应该指出的是,把唯物论圣经诠释理解为"非唯心主义",这在很大程度上归功于卡尔·马克思的原初方法。黑格尔认为历史与社会以绝对精神为基础及动力,马克思在批判黑格尔这一唯心论诠释时详细阐发了他的唯物论观念,提议从生活的物质基础出发。历史及社会的结构与发展源于人类生产及再生产的实践。人类何以存活下来?他们如何生产自己的生存方式?他们如何繁殖生命?这些被视为全部其他人类活动——包括文化及思想的生产——的物质基础。这种对实践要素的特别强调突出了人类主体的作用,而马克思以前的唯物论却把人类视为决定性自然进程的客体。

在西欧,"非唯心论"的方法主要见之于三个释经学派:

1. 德国社会历史学派

以露易丝·肖特罗芙(L. Schottroff)、威利·肖特罗芙(W. Schottroff)、克吕泽曼(F. Crüsemann),及斯特格曼(W. Stegemann)为代表。[1] 此学派摈弃了社会历史批判法的方法论框架,并通过引入有关社会背景的细节问题对之做出修正。他们详细探讨了下列问题:生活的物质条件、平民百姓的斗争,尤其是统治、剥削、歧视在整个社会的经济、政治及意识形态框架内的功能。

2. 荷兰阿姆斯特丹学派

以布鲁凯尔曼(F. Breukelmann)、杜雅卢(K. Deurloo)、修蒙特(R.

---

[1] 参见 Luise Schottroff and Wolfgang Stegmann, *Jesus and the Hope of the Poor*. Maryknoll, NY: Orbis, 1986; 及 W. Schottroff and W. Stegemann, eds., *Traditionen der Befreiung*: Methodische Zugänge. Munich, 1980。

Zuurmond)及费堪波(T. Veerkamp,德国)为代表。① 此学派未忽视对历史背景的研究,主要强调经文本身的"物质性"。阿姆斯特丹学派把犹太教释经传统同以卡尔·巴特为基础的神学背景相结合,同时也受到马丁·布伯(Martin Buber)与弗朗兹·罗森兹维格(Franz Rosenzweig)的圣经翻译及其中潜在的解释学原则的深刻影响。无论是《旧约》还是《新约》,基本上都是根据由最终校订者(得名 R,即 *Rabbenu*,我们的老师)建立的有机整体来对之进行解读。希伯来圣经及有关弥赛亚的写作(如《新约》)则被严格地视为一个整体,保持希伯来正典圣经的原初结构,其中包含律法书、先知书及诗文。圣经自身的文脉及结构首尾一贯,特别是通过语言(如某些关键术语的助记用法)将其自身物质化。在永久自我诠释的过程中,经文本身互相参照,并参照它们的"燃烧中心",这些"燃烧中心"存在于律法书——更为准确地说,存在于出埃及这一解放事件之中。

3. "唯物论阅读"派 (The "Lecture matérialiste")

代表人物可举出法国的费尔南多·贝罗(F. Belo)、米歇尔·克莱弗诺(M. Clévenot)、②乔治·卡萨利(G. Casalis),及德国的福塞尔(K. Füssel)。此学派极其关注圣经经文本身及其历史背景,以致历史与语言学的综合——法国马克思主义精神分析结构主义与语言学结构主义的综合——成为释经工作的一道方案,这还是头一次。

在上述"非唯心论"方法中,迄今为止,只有以露易丝·肖特罗芙为中心的社会历史学派得以把其历史批判及社会批判法转换为女性主义批评解放

---

① K. Deurloo and R. Zuurmond, eds., *De Bijbel maakt School*:*Eeen Amsterdamse Weg in de Exegese*. Ten Have, Baarn,1984;Martin Kessler,ed., *Voices from Amsterdam*:*a Modern Tradition of Reading Biblical Narratives*. Atlanta:Scholars Press, 1993; T. Veerkamp, *Autonomie und Egalität*:*Ökonomie,Politik und Ideologie in der Schrift*. Berlin,1993.

② Michel Clévenot,*Materialist Approaches to the Bible*. Maryknoll,NY:Orbis,1985.

神学,它已成为德国女性主义释经学一个很有影响力的分支。① 然而,本文将重点关注"唯物论阅读"派,并对阿姆斯特丹学派稍作评论,虽然这两个学派都不太出名,但据推测,他们定义及处理经文物质性的特殊方法可能也会对女性主义批评释经具有潜在的价值。

因此,本文接下来将介绍"唯物论阅读"派及其文本理论并某些迄今为止尚未得出的女性主义结论,最后两部分将根据阿姆斯特丹学派的方法来探讨圣经自我诠释的女性主义内涵,并以《路加福音》为例。

二、费尔南多·贝罗之唯物论阅读中历史与语言学的相互综合

依据马克思来阅读《马可福音》(法语 Marc)——这句充满挑战性的口号是费尔南多·贝罗在1974年提出的,旨在描述其《从唯物论视角阅读〈马可福音〉》的诠释学方案。那年,这位葡萄牙前牧师刚刚完婚,因为政治原因流亡法国,在那里发表了他关于第二卷福音书的重要评论。那一年葡萄牙爆发了传奇性的"康乃馨革命",如此一来,贝罗就可以回到自己的家乡。该书清楚地反映了1968年后欧洲独特的政治背景,根本性社会变革似乎有可能一触即发。在一个充满了政治承诺、希望及幻想(正如结果所证明的)的时代,对于费尔南多·贝罗及诸多其他天主教与新教"活动家"而言,神学的关键问题是:圣经所表达的基督教信仰是一种跟解放的政治实践相矛盾的意识形态吗?

这个问题让贝罗耿耿于怀,他开始寻找对分析圣经文本及背景可能有帮助的概念工具。帮助他阅读《马可福音》的绝不仅仅是马克思,他介绍了

---

① 参见 Luise Schottroff, *Let the Oppressed Go Free: Feminist Perspectives on the New Testament*. Louisville, KY: Westminster / John Knox, 1993; C. Schaumberger and L. Schottroff, *Schuld und Macht: Studien zu einer feministischen Befreiungstheologie*. Munich, 1988; 及 E. Gössmann, ed., *Wörterbuch der feministischen Theologie*. Gütersloh, 1991。

马克思主义、结构主义及精神分析学说之间高度复杂的联系,代表人物有阿尔都塞(L. Althusser)、罗兰·巴特(R. Barthes)、拉康(J. Lacan)、约瑟夫·辜(J.-J. Goux),及巴塔耶(G. Bataille)。其复杂的理论框架及独特的法国风味使贝罗的作品难以消化,然而,整个欧洲的释经团体却都采纳了那种新方法,那种方法在法国因为米歇尔·克莱弗诺、乔治·卡萨利,及其在德国由于福塞尔而得到进一步普及,巴黎、柏林及其他地方还召开了有关从唯物论视角阅读圣经的国际会议。

如前所述,在释经方面,"唯物论阅读"派最有趣的地方在于它把历史同语言学相互综合,从而把传统上认为水火不容的两种方法整合起来。此方法的"唯物主义"是通过一种让收支平衡的方式形成的:一方面是通常被认为与历史无关的结构主义,因为其在当前的文本形式及统一体内"共时性"地处理文本,而不考虑文本发展以前的阶段或具体的社会及历史背景问题;另一方面是"历时性"方法,如历史批判法及社会历史法,重点强调对文本及其相应背景的历史性分析。①

这种基于贝罗的整合性唯物论阅读是如何操作的,以及它何以适用于女性主义圣经诠释?首先必须解决如下三个关键问题:什么是文本?什么是阅读?文本如何与其社会背景相关?

1. 作为织物的文本

"text"(文本)、"textile"(织物)这两个英语词汇均源于拉丁文 *textilis*(一种编织而成的东西),了解该词的意义可能会有所帮助。诸如《马可福音》这样的叙事性文本被视为一种物质现实,通过写作性劳动而产生于语言

---

① 在北美,此论争主要聚焦于文学批评的两个极端,一方面是历史批评,另一方面是社会学释经。一种基本的综合观点坚持整个文本的文学与社会历史的整全,参见 Ched Myers, *Binding the Strong Man: a Political Reading of Mark's Story of Jesus*. Maryknoll, NY: Orbis, 1988. 梅尔斯(Myers)用以阅读《马可福音》的"社会文学"法在承认其归功于贝罗作品的同时,也指出了它们的主要不同之处(Myers, 36, 467)。

材料,这种组织文本的生产性工作被认为类似于编织。把某种"织线"——产生于无穷无尽、各种各样有意义的要素,那些要素构成了我们自身以外的现实——以特定的方式编织,依据某种"图案"来创建文本/织物,即有组织的构造物。使文本有意义的乃是编织方法——编织所依据的图案、色彩及其结头的排列。

2. 作为实践的阅读

根据法国语言学家罗兰·巴特的结构主义理论,让文学文本/织物有意义的"织线"被称为"密码",阅读文本有点类似于解码,这是一个极其复杂、极其具有创造性与共同创造性的活动。理解文本需研究该文本的密码结构,或"编织图案"。

为文本解码首先需要弄清楚其中出现了哪些"密码",第一步要求反复细致的阅读。所有以某种方式相互关联的术语均根据相关的密码而罗列及分类,贝罗主要使用两种类型的密码:其一是由三个密码指涉文本内部活动的进展,称作顺序密码,它们依次列出做什么、想什么、意欲如何,以及由谁来做(行动、分析、战略密码);其二是所谓的文化密码,它们把文本内部的术语同文本以外的处境现实联系起来:除了表达地点和时间的地理与时间密码外,还存在一种社会密码,其中包括经济术语(金钱、工资、债务等)、政治术语(凯撒、统治、士兵等),以及意识形态/宗教术语(洁净与不洁、上帝、异教徒、神殿等)。

在揭示了这些串行线或密码后,必须对其"图案"予以考察:其内部结构如何?与其他织线按照怎样的结构编织在一起?哪些词汇相当于"结头"或不同类型密码(如,"凯撒利亚"这个词既属于地理密码,也是政治密码)的"交叉"?确定这些结构关系,需完成如下工作:对比反义词(如,天—地,死亡之神—生命之神);弄清楚文本中行为人(行动元模式)之间或其中所选要素(如根据所谓的符号学四边形 A、非 A、B、非 B)之间的逻辑联系;反思

43

文本开头与结尾之间发生的变化或顺序等。

这些文本内部共时性操作的一个最大优势是,它们有助于以一种前所未有的方式来理解文本。对于女性主义释经而言,结构主义——这一方法论装备——在处理文本的时候,要求并形成大量好奇心、敏感性,及创造力,这些传统上被认为是"典型的女性"特质——或许有助于"用新的眼光"来阅读圣经。通过获取科学工具以在经文内部揭示先前尚未发现的模式及意义结构——如,或许,甚至是"女性主义密码"——它或许有助于克服传统男性释经的"阅读习惯"。

3. 作为总体社会构成之部分的文本

通过引入社会、地理及时间密码,贝罗把文本结构同处境结构紧密结合在一起,这样一来,释经绝不可能仅仅停留在孤立的共时性阅读层面。为了分析这种存在于圣经文本以外且指涉经文内部的社会处境性,贝罗主要诉诸历史唯物主义的范畴。他继承了马克思主义从三个层面对社会结构的分类,即经济、政治和意识形态。同时,贝罗也借助来自于各种其他源泉(如民族志学与精神分析学)的理论要素,极大地丰富了那些范畴,并对之予以改进。

在贝罗所受的各种影响中,值得一提的是法国马克思主义者、结构主义哲学家阿尔都塞的作品,他阐发了一个有关人类实践的特定概念,对于贝罗的诠释发挥了重要作用。为了克服对与所谓的上层建筑(政治、意识形态)相关的经济之统治作用(依据马克思的观点)的机械式理解,阿尔都塞重新定义了实践的根本物质范畴:包括三重内容的经济实践、政治实践,和意识形态实践。

至于该实践概念对贝罗有关圣经中巴勒斯坦之生产模式理论(书中的第一、二部分)的意涵,本文无法探讨。文本认知而产生的影响在前文已有所提及:阅读及撰写文本被认为是其自身意识形态实践的一部分。文本不是对现实的简单反思,而是一种途径,把现存事物的无组织性"混乱"转换成可阅读、可理解的经文这一结构性"体系"。文本要么可以强化社会现状,要么对之形成干扰,从而代表了一种与现实的对立(counter reality)。文本不仅是一种描述、诠释及理解现实的途径,亦是一种改变现实的方式。贝罗在其对《马可福音》的评论中试图证明圣经文本何以既为社会构成的一部分,同时又是其对照(counterpart)。

4. 作为社会构成之对照的圣经文本

尚需提及另外一个对于贝罗阅读《马可福音》极为重要的密码:弥赛亚密码或上帝的统治密码。该密码指涉耶稣强有力的弥赛亚实践,它从根本上颠覆了所有其他社会密码。在耶稣断气的时候,殿里的幔子从上到下裂为两半(可 15:38),这象征着整个社会组织和构成的破裂。在"唯物论教会学"这章的结论部分,贝罗用阿尔都塞的三重定义来描述该弥赛亚实践。最后一部分很好地说明了贝罗如何成功地把经济实践、政治实践、意识形态实践紧密地联系在一起,以及他何以把社会及文本现实同历史、语言学结合在一起——

双手的实践

在耶稣运动中,饼是给予的,而非买来的;分享带来加增和福气(如《马可福音》6:30—44 使五千人吃饱的案例);被耶稣触摸意味着重获健康。旨在重新建立整全身体的弥赛亚式反经济(counter economy),是基于精神的流通而非金钱的流通。耶稣实践在这方面的象征物是"圆"——例如,给饥饿者与贫穷者提供食物的圆桌,传统上将其表述为"爱",在文本密码的框架下,它关涉行为密码及社会/经济密码。

双脚的实践

耶稣从加利利到犹大山地,并从那里返回到加利利所走的"路",以及后来踏遍地极所走的"路",不仅超越了空间界限,而且超越了任何社会边界,以及由现存权力结构所勾画的界线。象征着饱足或丰富的餐桌向全世界延伸,任何"父"及统治者在新的教会团体中完全缺席(可10:30),它们在上帝之国的弥赛亚式对策(counter strategy)中均具有重要意义,颠覆了罗马帝国及犹太统治制度的政治秩序。教会传统将弥赛亚实践的这个方面称为"望",在文本分析中,它呈现为策略密码、社会/政治及地理密码。

双眼/双耳的实践

《马可福音》4:1—20把弥赛亚的话比作撒种,种子是落在石头地上,落在荆棘里,还是落在好土里,其效果大有不同。那些阅读并听到该卷福音的人,其社会地位决定了他们理解经文的方式;耶稣的敌人是基于主导价值观——如金钱、圣殿、国家、凯撒,以及一个虚假的"死亡之神"——来"阅读"其实践的,因而他们无法理解。相对于医治及给予粮食等充满爱("双手")与希望("双脚")的弥赛亚实践,居于统治地位的社会权力密码及物质贪婪会产生瞎目与聋耳的效果。双眼/双耳的弥赛亚实践意味着离弃旧的社会立场与解读模式,这就是贝罗所谓的"信",在文本分析中,用来指涉社会/意识形态密码及分析密码。这种新的语义场突破意味着对如下内容的理解:

> 耶稣充满能力的实践总是会在物质祝福方面结果子,而统治阶级的实践则总是隐含着诅咒。因此,必须从此祝福的唯物论视角来阅读经文,医治身体及给饥饿者提供食物的实践必须成为阅读的起点。①

5. 女性主义评价

根据阿尔都塞的定义,"实践"是指把特定材料转换成某种产品的任一过程,因而,贝罗所理解的三重弥赛亚实践把主流社会关系和密码这一"原材料"转换成上帝之国的新型教会关系和密码:这一现实摆脱了统治和歧

---

① Belo, *Lecture matérialiste de l' Evangile de Marc*, 339.

视,其中充满了食物、健康和社团精神——并且摒弃任何父。在对诸如《马可福音》10:28—30 这段经文进行评述时,贝罗重点强调此事实:根据《申命记》的祝福逻辑(施舍与分享会得到百倍的收获),在弥赛亚圈子内,由使徒留下的房屋、弟兄、姐妹、母亲、孩子及土地将成倍增加,而同样被留下来的父亲则得不到回报。父权制家庭及财产关系的弥赛亚转变乃是贝罗福音诠释的重心。

然而,在大多数地方他都是依据弟兄关系而非姐妹关系来描述这种弥赛亚转变的:如召集贫穷者,撇下富有者;召集仆人,撇下主人;召集门徒,撇下师傅;召集未成年人,撇下成年人;召集兄弟,撇下父亲。全面彻底地颠覆现有的父权制秩序对于妇女地位有什么意义?这一点偶尔会提到,但从未详细论述。同样,贝罗对于三重弥赛亚实践的思考亦缺乏任何女性的维度,其中尚未指明如下事项的特殊影响:整全的身体恢复;彻底包容的普世社团;"双手""双脚"及"双眼/双耳"等女性主义实践的新型言说方式及理解方式。费尔南多·贝罗的解放概念是以男性为中心的。

值得注意的是,贝罗本人在某种程度上也承认这种缺陷,在其《马可福音》诠释问世十年后,贝罗做出了一种自我批判式的重新评估与重新诠释。① 与此同时,葡萄牙革命的康乃馨业已凋谢(正如东德革命的烛火在十五年后也逐渐熄灭),在欧洲及其他地方,根本性社会变革似乎并不可能。贝罗的准弥赛亚希望——一场既可以改变经济关系又可以改变人际关系的新型"整全"革命——结果却是白日梦。

因此,贝罗如今重新定义了耶稣的弥赛亚实践,它并非一场旨在直接——而是间接地——改变社会结构的革命实践。弥赛亚转变的目标是有形的人类身体,它们被医治,有食物吃,在复活后重新融入教会社团这一代表人子的"集体身体"。于是,重心从生产模式(包括阶级斗争、国家、资本、统治理念、大众传媒等所有"大"问题)转移到生殖领域,这个领域涵盖了所

---

① Fernando Belo, "Ceci est mon corps", in *Lumière et Vie* 166, 1984.

有跟女人、男人、孩子的有形身体相关的日常生活"小"问题（例如，性别及家庭关系、性生活、房子、消费习惯等）。

在贝罗看来，人类的身体若摆脱压迫性家庭结构，生活在象征着"基督身体"的平等主义社群环境中，就可以重新获得力量和能力。（出于对这种超越正常能力之身体经验的特别兴趣，贝罗在其关于《马可福音》的书中已经有力地捍卫了"神迹"的维度，以抵御任何去神话化。）目前，小教会团体或准教会团体(mini-corps-communautaires)内部——可能是通过它们——的现有权力结构正在发生转变，在那些教会团体中，耶稣的第一批追随者所从事的弥赛亚解放实践仍然作为一个活的现实而延续。显而易见，这个弥赛亚实践的定义对于女性主义诠释与修正——如"妇女教会"这样一个概念——更为开放。

三、基于阿姆斯特丹学派的圣经自我诠释

跟费尔南多·贝罗一样，阿姆斯特丹学派也摒弃了此观念：把圣经文本视为结构化的有形物，对之进行共时性（如在文本内部关系的层面）及历时性（如就文本以外的社会历史现实而言）的解读。二者均强烈排斥各种历史批判方法中的"分解法"，那种方法把文本分解得支离破碎，从而破坏了表面结构的内部逻辑：任何诠释必须严格地以文本最终及当前的形式为基础。

此外，阿姆斯特丹学派拓展了经文内部连贯性的原则，使之涵盖了圣经的整个语境，完全可以把任何单个经文视为圣经整体"织物"的一部分，阅读圣经的某一篇章同时也要求阅读圣经全部。阿姆斯特丹学派阐释模式在方式程序化方面堪称典范。

从根本上说，贝罗视圣经文本经典化的过程——被居于统治地位的流放后祭司阶层的利益所支配——为消极的，跟贝罗相反，阿姆斯特丹学派强烈捍卫圣经整体的完整性，以及最终校订者 R 的工作与智慧。圣经以独特

方式代表了历史上被压迫者及被打败者的《大宪章》(Magna Carta)，毅然以公元前587年与公元70年的两次大灾难为标志，把解放作为其"亮点"，使各种圣经故事共同构成上帝的多重解放行为这个故事。圣经阅读的最终尺度在圣经以外无从找寻——也不在任何形式的解放或压迫的经历或意识形态之内——而是唯独由圣经在其自身内部去发现。不允许对圣经进行选择性阅读，比如，把预言传统及源头同祭司与王室传统及源头相互对决。必须彻底严肃地对待圣经特定的物质性，因为圣经不是一种资源，而是独一无二的启示之源。

毫无疑问，阿姆斯特丹学派的释经原则虽然乍一看好像是新教"唯独圣经"(sola scripture)原则的新正统式甚或极端正统式的复兴，却似乎让人非常不愉快，或感觉与女性主义视角毫不相关。如何可能在处理圣经中男性中心主义的问题时，不以圣经之外的女性主义批评为参照点，就对圣经经文、传统、概念和观念做出评价、批评、区分和选择呢？

从理论上说，阿姆斯特丹学派继承了马丁·路德的观点：经文必须（而且可以）作为其自身的阐释者(scriptura scripturae interpres)。实际上，阿姆斯特丹学派对此观点做出了显著的修正，因为较之路德而言，其更为侧重《旧约》，特别是律法书。于是，"因信称义"就与正义和解放建立了不可分割的联系，并据此展开阐释。路德的"经典内之经典"也因此获得更多的圣经基础，变得不那么"唯心主义"。

必须询问这样一个问题：就女性主义释经而言，尤其是在由新教传统及同基要主义斗争而形成的处境中，用一种更为批判性的方式来应用这条原则，是否无法产生富有实用性及解放性的洞见？这预示着对路德的圣经自我诠释原则及圣经自我批评原则(innere Kanonkritik)的女性主义再诠释。

大概可以仅举一例来指明这种"正典"女性主义诠释的可能方向，即寻求内在于经文"织物"之物质性的自我诠释及自我批评的潜力。

四、以《路加福音》为参照阅读《路加福音》：
圣经自身的女性主义批评？

据《约翰福音》第4章记载,基督教在撒玛利亚的传道事工始于一位不知名的女子,与之相反,根据《使徒行传》第8章,一位名叫腓利的男子作为首位传道士来到那个地方。处理此问题的一种方式源于历史女性主义批评的方法论,那种方法基于《使徒行传》第8章的男性中心主义视角,但与之相反,却试图将女性的历史重构为早期耶稣及传道运动不可或缺的组成部分。然而,作为补充,还应该把《路加福音》/《使徒行传》的文学统一(并《旧约》与《新约》的完全统一)为一种方法论原则,来考察"正典女性主义批评"的可能性。

众所周知,《路加福音》描述了基督教传道事工从耶路撒冷扩展到罗马的全过程,但最终几乎完全"遗失"了女性的部分。复活节以后,在宣讲福音的过程中,男性占主导地位,几乎听不到女性的声音。对此男性中心主义版的基督教起源,必须从历史现实及女性在过去及现在的经历与利益的外部立场来评论。但是,让人不可思议的是,《路加福音》也受到路加本人的反驳,对福音的女性主义批评主要见之于《路加福音》第1章。

《路加福音》第1章的关键不仅是此事实,即第一位具有神学资格来宣讲福音的人乃是一位名叫马利亚的女性(路1:46—55),更加具有决定性意义的事实在于马利亚的弥赛亚神学在完全去父权化的社会现实语境中得到了明确有力的表达。乍一看,这种父权制深层结构的根本转变是由撒迦利亚这个人体现出来的,其家中既看不到家长,也听不到家长的声音,他因为不信而不能说话(1:20),然而,新的语言在由两个完全占有"父家"的怀孕女子所组成的团体中形成,撒迦利亚只有在公开承认其妻子的"起名权"以后才重获说话的能力。(1:60—64)

此外,该章经文第24—59节之间发生的事件在许多方面颠覆并撕裂了全部父权制的"密码"。仅举一例:《路加福音》第 1 章的重心乃是怀孕女子的反时间(counter chronology)取代了男性等级制的同步主义。耶稣诞生故事既非由以色列或罗马帝国的时间(包括 1:5 所述"犹太王希律的时候",2:1—2 所述亚古士督皇帝及居里扭作巡抚的时候)来决定,亦非由 3:1—2 综合的罗马、以色列父权制时间——该时间进一步阐述了《路加福音》《使徒行传》的故事(提庇留皇帝、本丢·彼拉多、希律与其他分封的王,以及大祭司亚那和该亚法的年代)——来决定。耶稣"创世"伊始,父权制时代就结束了,并由彻底的女性主义同步主义所取代,按照以利沙伯怀孕的时间顺序来记事:五个月、到了第六个月、六个月、三个月、产期到了(1:24,26,36,56,57)。

随着父权制时间的女性主义转变,"父家"的父权制空间也被转换成母亲家的已经有三个月了:两个女子及两个尚未出生的胎儿互相问安,欢喜跳动(1:41—45)。一个女子同另一个女子之间的争竞,大儿子同小儿子之间的争竞,这本来是父权制规则所固有的,却最终转变成姐妹关系和兄弟关系:夏甲同撒拉、利亚同拉结、哈拿同毗尼拿,以及该隐同亚伯、以实玛利同以撒、以扫同雅各,最终都因着以利沙伯同马利亚、约翰同耶稣的关系而和解。《创世记》叙事同基督教起源的故事,二者的紧密关系具体呈现于一个由经文语录及经文典故所组成的密集网络中,这是《路加福音》第 1 章的主要文学特色之一。

就阐释性反思而言,至关重要的是,在《路加福音》第 1 章,那首伟大的解放之歌(尽管它并非明确地谈论妇女解放)——《圣母颂歌》——是由一位女子来吟唱的(正如《撒母耳记上》第 1 章中哈拿的默祷),并且出自彻底的"女权制"处境,即女性主义—平等主义之无性别歧视的处境。《路加福音》第 1 章把面向穷人的福音同女性的福音/面向女性的福音"从骨子里"绑定在一起,因此,"从根本上说"它们是不可分割的。"原型"得以树立,此"原型"应被用作后续篇章的永久性标准及批评。

《路加福音》第 2 章已经出现再父权化(repatriarchalization),从此刻开始,该撒的时间及空间顺序再次掌权,而马利亚在整篇未说一句话,仅仅是跟从其丈夫(2:1—5),忘记了她曾经独立起身(1:39)。同样,先知亚拿也只是略微提了一下(2:36—38)——显然她的话不值得报告;先知西面早已发表了具有决定性意义的神学评论及宣言。"事物的自然秩序"在此得以确立,确保了罗马帝国父权制结构内部基督徒的"有序"行为。从此刻开始,母亲的福音因为父亲而沉默,正如穷人的福音将被一种处于社会中立地位的"面向外邦人的福音"完全取代,最迟到《路加福音》中的保罗抵达罗马时止(参见《使徒行传》28:28—31)。

以《路加福音》为参照进行女性主义阅读(需要更为详尽的释经学解释)①,是基于如下观念:圣经文本整体上构成了一个极其复杂辩证的传统过程,作为对特定父权制处境的适应与抗拒。然而,可以把某些女性主义的"关键结构"视为圣经"织物"的某种"女性主义密码",此密码可能长期被隐藏,但却在具有战略决定意义的关键点上——如《路加福音》第1章——现身,在那里它就像一把钥匙打开了诠释后续内容的大门。就像一首乐谱中的谱号和调号,虽然没有改变音调,却标明应该如何来演奏和诠释那些音调。诚然,在《路加福音》中,最初由女性来宣讲的面向穷人的福音这一煽动性现实,逐渐转变为普遍接受的、社会上漠不关心的面向"外邦人和君王并以色列人"的福音(徒9:15),并由之所取代。然而,就根据没有性别歧视、教派合一、公正、解放贫穷男性及女性的"原初"精神来重新诠释及复苏保罗面向外邦人的福音而言,《路加福音》第1章仍然是一成不变的挑战。

同样,在整部圣经里都可以发现女性主义的关键结构,例如,在出埃及故事的开端,以及《撒母耳记》《列王纪》等四卷书的开端。毫无疑问,两个叙事的主角都是男性,但是,我们应该如何诠释这一事实呢:《出埃及记》第1—2章有关以色列解放的整个故事是由一系列排他性地超越了所有家庭、

---

① 更为详细的论述,参见 Brigitte Kahl, *Armenevangelium und Heidenevangelium*: "*Sola Scriptura" und die ökumenische Traditionsproblematik im Lichte von Väterkonflikt und Väterkonsensus bei Lukas*. Berlin: Evangelische Verlagsanstalt, 1987。

阶级、世代、种族及民族划分的女性反抗行为来开创的？希伯来接生婆、利未家的母亲和女儿、法老的女儿及其侍女，她们为了挽救摩西（未来的解放者）的性命而联合起来对抗法老的谋杀令。《出埃及记》1:15—2:10 描述了出埃及的"女性起源"，难道不可以把它诠释为某种"备忘录"（aide mémoire），其间把女性的普遍解放铭记为以色列解放的最终境界？

或者，在《撒母耳记上》第1—2章，倘若所有讲述王室希望、幻想及最终灾难的男性王的故事始于一位被夺去所有、受人歧视的女子——她抗拒其自身的边缘化——的故事，这又意味着什么？哈拿（后来得到马利亚的响应）首次宣告了相对于王而言先知见证的本质是什么："勇士的弓都已折断，跌倒的人以力量束腰"（撒上 2:1—10）。这难道不意味着在关涉女性的问题上，社会公正作为将来任何君王的基本目标和标准，必须经受最终的考验吗？这难道不意味着在某种程度上女性主义的标准被应用到君王溃败的整个故事中，最终引发了《列王纪下》第25章的流放？

那么重要的一点不仅仅是阅读并牢记圣经中孤立的女性故事，而且还要发现姐妹关系的网络以及文本之间的互动，这种网络和互动使她们彼此相关并建构了她们对排他性的男性中心主义解放故事的抗拒。这种结构女性主义的方法或许可以在某种程度上揭示诸如女子地下教会及圣经自身的女性主义批评和诠释。

作者布丽奇特·卡尔，柏林洪堡大学博士，现为美国纽约协和神学院《新约》教授，著有《从被征服者视角对加拉太人的再想象》（2010）等。译者何桂娟，西华大学外国语学院副教授，四川大学道教与宗教文化研究所基督教方向博士候选人，发表译文《论圣经翻译的跨文化特质》等。

（何桂娟　译）

（陈会亮　编）

简论革命者弥迦[*]

[美]乔治·V.皮克斯利

内容提要:诺曼·戈特瓦尔德使用社会科学方法研究以色列的起源,在《弥迦书》中寻找早期革命理论和实践的残留迹象,认为弥迦是一位革命者。严格的审查制度致使该文本中出现大量讹误,翻译也因译者们的理解偏差而变得十分复杂。对弥迦预言的革命性解读需借助七十子译本、马所拉圣经版本等文献,以求恢复文本原貌并判断该先知的真正立场。根据弥迦对犹大民族和耶路撒冷的预言,在细读和对比《以赛亚书》的基础上,结合对当时动荡不安的政治形势、农村地区薄弱护卫力量的分析,可以挑战之前的学术共识,大胆假设该先知策划了一场意在重新分配土地的农民起义,毁灭了充满罪恶的城市。对《弥迦书》个案的讨论启迪我们,有必要从社会底层阶级的政治学角度重读圣经,挖掘其中隐藏的革命信息。

关键词:《弥迦书》;戈特瓦尔德;社会学;革命

---

[*] 本文原载于 David Jobling & Peggy L. Day (eds.), *The Bible and the Politics of Exegesis*, Cleveland:The Pilgrim Press,1991,53—61,由原书编者授权本刊译成汉语且发表。篇首的内容提要、关键词系译者依据原文编写。

Micah:A Revolutionary

George V. PIXLEY [USA]

Trans. WANG Qingyang

Abstract: Norman GOTTWALD tries to use sociology to solve the problem of Israel's origins, and seeks for the signs of the survival of revolutionary doctrines and practice in the book of Micah, and comes to a conclusion that Micah was a revolutionary. The strict censorship results in a great deal of textual corruption, the translations are complicated by different understanding of translators. A revolutionary reading of the oracle needs the help of some literature like LXX and MT to reconstruct the text and identify the stance of the prophet himself. According to Micah's assessment of Judah and Jerusalem, and based on the close reading and comparative of the book of Isaiah, with the connection of unstable administrative situation and the weakening of military garrisons, we can challenge the scholarly consensus before, assuming a statement to be correct: the prophet called on the peasants to stage a uprising for redistributing the land purposes to destroy oppressive cities. The discussion about the book of Micah enlightens us to read the Bible from the politics perspective of the bottom class and excavate the hidden information of revolution.

Key words: The book of Micah; Norman GOTTWALD; sociology; revolutionary

诺曼·戈特瓦尔德(Norman Gottwald)对圣经学者和信徒的重大贡献在于,他研究以色列部落时期的历史时,将上帝之国置于迦南丘陵一带,使之游离出思想所及的虚无缥缈的神学领域。我们相信基督徒会为正义而斗争。我们所质疑的诸如 M. 布伯①(M. Buber)、G. E. 门登霍尔②(G. E. Mendenhall)一类耳熟能详的学者,《亚卫的众支派》(The Tribes of Yahweh)一书对其均予以论证。不仅如此,我们还怀疑以色列不仅仅是一个具有天赋宗教禀性的古老民族。为证实这种质疑的正确性,戈特瓦尔德在其《亚卫的众支派》中展开论述,赋予其思考以政治学和经济学的寓意。或者说,至少该书提出了涉及这些寓意的相关问题,如此也就设置了需要大量后续探讨的议题。

面对以色列起源的革命性见解时,我们面临的众多任务之一,是在以色列民族历史中追溯早期革命的余波。从声称为耶和华代言的以色列先知中,在将以色列从埃及奴役中解救出来的上帝那里,寻找革命主义及其理论实践的残留迹象,具有相当重要的意义。然而,学者们一致认为,没有一个先知曾经是革命者。依据以色列的起源,该共识有重新审视的必要。在现代教堂和学院里,被设定为规范的先知是阿摩司,这位颇具影响力的传教者曾公开抨击以色列政府机构、司法程序、宗教信仰和商业贸易中的罪恶。他的预言是写给当权者的,主要是以耶和华的名义,运用毁灭的方式来威胁他们。如果那些当权者忏悔并改变其行事方式,有时也会给予其希望。简言之,像以赛亚和施洗者约翰那样,阿摩司是一位改革家③,至少我们现在这么认为。然而,依我之见,这并非从圣经中发现的唯一一个先知书范例。

---

① M. Buber. *The Kingship of God*. New York: Harper&Row, 1973.
② G. E. Mendenhall. "The Hebrew Conquest of Palestine", *Biblical Archaeologist* 25 (1962): 66—87 (repr. *BAR* 3 [1970]: 100—120).
③ 阿摩司祈求上帝以烈怒惩治以色列富人欺压穷人的罪恶。他对探索上帝实施愤怒的方式毫无兴趣,对规划一个替换现在的未来蓝图也不热心。据笔者所知,他从未号召被压迫者团结一致,致力于建设一种崭新社会的新秩序。他在教会中得到赞扬,是因为他视斥责当权者所犯下的罪恶为重要任务。他曾被 M. 西尔维(M. Silver)等学者所质疑(详见 *Prophets and Markets: The Political Economy of Ancient Israel*, Boston: Kluwer-Nijhoff, 1983),因为他们觉得,只有"更好地"代表社会,才能更好地解决社会问题;其行动自由必须出于善意,而无须由阿摩司那种孤陋寡闻的道德家来督行。

《弥迦书》应该被当作革命书籍来重新阅读。这个观点并不排除其他先知书也含有革命因素的可能性。它只是开启了从先知书中寻找例证的先河,以证明以色列众支派的早期革命运动对他们产生过影响。

对《弥迦书》的审查

开启弥迦讲道的关键在其书的第 2 章 6 至 10 节。那段言论明确涉及弥迦的反对者们所做的阻挠,压制弥迦及其支持者的言辞("你们不可说预言"在马所拉版本的《弥迦书》2:6 中重复出现),以及那些提及"清酒和浓酒"(马所拉版本,弥 2:11)的先知。这段预言引发了一系列疑问,而且,由于它本身已然成为审查制度的牺牲品,[①]导致出现大量文本讹误现象,对它的解释也十分复杂[②]。最近两个世纪,先知书研究的学术成就已经为恢复其审查前原貌和还原其讹误文本更新了技术,但是涉及这个独特的文本,结果依然令人失望。这是因为,学者和译者们都以弥迦是改革者为前提,这个假设指导了早期版本的使用和现代猜想的生成,达到了该文本可以在现代教会里被翻译使用的结论。在以戈特瓦尔德为先锋的社会学研究的烛照下,我认为,上述共识应该遭到挑战。[③]

根本问题是,先知在语焉不详的"雅各家"言论中是在向谁致辞。当先知号召其听众"起身!前进!此刻无暇憩息"(马所拉版本,弥 2:10)时,他是在召唤第 2 章 1 至 5 节中的地主(诸译者的一致结论)呢,还是在召唤"我

---

① 自 J. C. 比克豪恩(J. C. Bichhorn)以来,现代先知研究者认为,先知文本的编辑者往往无法领会先知言论的激进部分,而常常将那些言论缓和,使之在被宣读的宗教聚会中易于接受。
② 对七十子译本的希腊文译者们来说,他们无法提供一种清晰明了的解读,这是一个费解的文本。对哲罗姆而言,同样是一个费解的文本,他无视马所拉版本,只是偶尔依据七十子译本进行前后一致的翻译。
③ 我曾经做过有关圣经西班牙文版本的现代翻译研究,表明翻译均建立在此假设上,即在第 2 章 1 至 5 节,被审查的预言乃是对被致辞地主的谴责。

民"即土地上的农民,号召他们拿起武器,不再忍受压迫?在我看来,后者是更令人信服的选择。

尽管《弥迦书》第5章8节提出了几个难以解答的问题,在马所拉版本和七十子译本中,"我民"是主语的观点仍然清晰无疑。然而,绝大多数译者在毫无文本根据的情况下,却将"我民"修订为地主们攻击的对象。在这一点上,武加大译本难能可贵,属于例外,尽管它的全部解释都遵从了共识。如果遵循了马所拉版本和七十子译本的观点,则犹太族的农民们要么兴起如仇敌,要么与敌人殊死搏斗。在任何一种情况中,那场起义的主动施事者都是农民,而不是第2章1至5节中被致辞的对象地主。

预言的颠覆性解读方式可以从七十子译本的马所拉版本(弥2:9)中找到支持性的依据,从而可以避免推测性修订的需要。七十子译本如是说:"因此,我民的统治者们应该从其安乐家中被赶出,由于那些他们本应弃绝的罪恶行径。""统治者们"是希伯来文 nesie 的一种译法,马所拉版本将其视为 nese(女人)。然而,如果"我民"依然保持其在《弥迦书》中的一贯含义,代表乡村的农民,则它对谴责地主将女人从"安乐家"中驱逐的行为就毫无意义。其中的动词在马所拉版本中是第二人称复数的未完成时态,依据七十子译本,笔者将此句修改为"你们应将我民的统治者从安乐家中赶出"。

我建议,对这段文本进行如下修订/翻译:

6. 不要传道——他们传道

不要说这些事情:

羞辱将不会停止。

7. 岂可说呢,雅各家?

耶和华的心不忍耐吗?

这些不是他的所作所为吗?

我的话对行为正直的人有益吗?

8. 古时我的民曾经兴起如仇敌,

今日你应剥去外衣,

以便使战争的俘虏们安然路过。

9. 你们应该将我民的统治者

从安乐屋中驱逐,

由于那些你应该从他们身上尽行驱除的罪恶行径。

10. 起身! 前进!

此刻无暇憩息,

由于那些你应该去摧毁的污秽,

由于那些令人伤痛的废墟。

如果有人毫无根据地制造谎言——

"我要预言得清酒和浓酒"——

那人将是民众的先知!

上述译文并未偏离马所拉版本的预言框架。在第8节和第9节中,主体部分需要一些艰难的改动。大概最模糊不清的一处是将 *etmul/mimmul* 渲染为反义词组"古时/今日"。唯一一处重大改动在马所拉版本第2章9节下半句中,但也是根据通行于七十子译本中的惯例(即把第三人称被动语态转换成第二人称主动语态)。相较于最近的西班牙译本和标准修订版,这个提议在使用马所拉版本的修订本时显得相当保守。

弥迦对犹大和耶路撒冷的评判

学术界关于《弥迦书》的共识源于伯恩哈德·斯塔德(Bernhard Stade)于1881年提出的观点,即其基本信息包含在第1至3章。根据该共识,该书后半部分从为数众多的材料中提取了丰富的内容,很可能包含了公元前八世纪的真实预言。由于希望鉴别出该位先知自己的立场,我们必须将最后几章的资源搁置一边,从分析哪些更像他的言论开始进行研究。①

事实证明,在《弥迦书》第3章9至12节的裁决性预言中,"雅各家的首领和以色列家的官长"(3:1)是指耶路撒冷的统治者。该先知斥责他们"以鲜血铸锡安城,以罪孽建造耶路撒冷"。他们错将耶和华宗教当成保护伞,并且深信,因为耶和华的殿在他们中间,罪恶不会降临到他们头上。弥迦的呼告在此处到达了高潮:

"所以因你们的缘故
锡安必被耕种像一块田,
耶路撒冷必变为乱堆,
这殿的山必像丛林的高处。"(3:12)

将耶路撒冷的凶兆和《以赛亚书》第1章21至26节中的类似征兆相比较,是很有益处的。以赛亚认为,耶路撒冷从一个原本忠信的城变成了充满谋杀者的地方。换言之,那就是"用鲜血铸造"的一座城市。然而与谴责相伴而来的凶兆却显示,该分析有其截然不同之处。以赛亚希望耶和华烈怒的精纯之火能够祛除(那座城市的)污秽,如此一来,该城将再次成为忠信之地。弥迦的评判更为激进,其结论亦是如此:耶路撒冷将会变为被耕种的地和一堆废墟,犹大会因为被铲除罪恶的根源而得到拯救。

这两种类似的言论还有一处显著差异。以赛亚让耶和华的意志成为净

---

① 阿尔布雷克特·阿尔特(Albrecht Alt)发表于1959年的文章("Micha 2,1—5,GEs ANADA-SMOs in Juda",Kleine Sduiften,Munich:Beck,1959,373—381)通过将5:1—5视为该先知的真实视角,而背离了上述过程。尽管阿尔特没有将这种对立植根于比组织沿革更深层的社会关系中,但是那篇文章因为揭示了犹大与耶路撒冷之间的对立情况而变得极为重要。一旦有学者夸大了《弥迦书》代表革命前景的可能性,5:1—5的真实度就会下降。无论如何,就研究方法而言,弥迦最初的言论集合为依据,独立塑造先知弥迦的形象会显得较为保守。

化耶路撒冷的直接动因:"哎,我要向我的对头雪恨,向我的敌人报仇。"(赛1:24)弥迦预言中的评判则是非个人化的,比如"锡安将会成为……"。在两种情况中,先知们都考虑到了外族入侵。以赛亚将此入侵看作耶和华的行动;而上帝显示的行动与弥迦秉公正直的态度也彼此一致。另一方面,弥迦避免呼吁神之举,则是为了防止他呼告的农民们陷于被动而"离开耶和华"。

统治阶级通常明白,在历史中,恳求上帝并不意味着他们自己处于被动状态。他们惯于在历史中行动指导国家大事。如果他们信奉宗教,信仰在天意上也无法指导他们摒弃自身惯有的攻击性。另一方面,穷人的祭司们深知,自己的无能决定了其在历史中的被动状态。对穷人而言,历史是一个由别人掌握主动权力的球体,而且宗教信仰则倾向于加强这种与生俱来的消极状态。如果弥迦让土地上的穷人("我民")成为他的听众,就有充分的理由来强化其追随上帝的行动。

耶路撒冷和舍弗拉(the Shephelah)高原上的城市群陷于毁灭,被归因于耶和华的意志。当然,一种自然而然的假定是,该先知相信耶和华支持着对即将发生之事的裁决。二十世纪的绝大多数解经家都认为,该先知希望入侵的亚述军队就是耶和华用于裁决的工具。事实上,这是一个想当然的推测,也是以赛亚所理解的事实(赛10:5—15);亦很有可能是弥迦所思虑之事。但是我们应当知道,他从未这样说过。为什么我们的解经家不能提出一个另类的假设呢?即,那位先知是在号召农民筹划一场起义来毁灭城市。的确,依据以色列众支派在第二个千禧年后期的经验(如果我们将经验中的解释视为正常的话),该犹大先知从群众奋起反抗并摧毁压迫者的过程中清楚地看到了上帝的裁决之手,正如他们在亚述人入侵时期所明确看到的那样。

关于深入分析耶路撒冷这个问题,有一个重要推论出自标准修订版《弥迦书》第1章5节,原文如下:

>所有这些都因为雅各的罪过,
>还有以色列的罪恶。
>雅各的罪过是什么呢?
>不是发生在撒玛利亚吗?
>还有,犹大家的罪恶是什么呢?
>岂不是在耶路撒冷吗?

像许多译本一样,标准修订版在倒数第二句上也遵循了七十子译本的译法。马所拉版本如此翻译:"犹大的邱坛在哪里呢?他们不是在耶路撒冷吗?"在这里,标准修订版遵循了普罗克施(O. Procksch)在基特尔(Kittel)希伯来文版圣经中的提议,根据假设,犹太经文压制了该先知的过激言论,因为据那位先知剖析,耶路撒冷一直都是犹太人的焦点。阿尔特认为,马所拉版本第1章5节的第二句(在"撒玛利亚"之后)是个补充,但是普罗克施版本和标准修订版的结论似乎更加相近。从犹大农民人口的角度看,先知发现那些寄生性城市(不仅是撒玛利亚和耶路撒冷,还包括迦特、拉吉、玛利沙和亚杜兰等)才是问题的根源。如果认定七十子译本第1章5节的翻译是正确的,我们就能更好地理解弥迦在第3章9至12节提出的解决方案为何是耶路撒冷城的毁灭。

在《弥迦书》第2章1至5节中,我们发现预言是阿尔特论述的基础。该先知抨击了发生在犹大的侵占自由农民土地的过程。他的谴责被耶路撒冷的以赛亚以其独到见解所证实,以赛亚痛恨那些"以地连地,以致不留余地,只顾自己独居境内"(赛5:8)的人。显然,时至公元前八世纪,城市地主积累土地的历史进程过于超前,以至于像以赛亚一类的城市居民均意识到了这种社会癌症。

对于以赛亚而言,这不过是众多问题之一;对于弥迦而言,这却是城市问题的病根。而且,弥迦能够超越问题而直指解决之道:

简论革命者弥迦

> 看哪，我[耶和华]正在筹划灾祸与这族，
> 这灾祸在你的脖颈上无法解脱……
> 到那天他们要为你们作起哀歌……
> "我们全然败落了；
> 我族人民的份额被惩罚衡量着；[七十子译本]
> 没有力量可以阻挠这一逆转的趋势，
> 我们的田地被分割了。"
> 在耶和华的会中，
> 将没有人去凭借命运掣签。(2∶3—5)

阿尔特将有关该文本的结论呈现给我们。正如他论断的那样，那个文本曾遭到讹误的编修，所幸七十子译本对恢复其原貌大有裨益。无论如何，"耶和华会众"的意义在马所拉版本和七十子译本中都未改变。而且，正如阿尔特的准确分析，在以色列传统中，诸如分配土地一类事情应当归功于约书亚——这里指的是在以色列传统中，由约书亚主持的那次土地分配。我个人的假设是，该先知号召以暴力革命来重新分配土地——这比阿尔特的假想更容易理解，因为在阿尔特看来，上帝的审判将会以亚述入侵的形式到来。

公元前八世纪的犹大可能发生一场农民革命运动吗？

犹大历史的叙述文本没有给出任何关于那时发生过一场革命运动的迹象，但这并不能证明什么。申命派历史是关于以色列和犹大两国君王的记载，不仅仅是一部民族史书。一场未给犹大社会政治结构带来永久改变的农民起义是不太可能被该部史书记录下来的。从积极方面说，我们必须承认，只要提及意在重新分配土地的耶和华聚会，就能证明那时期乡村犹大人

的心中怀有乌托邦式理想。

　　这些乌托邦式梦想有赖于一种具有颠覆性质的大众记忆。那些从埃及奴役下获得解放的传说，借助于底波拉、基甸和耶弗他带领的军队战胜外敌入侵的故事，至今仍在城镇中心流传着，那些记忆也在乡村历久弥新。在历史循环的周期里，那些故事很可能与标准的城市观念——即国王治理下的民族团结观点——没有很多相似之处。我们现在所能拥有的希伯来圣经的译本，最初都是由城市精英们从大众记忆中"粹取"出来的。谁知道还有多少能保存在犹大乡间呢？

　　在弥迦生活的时代，犹大乡村的政治环境是怎样的呢？在公元前734到前701年之间，迦特、拉吉、亚西加和犹大山区东部土坡上的城市群，都是亚述人数次入侵的重要区域，而且在那一时期，耶路撒冷的国王失去了对全部领土的掌控，他们的土地被并入非利士的诸多城邦和亚述的行省中。亚述人在巴勒斯坦的利益集中在海岸线附近，那里可以作为抵御埃及入侵亚洲的缓冲地带。埃及是潜在的势力，为了阻止外来威胁，它牢牢控制着非利士和犹大地区的城市，当时犹大乃属于亚述势力范围。公元前734年，提格拉特-帕拉沙尔三世抵达加沙地带；前720年，萨尔贡二世抵达"埃及河"，在那里他摧毁了拉庇胡（Rapihu）的界标。他于前711年撤回，将阿什杜德转化成亚述的一个行省，还从亚述迁移来足够多的民众，以便增加亚述人口的基数，控制那个区域。时至前701年，领土调整随着西拿基立的入侵行动而结束，整个行省系统以非利士城市为参照而建立起来。希西家被剥夺了全部财产和周遭的土地，还被囚禁在耶路撒冷。

　　依据阿尔特《克莱恩选集》中的丰富文章，从其凝练的总结中可以看出，弥迦了解的农村地区并不在耶路撒冷的牢固控制下；直到西拿基立入侵时，它也没有完全落入亚述人的掌控中。正是这种动荡不安的行政局势为农民动乱提供了良好环境。这里很可能发生过一场甚至多场暴乱，反抗耶路撒冷的城市地主，或亚述人的行省首领；或者兼而反抗之。在这种背景下，我们可以理解《弥迦书》第 2 章 8 节中那些对战争俘虏的令人费解的映射。

在弥迦所生活的希西家统治时期,申命派史书的焦点聚集在改革上。希西家的目标似乎是巩固耶路撒冷在国家的核心地位。在宗教领域,导致移除巴莫特(bamot)的邱坛,当地神殿均接受对耶和华及相关神明的供奉。希西家试图利用以色列国的战败及其都城撒玛利亚的沦陷,使耶路撒冷成为以色列的新首府。正因如此,他"精简"了耶路撒冷圣殿中的礼拜仪式,使之更易于被以色列人接受,就像摩西制造的铜蛇;他消除了正统仪式里疑窦丛生的繁缛成分。

中央集权包括军事、司法和财政,以及宗教和启示。据分析,强制关闭当地神殿和行政中心,可能会在农民群众中引起愤恨,而国王已经单方面关闭了备受尊崇的举行庆典之地。削弱了像迦特一样小城市的护卫力量,也给暴乱提供了一个貌似合理的社会语境。

结　论

当诺曼·戈特瓦尔德系统解读一场发生在迦南土地上的农民运动,乃至以色列众支派的起源时,他是在为拉丁美洲的多数人寻求利益。他的贡献是奠基性质的,但是还远远不够。我们必须学会将整部以色列史(以及美国史)当作农民(我们中的大部分曾经是或者仍然是印第安人)的反抗史来阅读,以便成为他们自己历史的代言人。① 我们在作为基督教信仰者的可接纳范围内,必须实现这个计划。戈特瓦尔德的著作启发了我们:必须以穷人视角来解读圣经。

这篇文章尝试将弥迦解读为农民暴乱的代言人,这需要很多甚至更多关于弥迦的讨论。我认为,讨论至此已经足够,至少将弥迦解读为革命者是

---

① 在最近为基础神学学生准备的教材中,我已经开始系统地将以色列史当作社会底层阶级的斗争史来解读。参见 Historia Sagrada, *historia popular: historia de Isreal desde los pobres*, 1220 *a*, *C*. —135 *d*. *C*. Managua; CIEETS, 1989。

合乎情理的。要尽可能地将其支离破碎的言论重组起来,使之成为继阿摩司之后的又一位改革家。事实上,后续研究将会很好地证明,时刻带着这个假设去阅读,那部小先知书中的许多晦暗之处都能变得清晰起来。

  在公元前八世纪的农民暴乱中,犹大尚未达到建立自主农民社会的目标,然而,这个事实却没有使农民的努力变得微不足道。历史上大多数农民运动都是以失败告终的,从长远眼光看,所有历史运动都注定会历经各种失败。这是历史发展的本质,是我们所知历史进程的唯一存在方式。但是生命充满了斗争,当我们为了支撑生命的全部去奋斗时,胜利是必定到来的。当然胜利并不代表全部,因为斗争本身才是生命:"你的慈爱比生命更好。"(诗63:4)而且我们知道,为了大众的理想生活,上帝在斗争中充满怜悯。就此而言,上帝以信实和仁慈滋养着我们。

  作者乔治·V.皮克斯利(George V. Pixley),当代美国马克思主义圣经批评家,著有《上帝之国:圣经研究指南》(1981)、《解放视野中的〈出埃及记〉》(1988)、《圣经、教会与穷人》(1989)等。译者王晴阳,河南大学比较文学与世界文学专业硕士研究生,主要从事圣经文学与比较文学研究,发表论文《论〈以斯帖记〉的戏剧性特征》等。

(王晴阳 译)

耶稣运动的历史文化语境:
犹大和加利利地区的反抗斗争[*]

[美]理查德·A. 霍斯利

内容提要:在耶稣运动的前后数十年间,社会局势风起云涌,不同阶层的矛盾斗争在犹大和加利利地区愈演愈烈,其中以犹太人民反抗罗马帝国的斗争最为显著。面对罗马帝国及希律王室的强权统治,平民阶层、奋锐党人、文士阶层以及耶路撒冷贵族大祭司等不同社会群体表现各异,却都在不同程度上塑造着耶稣运动的历史文化语境。以平民阶层为主要代表的以色列人民对外来压迫和奴役进行了坚定持久又形式多样的反抗斗争,其根源在于以色列民族反抗异族统治的文化传统。

关键词:以色列人民;罗马帝国;反抗斗争;以色列传统

---

* 本文译自 Richard A. Horsley, *Jesus and Empire: The Kingdom of God and the New World Disorder*, Minneapolis: Fortress Press, 2003, 35—54。经原作者授权译为汉语发表于本刊。题目略有改动,内容提要及关键词系译者所加。

The Historical and Cultural Context of Jesus Movement: Resistance and Rebellion in Judea and Galilee

Richard A. HORSLEY [USA]

Trans. by HOU Chunlin

Abstract: For generations both before and after the ministry of Jesus, social situation was in the blustery. The conflict of different classes were intensified in Judea and Galilee, among which the most important was Jewish people's revolt against the Roman empire. Facing the powerful rule of the Roman empire and the Herodian, the class of populace, the Sicarii, the Scribal circles and Jerusalem high priests had different performances while they were shaping the Jesus movement in different historical and cultural contexts. The class of populace is the main representative of the people of Israel, who conducted firm, durable and various resistance and rebellion activities against alien rule, which was rooted in the Israelite cultural tradition of resistance to the foreign slavery.

Key words: people of Israel; Roman empire; resistance & rebellion; Israelite tradition

识时务者为俊杰，顺民与暴民难免鱼目混珠……如今天下皆已臣服在罗马面前，为何唯独你们对之不屑一顾呢？
——希律·亚基帕二世公元66年对耶路撒冷人的训话
（摘自约瑟福斯著作）

在被罗马帝国征服的诸民族中，加利利和犹大地区的人民显得特立独行,他们对罗马的统治进行了不屈不挠的反抗和斗争。西班牙、高卢和北非等被征服民族自然也存在广泛的反暴政斗争。① 然而在坚持民族独立与守护传统生活方式方面,或许犹大人和加利利人表现得最为坚决。在罗马帝国军队相对长久地实现巴勒斯坦地区的"和平"之前,当地人民的反抗行动持续了将近两个世纪之久。

一、罗马人统治下巴勒斯坦地区反抗斗争的持久性和社会根源

1. 战乱频仍

在耶稣传道前后的数十年间,加利利和犹大地区的群众反抗罗马人及其傀儡政权希律王室和耶路撒冷大祭司的斗争愈演愈烈。频繁的反抗运动持续将近两个世纪,具体可分为四个阶段。②

(1)公元前40年,大希律被罗马元老院任命为"犹太王",并在罗马军队的帮助下赴巴勒斯坦地区进行统治,当地犹太人特别是加利利人对其随即展开旷日持久的游击战争。这场战争持续了三年,反抗的群众多次成功地突袭罗马的小股部队,刺杀希律政权的达官显贵,并灵活地与希律的"寻而歼之"政策相周旋。③

(2)公元前4年,希律的恐怖统治接近尾声,耶路撒冷市民联合从四周乡村前来圣城庆祝逾越节的信徒,发起一场持续的抗议活动,并于乡村地区演变为武装斗争。在加利利,强盗首领希西家之子犹大带领来自周围农村

---

① Stephen L. Dyson,"Native Revolts in the Roman Empire", *Historia* 20 (1971) 239—274;*idem*, "Native Revolt Patterns in the Roman Empire", *Aufstieg und Niedergang der römischen Welt* II.1 (1975)138—175.

② David M. Rhoads, *Israel and Revolution 6—74 C.E.* Philadelphia: Fortress Press,1976; Richard A. Horsley, *Jesus and the Spiral of Violence: Popular Jewish Resistance in Roman Palestine.* San Francisco: Harper & Row, 1987; Minneapolis: Fortress Press, 1993, 49—59; 以及 Martin Goodman, *The Ruling Class of Judea.* Cambridge: Cambridge University Press,1987.

③ 约瑟福斯:《犹太战争史》1.314—330;《上古犹太史》14.430—454。

的百姓攻占了位于西弗利斯的希律政权军事要塞。他们用要塞军火库中的武器武装自己,并"带走了封存在那里的所有财产"。那些财富本来是希律派官员通过高额税赋或抵押借款从村民手中夺来,打算装备要塞的守卫部队对周围地区进行统治的。反抗的群众"拿回"了本来就属于他们的东西,自然是理所应当。① 在犹大地区的山村里,牧羊人阿特龙(Athronges)和兄弟们带领当地村民成功地进行了持续三年的游击战争,在罗马帝国统治下有效宣示了自己的独立。② 他们"与罗马人和希律的王室军队有力地进行斗争,对二者皆恨之入骨,王室军队在希律统治期间傲慢得不可一世;而对罗马人的仇恨,则来自他们对本民族造成的切肤之痛……在以马忤斯(Emmaus)附近的一次战役中,反抗群众甚至袭击了护送军粮和武器的罗马军队"。

(3)数十年间,随着经济形势的恶化,犹太人与罗马人之间政治上的紧张关系持续升温,最终在耶路撒冷爆发了大规模反抗斗争,并于公元66年蔓延至周围乡村地区。耶路撒冷人民攻击了大祭司的宅邸,并与城外其他几路义军联合起来,杀死城中把守主要关口的罗马残军。由于罗马人被驱逐,这个国家事实上赢得了短暂的自由。在公元67年夏天,人们在加利利的多个区域与罗马的反扑势力进行坚决的斗争。随后,由于耶路撒冷的显要地位,大批反抗的农民从四面八方涌向圣城,使那里成为抵御罗马人进攻的军事重镇。起义群众刚一进城,便四处搜寻尚未逃窜的希律王室和祭司派贵族。他们被迫同意与群众共同抵抗罗马军队的围攻,四支主要的农民起义军与罗马人血战到底,直至在城破时被杀。罗马军队攻破城池后对抵抗者进行了血腥屠戮,并捣毁了犹太人的圣殿。

(4)虽然由于罗马压倒性的进攻优势起义被镇压,圣殿和反抗农民的村落被毁灭,时隔60年以后,广大犹太人民在西蒙·巴尔·科赫巴(Simon bar Kokhba)的率领下又重燃战火,再一次展开长期的反抗斗争(公元132—135年)。

---

① 约瑟福斯:《犹太战争史》2056;《上古犹太史》17.271—272。
② 约瑟福斯:《犹太战争史》2060—65;《上古犹太史》17.278—284。

2. 以色列传统和反抗斗争的社会定位

加利利人和犹大人反抗罗马帝国统治的事迹证明，他们之所以能够如此长久地坚持斗争，是因为以色列人具有极为突出的反抗外来压迫的民族传统。这一民族的起源奠基于反复传唱的耶和华上帝将以色列民族从埃及法老奴役下解救出来的出埃及史诗，以及在一年一度的逾越节庆祝民族独立的活动。首要的先知摩西及其继任者约书亚作为上帝与以色列民族的中介者，在神人之间订立了类似于社会合同性质的契约，从而使得以色列人民在社会经济关系上对其上帝保持着独一无二的虔诚。天启的先知们如基甸和底波拉，为了鼓舞巴勒斯坦山区人民奋起捍卫作为一个自由民族的生活准则，宣称反抗行动具有上帝从外邦统治下解救以色列民族的性质。平民领袖如年轻的大卫，被犹大和以色列人民作为他们的君王来"膏抹"，称之为"弥赛亚"，带领人民成功地抵抗了非利士人的暴行。而当以色列自己的君王变得昏庸无道时，以以利亚为代表的先知们会带头领导人民反抗。甚至当暴君们加强了统治，人民斗争胜利无望时，还会出现独自抗争的先知如阿摩司、弥迦、耶利米等，他们传达上帝对暴君及其附庸们违反摩西律法、施暴于民的谴责和判决。此外，就在罗马征服巴勒斯坦一个世纪之前，爆发了成功抵御希腊帝国统治者安条克四世的马加比起义，将反抗异邦统治的以色列传统深深地印在人们记忆中。为了理解犹大和加利利不同群体对待罗马帝国统治的不同表现，及其利用以色列传统进行反抗的不同方式，我们必须充分认识到他们各自在由巴勒斯坦地区新的罗马世界乱局所催生的整体社会结构中所处的不同地位。①

---

① Horsley, *Jesus and the Spiral of Violence*, chap. 1; *idem*, *Sociology and the Jesus Movement*. New York: Crossroad, 1989, chap. 4; *idem*, "High Priests and the Politics of Roman Palestine," *Journal for the Study of Judaism in the Persian, Hellenistic and Roman Period* 17 (1986) 23—55; K. C. Hanson and Douglas Oakman, *Palestine in the Time of Jesus: Social Structures and Social Conflicts*. Minneapolis: Fortress Press, 1998.

希律王室和耶路撒冷大祭司家族只不过是在罗马统治下结成同盟,二者直接依赖于罗马帝国并只对其负责。① 由于他们作为罗马人委派管理者的地位和平素高压统治的做法,希律诸王与耶路撒冷大祭司和罗马人一样,都是平民斗争反抗的对象。

犹太人中负责传抄的群体实际上处于社会的中间阶层。在帝国统治下,文士阶层在传统意义上担负着犹太社会中调解和管理的重要角色。出于对他们经济赞助人大祭司们权势的慎重考虑,文士阶层为管理犹太社会的圣殿提供所需的知识和主管人员。② 在这样的社会环境中,他们成为代表官方文化传统的圣殿典籍的主要研究者和翻译者。③ 由于这种关系,文士阶层在大祭司赞助人的羽翼下存在,产生了一种属于他们自身的权威意识,进而合理地充当着犹太律法和其他文化传统的守护者,这些律法和传统被人类学家们称为"伟大传统"。在罗马时代,记载以色列"伟大传统"的译本得到官方认可,并获得作为"圣典"所具有的神圣权威,主要以书卷形式保存在耶路撒冷圣殿中,数世纪后成为希伯来圣经的前身。④

---

① Horsley,"High Priests"。戈德曼(Goodman)在《统治阶级》(*Ruling Class*)一书中同意这一观点,但认为大祭司贵族们在66年耶路撒冷保卫战中突然倒戈,加入了抵抗罗马军队的行列中。

② Anthony J. Saldarini,*Pharisees,Scribes and Sadducees in Palestinian Society:a Sociological Approach*. Wilmington,Del. :Glazier,1988;and more recently Patrick Tiller and Richard Horsley,"Sociology of Second Temple Society",in Journal for the Study of the Old Testament,Supplement Series 3:*Studies in Politics,Class,and Material Culture*,ed. P. R. Davies and J. M. Halligan,Journal for the Study of the Old Testament,Supplement Series 340,Sheffield:Sheffield Academic,2001.

③ 例如犹太拉比,《便西拉智训》的作者耶数·本·便西拉曾鼓励其学生帮助穷人免受祭司统治者的剥削。权贵阶层对穷人们压榨程度的缓和得益于犹太典籍中上帝的诫命。参见 Tiller and Horsley,"Sociology of Second Temple Society"。

④ 然而在早期罗马帝国巴勒斯坦地区的多种译本中,只有少数几种成文典籍被收入现存的圣经中。参见 Eugene Ulrich,*The Dead Sea Scrolls and the Origins of the Bible*. SDSSRL,Grand Rapids:Eerdmans,1999。当然,在口头传播占主导地位的古代犹太社会,文化传统往往通过记忆和口头传诵的方式被延续下来,见 Catherine Hezser,*Jewish Literacy in Roman Palestine*. Texte und Studien zum antiken Judentum 81,Tubingen:Mohr/Siebeck,2001。此外,被约瑟福斯称为"犹太人律法"的那些不同形式的文化甚至在文士群体中也得到了良好的保存。

是作为以色列传统的守护者而忠实于上帝,还是在圣殿中做一个帝国统治秩序的调解者？这种纠结很容易出现在大祭司政权体制内的文士阶层心中,特别是当罗马人、希律王和大祭司们的帝国统治政策与以色列律法传统相冲突之际,这种纠结表现得更加强烈。事实上,大多数"文士和法利赛人"会调整其笔下受公众认可的"律法",以适应于罗马帝国在犹太民族中推行的权力关系(如福音书所述)。然而同时,也会有一些文士拉比发现他们无法忍受将以色列传统妥协到如此程度,下文对此会有所述及。

在平民阶层中,耶路撒冷市民和犹大及加利利农民的情况也不一样。多数耶路撒冷人都直接或间接地以圣殿为生。经过希律王室将近三代人的统治,这种情况变得更为明显,例如,数以千计的耶路撒冷人受雇于重建圣殿的浩大工程。与前工业化时代的所有都城人民一样,古代耶路撒冷人也有既得的利益,忠实于统治机构和现任的统治者。然而,在罗马帝国的管理下,耶路撒冷人眼中的统治者可能已经作了妥协,这使得他们更倾向于选择圣殿里的大祭司阶层作为斗争对象,来守护自己的以色列传统。

与之相比,犹大和加利利农民却生活在半独立状态的乡村地区。为了向耶路撒冷圣殿、祭司阶层和希律在加利利地区的军事要塞提供经济支撑,农民们需要缴纳什一税、杂税以及换取统治者支持的各种贡品。只要能够得到各自的税收,耶路撒冷祭司和希律的管理者就不会干涉那些乡村地区的内部事务。因此,农民们渴望尽量减少需要缴纳的赋税额度,获得更多的自由生活空间。此外,犹大和加利利农民正在酝酿着属于他们自己的记载以色列传统的译本。与被耶路撒冷认可的译本不同,那个译本更强调从压迫中寻求独立的内容,如平民领袖以利亚的故事,以及能体现正义的契约精神的篇章。

二、文士群体的抗议、斗争和恐怖活动

早在罗马征服以前大约一个世纪,文士群体对耶路撒冷圣殿的祭司派

掌权者及其帝国支持者的反抗斗争就在一个戏剧性的危机中出现了。耶路撒冷祭司派中的掌权者在背后塞琉古帝国的支持下，实际上背弃了传统的摩西律法，一个由文士拉比组成的圈子毅然选择抵制强迫犹太民族"西方化"的多种做法。他们被《但以理书》第7至12章中上帝拯救人民以及为殉道者辩护的描写所感染，在斗争中意志坚强，视死如归。

在罗马统治犹太人的第一个世纪里，文士群体开展了数次具有针对性和组织性的反抗活动。与1世纪中期的反抗相比，文士群体充分意识到甚至极小的不满都会招来杀身之祸，这使他们的反抗活动均以非暴力形式进行。根据历史学家约瑟福斯记载的三起抗议事件，我们了解到反抗的根源在于犹太社会的绝对基础——摩西律法。每一起事件都清晰地证明，由于对上帝及其律法绝对忠诚的原则，宗教与政治—经济方面本是不可分割的。

1. 库姆兰社团、法利赛人及其他文士或智者圈子

1947年在死海西北角地区发现了一批库姆兰社团留下的隐秘书卷，其间的记载清晰反映了新上任的哈摩斯大祭司们与塞琉古王朝的和解。继摩西带领以色列人出走旷野之后，这一由文士和祭司组成的群体发起了一场新的"出走"库姆兰旷野的行动，在那里组成一个重建律法的社团。一俟适应了严格的律法条文准则，他们便集中精力投身于研究和翻译律法及先知书卷的工作。他们还创作了反抗罗马人而进行圣战的叙事。在《光明之子与黑暗之子交战》的故事中，罗马人"基提"拥有黑暗之子的强大力量。虽然连自卫的武器都没有，库姆兰社团依然时常进行军事演练，设想自己将在最后的战役中与光明之子并肩作战，英勇击溃基提和黑暗之子，凯旋而归。[①]

文士群体中继续从事罗马秩序下调解者角色的那些人也发起了一些间

[①] 有关库姆兰社团和死海古卷的最新研究成果，参见 James C. VanderKam, *The Dead Sea Scrolls Today*, Grand Rapids: Eerdmans, 1994。

歇性的抗议活动。当希律王要求所有人向凯撒及其本人的统治宣誓效忠时,"六千多名法利赛人都予以断然拒绝"。① 在众多激动人心的反抗事迹中,最具标志性的要数大希律行将就木之际发生的那次抗议活动。大希律为了显示犹太人民对罗马的顺服,决定在圣殿门口树立一个巨大的罗马金色鹰旗,②以时刻提醒犹太人的被征服者身份。这一严重的挑衅行为激起民愤,犹太人中"最渊博的智者和祖先律法的卓越翻译者"犹大·本·撒瑞帕(Judas ben Saripha)和马蒂亚斯·本·玛格拉(Matthias ben Margala)激励其学生砍断树立在圣殿门口的鹰旗,"为上帝的荣耀复仇"。面对罗马帝国委任的统治者,人们之所以采取这种自杀式的反抗行动,是因为摩西律法明确规定,以色列人必须对上帝绝对忠诚,尤其不能崇拜世俗的偶像。以残暴著称的大希律将砍倒鹰旗的人们全部活埋了,但是,那些拉比和学生作为律法的殉道者,鼓舞了群众反抗的斗志。伴随着大希律终于归西及其儿子安提帕试图接管权力的,是更大规模的抗议活动。

2."第四种哲学"——拒绝向罗马人纳贡

在约瑟福斯所载文士群体的反抗事迹中,最具重要意义的当属被称为"第四种哲学"的斗争纲领。③ 公元6年罗马帝国改变在犹大的统治政策,任命罗马总督进行直接管理,并进一步加重税赋。迦玛列的拉比犹大和法利赛派的萨多克是这次反抗的组织者。④ 他们坚持认为,既然已经向上帝宣誓绝对忠诚,将之作为主人侍奉,就不能再向罗马人纳贡;一旦做了,就意味着认凯撒为主。

---

① 约瑟福斯:《上古犹太史》17.24。
② 约瑟福斯:《犹太战争史》1.648—655;《上古犹太史》17.149—167。
③ 我在其他专著中对第四种哲学有更加详细的论述,见 Horsley and John S. Hanson, *Bandits, Prophets, and Messiahs: Popular Movements in the Time of Jesus*. Minneapolis: Winston, 1985; Harrisburg: Trinity Press International, 1998, 190—199,以及 Horsley, *Jesus and the Spiral of Violence*, 77—89。
④ 约瑟福斯:《犹太战争史》2.188。

他们认为如此高的税赋等于明目张胆的竭泽而渔。如果反抗成功，犹太人将会交上好运；如果失败了，至少也可以拥有为了崇高理想而奋斗的无上光荣。此外，上帝在他们的反抗计划中也将有份，特别是当他们在屠刀面前毫无畏惧的时候……这第四种哲学……与法利赛人的意愿大致相符，唯独在对自由的渴望方面二者水火不容，因为只有上帝是他们独一无二的主人。他们面对各种名目的死亡刑罚毫不屈服，忍受着亲友惨遭折磨的痛苦，都仅仅是因为拒绝随便称任何人为主人。①

我们一旦把约瑟福斯希腊化的哲学术语还原为传统的希伯来语，就会发现法利赛人的观点与当时大多数犹大人和加利利人的观点大同小异。②他们都清楚地知道，罗马人要犹太民族纳贡，是要在犹太人身上烙下"奴隶"和耻辱的印记。他们渴望重获自由，这种自由是上古时代从埃及人的奴役下争取来的，直到现在犹太人还在每年一度的逾越节上举行庆祝独立的活动。上帝在摩西律法中被艺术地理解为以色列的王，"耶和华是唯一的神和主人"这一信条并不仅仅是摩西律法的基础，还出现在祈祷文和诗篇中。③还有，上帝与以色列人同在的信念深深地扎根在以色列的传统中，使他们毫无畏惧地去争取自由。④ 犹大、萨多克及其支持者坚信上帝会通过他们的殉道行为重塑人民的自由；他们视死如归，是因为确信上帝会赐予他们"尊

---

① Horsley and Hanson, *Bandits*, 191—192.
② 约瑟福斯：《上古犹太史》18.23。
③ 例如《所罗门诗篇》第 17 篇极力呼唤大卫王的后代弥赛亚到来，带领人民重建自由家园，其开头和结尾部分都称颂上帝的王权。约瑟福斯在其著作中也曾骄傲地认为，上帝赐予摩西的真正政治体制是"神权政体"，"所有国王和权力都交在上帝手中"，上帝赐予的"律法"是万物的"主人"、其真正的"统治者"。
④ 约瑟福斯在用希腊化语言描述法利赛人时表达了相似的观点，如"这些人有行动的自由，但注定要受命运的支配"。

严与荣耀"。《但以理书》第7—12章中先知但以理在迫害面前坚毅如山，这些文字记载所代表的传统，就是坚持"第四种哲学"的激进分子们无所畏惧的力量源泉。

3. 奋锐党人的恐怖袭击

据约瑟福斯记载，五十年代的耶路撒冷出现了一个与我们平常十分熟悉的亡命徒概念"完全不同的亡命徒组织"。他们以弧形匕首命名，被称为"短刀党"，或奋锐党（Sicarri）。① 与第四种哲学的情况类似，奋锐党人由文士中的学者式拉比组成（或领导）。实际上，这个组织的领袖确实与之前的第四种哲学有着渊源关系。② 然而，奋锐党人的反抗手段——暗中刺杀与绑架——在古代犹太民族之前的反抗活动中从未出现过。在当今社会我们称之为恐怖主义，然而由于奋锐党人是为了反抗罗马帝国的恐怖统治而采用那种手段的，或许称之为反恐怖主义更加合适。奋锐党人的处境和斗争手段皆可与当代反殖民主义者相比较，如阿尔及利亚的民族解放阵线以及巴勒斯坦地区的犹太复国运动。鉴于它们之间存在高度的相似性，对奋锐党人的了解亦有利于当今社会对恐怖组织的研究。③

人民只有在既有的申诉渠道被堵死，又完全没有其他途径来表达自己

---

① 约瑟福斯的主要观点记述在《犹太战争史》2.254—257 和《上古犹太史》20.164—165 中。在奋锐党问题上有着重要的不同见解，参阅 "Zealots and Sicarii: Their Origins and Relation," *HTR* 64 (1971) 1—19；有关现代恐怖组织的批评文献和比较研究见于 Richard A. Horsley, "The Sicarii: Ancient Jewish Terrorists'", *Journal of Religion* 59 (1979) 435—458。

② 约瑟福斯明确认为，奋锐党是第四种哲学发展的产物，而他们的领袖梅纳海姆（Menahem）就是第四种哲学主要倡议人之一犹大的儿子或孙子。参见《犹太战争史》2.433, 447; 7.253, 255。

③ H. Edward Price Jr., "The Strategy and Tactics of Revolutionary Terrorism", *CSSH* 19 (1977) 52—65；Thomas Perry Thornton, "Terror as a Weapon of Political Agitation", in *Internal War*, ed. Harry Eckstein, New York: Free Press, 1964, 71—99. 关于宗教因素的最新研究，参见 Mark Juergensmeyer, *Terror in the Mind of God*. Berkeley: University of California Press, 2000, esp. chaps. 1 and 7, Martha Crenshaw, ed., *Terrorism in Context*, University Park: Pennsylvania State University Press, 1995；Bruce Hoffman, *Inside Terrorism*. New York: Columbia University Press, 1998。

声音的时候,才会诉诸恐怖活动。纪元后的四十年代末,犹大和加利利地区遭遇干旱,饥荒遍野,农民的处境极其恶劣,而统治者却丝毫未采取任何缓解灾情的措施。数十年间,人民举行了多次抗议活动,但大祭司们依旧不为所动。罗马总督对城外的和平抗议与旷野里平民先知的非暴力活动一律残酷打压。四十年代末五十年代初,罗马历任总督对民众的任何细微不满皆予以越来越残暴的打击。由于过度使用武力,罗马总督古努斯(Cumus, 48—52)使一件小事演变成牵连大批民众的激烈冲突,并随之予以血腥镇压。① 而他的继任者菲利克斯(Felix, 52—60)则致力于系统清除由饥荒导致的大规模强盗行为。"在他手中饱受折磨的强盗以及被怀疑勾结强盗的普通民众,数量多得不可计算"。② 耶路撒冷大祭司贵族对罗马的暴行不但不加干涉,反而助纣为虐,使得罗马总督及其当局更加肆无忌惮。

最近关于恐怖组织的研究显示,恐怖活动是民众在绝望中引起当局关注自身艰难处境的唯一有效途径。由于非暴力抗议换来的只是罗马军队越来越残酷的镇压,奋锐党人必定认为,他们必须采用暴力斗争手段。此外,作为一个小的知识分子群体,他们也缺乏发动大规模斗争的群众基础。与当代反殖民主义团体(如肯尼亚的"茅茅"党或塞浦路斯的斗士国家组织)相似,他们的斗争对象并非罗马统治者,而是本民族中与罗马当局勾结的掌权派。出现这种现象的原因在于,罗马帝国的政策是由耶路撒冷圣殿的大祭司们负责具体执行的,此外,奋锐党人或许也曾认为,其行动对罗马帝国也有着象征性的打击效果。

奋锐党人以秘密刺杀方式揭开了他们反抗斗争的序幕:

> 当乡村地区的强盗行为被肃清时,另一种不同形式的"强盗"行为却在耶路撒冷悄然发生了,被称为奋锐党的那些人,光天化日下在城市

---

① 约瑟福斯:《犹太战争史》2.228—229;《上古犹太史》20.113—114。
② 约瑟福斯:《犹太战争史》2.253。

耶稣运动的历史文化语境：犹大和加利利地区的反抗斗争

中心进行谋杀。特别是在节庆日时，他们混在人群中，衣服下暗藏短刀，刺杀敌人。行动成功后，凶手立刻加入惊恐喊叫的人群，通过这种方式躲过搜查。第一个被他们刺杀的是大祭司约拿单。他死之后，大白天进行刺杀的凶手又出现好几个。①

祭司权贵们甚至在圣殿里也在警惕着这类杀手。②

据约瑟福斯记载，奋锐党人也会在乡村地区进行不那么隐秘的刺杀行动，杀害达官显贵并抢夺其财产，③那些刺杀行动达到了预期的恐怖效果。"慌乱要比不幸事件本身更令人惊恐；每个人都像在战场上一样，时刻担忧着死亡。有些人……甚至连身边的朋友也不再信任"。④

这种恐怖行动并不是非理性的，每次行动之前都会仔细计算可能的代价、收获，以及后果。在选择对象时，奋锐党人也会考虑刺杀哪个大祭司有最大的政治意义，如那些勾结罗马统治者并虐待人民的祭司派顶层人员。除了象征性的政治意义外，奋锐党人还会选择有象征意义的地点（如圣殿）、高度紧张的时间（如某一个朝圣节日），携带短刀进行刺杀。⑤ 奋锐党人采取这些行动，主要是为了达到一种"震慑效果"，就像罗马人折磨反抗的群众来恐吓其他人一样。奋锐党人还对外宣称，他们主要的刺杀对象是那些与罗马人勾结、鱼肉百姓的既得利益者。他们对统治当局发出讯息：恐怖行动是由于被奴役的民众绝望到了极点而采取的措施。或许他们还希望通过自己的行动，来对以前压榨百姓的行为施以惩罚，进而警告那些试图联合侵略者共同虐待民众的人。

然而令奋锐党人始料未及的是，其刺杀行动竟然使祭司贵族们与民众

---

① 约瑟福斯：《犹太战争史》2.254—256。
② 约瑟福斯：《上古犹太史》20.164—165。
③ 约瑟福斯：《犹太战争史》7.254。
④ 约瑟福斯：《犹太战争史》20.256—257。
⑤ Juergens Meyer, *Terror in the Mind of God*, 131—133.

的关系更加对立,统治者予以更残酷的暴力镇压,以致局势进一步恶化。大祭司家族的成员都为自己豢养一批私人护卫,并对群众采取掠夺性的压榨手段。例如,大祭司亚拿尼亚(Ananias)派一帮暴徒征收供养祭司人员的什一税,农民们稍有迟疑便遭到拳脚相加,而被强制性地没收谷物。① 由罗马总督们引发的斗争旋涡,经过奋锐党人的激化,使社会局势更加动荡,实际上已经陷入无政府状态,最终在66年爆发大规模的反抗斗争。

三、平民斗争与以色列反抗运动的独特性

与文士群体的抗议活动相比,平民的反抗斗争给罗马统治秩序造成的威胁更严重。前者人数较少,从未发展到全民参与的程度,而平民斗争活动更加频繁化、多样化,规模也更大,一度呈现出演变成平民暴乱的趋势,并确实在将近二百年中一再发生。每一场平民斗争都植根于反抗异族压迫的以色列传统,并致力于恢复被罗马帝国统治严重破坏的传统生活方式。

1.耶路撒冷群众的抗议

与其他缺乏民主制度保障的前工业化城市一样,在古代耶路撒冷,示威游行或暴民在城外造成骚乱,是需要依靠的经济主体向其统治者要求改善民生的主要途径,这种途径并不会与统治机构本身正面交锋。② 然而,在罗马帝国统治下的犹太地区,发生在耶路撒冷的群众抗税事件却使这种情形发生了戏剧性改变。罗马人削弱了其征税人希律王室的权力,并逐渐地破坏大祭司们在犹太社会的权威性,大希律沦为受罗马帝国委派操纵的傀儡

---

① 约瑟福斯:《上古犹太史》20.206—214。
② Horsley, *Jesus and the Spiral of Violence*, 90—99, and the previous studies by E. J. Hobsbawm, *Primitive Rebels*, reprint New York: Norton, 1965; E. P. Thompson, "The Moral Economy of the English Crown in the Eighteenth Century", *P & P* 50 (1971) 76—136; George Rude, *The Crowd in History*. New York: Wiley, 1964; idem, *The Crowd in the French Revolution*. Oxford: Clarendon, 1959.

耶稣运动的历史文化语境:犹大和加利利地区的反抗斗争

之王,后来希律王的身份甚至只需要罗马总督任命就行。此外,大希律还关闭了包括公共集会在内的所有表达政治诉求的渠道。

在大希律的高压统治临近尾声时,耶路撒冷群众压抑已久的民愤终于彻底爆发。当大希律的儿子亚基帕(Archelaus)在圣殿广场上公然露面,试图寻求耶路撒冷的支持,来接替大希律而成为罗马新任的委托统治者时,民众将一腔怨愤发泄了出来。他们要求亚基帕释放大希律关押的政治犯,并停止其父亲为了罗马帝国经济而提出的"发展"战略,减轻民众沉重的经济负担。① 民众提到近期因为砍倒圣殿门前的罗马鹰旗而壮烈殉道的学者及其的学生们,认为"那些人是为了守护祖先律法和圣殿而以身犯险的"。②"暴民"最后要求亚基帕清查并严惩大希律任用的达官显贵,特别是经大希律认可的大祭司,使其必须下台,代之以"能够与律法和圣洁相配"的人。③ 从民众的诉求中,能够清晰地看到民怨沸腾的根源在于希律王室实行的残暴统治,而这同时也是罗马帝国的权力得以在犹太地区通行的关键所在。

不出意料,在乡民们来圣城过逾越节之前,耶路撒冷群众再次更加直截了当地向亚基帕提出抵制罗马帝国在当地统治秩序的要求。亚基帕真的慌乱了,竟然命令军队开进圣城。这时,一直忍气吞声的百姓冲向士兵,用石头驱赶他们。而亚基帕则下令全军出击,屠杀了数以千计的反抗者和前来圣城参加逾越节的朝圣者。就这样,一个新的帝国委任管理者、"犹太人的王"以杀戮和征服开始了他的统治,至少在圣城是如此。

约瑟福斯记载的第二起城市反抗运动清晰地说明了罗马帝国在犹太地区统治的巨大隐患。庆祝上帝将犹太人从奴役中解放出来的逾越节成为反抗罗马统治的导火索。为了炫耀罗马军力,威慑群众,罗马总督将一队罗马士兵带进耶路撒冷,让他们负责"维持圣殿秩序,平息任何可能的骚乱"。④

---

① 约瑟福斯:《犹太战争史》17.204—205;《上古犹太史》2.4。
② 约瑟福斯:《犹太战争史》2.5—6。
③ 约瑟福斯:《上古犹太史》17.270。
④ 约瑟福斯:《上古犹太史》20.106。

一世纪中期,一名士兵在逾越节期间对群众实行猥亵举止,激起强烈的抗议运动。罗马总督库玛斯(Cumans)召唤出其整个军队予以威慑,导致人群极度恐慌,四处逃散,许多人被踩踏致死。① 这次发生在逾越节期间的"骚乱"比其他任何反抗运动都更能说明,坚定不移地反抗异族统治,争取民族独立自由的以色列传统,是残忍的罗马帝国与犹大和加利利之间发生不可调和冲突的根源。

2. 乡村地区的平民斗争

犹大和加利利人民最壮烈的反抗运动正好发生在拿撒勒的耶稣进行传道活动的前后数十年间。在罗马帝国武装暴力的严重威胁下,犹太人民发动了大规模的、自律性的、非暴力的反抗示威活动。被征服的巴勒斯坦人民为了捍卫以色列传统,特别是绝对忠诚于上帝的摩西律法,在强大的敌人面前毫无畏惧、慷慨赴死。

本丢·彼拉多之前的罗马总督们似乎还能够意识到犹太人对其在政治、经济和宗教方面被奴役的特殊敏感性。然而,彼拉多初一上台,便显露出其狰狞面目,竟命令一队罗马士兵带着绘有罗马诸神肖像的军徽进入耶路撒冷。② 如前所述,罗马人为了羞辱犹太人,经常强迫其承认甚至崇拜罗马军队的军徽。作为被奴役的民族,犹太人清楚地明白军徽的象征意义。彼拉多的行为其实意味着罗马诸神已征服耶和华上帝,③属于对摩西律法的严重侮辱。这一侵略性的挑衅行为激怒了大批乡民,他们与部分耶路撒冷人联合起来:

---

① 约瑟福斯:《上古犹太史》20.108—111。
② 关于此事的详细讨论,参见 Horsley, *Jesus and the Spiral of Violence*, 100—104。
③ 比较一下罗马军队在 70 年攻占耶路撒冷圣殿后对罗马诸神的献祭行为(参见 Josephus,《犹太战争史》7.316),相关探讨参见 Horsley, *Jesus and the Spiral of Violence*, 第 103 页及注释 36。

耶稣运动的历史文化语境:犹大和加利利地区的反抗斗争

彼拉多刚一来到撒玛利亚上任,群众就把他的住所团团围住,举行长达五天的抗议活动。随后彼拉多在圣殿广场上出现,竟在群众面前泰然自若……他命令全副武装的士兵们将犹太人层层围困,群众这时才发现,他们已经陷入三重包围圈中。在做出如果拒绝认可凯撒的画像便杀死他们的威胁后,彼拉多示意其士兵拔出刀剑。犹太群众竟不约而同地在广场上嘶喊,伸出了脖颈,并且宣称,如果迫使他们违反摩西律法,他们宁愿去死。①

最终,彼拉多妥协了。在这场高度自律且经过慎重权衡的示威行动中,犹太人民显示了对以色列传统的庄严承诺和绝对忠诚。

大约十年后,加利利农民对罗马人的挑衅又展开了另一场更加持久的"斗争"。② 新继任的罗马皇帝卡利古拉(Caligula)发现亚历山大的犹太人不像其他民族那样对他极其尊崇,便心中十分恼火,命令其驻叙利亚的使节将他的画像挂在耶路撒冷圣殿。如果犹太人胆敢反对,"他就准备用武力镇压"。佩特罗尼乌斯(Petronius)集结了加利利西海岸托勒密城的两个罗马军团,随时准备进驻犹大。大批犹太人加入了反抗者的行列,无数农民以放弃耕作来进行持久抵制,长达数周。当时亚基帕一世(希律王室新上任的统治者)的首席顾问紧张地指出,如果农民的反抗再不停止,明年就会颗粒无收,他们需要缴纳给罗马的贡品也就毫无着落,当然加利利的希律统治者自身也会一无所得。不出意外的话,卡利古拉的命令和民众的叛乱会将社会形势恶化成盗贼四起的局面。这时,佩特罗尼乌斯被指控叛逆,盖尤斯的猝死遮蔽了他的畏罪自杀,更重要的,是将加利利和犹大从武装暴乱的边缘挽救了回来。这些地区性的农民反抗与罗马统治者的多次挑衅都清晰地显示出,在耶稣传道时代,罗马帝国的统治与巴勒斯坦被征服的人民之间存在着

---

① 约瑟福斯:《犹太战争史》2.169—174;《上古犹太史》18.55—59。

② Horsley, *Jesus and the Spiral of Violence*, 110—116.

不可调和的冲突。虽然犹大和加利利的农民无力对抗强大的罗马军队,而其以持续抗议和非暴力斗争捍卫传统的生活方式,则表现了对上帝的绝对忠诚。

3. 平民先知和弥赛亚运动

以色列独特的传统和社会形态致使犹太人反抗罗马帝国统治的斗争往往采取社会斗争形式,而这种形式因其与耶稣传道的做法有相似性而极具启发意义。大希律死时爆发在加利利、比利亚和犹大地区的叛乱均采用了典型的社会斗争形式,被称为"弥赛亚运动"。① 据约瑟福斯记载,每一支义军的领袖都曾自称为"王"。他采用了"加冕"和"渴望王权"等希腊化词汇,但却无法掩盖那些运动中所蕴含的以色列传统。据圣经记载,古代以色列人建立王权的目的是反抗非利士人的统治,即"犹大人来到希伯仑,在那里膏大卫作犹大家的王",以便统治犹大,随后"以色列的长老都来到希伯仑见大卫王",使之统治以色列(撒下 2:4;5:3;参见撒上 11:15 关于扫罗的记载;撒下 15:10—12;19:10 关于押沙龙的记载;以及王上 12:20 关于耶罗波安的记载)。在以色列传统中,君王是由人民群众出于现实需要而自发"膏立"(或称选举)的,而非像后来《诗篇》中所罗门说的那样,是父子世袭(撒下 7;诗 2;110;132 等)。这种"膏立"君王的平民传统还具有革命性意义,在当时的巴勒斯坦地区,以色列人民正需要"膏立"一位君主,带领他们从异族压迫中解放出来。②

上述反抗斗争都发生在乡村的农民中间,他们中的许多人与圣经中那些"绝望的人们"(即撒上 22:2 中那些追随大卫王的人)类似。希律的昏庸统治导致农村的经济状况持续恶化,农民不得不走上反抗道路。他们渴望

---

① 约瑟福斯:《犹太战争史》2.56—65;《上古犹太史》17.271—285。
② Richard A. Horsley, "Popular Messianic Movements around the Time of Jesus", *Catholic Biblical Quarterly* 46(1984)471—493; and Horsley and Hanson, *Bandits*, chap. 3.

一个"怒发冲冠"的君王,用"更多的勇猛而非理性"进行战斗。① 这或许说明其反抗是在宗教神圣感的驱使下进行的。事实上,反抗的群众所拣选的"王"或"弥赛亚"皆出自社会底层。犹大的阿特龙只是一个牧羊人(一如以色列传说中的大卫王),加利利的犹大是强盗首领希西家的儿子,而比利亚的西蒙以前是王室的仆人或奴隶(也许是王室机构中的一个事务员或低级管事)。

这些弥赛亚运动有两个相关的斗争目标:从罗马和希律统治下获得自由,和重建一个更加平等的社会经济秩序。罗马帝国在巴勒斯坦地区长达数十年的政治高压和经济剥削已经使得民不聊生,百姓怨声载道,终于爆发了针对希律要塞和罗马军队的游击战争。这次战争从一开始就有清晰的政治意识,起义群众一度成功地控制乡村地区,在罗马帝国的统治下获得自由达三年之久。更重要的是,耶稣诞生的拿撒勒正处于加利利弥赛亚运动展开的中心地带。

时隔七十年之后,弥赛亚运动的顶峰呈现于公元69到70年的耶路撒冷保卫战。当罗马军队攻破耶路撒冷之后,起义军的首领歌利亚(Gioria)被带到罗马,罗马皇帝维斯帕先(Vespasian)及其儿子提图斯(Titus)亲自参加处决歌利亚的仪式,以庆祝征服加利利和犹大的伟大胜利。作为弥赛亚运动中众多以平民"弥赛亚"大卫王为原型的领袖之一,西蒙是作为一支平民反抗队伍的首领开始其反抗生涯的。② 在这场弥赛亚运动的社会革命纲领方面,西蒙提出"还自由给奴隶"的口号,以兑现以色列历代先知的承诺(参见赛11:1—9;耶23:5)。③ 罗马军队破城而入之际,西蒙的投降方式极具戏

---

① 约瑟福斯:《上古犹太史》17.274—276。
② 约瑟福斯:《犹太战争史》4.507—513。
③ 西蒙在耶路撒冷提出的社会斗争纲领可与《所罗门诗篇》第17篇中关于大卫王子孙、弥赛亚盼望进行比较研究,称弥赛亚将会亲自参加反抗外来侵略者的战斗,这一被膏的国王将"罪人从后继者中驱逐",并"让不义之人从他们中间退去,使耶路撒冷重现往昔的荣光"(所罗门诗篇17:26,29,33,36)。

剧性和象征意义。他身着一袭罗马人和犹太人都非常熟悉的紫袍(国王御用服饰),出现在耶路撒冷圣殿的广场上(参见《犹太战争史》7.29、1.671所载"希律的葬礼",以及《马可福音》15:16—20 罗马兵丁戏弄耶稣的章节)。

　　罗马帝国在犹大地区遭遇到的最后一次重大反抗依然是以弥赛亚运动的形式进行的。即如我们在希伯来文学中看到的那样,这次反抗的领袖西蒙·巴尔·科赫巴被拉比亚基巴称为"弥赛亚",清晰地指向圣经中关于弥赛亚的神谕(民24:17)。

　　虽然以上弥赛亚运动最终失败了,但是从历史角度看,这些以弥赛亚为核心发起的斗争对犹大和加利利人民反抗罗马帝国强加于巴勒斯坦地区的"新秩序"具有重要意义。这场运动一度使犹太人民在罗马帝国统治下获得了两到三年的独立时期,说明广大农民是能够在领袖率领下联合起来进行反抗的。由早期大卫王和后来其他几位"弥赛亚"领导的反抗斗争,表现出犹大和加利利人民对以色列传统及其所代表的传统生活方式的向往和坚守。

　　公元1世纪中期,巴勒斯坦地区的反罗马统治事件与前述情况稍有不同,却依然采取了较为独特的平民先知运动的社会形式。[1] 最著名的运动是先知丢大(Theudas)在约旦河流域领导的斗争,以及埃及裔犹太先知及其追随者在橄榄山进行的反抗活动。这类领导反抗运动的先知与传统意义上的犹太先知不同,只负责传达上帝的神谕和救赎,最重要的当属农民先知耶稣·本·哈奈亚(Jesus ben Hanaiah)。在反抗斗争爆发前的数年里,他经常在耶路撒冷的小巷里徘徊,脑海中遥想着先知耶利米宣称耶路撒冷末日将临的预言,似乎听到哀歌此时正在圣城里回荡:"东方之音,西方之乐,四方

---

[1] Richard A. Horsley, "'Like One of the Prophets of Old': Two Types of Popular Prophets at the Time of Jesus", *Catholic Biblical Quarterly* 47(1985)435—463; idem, "Popular Prophetic Movements at the Time of Jesus, Their Principal Features and Social Origins", *Journal for the Study of the New Testament* 26(1986)3—27; and Horsley and Hanson, *Bandits*, chap. 4.

耶稣运动的历史文化语境:犹大和加利利地区的反抗斗争

之歌,皆为耶路撒冷与圣殿啜泣。"① 虽然耶路撒冷的祭司贵族想处死他,但罗马总督觉得此人是个疯子,下令痛打他一顿就予以释放。

相比之下,诸如丢大和"埃及人"一类先知发起的反抗活动,很快就被罗马当局作为对帝国统治秩序的严重威胁而摧毁了。但事实上,我们从这些运动中能分辨出一种典型特征。根据约瑟福斯多方面的记载,丢大和"埃及人"进行的"重大变革"能归入上帝"救世"的大计划中,是历史上摩西和约书亚伟大业迹的回响。出于对其他几位先知带领人民进入旷野开展神圣救赎事业的效仿,丢大也"带领追随他的民众来到约旦河岸",宣称只要"他一声令下,河水就会分为两半,给群众辟出一条大道来"。② 与之类似,"那位从埃及来的先知"带着其追随者登上了橄榄山,"宣称在其命令下耶路撒冷城墙必会倒塌",给他们提供一条进城的通道。③ 丢大的行为或是在模仿摩西带领人民出走埃及,或是在模仿摩西越过约旦河进入迦南,或是两者兼有,因为在以色列传统中这两件事是相提并论的。而那位"来自埃及的先知"则是要模仿约书亚在耶利哥战斗的情景。如此说来,公元一世纪中期的这些先知运动大致都是在效仿早期以色列民族初到迦南时争取自由的壮举。

这些先知运动所采取的独特斗争形式,表明犹太人对罗马帝国的反抗深深植根于以色列的平民传统。一世纪中期犹太农民掀起的这些反抗运动(在撒玛利亚人中间也曾发生过多次),说明以色列传统中争取民族独立的思想以及对传统生活方式的坚守广泛而深刻地存在于底层民众的记忆和梦幻里。广大农村地区的群众急切地渴望像古代以色列人那样从异族压迫下挣脱出来,并从侵略者手中收复失地,重现以色列祖先在这片土地上创造

---

① 约瑟福斯:《犹太战争史》6.300—301。
② 约瑟福斯:《上古犹太史》20.97。
③ 约瑟福斯:《犹太战争史》2.259—262;《上古犹太史》20.169—170;以及《使徒行传》对这两个运动都有所提及,但认为丢大的反抗活动在第四种哲学之前(5:36),并示意埃及先知的运动与奋锐党人的活动容易引起混淆(21:38)。

87

过的光荣。正如政治上更加侧重"现实意义"的弥赛亚运动一样,他们也渴望推翻罗马帝国的统治,过上平等和谐的新生活。

相似的社会机制有可能孕育出大致相似的斗争形式,"平民先知运动"和"弥赛亚运动"对《希伯来圣经》所载光辉事迹的效仿,明确显示出存在于犹大和加利利农民中的平民传统。

4. 隐性斗争形式

上述所有的人民反抗斗争或许不过是以色列反抗罗马统治的冰山一角。显而易见,未受过教育的农民无法将其事迹记录并流传下来。并且只有少数看起来对罗马统治造成过严重影响的反抗活动,才会被约瑟福斯一类历史学家以"书面文本"形式予以记述。更重要的可能性或许是,能够被记录下来的运动都有显见的外部形式,而最近关于农民运动的研究成果显示,那些具有显见外部形式的农民运动只是很小一部分,更加深广的地下斗争活动正在越来越多地浮出水面。① 为了维持最基本的生存需要,农民们经常在征税人到来之前就将谷物分散放置,或者采用多种方式来抵制统治者的经济压榨。

因此,为了深入分析古代巴勒斯坦地区的平民反抗运动(或其他相似的研究内容),必须分辨出所有的抗议和斗争形式,包括隐性的和显性的,它们都深藏于被征服人民留下的"隐性文字"之中。人类学家、政治学家詹姆斯·斯科特(James C. Scott)对"官方文字"和"隐性文字"进行区分,以不同的信息传播方式来说明引发统治者与被征服人民之间矛盾冲突的动力机制。② 奴隶、农民和工人的大部分言行举止都是被束缚的。斯科特认为,那些记录了统治者与被征服者之间公开接触的文字为"官方文字",是由权力

---

① James C. Scott, *Weapons of the Weak: Everyday Forms of Peasant Resistance*. New Haven: Yale University Press, 1985.
② James C. Scott, *Domination and the Arts of Resistance*. New Haven: Yale University Press, 1990. xii, 15.

阶层的意志决定的。我们的大部分书面文献都属于"官方文字",仅仅从统治者的立场出发,片面反映了权力关系的历史情形。然而,"每一个被征服的群体都有自己的血泪史,他们有属于自己的'隐性文字',其中饱含了对极权统治下官方话语的控诉",这种文字是从隐蔽性立场出发的。在记载极少数反抗斗争的"官方文字"背后,肯定潜藏着"更加详细的隐性文字,能够反映殖民统治下文化宗教状况的全部话语"。乡村地区的农民们背着其统治者创造出隐性文字,其重要意义在于使下层民众永远铭记被压迫、被征服的耻辱和愤怒。日复一日的隐性反抗和一度爆发的斗争运动,都是在这些隐性文字的土壤里孕育成长的。

四、结论

以上对犹太文士、拉比和农民反抗斗争所做的分析说明,早期罗马帝国统治下的巴勒斯坦地区长期处于不稳定状态。对立的双方显然是下层民众与统治者,既包括罗马人,也包括希律家族和大祭司,而并非通常所认为发生于"罗马人"与"犹太人"之间的矛盾。无论是文士群体还是普通民众,他们发起反抗运动,都是为了捍卫以色列传统的生活方式,特别是由于受到了摩西律法和上帝所行拯救神迹的激励。也有少部分斗争是为了保卫圣殿,包括拉比及其学生砍倒圣殿大门前的罗马鹰旗事件,或许也包括群众为了反对盖尤斯企图将其塑像放在圣殿中而发起的抗议活动,二者皆显示了耶路撒冷圣殿的重要象征意义。提倡向罗马纳贡的第四种哲学引发了群众与掌管圣殿的大祭司之间的冲突,几乎所有参与反抗的农民都或明或暗地既反对大祭司也反对罗马人。一世纪67至68年,犹大西北部的难民占据耶路撒冷并以之为主要堡垒,发起了一场"狂热的"反抗运动,他们在罗马敌军的围攻下苦苦坚守——祭司贵族也被迫参与其中。罗马帝国在其西部地区遭到多起全民族参与的反抗运动,然而在巴勒斯坦,罗马人只是在当地原有社会格局的基础上进行增补,这就导致基本的政治经济关系脱节,人民群众既要反抗罗马人的统治,又要面对"本土"权力阶层的压迫。犹大和加利利人民能够坚定不移地进行长期斗争,重要原因乃在于以色列民族反抗异族统治的文化传统源远流长。

作者理查德·A. 霍斯利,美国马萨诸塞大学新约教授,代表作有《社会学与耶稣运动》《倾听全部故事:〈马可福音〉中的阴谋政治学》等。译者侯春林,河南大学文学院比较文学与世界文学专业博士研究生,近期发表论文《福音书中的狂欢化因素探析》等。

(侯春林　译)
(孙彩霞　编)

《马太福音》的民粹主义特征*

[加拿大]布鲁斯·沃辛顿

内容提要：作为一种古代政治现象,民粹主义首先出现在罗马帝国第二次三巨头统治时期,在雅典民主失败之后(例如,见盖乌斯·格拉古、盖乌斯·马略和普布利乌斯·克洛狄乌斯·普尔喀时期)。现今,随着当代民粹主义运动(茶党、占领)受到的批判性关注不断增多,将及时的反思应用于圣经阐释工作可能是合适的。本论文通过采用欧内斯托·拉克劳的哲学思想,和他的杰出著作《论民粹主义的原因》(2005),来确定《马太福音》中四种重要的民粹主义元素:领袖的独特性、未实现的政治需求的等价链、部分将自身看成一个整体、国家围绕新的政治核心进行重构。

关键词：民粹主义;欧内斯托·拉克劳;《马太福音》;政治化圣经阐释

---

* 本文系原作者呈递的英语论文,依据其意愿译成汉语,首发于本刊。

Populist Features in the Gospel of Matthew

Bruce WORTHINGTON [Canada]

Trans. by XU Jun

Abstract: As an ancient political phenomenon, populism first appears during the second Roman Imperial Triumvirate, after the failure of Athenian democracy (see Gaius Gracchus; Gaius Marius; Publius Clodius Pulcher for example). Now, with an increased amount of critical attention being paid to contemporary populist movements (Tea Party, Occupy), perhaps it is appropriate to use this timely reflection in the service of biblical interpretation. Using the philosophical apparatus of Ernesto LACLAU, and his excellent work *On Populist Reason* (2005), this paper identifies four key populist elements within the Gospel of Matthew: the singularity of the leader, an equivalential chain of unfulfilled political demands, a partiality that views itself as the totality, and the reconstruction of a nation around a new political core.

Key words: populism; Ernesto LACLAU; Gospel of Matthew; political biblical interpretation

引 言

由于圣经研究过程中普遍存在的非政治化特点,《马太福音》中许多潜在的民粹主义元素被忽视,取而代之的是文学批评、来源批评或形式批评的方法。来源批评会通过独立的文本单元来分析《马太福音》,它经常会忽视作为一个政治整体的群众和民众。同样地,在《马太福音》普遍的文学研究进路中,群众和民众经常被视为更大的神学规划下的工具或兵卒。① 群众和民众只是被看成《马太福音》中独特的文学或神学元素,而不能被认为是他们实际之所是——公元一世纪前后合法的政治参与者。如此一来,《马太福音》中的人民、群众、民众和天国普遍没有被设想为政治范畴,其政治力量也因此被否定,延续了非政治化《马太福音》的神话。②

现今,随着当代民粹主义运动——如占领华尔街、茶党运动、多伦多的罗伯·福特(Rob Ford)——受到越来越多的批判性关注,在圣经阐释中采用某些适时的民粹主义思考可能是合适的。这并不是时代错误,相反,民粹主义运动的现象和政治策略可以追溯至公元前一世纪的那些转折性事件,它们是对雅典民主计划失败之后的回应,例如盖乌斯·格拉古(Gaius Gracchus)、盖乌斯·马略(Gaius Marius)、普布利乌斯·克洛狄乌斯·普尔喀(Publius Clodius Pulcher),甚至凯撒·奥古斯都(Caesar Augustus)。③ 在这些古代事例中,像对面包价格或租金上涨等政治性的不满,经常会引起民众领袖的出现,他代表了边缘的城市穷困者的利益,并领导群众起义反抗已确立的政治边界。在雅典式民主失败以后,民粹主义(特别是政治暴动)成为寻求政治表现的仅有方式之一,它也是政治变革的重要源头,主要是由于这样一个事实:已被确认的领袖往往惧怕人民(见《马太福音》第21章25节至

---

① 见 J. R. C. Cousland, *The Crowds in the Gospel of Matthew*. Leiden: Brill, 2002。
② 从这层意义上来说,《马太福音》中的群众和民众也不能用社会科学的方法来分类,因为民粹主义不总是与特定的社会基础相等同。见 Ernesto Laclau, *On Populist Reason*. New York: Verso, 2005, 117。
③ 比如:盖乌斯·格拉古为了平民的利益开始资助谷物救济,也为了穷人利益进行其他的土地改革计划。盖乌斯·马略批准招募无土地的市民,并通过法律限制富人干涉选举。普布利乌斯·克洛狄乌斯·普尔喀开展定期的免费谷物救济,并防止罗马监察官阻止任何市民进入罗马元老院。对于公元前一世纪民粹主义斗争的更多信息,可参阅 Fergus Millar, *The Crowd in Rome in the Late Republic*. Ann Arbor: University of Michigan Press, 1998. Robert Morstein-Marx, *Mass Oratory and Political Power in the Late Roman Republic*. Cambridge: Cambridge University Press, 2004. Henrik Mouritsen, *Plebs and Politics in the Late Roman Republic*. Cambridge: Cambridge University Press, 2001。

26节)。① 这种对民众和粗暴穷困者的恐惧在公元前59年被西塞罗(Cicero)极好地描绘出来,他的报告看起来与《马太福音》第27章15节至26节中狂热的政治场景非常相似:

> 当毫无经验、一无所知的人们一起坐在会场中时,他们可能会进行毫无益处的争斗,可能会选举具有煽动性的人管理他们的城市,也可能从他们的群体中驱逐最有功劳的公民。
> ——《为弗拉库斯辩护》(*Pro Flacco*)7/16

我选择这个题目的原因非常简单:考虑到当代资本主义圣经阐释转向个体和"个体身份",以及集体身份——特别是集体政治身份——往往被圣经学者所忽视,圣经学者喜欢的是个体的政治参与者。由于聚焦于个体性,系统性转变被剥夺,仅仅留下文化性顺服,这种顺服迫使我们主要聚焦于我们自身。② 我强调集体政治身份和民粹主义运动,是要挑战资本主义圣经阐释的个体性转变,并且恢复《马太福音》中的政治经验元素,这些元素只有根据集体性身份才能描述。

首先,《马太福音》中的民粹主义元素可能包括:多次提及大量的平民群众;两处为群众提供食物的记载;将犹太贵族妖魔化;拒绝将犹太圣殿当作宗教核心;认同普罗大众的国王;将自身视为整体或"天国"的部分。虽然之

---

① 在西塞罗(Cicero)的《论土地的律法》(*De LegeAgraria*)1.22中,可以找到富人惧怕穷人起义的相似场景:"在整个共和国中,或在你们的自由中,或在你们的尊严中,你们所想的将会毫不减少地留给你们。当鲁拉斯(Rullus)和那些你们惧怕他比惧怕鲁拉斯还要严重的人,和他整个由贫困者和不道德者所组成的队伍,和他所有的金银,将会占领加普亚(Capua)和加普亚周围的地区?这些事物,哦!被征召的前辈们,我将渴望大力进行抵抗;当我是执政官的时候,我将不允许人们提出这些被考虑很久、对抗共和国的计划。"相似的观点也表现在下列事件中:罗马法禁止某种"各成员具有同等权力的团体"或社团,直到它被一位民粹主义领袖普布利乌斯·克洛狄乌斯·普尔喀所接管。

② Christina Petterson, "Solidarity! Conditions Apply",见 Bruce Worthington ed., *Reading the Bible in an Age of Crisis*. Minneapolis: Fortress,2015,86。

前已有对《马太福音》及其政治性的重要而有意义的研究,例如沃伦·卡特(Warren Carter),理查德·霍斯利(Richard Horsley)对福音书文体和帝国文体的比较等,但对早期基督教团体和罗马帝国规划之间普遍的、松散的政治对抗的研究仍是空白。如果这个问题是有用的,那么我们就需要弄清楚这个假设:在公元一世纪前后,普遍的政治异见被组织成民粹主义反抗和现实化的替代性政治主体。将"人民、群众、平民"仅仅视为策略,或《马太福音》中更大的神学规划下的文学工具,都否定了这样一个现实:民众总是代表了政治。

一、方法论

这篇论文将采用独特的透镜来聚焦《马太福音》的民粹主义特点,这个透镜是欧内斯托·拉克劳(Ernesto Laclau)2005年出版的名著《论民粹主义的原因》(*On Populist Reason*)。拉克劳是埃塞克斯大学(the University of Essex)的政治学教授,刚刚于2014年4月去世。在他的一生中,他将雅克·拉康、卡尔·马克思、雅克·德里达和米歇尔·福柯的批判理论应用于政治学实践中。尽管我们可以从《马太福音》中提炼出诸多类型的民粹主义元素,不过为了行文方便,我将集中于其中四个关键元素——对于拉克劳来说,这四个关键元素构成了民粹主义运动:

(1)参与构成此一团体之本质特征的领袖。

(2)未满足需求的等价链。

(3)部分将自身视为一个整体。

(4)围绕新的政治核心重建国家。[1]

需要特别指出的是,本文不刻意认为《马太福音》是一个确定、热忱而正

---

[1] 在这里,拉克劳对民粹主义给出非常简洁的定义:"对于民粹主义政治转变的典型特征,我列举的是:对目前现状的普遍不满,以一些集中的符号群为中心建构的作为需求等价链的初期宪法;作为一个整体对现存政治体系的挑战。"见 Laclau, *On Populist Reason*, 203。

式的民粹主义文本,当然也不认为它自身是一个成熟完善的民粹主义运动——更确切地说,我想要展现的是:对民粹主义政治现象的当代研究,会如何帮助我们更好地理解《马太福音》中被忽视的政治元素(虽然没有民粹主义团体曾说过"嗨,这是民粹主义文献")。这里有关于《马太福音》政治经验的片段、碎片和元素,它们可能与我们自己的政治经验相呼应,最后我们会在圣经阐释的工作中发现意义和理解。

二、领袖的独特性

民粹主义政治现象的重要元素是共同的身份认同或者说社会纽带,它表现为领袖的独特性。① 对于拉克劳来说,民粹主义领袖成为了(从弗洛伊德学派的意义上来说)"我们自己未达到的某些自我理想的替代品",通过单个的政治主体放弃他/她的自我理想,来把它替换成由领袖来表现的群体理想。对于拉克劳来说,建立在领袖和人民之间的情感联结是为了力求完善,但情感联系在个体之中无法达成。②

在这里,拉克劳在自我和自我理想可感知的距离中,发现了解释社会政治选择多元化的关键。③ 我们发现,如果自我和自我理想之间的距离增大,在作为群体成员的同侪们与自我理想向领袖的角色转变之间存在着认同,而领袖经常被视为具有难以企及的或独特的地位。但是,如果自我和自我理想的距离变小,那么领袖将会成为群体成员的选择对象,然而领袖也将会

---

① Laclau, *On Populist Reason*, 100.
② Laclau, *On Populist Reason*, 55. 在罗马共和国晚期,个体的民粹主义领袖经常被称为"民众"(populares),它好像代表了正式政治中人民大众的利益。在晚期罗马帝国的处境中,"民众"和"贵族"(optimates)的权威形成对比,那些领袖特别代表了罗马元老院的利益。根据领袖自身政治利益的变化,一个人可以有时表现为"民众",在另一些时候表现为"贵族",这取决于具体情况。
③ Laclau, *On Populist Reason*, 62.

成为群体的一部分,参与共同身份认同的一般过程。① 这里,理解《马太福音》的基督论是有用的,这并不是为了以通俗的方式、用文本证明早期基督教信仰中耶稣的神性,而是由于这一理解可以帮助我们确定群体中自我和自我理想之间潜在的距离。对《马太福音》基督论术语的理解,像:上帝之子、人子、大卫的子孙、弥赛亚等,都有助于将耶稣确认为**代表群体自我理想的客体**,这是民粹主义群体身份的一个重要特点。在《马太福音》中,自我和自我理想之间的潜在距离可以被总结在施洗者约翰对耶稣的问题中:"我当受你的洗,你反倒上我这里来么?"(太3:14)② 显而易见,自我理想向领袖的转化可能在不同的福音书中有所不同,比如马可或约翰的基督论是互不相容的,而大的不同可能出现在像保罗这样的领袖上——他参与了共同认同的一般过程,但严格来说他只是群体中的一派而已。

对民粹主义而言,正是参与群体本质建构的领袖使得群体认同成为可能。只有当民粹主义领袖展现出与设想将要去领导的人群分享某些显著特点时,他/她才会被这些人所接受。所以我们在《马太福音》中看到耶稣和民众具有这种认同方式:③

> 人子来了,也吃也喝,人又说他是贪食好酒的人,是税吏和罪人的朋友。(太11:19)

对于《马太福音》来说,耶稣的家谱可能也证实了耶稣的身份是分裂的——他是属于父,但他也是兄弟中的一位(太1:1—17)。④

---

① Laclau, *On Populist Reason*, 62.
② 布鲁斯·沃辛顿(Bruce Worthington)引用的经文来自新国际版(New International Version)圣经,本译文所引用的经文全部来自中文和合本圣经。——译者
③ Laclau, *On Populist Reason*, 59.
④ Laclau, *On Populist Reason*, 59. 对于这种情况,我们是否怪异地几近确认位格在基督中合一的观念?

在发生重大政治危机的时候,一个群体越少被不同的国家机构协调一致,它就越依赖于以领袖之名建立的群体性认同。① 在我们的例子中,彼得确认基督是弥赛亚(它本身是一个政治词语),是与"民众"的构形相一致的,也是其固有的,这里的民众乃是围绕着基督的独特个性建立的象征性统一体(见《马太福音》第 16 章 13 节至 20 节中彼得的认信)。因此,在《马太福音》中,存在一种明显的针对门徒的支配性结构——群体遵从领袖的个性,领袖是耶稣。从这个意义上说,在门徒和耶稣的支配性结构关系中就可以发现群体的普遍认同,例如依照民粹主义观点,这种社会纽带在下面这段引文中很清楚地表明出来:

> 凡劳苦担重担的人,可以到我这里来,我就使你们得安息。我心里柔和谦卑,你们当负我的轭,学我的样式。这样,你们心里就必得享安息。因为我的轭是容易的,我的担子是轻省的。(太 11:28—30)

在这个例子中,自我和自我理想的距离完全被跨越了,我们会——通过组织——经历个人领袖职能传给群体的整个传递过程。所以,通过民粹主义领袖的过早死亡、驱逐或流放,个人领袖的职能经常以群体的形式被传递下去,在领袖们离去之后,群体代表了他们的名字。事实上,因为民粹主义群体会进入正规体制化的阶段,民粹主义领袖必须被移除:通过驱逐、流放或死刑的方式(甚至在他/她的跟随者的手中,见《马太福音》第 27 章 25 节"让他的血归到我们身上")。《马太福音》在耶稣死而复活后的宣布中,正是耶稣所说的伟大使命表现了个人领袖耶稣的职能向群体的传递:

> 耶稣进前来,对他们说:"天上地下所有的权柄都赐给我了。所以你们要去,使万民作我的门徒,奉父、子、圣灵的名给他们施洗。凡我所

---

① Laclau, *On Populist Reason*, 100.

吩咐你们的,都教训他们遵守,我就常与你们同在,直到世界的末了。"
(太 28:18—20)

在《马太福音》中,正是耶稣的门徒们必须在领袖离去之后代表这一领袖之名;而悖论的是,耶稣的离去容许了教会正式体制化的过程,在领袖职能从耶稣向彼得和余下门徒的传递过程中,可见到这一点。

三、未实现需求的等价链

民粹主义群体的身份建构要求将那些未被满足的多元化的需求统一起来,这一点被体制化体系和民众之间不断加大的裂痕所证实。① 在这里,建构新的"民众"是为了尝试给在社会和谐一致性中出现的困乏者命名。为了民粹主义的身份建构,某种特殊的需求(经常是面包或税收)成为未实现需求的更大链条的标记物——这些未实现的需求是指可以共同分享非常少的东西,而不是它们事实上未被满足。② 在新出现的民粹主义身份中,如果他们不能将某种散漫的身份明确化——正是这一明确化的时刻构成了民粹主义的"人民"——这样一种对等关系可能无法超越模糊的团结感。③

从某种意义上来说,几乎可想而知的是,在罗马的占领和犹太贵族的复杂网络下,公元一世纪巴勒斯坦农民的生活展现出体制化体系和人民之间裂痕加大的状况。④ 就像理查德·霍斯利所指出的那样,与政治化更加完善的希腊城邦中心不同(那些中心具有议会和集会),耶路撒冷城和周边地区仍然是非常"东方化的"城市,主要在统治阶级(希律的朝廷、祭司贵族)

---

① Laclau, On Populist Reason, 74.
② Laclau, On Populist Reason, 96.
③ Laclau, On Populist Reason, 93.
④ 亨里克·莫里特森(Henrik Mouritsen)发现,甚至在罗马,可能只有不超过百分之几的人能够参加各种会议和罗马元老院的集会。莫里特森认为,这暗示了绝大部分人民不能参与政治程序。见 Mouritsen, Plebs and Politics in the Late Roman Republic, 128。

和剩余的平民阶层之间进行划分。① 在政治危机情况下,除了通过群众/暴民的强烈抗议或民众起义,普通人没有已确立的或合法的渠道来表达他们的关注。② 按照沃伦·卡特的观点,罗马的"军队经济"通过军事威胁来保证,它驱逐了大部分握有政治或经济权力的犹太人,并强迫这些人顺从合作。③ 在这强制性的协议中,农民和工匠生产商品进行服务,并且要上缴税金和租金,这些钱支撑着统治精英(包括罗马官员或犹太圣殿的贵族)的财富和生活方式。④ 卡特提出,农民、工匠的 30—70% 的产品,都在没有适用的法律条文的情况下,通过各种税收被收取(就像生活在加拿大)。⑤

在《马太福音》中,有关民粹主义未实现需求的等价链的本质,可以在将群众/暴民看成**对抗的政治话语的活跃代表**的经文中找到一些线索。

> 他们彼此商议说,"我们若说'从天上来',他必对我们说,'这样,你们为什么不信他呢?'若说'从人间来',我们又怕百姓,因为他们都以约翰为先知。"(太 21:25—26)

> 他们想要捉拿他,只是怕众人,因为众人以他为先知。(太 21:46)

> 彼拉多见说也无济于事,反要生乱,就拿水在众人面前洗手。(太 27:24)

根据艾瑞克·霍布斯鲍姆(Eric Hobsbawm)的著作《原始的反叛》(*Primitive Rebels*)和他的"城市暴民"观念,理查德·霍斯利发现,在例如选举、城镇会议或政治党派等大众民主形式之前(或可能之后?),民众抗议或

---

① Richard Horsley, *Jesus and the Spiral of Violence*. San Francisco: Harper and Row, 1987, 94.
② Horsley, *Jesus and the Spiral of Violence*, 94.
③ Warren Carter, *Matthew and Empire: Initial Explorations*. Harrisburg: Trinity International, 2001, 15.
④ Carter, *Matthew and Empire*, 18.
⑤ Carter, *Matthew and Empire*, 18.

"暴乱"是人民能够表达政治要求的新方式之一。① 霍斯利注意到,原始暴民作为一般民众的成员和代表,他们表达了城市穷困者真正的利益和担忧,比如:如果面包价格太高,或投机者卖光了所有的谷物,所引起的饥荒。② 食物的危机——无论是自然发生,还是在某些情况下被故意引发——经常使价格上涨、远远超过一般民众的收入。③ 应该注意的是,在公元前35—34年的大饥荒中,约瑟夫斯(Josephus)建议大希律(Herod the Great)多尝试从埃及为耶路撒冷城提供谷物[见《犹太史》(*Antiquities*)15.299—308]。④ 在同一时期,民粹主义领袖例如提比略(Tiberius)、盖乌斯·格拉古和普布利乌斯·克洛狄乌斯·普尔喀在罗马谷物供应分发中,开启了民粹主义式的改革,并以此赢得了重要的最下层暴民和较下层的阶级群体的支持(虽然免费的谷物是否足够供应整个家庭,仍是不清楚的)。⑤ 有关通常收到免费面包救济的民众的总体数量(包括女性和孩子),其信息是很少的。但是,学者们估计,直到公元前40年,有资格收到分派面包的男性总体数量大约在32万左右。⑥ 在公元一世纪的转折之前,对于民粹主义运动来说,免费谷物的分发是关键的平台,面包的短缺可能会成为民众抗议的契机,这些抗议与其他更大的主题相联系。⑦

因此,免费面包的分发在为5000人(太14:31—21)和4000人提供食物的记载中(太15:29—39)中被提及。当我们在为古代民众分发谷物的更大处境中来看这两段经文时,会设想这些事件具有民粹主义的特点。耶稣两次分发免费面包可能是意识到未实现的政治要求,并且和在场的民众/暴民

---

① Horsley, *Jesus and the Spiral of Violence*, 90.
② Horsley, *Jesus and the Spiral of Violence*, 91.
③ Mouritsen, *Plebs and Politics in the Late Roman Republic*, 135.
④ Horsley, *Jesus and the Spiral of Violence*, 95.
⑤ 对于罗马谷物救济的更多信息,可参阅 P. A. Brunt, "The Roman Mob", *Past and Present* 35 (1966):3—27。
⑥ P. A. Brunt, "The Roman Mob", 8.
⑦ Horsley, *Jesus and the Spiral of Violence*, 92.

建立了拉克劳所说的"等价链"。虽然我们现在肯定会设想一场节制、有序的面包分发,但这个事件可能更适合被看成未实现政治要求的"公开演示"——跨越已建立的政治边界的尝试。这个事件的民粹主义特征在圣经阐释史中一直被忽视,它们偏好将这个面包救济物解释为"从天堂来的吗哪",耶稣象征性地重演了以色列过去的某些田园牧歌般的时刻(虽然这肯定不会和民粹主义的假设相矛盾)。相反地,将这两个为群众提供食物的事件与《马太福音》中其他民粹主义特点相结合,需要我们分别将那两个记载中的民粹主义元素认真地提取出来。

这个新的等价链是通过未实现的民粹主义需求建立起来的,它为《马太福音》中的新政治边界形成基础——该内部对抗性的边界将人民和犹太贵族区分开,而各种需求统一成一个非传统的、但稳定的意义系统。①

四、部分作为整体或天国

民粹主义的身份建立在部分(partiality)的基础之上,少数跟从者将他们自己看成更大的新出现的整体的代表。这里,拉克劳认为"人民"稍微少于群体成员的整体:然而部分的渴望能被当成是唯一正当的整体。② 所以,对制度主义的对话而言,在更大的整体中,所有差异都被平等地认为是正当的。但是,对于民粹主义而言,这种对称被打破了:一个部分将自己看成是整体。③

民粹主义要求社会二分为两个阵营——其中一个将自己视为一个代表

---

① Laclau, *On Populist Reason*, 74.
② Laclau, *On Populist Reason*, 81.
③ 这和罗马共和国晚期"人民"的认同是相一致的,莫里特森发现当群众根据某些程序被召集时,它"是人民",一个小群体将自身视为政治总体。见 Mouritsen, *Plebs and Politics in the Late Roman Republic*, 130。米拉尔(Fergus Millar)肯定了这个观点,他发现甚至当人民中小部分人出现在会场为罗马律法投票时,这一小部分人假装代表更大的"罗马人民"(populus Romanus)。见 Fergus Millar, *The Crowd in Rome in the Late Republic*, 214—15。

整体的部分,或社会领域对抗性的部分,并且根据未实现社会需求的多元等价物来建构整体的身份。① 拉克劳的"小物体 A"的观念中暗示过这一点。在《马太福音》中,部分将自身视为一个整体,它的建构是扩张型支配视野的一个部分,我们称这支配视野为"天国"。我提出在《马太福音》中天国(或上帝之国)都是作为扩张型支配性视野来起作用——部分将自身视为一个整体——它可以被看成排他的、但稳定的意义系统的基础。就这一点而言,身份是建立在未实现政治需求的多元性的基础上,而天国是这种身份积极象征的表达。

在《马太福音》中,民粹主义的身份建构基于许多重要的排他行为。排他的行为帮助产生新的政治边界——大祭司、法利赛人和文士(太23:13—39)、圣殿(太21:12—17)、绵羊和山羊(太25:31—46)、年轻富裕的管理者(太19:16—26)、比喻的目的(太13:10—15),所有这些经文表明的特点是:天国作为一个部分来进行,它力图从整体的角度来看待自己。在《马太福音》中,这通过两个相互连接的活动来完成——人民由这些人组成:他们通过一套反对祭司寡头政治的社会声明,来寻找他们的共同身份。另一方面,敌人不再只是偶然的,他们也需要更多整体的维度——撒旦(见太4:1—11中试探的叙事,敌人碰巧以"掌控地上所有王国"的身份出现)。② 在《马太福音》中,新出现的整体"上帝之国"不能仅仅被当成是它自己文化处境中的中立元素。相反地,它为了建构自己而需要排斥一些人(创造圈外人),来为自己达成紧密的身份。③

像大部分民粹主义群体一样,在《马太福音》中,这个部分或"新的人民",主要包括那些自身被现有政治边界驱逐的人,他们确认有必要在已确立的政治秩序和那些被古代政治生活所驱逐的人之间,建立成熟的内部边界。

---

① Laclau, *On Populist Reason*, 83.
② Laclau, *On Populist Reason*, 99.
③ Laclau, *On Populist Reason*, 69.

>"虚心的人有福了,因为天国是他们的。"(太 5:3)
>人又说他是贪食好酒的人,是税吏和罪人的朋友。(太 11:19)
>"我实在告诉你们,税吏和娼妓倒比你们先进神的国。"(太 21:31)

在《马太福音》中,穷人、瞎子、瘸子、不洁净的人和罪人被排除在历史真实的领域之外,该领域具有内部洁净的可能状况。这个群体开始看起来像是马克思所说的"无业流浪的最下层阶级"或"洁净的外围人",在《马太福音》中他们是上帝之国的基础。在这里,"无业流浪的最下层阶级"和《马太福音》中那些分享天国的人有很多相似之处。

>无业流浪的最下层阶级一旦形成,他们就会带着其全部武力对城镇的安全造成危害,这是无法挽回的衰败的预兆,是曾出现在殖民统治核心的坏疽。所以皮条客、无赖、失业者和少数的不法之徒……像勇敢的劳动者一样使自己投入到抗争之中。这些无阶级的闲人将会通过激进果断的行动,来找出通往独立国的道路……妓女也是这样,女仆每月被支付两英镑,所有人都在自杀和发狂的循环中兜转,他们将会恢复他们的平衡,再一次向前,在觉醒民族的伟大队伍中骄傲地前进。
>——弗朗茨·法农《大地的不幸者》第 130 页

对于《马太福音》,那些参与民粹主义抗争的人,只好比那些自己处于颠覆体制的模糊位置的人做得更多:他们不得不围绕着新的大众核心来重构身份,这个核心将要求排他性的、但稳定的意义系统。[1] 在《马太福音》中,这正是比喻的功能——介绍一个稳定的、但具有排他性的意义系统。

---

[1] Laclau, *On Populist Reason*, 177.

《马太福音》的民粹主义特征

耶稣回答说:"因为天国的奥秘,只叫你们知道,不叫他们知道。"（太 13:11）

与之类似的,登山训众明确解释了天国的功能,它看起来像是在讲一个人应该如何行动、律法随后的作用,以及权力的位置。在这个稳定的被称为天国的意义系统中,并不是所有新出现的结构都必须是全新的,相反,围绕着霸权结构的部分客体是作为一个新的整体被重新设立的。它的中心任务并不是起源于任何逻辑的、已经在前一代中运行的事物。① 作为一种具有排他性的部分,它将自己视为一个整体,天国既不是改良,也不是革新;与之相反的,它为之前那些什么也没有的地方提供了稳定和秩序。② 那些分享天国的人将呈现出两副面孔:一个与现有秩序决裂,另一个引入具有基本改变的秩序。③ 所以,《马太福音》中的天国既对事物现有状态进行颠覆,也开始对新秩序进行或多或少根本性重构,特别是当之前的状态被大大动摇时。建构"将自身看成整体的部分"的目标是围绕新的政治中心来思考人民的重构,它经常在人民领袖耶稣的独特性中被发现。在《马太福音》中,新出现的民粹主义结构(被称为天国/上帝之国)以重要的排他为基础发展出稳定的意义系统,但它也显现为一个延伸,或以色列人的"真正代表"。以色列人的观念并没有被完全摒弃,而是像所有的民粹主义群体一样,耶稣和门徒通过势必排除腐朽的官僚和阶层,来宣称其正当性——他们自己——是被散漫地重建以色列的代表。所以,《马太福音》仍然具有律法的功能和以色列历史的指向,但是这只有在它和新出现的部分、它所代表的稳定排他的意义系统的逻辑相符合的时候。

---

① Laclau, *On Populist Reason*, 228.
② Laclau, *On Populist Reason*, 229.
③ Laclau, *On Populist Reason*, 122.

结 论

今天有很多东西需要说,但是时间是短暂的。我逐渐厌倦对基督教经文的左倾反帝国主义式阅读,它忽视了早期基督教群体构成中显著的支配结构,特别是在他们的领袖耶稣基督身上。这使我们没有进展。可能是时候将《马太福音》中的平民、群众及其非凡领袖设想成一个强健的政治范畴了,他们几乎不是一个包容性的宗教群体,而是一个部分,这个部分没有将自己看成整体的一部分,**而是认为部分就是整体**。

作者布鲁斯·沃辛顿系加拿大多伦多大学威克利夫学院哲学博士候选人,拥护阿兰·巴迪欧理论,关注圣经阐释与全球资本主义之间的关系,已出版多种对圣经进行政治化阐释的著作,主编《在危机时代阅读圣经》。译者徐俊,香港中文大学文化及宗教研究系博士候选人,主修《新约圣经》。

(徐 俊 译)
(邱业祥 编)

以色列献祭系统的类税收制性质

刘久晴

内容提要：古代以色列献祭系统是一个庞杂的体系，除了神圣性外，还具有类税收制的性质，体现在两个方面：第一，该献祭系统具有与税收系统相似的职能；第二，该献祭系统初具古代税收系统的特征和性质，几乎可视为税收系统的雏形。然而，古代以色列献祭系统之所以具有类税收制的性质，乃是因为神权对俗世事务的干涉导致供养神权系统的献祭系统不得不扩张其职能。

关键词：献祭系统；税收系统；圣经；古代以色列

The Quasi-taxation System Characteristic of Israel Offering System

LIU Jiuqing

Abstract: Ancient Israel offering system is a complicated system. Apart from its holiness, it is also similar to taxation system. The similarities between Israel offering system and taxation system lie in two aspects: firstly, Israel offering system has similar functions with taxation system; and secondly, Israel offering system took the characteristics and nature of ancient taxation system, thus it almost can be seen as the early form of taxation system. However, the real reason behind their similarities is that the theocracy's interference into worldly affair forces Israel offering system, which supports the theocracy system, economically to expand its functions.

Key words: offering system; taxation system; the Bible; ancient Israel

过去有关圣经中献祭的研究大多从宗教哲学角度切入,且多以牺牲为主要研究对象,认为牺牲象征着人与上帝之间的纽带。在这个大前提下,圣经研究者们对该纽带的具体意义做出了不同的解读。爱德华·泰勒认为,牺牲是将上帝视为人而献给他的礼物;①詹姆斯·乔治·弗雷泽则认为,牺牲仪式是由杀死部落首领的仪式演变而来,其意义在于让图腾动物代替首领受死以祈祷丰收;②另有观点认为,上帝和人一样需要进食,牺牲便是献给上帝的食物。③ 不难看出,以上这些对献祭的研究往往局限于献祭仪式本身,而未将圣经中的献祭视为一个系统。加里·安德森指出,一方面,现代读者感到有责任对圣经中有关献祭的材料进行系统性研究,而另一方面,献祭仪式真正的宗教意义总是模糊不定。④ 显然,笼统地将献祭仪式视为某种象征,并不能真正解开这个困扰,献祭仪式并非献祭系统的全部,其宗教意义模糊不定的原因可能在于宗教性和神圣性并非献祭系统唯一的"面貌"。本文试图从整个献祭系统的角度探讨以色列献祭系统与税收系统之间的关系,以期从一个更广的维度增进对以色列献祭系统理解。文章分为三个部分:第一部分探讨以色列献祭系统与税收系统在职能上的相似之处;第二部分探讨以色列献祭系统如何在其演进过程中逐渐向税收系统靠拢;

---

① E. B. Tylor, *Primitive Culture: Researches in the Development of Mythology, Philosophy, Religion, Language, Arts and Custom*, vol. II. London: John Murray, 1920, 375.
② G. A. Anderson. "Sacrifice and Sacrificial Offerings: *Old Testament*". In D. N. Freedman (ed.), *The Anchor Yale Bible Dictionary*, vol. 5, New York: Doubleday, 1992, 871.
③ Ibid, 873.
④ Ibid., 871.

第三部分探讨古以色列社会中献祭系统与税收系统的二元关系。

一、以色列献祭系统与税收系统职能的相似性

纵观各时期的各类税收理论,税收系统主要有两个职能:维持政府运作和提供公共服务。早期的税收理论多以国家利益为本位,更多地强调税收维持政府运作的职能。如约翰·洛克说:"诚然,政府没有巨大的经费就不能维持,凡是享受保护的人都应该从其产业中支出他的一份来维护政府"。[1] 随着社会和人们认知的进步,现代税收理论开始关注纳税人的利益诉求,因而更多地强调税收提供公共服务的职能。即如瑞士经济学家西斯蒙第就认为:"公民应该把税赋看成自己对政府保护他们人身和财产所付的报酬,是每个人按照他们从社会中所获得的福利以及社会为他所付出的费用而纳税,属于合理的事情"。[2] 根据西斯蒙第的观点,税收是公民换取公共服务所支付的费用,是公民与政府之间的交易。显然,不同时期的税收理论对税收的职能有不同的理解,但这并不意味着早期税收系统只供养政府,而现代税收系统则只提供公共服务。税收系统的两个职能相辅相成,"税收职能作用都是伴随着政府职能而起作用的",[3] 即,税收所能提供的公共服务的具体内容由其所供养的政府的具体职能决定,因此,任何时期税收系统都具有供养政府运作和提供公共服务的职能。

以色列献祭系统中的献祭种类繁多,功能各不相同。托马斯·阿奎那认为献祭是上意词,牺牲是下意词,献祭泛指献给上帝的祭品,牺牲特指其中被"毁"的一部分,如被宰杀的牲畜、被倾倒的酒、被焚烧的谷物。[4] 根据

---

[1] 约翰·洛克:《政府论》,叶启芳,瞿菊农译,北京:商务印书馆,1964年,第88页。
[2] 西斯蒙第:《政治经济学新原理》,何钦译,北京:商务印书馆,2009年,第356页。
[3] 蔡飞:《西方国家税收职能作用的演化及其启示》,《湘潮》2007年第12期,第75页。
[4] G. A. Anderson. "Sacrifice and Sacrificial Offerings: *Old Testament*", In D. N. Freedman (ed.), *The Anchor Yale Bible Dictionary*, vol. 5, New York: Doubleday, 1992, 874.

这个定义,圣经中的燔祭,以及素祭、平安祭和赎罪祭中被"毁"的小部分属于牺牲;素祭、平安祭和赎罪祭中被祭司收下的大部分、十一祭、初果祭、举祭、摇祭,以及自愿献给神的财物都属于非牺牲类献祭。在神坛上被毁掉的牺牲无法被人食用,只能被上帝享用;而非牺牲类献祭则可以被祭司及其家人使用和食用,或者被保存起来。从祭品的处理方式上来看,非牺牲类献祭中属祭司的份,以及用于修建会幕和神殿的部分起到了维持宗教组织运作的作用。非牺牲类献祭中储藏于神庙的部分相当于被储藏在了国库中,这些财富名义上属于上帝,必要时也可以提取出来,用于从侵略者手中赎买和平。犹大国之所以能在以色列灭国之后又继续存续一段时间,就是因为亚撒王从神庙和王宫中拿出金银交给侵略者,以此赎买了和平(代下16:2—3),[①]在一定程度上维护了国家安全。牺牲纯粹是献给上帝的礼物或者食物,似乎并没有宗教意义以外的实用功能。其实不然,牺牲品或宰杀、或焚烧、或倾倒于神坛,从实用角度看,它们是被毁灭了、被浪费了,然而古代以色列人相信,他们却能因此得到上帝的庇佑。在其认知里,他们因上帝庇佑而得到的丰收、平安和赎罪机会等,都是实实在在地存在的。

因此,献祭系统中的各类献祭主要有三种职能:维持宗教组织,维护国家安全,换取上帝的庇佑。在古代以色列人的认知里,敌人的侵略和战争的胜败从根本上讲都是上帝的旨意,所以国家安全也是上帝提供的庇佑之一,据此献祭的功能可概括为两种:维持宗教组织运作和换取上帝的庇佑。斯宾诺莎认为摩西之后的希伯来王国是一个神权政体:"因为政府最高所在地是神殿。"[②]也就是说,献祭所供养的宗教组织其实就是神权政体下的政府组织。神权政体下的政府组织形式决定了上帝的庇佑就是当时的公共服务,虽然与现代公共服务的内容不同,但其中所包含的基本概念是一致的。

---

① 本文中的圣经原文皆引自《圣经·旧约》(中英对照版),上海:中国基督教两会出版部发行组,2007年。
② 斯宾诺莎:《神学政治论》,温锡增译,北京:商务印书馆,2009年,第239页。

在税收系统中,"人们之所以愿意以税收的形式让渡部分财产权给政府使用和支配,是因为需要政府提供诸如公共安全、法律秩序、基础设施、教育卫生、社保环保等服务"。① 在献祭系统中,人们之所愿意奉献牺牲,是为了得到丰收、平安以及赎罪的机会等庇佑,所以说上帝的庇佑其实是人类历史上最早的公共服务。当"政府"和"公共服务"这两个概念被赋予了更广泛的意义时,维持宗教组织就是维持神权政体下的政府组织,换取上帝的庇佑就是换取人类历史上最早的公共服务,因此可以得出结论:以色列献祭系统与税收系统的职能大同小异。

二、以色列献祭系统向税收系统的演进

以色列人构建献祭系统的根本目的,是构建人与上帝之间的纽带,在其发展演进的过程中,这一根本目的渐渐被其庞杂的枝蔓所掩盖。到最后,在经由献祭系统征收的大量财富中,真正献给上帝的部分几乎可以忽略不计,大部分财物事实上都被纳入祭司的管理之下。受限于社会政治经济以及人们认知水平的发展,献祭系统的一些性质和特征与古代税收系统更为接近,因此本节将以古代税收系统为参照,探讨献祭系统如何一步步失去其神圣性,而一步步向古代税收系统靠拢。笔者认为,古代税收系统主要有四个特性:第一,世俗性,与献祭系统相比税收系统处理的是俗世事务;第二,强制性,因为税收都是强制征收的;第三,古代税收之物几乎都转换成了国王的个人财富,威廉·配第认为,税收改变的是国王所拥有的财富与国民所拥有的财富之间的比例,②由此可见,古代税收几乎等同于国王的个人财富;第四,敛财性,在查尔斯·亚当斯所描述的古代税收史中,税收总是压迫性的,

---

① 李建军,苏明崔:《现代财政制度下的税收特征——税收"三性"释义》,《税务研究》2015年第2期,第29页。
② 威廉·配第:《税赋论》,邱霞,原磊译,北京:华夏出版社,2006年,第26页。

征税比例往往高得让人民不堪重负,①足见古代税收的敛财性质。

神圣性依然是献祭系统最重要的性质,虽然祭品变得越来越世俗化。祭品的世俗化体现在祭品逐渐被当作普通生活资料。摩西五经的第二版律法②中规定,只有祭司可以食用圣物:"他们吃那些赎罪之物,好承接圣职,使他们成圣;只是外人不可以吃,因为是圣物。"(出 29:33)在《利未记》和《民数记》中,能食用祭品的人群大大扩充,《利未记》规定,祭司的奴隶,未出嫁的女儿和做了寡妇或被休归家的女儿可食用献祭的物品,只是外人不可吃(利 22:10—13)。在《民数记》中上帝晓谕亚伦,凡他家中洁净的人都可食用祭物(民 18:11—13)。第二版律法中的外人明显是指"除亚伦及其子孙以外的人",他们吃赎罪之物,是为了使之成圣,好承接圣职。而《利未记》和《民数记》却将外人"曲解"为"除祭司及依靠祭司生活的人以外的人",以致依靠祭司生活者也有了食用圣物的资格。亚伦及其儿子食用的祭品仍然是圣物,因为他们食用祭品是为了"成圣",但祭司家中的人所食祭品却不再具有神圣性,而仅仅是生活资料。祭品是献给上帝的礼物,其处理方式应以上帝的需要为中心,而《利未记》和《民数记》中的规定却越来越倾向于照顾人的需求,变得更加人性化,这让神圣的献祭系统被打开一个缺口,沾染了俗世气息。

从相关律法中不难看出,在经由献祭系统所征收的财物中,用于献祭仪式的比例越来越小。上帝最初只让筑土坛,献祭品,这时的献祭系统简洁明

---

① 查尔斯·亚当斯认为,10% 的税率是正义的税收政策,但事实上古代统治者很难抵制偏离这一税率的诱惑。艾文拉·布什卡在《善与恶——税收在文明进程中的影响》一书的前言中写道:"政府通常都具有这样一种倾向:不断调整他们的开支,以满足他们天生具有的贪婪欲望,而不是他们的钱袋子。"当政府由国王独裁时,这一倾向尤为显著。参见查尔斯·亚当斯:《善与恶——税收在文明进程中的影响》,翟继光译,北京:中国政法大学出版社,2013 年,第 6 页。

② 有研究者指出,《出埃及记》记录了三个版本的律法。第 19 章到第 23 章是第一版,内容是摩西向百姓转述上帝的律法;第 25 章到 31 章是第二版,内容是上帝口述的律法和诫命,并将石版赐予摩西;第 34 章到第 40 章是第三版,内容是摩西自凿石版与上帝立约,以及摩西带领以色列人建造会幕的实时记录。为方便论述,本文以版本序数称呼这三版律法。

以色列献祭系统的类税收制性质

了,只包含纯粹的献祭仪式。随着律法一次次被修订补充,献祭系统变得越来越复杂,从《出埃及记》到《申命记》,属祭司的份越来越多,而真正献给上帝的始终只有极少部分在祭坛前被焚烧和被倾倒的祭品。献祭系统中增加的各种繁复条目只增加了祭司的收入:从平安祭中划分出来的举祭和摇祭全部归了祭司,赎罪祭和赎愆祭中被焚烧的只是极少部分,大部分都在祭坛前摆放后就归了祭司。除此之外,人献给上帝的地也归祭司为业;战利品中应献给上帝的份也交给了祭司(民31:28—30);上帝还晓谕亚伦:"凡以色列中出产的十分之一,我已赐给利未子孙为业"(民18:21)。以上这些财物与献祭仪式之间的关系更加薄弱,甚至不必经过祭坛;其酬劳的功能也更加明显,正如上帝所言:"因他们所办的是会幕的事,所以赐给他们是为酬他们的劳。"(民18:21)祭司的酬劳远远超过了按劳分配所应得的酬劳,上帝赋予了祭司神圣的职责,但过多的财富却使祭司变成了经济上的特权群体,使之拥有了与古代君主类似的经济特权。

如果说属祭司的份越来越多尚可解释为:因其为神办事,所以报酬就高,那么赎回机制的确立便让献祭系统带有了敛财性质。据《利未记》载,以色列人可以赎回任何非永献的人和财物,即几乎所有献给上帝的牲畜、粮食和土地,都可以变换为银钱储存。这种赎回并非等价赎回,赎回牲畜、房屋、土地、头生的畜生,以及十一祭,都需要在祭司估算的价值上再添加五分之一。赎回机制的任意性不会比暴君的税收系统更小些——因为祭司可以对祭品任意估价,而要在祭司所估价值上再加五分之一——理由是此物已经为圣。有了这样的赎回机制,祭司和古代君王或领主同样有了敛财的机会和工具。在福音书中,耶稣对这种敛财行为极其厌恶:"耶稣拿绳子做成鞭子,把牛羊都赶出殿去,倒出兑银之人的银钱,推翻他们的桌子。又对卖鸽子的说:'把这些东西拿去!不要将我父的殿当作买卖的地方。'"(约2:15—16)可见这种敛财行为并非上帝本意,而表明了神庙作为"征税机构"的腐朽。

另外,以色列献祭系统在其漫长的发展过程中越来具有强制性。在第一版律法中,献祭是为了换来福气。在第二版中,新增赎罪银是为了避免灾殃,已有了些许恐吓意味。《利未记》中出现的赎罪祭和赎愆祭是对罪的处罚,相当于治安管理处罚中的罚款。在《玛拉基书》中,上帝斥责以色列人拒绝献祭是在"夺取神的贡物",并要因此降咒于以色列人(玛3:6—12)。与其说这是上帝的愤怒,不如说是祭司的愤怒,因为上帝所需的祭品少之又少;何况,《新约》中的上帝已开始借耶稣之口强调因信称义,否定繁复的献祭系统。从求福,到避灾,到惩罚,再到诅咒,对于以为福、祸、天灾都是上帝所为的古代以色列人来说,这种劝诱和威胁的强制性不亚于任何税收法令。除此之外,在摩西五经的后四经中,献祭条例的细化、祭品计量的精确化也增强了其强制性,因为越细致的规定越无法规避。

献祭系统在其演进过程主要发生了以下四个变化:第一,献祭渐渐世俗化;第二,献祭中归为祭司个人财富的比例越来越大;第三,赎回机制的确立让祭司有了敛财的机会和工具;第四,献祭系统的强制性增强。这些变化表明,以色列献祭系统渐渐具备了古代税收系统的某些特征和性质,如此一来,献祭礼仪就成了说服人们"缴税"的技巧,从宗教角度讲,这是对神的背弃,而以税收系统的整体发展和演变为参照,却应视为献祭系统一步步向税收系统演化的必经过程。

三、古代以色列社会税收系统与献祭系统的二元关系

根据前文的分析可以得出结论:古代以色列献祭系统是神权政体下尚未成熟的税收系统。然而矛盾的是,自国王时代[①]起,献祭系统与税收系统就一直并存于以色列社会中。要解决这个矛盾,就必须厘清二者的关系。

---

① 从扫罗即位算起,王国时代始于公元前1030年,止于公元前586年犹大国亡于巴比伦。参见黄洋、赵立行、金寿福:《世界古代中世纪史》,上海:复旦大学出版社,2005年,第178页。

不少学者在探讨古以色列税收时将什一祭等视为税收,[1]却未明确献祭系统与税收系统之间的界限。必须指出的是,无论献祭系统如何朝着税收系统演化,都不可能真正成为税收系统,二者之间最为直观的区别是,献祭是献神之物,是神权政体下的产物,而税收是奉献给世俗统治者之物,伴随王权而产生。学者张倩红认为:"正是在神权历史观的支配之下,王权对神权的从属贯穿于古代以色列的文献之中。"[2]但同时她也认为"二者之间的冲突与纷争一直贯穿于王国历史的始终"。[3] 在圣经记载的以色列历史中,献祭系统与税收系统得以并存的根源在于神权与王权的并存,二者之间的关系与神权和王权之间的关系几乎完全一致:税收系统既从属于献祭系统,又与献祭系统冲突不断。

从摩西率众出埃及到士师时代,以色列社会中没有王权,只有神权,人们只需向神献物,因此献祭系统乃是以色列社会的公共财政系统。这一时期,以上帝名义颁布的律法对人身、财物、节日、献祭、个人行为都做出了规定,既涵盖了精神生活,也涵盖了世俗生活;这说明上帝既是精神世界的统治者,也是世俗事务的管理者。既然神权政体并未忽视对世俗事务的管理,为什么以色列人还要选择君主制呢?张倩红给出了三个理由:第一,社会经济结构发生了变化,人们的生活方式越来越多元化,社会分工越来越细化;第二,一盘散沙的以色列民族在与异族的争战中处于不利地位,这在客观上促进了统一王权的出现;第三,以色列民族受到了埃及等邻近国家的影响。[4] 笔者认为,这三个原因背后还有一个最根本的原因,即随着社会经济

---

[1] 参阅 Robert A. Oden Jr., "Taxation in Biblical Israel". *The Journal of Religious Ethics*, vol. 12, No. 2(Fall, 1984):162—181. Manual L. Jose and Charles K. Moore, "The Development of Taxation in the Bible:Improvements in Counting, Measurement, and Computation in the Ancient Middle East". *Accounting History Journal*, vol. 5, No. 2 (December 1998):63—80.

[2] 张倩红:《圣经时代以色列人的国家观念与国家形态》,《世界历史》2007 年第 2 期,第 32 页。

[3] 同上。

[4] 同上文,第 28—29 页。

结构的复杂化,无论是社会事务还是对外战争都变得越来越复杂,神权政体的单一管理手段渐渐失效。在社会事务方面,神权无法做到赏罚分明,个人的过错往往导致全民族受罚。在对外战争方面,战争的失败往往被归结为神的惩罚,而惩罚理由常常十分笼统——因为以色列人背离神;而事实上,从关于以色列人攻打迦南部落的记载中不难看出,派犹大人出兵表面上是上帝的旨意,其实是拈阄的结果,毫无战略战术可言。

  王权对世俗事务的管理显然比神权更有效,也更为精确。在军事上,君王的战术在很大程度上能决定战争的胜败,这意味着面对异族侵略,以色列人不再只是听天由命,也可以在君王的指挥下,依靠自己的骁勇善战取得胜利。在社会事务方面,富于智慧的君王可以做到明辨是非,对当事人赏罚分明,不会由于个人过错而惩罚全民族。在王国时代,君王开始取代上帝而负责国家安全和社会管理等事务,然而从一开始,以色列的君王就必须是上帝所选择的人,充当上帝在人间的代理人。当上帝的某些职能被君王取代时,人民必然会把一部分物质财富交给君王,这是税收系统得以产生的原因。既然上帝选择向君王让渡管理俗世事务的责任,神庙也本该向君王让渡部分财物征收权。但事实却是,神权对王权的种种限制不但杜绝了王权对献祭系统的干涉(扫罗因擅自献祭而失去王位),还禁止君王为自己多积金银。由此看来,神权对君王的财政权可说是极力限制。此外,君王还需向神庙祭献大量财物①。然而,神权对王权的财政限制并非一直有效,"希伯来王国还形成了一定规模的官僚机构,并直接由国王任命与控制。据记载,所罗门王严格控制着各地方税务官"。② 一旦君王有了自己的征税权,王权虽然在名义上仍然从属于神权,在实际操作上却形成独立的运作体系。与此同时,献祭系统并未缩减,而是照旧运行,君王征收的税赋成了以色列人民的额外负担。从税收的产生原因以及君王向上帝大手笔献祭的行为看,古代以色

---

① 大卫王曾为耶和华圣殿预备金子十万他连得,银子一百万他连得(代上 22:13)。所罗门王曾用牛二万二千,羊十二万献祭(代下 7:5)。
② 张倩红:《圣经时代以色列人的国家观念与国家形态》,第 30 页。

列的税收系统从属于献祭系统；另一方面，税金有着独立的来源，且供养着独立的官僚系统，从这个角度讲，古代以色列税收系统又独立于献祭系统。在权威性上，王权未曾僭越过神权，究其例外，王权对神权的最大僭越在于王权掌握了独立的征税权，上帝曾因大卫王数点百姓人数而降灾于以色列。对于上帝为何不喜悦数点百姓之事，笔者认为较合理的解释是：数点百姓意在方便征税，①而神权要控制王权，必定不希望君王拥有独立的征税权。到了国王时代后期，君权不断扩张，神权的影响力不断削减，神殿开始依赖君王供养，②税收系统隐约表现出取代献祭系统的趋势。

以色列亡国之后，献祭系统和税收系统随之被毁，取而代之的是贡品，即如查尔斯·亚当斯所说："贡品在我们最早的历史记录中是一种聪明的税收。"③在献祭系统和税收系统的对立中，税收系统在外来王权的干涉下取得了胜利。重归耶路撒冷之后，先知们在重建神庙的同时也恢复了献祭系统。然而，"让犹太人重返耶路撒冷并不是一个慈爱和友好的命令。居鲁士大帝是一位狡猾的征税官，他如果能引导犹太人重建耶路撒冷，就可以合理预期给他的领土增加一种繁荣和可以征税的资产"。④ 由此看来，居鲁士大帝支持恢复献祭系统，不过是为了借上帝的名义向以色列人征税。重归耶路撒冷后，以色列社会出现了献祭系统与税收系统并存的情况，只是这时献祭系统蜕变成了税收系统的附属。

直到耶稣降世，明言"凯撒的物当归给凯撒，神的物当归给神"（太22：21），对以色列民族来说，税收系统才与献祭系统彻底划清界限。耶稣的这

---

① 笔者发现，献祭系统运作之初有过两次人口统计，中世纪的君王或领主进行征税前也都要进行人口统计，人口统计往往是全国范围内财物征收的前奏。
② 张倩红认为"祭司依附于圣殿，而圣殿由君王供养"，但并未明确指出这种现象出现的时间。显然这种现象只可能在神的权威大大削弱，并因此导致人民对圣殿的献祭明显减少的情况下出现，而神权削弱出现在国王时代后期。参见张倩红：《神权与律法之下：希伯来王国的"有限君主制"》，《历史研究》2013年第6期，第118页。
③ 查尔斯·亚当斯：《善与恶：税收在文明进程中的影响》，第49页。
④ 同上书，第35页。

句话传达了两个信息:第一,神权在财物方面对王权做出了明确妥协,承认献给君王之物独立于神庙的献祭系统,这是对此前神庙让渡责任却不让渡财物的纠正。其代价是,献祭系统在耶稣时代被极大地简化,所谓简化,同时也是净化和回归,回归到第一版律法筑土坛为上帝献祭的精神。第二,从财物奉献者的角度看,献神之物与献君王之物有所混淆,①因为以色列人最初之所以向君王缴税,原因在于王权开始取代神权管理俗世事务,无论财物的征收者是谁,财物奉献者的目的都是得到某种庇佑。

从以上分析不难看出,献祭系统与税收系统的二元关系从属于神权与王权的二元关系。当神权统治无法有效管理俗世事务时,王权的出现便成为必然,从这个角度讲,不是王权僭越了神权,而是神权干涉了唯独王权才能有效管理的俗世事务,这导致王权的出现滞后,也导致献祭系统不得不担负起本该属于税收系统的职能。可见唯有第一版律法中描述的献祭系统,才反映它本来的面貌;税收系统出现后,庞杂献祭系统不断萎缩,直到神权最终承认税收系统的独立性,献祭系统才再度恢复其本来面貌。

小　结

以色列献祭系统的类税收制性质体现在两个方面:第一,其职能与税收系统相似;第二,在其发展演变过程中,以色列献祭系统逐渐具备了古代税收系统的特征和性质,可视为税收系统的雏形。然而,在分析了古代以色列社会中献祭系统与税收系统的二元关系之后却能发现,神权对俗世事务的干涉使献祭系统变得繁杂,并具备了类税收制的性质,其间的根本原因,也许在于第一版律法中所描述献祭系统只不过是人与上帝之间的纽带,而后来人们希望通过献祭换取的东西越来越多,才使献祭系统具备了税收系统的某些职能和特性。上述结论表明,对圣经的社会科学研究必须以唯物史

---

① 那时罗马君王凯撒已然成为以色列人民的君王。

观为指针,依据经济元素的制约作用揭示宗教律法得以制定并不断改进的深层次原因。

作者刘久晴,湖北仙桃人,武汉大学英美文学专业在读硕士研究生,主要研究英美文学、圣经文学。

"行淫时被拿的妇人"(约 7:53—8:11)诠释[*]

[美]谢大卫

内容提要: "行淫时被拿的妇人"(约 7:53—8:11)这一文段是否为约翰所作,是否应该被纳入正典,历来是释经家们争论不休的问题。上半个世纪的福音派学术也见证了对这一问题的讨论,在参考文本批评者的观点的同时,引入了文学的、语境的考量。其中,第二圣殿犹太教的处境有助于理解该文段的敏感性,尤其是《苏珊娜与长老的故事》与该文段在教会经文选中的并置,还有历代教会神学家的诠释、后世文学作品中的流变,都为福音派学者提供了崭新的视角,支持该文段属于真实的"耶稣故事"这样一种解读。接受史的维度以及与天主教对话的策略,成为福音派圣经学术的新进路。

关键词: 正典;文本批评;接受史;福音派学术

---

[*] 本文由原作者即本刊学术顾问委员谢大卫先生授权译成汉语,登载于本刊;篇首内容提要、关键词系译者依据正文撰写并翻译。

Interpreting John 7:53—8:11

David Lyle JEFFREY [USA]

Trans. by HONG Xiaochun

Abstract: Whether the *Pericope Adulterae* (John 7:53—8:11) is Johannine and should be included in the Canon has been continuously debated by exegetes in history. Engaged with the opinions from textual critics and inviting literary and contextual considerations, the evangelical scholarship in the last half-century witnessed this discussion. The context of the Second Temple Judaism facilitates them to understand the sensitiveness aroused by the pericope. In particular, the parallelism with "the Story of Susanna and the Elders" in the lections, the interpretation from theologians in church history, and the iterations in later ages, together provide a brand-new perspective for some evangelical scholars to support the understanding of the pericope as a real "Jesus story". The dimension of reception history and the strategy of having dialogue with the Catholics are becoming new approaches of evangelical biblical scholarship.

Key words: Canon; textual criticism; reception history; the evangelical scholarship

《约翰福音》第7章53节至第8章11节是一个长期受到争议的文本,有时也引起诠释者之间的不和。我对这一文本的反思分为三个部分。在第一部分,我将粗略回顾大量专注于此的学术研究,尤其是上世纪后半叶有关"行淫时被拿的妇人"这一文段在"约翰文集"(the "Johannine Corpus")中的位置和归属的讨论。[1]

---

[1] Chris Keith, "Recent and Previous Research on the *Pericopae Adulterae* (John 7.53—8.11)," *Currents in Biblical Research* 6.3 (2008):307—404,提供了对这一文本的最佳简述。

这些讨论关涉两方面的问题:故事是否真的由《约翰福音》的作者所写? 而另一争议较少的问题则是:这是一个真实的耶稣故事,并因此值得被收录于正典福音和"约翰文集"之中吗? 在我回顾了这些问题之后,另一个重要问题呼之欲出,即这一文段被排除出(或后来才被增补入)《约翰福音》文本的可能原因。这就需要首先考察历史上那些对这一故事中耶稣的做法感到不安的观点;也要探究耶稣在"第二圣殿时期犹太教"(Second Temple Judaism)的处境下所面临的窘境。在这篇论文的第三部分,我将透过我更为熟悉的领域,即后世在礼拜中和文学中对这一著名故事的传颂(iteration)——这些传颂能够告诉我们更多关于西方教会各派对此故事的理解——来探索解读该文本的另一种可能性,在这种解读中,福音派和天主教的贡献可以被视为是相互补充的。我注意到,这一文段最初引起一些早期基督徒的不安更甚于其他文本,这当中的原因不断反映在接受史中那些分歧渐生的议题上。最后我将指出:二十世纪六十年代以降的福音派语境中有一种明显的转变,即从为约翰是"行淫时被拿的妇人"这一文段的作者而辩护,转而根据在两千年传统中的使用来理解该文段——实际上,这是一次致力于与天主教解读相协调的转变。

一、约翰[①]是作者吗?

在公元二世纪早期,出于实际的考虑,这个问题就备受争议。而在我们的时代,这个问题的答案常常被认为是否定的,但在大部分情况下,给出否定回答是出于对正典的考虑,但这也包含一种固有的、对该文段的历史有效性的断言。正如谢林(Frederick A. Schilling)所说,这个故事被归为"耶稣故事"(Jesus story),"总的来说具有一种原作的品质",而其叙述之得当,用鲁道夫·施耐肯伯格(Rudolf Schnackenberg)惯用的说法,是证明了"一种技艺的完美:不多一词,不遗一字。"[②]这说明了:该文段是否属于《约翰福音》,

---

[①] 在圣经研究的论文中,常以"约翰"来指代《约翰福音》的作者,本文亦如此。——译者
[②] Frederick A. Shilling, "The Story of Jesus and the Adulteress", *Anglican Theological Review* 37 (1955):95; Rudolf Schnackenberg, *Commentary on the Gospel of John*, trans. Kevin Smith. New York:Seabury Press,1980,2:167.

这一问题已经引起诸多笔墨之争,使得我们可以合乎情理地提问:"为何这一议题如此重要?"

文本上的论据以及相关手稿对该文段的见证明显能引起文本批评的兴趣。最早的四份希腊语手稿都不包含这一文段,①而在后续为人所知的希腊语手稿中,省却该文段的总共达到一百来份。② P^{66} 和 P^{75} 是现存最古老的《约翰福音》抄本,年代测定为公元三世纪早期。两者都来源于埃及,就像四世纪的《约翰福音》文本见证(即"西奈抄本"[Codex Sinaiaticus]和"梵蒂冈抄本"[Codex Vaticanus])一样。赞恩·C.霍奇斯(Zane C. Hodges)注意到,这四份抄本之间的紧密联系似乎暗示着,在更早的时候有一个共同的样板存在。③ 然而,在这些早期的埃及文本之后,记载的情况变得更为复杂。这一文段在《使徒教训》(成书于公元三世纪的叙利亚)中被提及,④也在优

---

① Bruce Metzger,*A Textual Commentary on the Greek New Testament*. New York:United Bible Societies,1971,219—220. 所有这些手稿——P^{66}、P^{75}、西奈抄本和梵蒂冈抄本——都缺少该文段。P^{66},即"伯默蒲草纸Ⅱ",内含《约翰福音》的大部分内容,年代断定为公元 200 年;P^{75},即公元二至三世纪的大部分《路加福音》(即"伯默蒲草纸ⅩⅣ")和《约翰福音》("伯默蒲草纸ⅩⅤ")手稿。西奈抄本,在文本批评学上常以"א"或"01"代称,成书于四世纪,著名的大写字母抄本之一,涵括《新约》的所有书卷(还有部分的《旧约》书卷以及一些使徒后期的基督徒著作),现存于伦敦大英博物馆。梵蒂冈抄本,常以"B"或"03"代称,也是成书于四世纪的大写字母抄本,现存于梵蒂冈图书馆。详参 J. Harold Greenlee,*Introduction to New Testament Textual Criticism*. London:Samuel Bagster & Sons Ltd.,1964,36—39。——译者
② 一份引人注目且依旧近乎完整的已知手稿目录,可见于 Hermann Freiherr von Soden,*Die Schriften des Neuen Testaments in ihrer ältesten erreichbaren Textgestalt*,Teil 1,Abteilung 2A,*Die Evangelien*. Göttingen:Vandenhoeck und Ruprecht,1911,735—736。
③ Zane C. Hodges,"The Woman Taken in Adultery (John 7:53—8:11):the Text,"*Bibliotheca Sacra* 136(1977):323. 可参 Gordon Fee,"Codex Siniaticus in the Gospel of John:a Contribution to Methodology in Establishing Textual Relationships",*New Testament Studies* 15(1968):44,费(Fee)认为在希腊文手稿中,西奈抄本代表了西部手稿的传统。
④ Johann Quasten,*Patrology*,3 vols. (Westminster,MD:Newman,1951—1960),2.147—152.《使徒教训》,拉丁文篇名为 *Didascalia Apostolorum*,或简称 *Didascalia*,早期教会文献,叙利亚名称为《我主的十二使徒和圣徒的大公教训》(*Catholic Teaching of the Twelve Apostles and Holy Disciples of our Savior*)。它是于公元三世纪初以希腊文写成的教会文献,大部分的希腊文断片存留。此书是假托十二使徒、使徒保罗和耶稣的兄弟雅各之名而写的教会手册,内容主要论及那些在教会中供职的人士,诸如监督、长老、执事等应有的资格、职务和操守等。详参卢龙光主编:《基督教圣经与神学词典》,香港:汉语圣经协会,2004 年,第 171 页。——译者

西比乌(Eusebius)所记录的帕皮亚(Papias)①的残篇中出现,这暗示我们:这位二世纪的希拉波立[Hierapolis]②主教,即五卷本的《主道详析》(*Expositions of the Sayings of the Lord*)的作者,一个认识使徒约翰并活跃于二世纪早期的人,确实了解这一耶稣故事或某一相似的故事,这暗示了两处记载的来源相同。③ 然而,在东部,这一文段最终销声匿迹,或者看似如此,因为它没有被编入东正教的经文选,相应地也没有得到奥利金(Origen)、金口若望(John Chrysostom)、西里尔(Cyril)④或狄奥多勒(Theodoret)⑤等人的评论。⑥

---

① 帕皮亚(Papias,约60—130),希拉波立主教,曾收集重要的使徒口述传统,讨论基督的生平和教训。他的著作已经失佚,现今只能从爱任纽(Irenaeus)及优西比乌的著作中得见此书的部分内容。详参卢龙光主编:《基督教圣经与神学词典》,第414页。——译者
② 希拉波立(Hierapolis),古希腊城市,位于土耳其南部。——译者
③ 参见 Michael W. Holmes, ed. and trans., *The Apostolic Fathers*: *Greek Texts and English Translations*, 3rd ed. Grand Rapids: Baker Academic, 1992, 1999, 2007, 725—726. 巴特·俄曼(Bart Ehrman)认为我们现有的这一文本是由这样的两个故事合并而成。参见 "Jesus and the Adulteress," *New Testament Studies* 34(1988): 24—44。
④ 西里尔,或称"耶路撒冷的西里尔"(Cyril of Jerusalem),卒于386年,耶路撒冷主教,所撰的著作提供了早期巴勒斯坦教会崇拜的资料。详参卢龙光主编:《基督教圣经与神学词典》,第158页。——译者
⑤ 狄奥多勒,或称"居比路的狄奥多勒"(Theodoret of Cyrrhus,约393—约466),安提阿学派神学家,叙利亚的居比路主教(423年起就任),在涅斯多留(Nestorius)与亚历山大的区利罗(Cyril of Alexandria)对基督论的争论中,提出神人二性在基督内是联合为一,却不是合成一种本质的观念。详参卢龙光主编:《基督教圣经与神学词典》,第527页。——译者
⑥ 据麦茨格(Metzger)的研究:"在游提米(Euthymius Zigabenus,十二世纪)之前,没有希腊教父评论过这一文段"(同前引书,第220页),这一观察的误导性颇深,因为这等于认为希腊文释经者必定会对一个并未出现在获准的经文选里的文段保持沉默。但值得注意的是,除了金口若望,这些释经者都是出自埃及的。参见 John William Burgon, *The Causes of the Corruption of the Traditional Text of the Holy Gospels*, ed. Edward Miller. London: George Bell and Sons, 1896, 256—257. 至于金口若望,虽然他在其常规讲道中回避了这一文段,但他似乎是对其有所了解的。参见他的著作《未完整的评注》(拉丁文篇名为 *Opus Imperfectum*)中的第42篇布道文(另参见《希腊教父文献汇集》[拉丁文篇名为 *Patrologia Graeca*] 86: 867),波拿文图拉(Bonaventure)在他对8章4节的评注中引用了金口若望对故事中的控诉者的评价:"他们称他(指耶稣——译者)为教师和可信者……这是伪善者基本的伎俩,即虚假的称赞。"波拿文图拉(约1217—1274),中世纪经院学派神学家,生于意大利的塔斯卡尼,是方济各修士,神秘主义学者。他强调认识神不是透过理性的寻索,而是借着心灵的经验,影响灵修神学的方向。详参卢龙光主编:《基督教圣经与神学词典》,第110页。——译者

与此同时,这一文段相当频繁地出现在二、三世纪的古拉丁文版本以及为耶柔米(Jerome)所知的希腊文手稿中,以至于这一故事被收录于他所编纂的《武加大译本》(*Vulgate*),以及 D 抄本(即五世纪早期的贝撒抄本[Codex Bezae],最早的、主体是双语的圣经抄本)之中。D 抄本和耶柔米都将这一故事视为《约翰福音》的一部分。① 此外,奥古斯丁(Augustine)、大格里高利(Gregory the Great)、迦修多儒(Cassiodorus,见其对《诗篇》56 篇的短评)②、安布罗斯(Ambrose)和盲人狄迪莫斯(Didymus the Blind)③都以某种方式将这一文段视为原作来处理。

另一方面,我们必须承认,在上个世纪有一大批圣经学者认为"行淫时被拿的妇人"这一文段并不真是约翰所作。他们理据翔实,为数众多,以致我不能完整地在我的论文里进行总结(即使是我的注释,那也是经过挑选的);"持否定意见者"包括一些令人肃然起敬的权威,例如 R. H. 赖福特(R. H. Lightfoot)、弗雷德里克·谢林(Frederick Schilling)、鲁道夫·布尔特曼(Rudolf Bultmann)、C. K. 巴雷特(C. K. Barrett)、文森·泰勒(Vincent Taylor)、乌利希·贝克尔(Ulrich Becker)、布鲁斯·麦茨格(Bruce Metzger)、鲁道夫·施耐肯伯格(Rudolf Schnackenberg)、雷蒙德·布朗(Raymond Brown)、克里斯·基思(Chris Keith)、厄尔·麦克米兰(Earle McMillan)、福斯托·萨福尼(Fausto Salvoni)、维兰德·威尔克(Wieland Willker)和巴特·

---

① 载有《约翰福音》第 7 至 8 章的 23 份古拉丁文手稿中,有 17 份至少包含了这一文段的某部分。
② 迦修多儒(Cassiodorus),约 485/90—约 580,罗马基督徒学者与修士,生于意大利南部的贵族家庭,曾任元老院议员及罗马高层官员。他结束政治生涯之后,撰写教会历史及释经著作,建立修道院,为中世纪修道主义奠下基础。引自卢龙光主编:《基督教圣经与神学词典》,第 128 页。迦修多儒的评注,可参见 Cassiodorus, *Cassiodorus: Explanation of the Psalms. Translated and Annotated by P. G. Walsh*. New York: Paulist Press, c1990—c1991, 38—45。——译者
③ 盲人狄迪莫斯(Didymus the Blind),约 313—398,亚历山大著名的教师与神学家,他在四岁之后渐失视力,却极为博学,撰写大量神学及注释书,支持《尼西亚信经》(Nicene Creed)的神论。他是奥利金的门徒,也是亚历山大城教理学院最后一任的院长,后被判为异端。详参卢龙光主编:《基督教圣经与神学词典》,第 172 页。——译者

厄曼（Bart Ehrman）。① 除布朗外，都是主流的新教徒或世俗学者。这些人大多认为这个故事是后来增补的。有些人推测它是一个被错置的"路加叙事"（例如，凯尔·休斯[Kyle R. Hughes]、福斯托·萨福尼[Fausto Salvoni]），虽然这一观点似乎并未能说服大部分释经者（而且也不能说服我，虽然我的理由是文学方面而非文献方面的）。②

支持约翰是作者的学者要少得多；他们一致赞同赫尔曼·弗莱赫尔·冯·索顿（Hermann Freiherr von Soden）较早的看法。他们都是福音派信徒（有一些甚至可以被称为"基要派的"，不过我想指出，他们并非因此就应该被无视）：其中，阿兰·F. 约翰逊（Alan F. Johnson）、赞恩·C. 霍奇斯（Zane C. Hodges）、爱德华·F. 希尔斯（Edwards F. Hills）、艾莉森·崔提斯（Alison Trites）和J. 邓肯·M. 德雷特（J. Duncan M. Derrett），都在六七十年代论及"是否选入正典"的议题，他们提炼事实，注释严谨，值得参考。让我略举一二。首先，就布鲁斯·麦茨格提出"行淫时被拿的妇人"这一文段"显然是漂流的传统的一部分，在某些西方教会之中流传"，并且"随后被嵌于不同手稿的不同位置"而言，希尔斯的意见无疑是对的：他强调，冯·索顿很久以前就正确地指出，当这一文段被发现于早期《新约》文本中时，绝大多数情况下都处于当前在《约翰福音》中的位置上。③"漂流的"一词具有误导性。阿兰·约翰逊提出"语言和语境方面的内证……要求我们更仔细地考虑'行淫时被拿的妇人'这一文段的内部特征"，④很难说这是不合理的，而且他提醒我们，用统计学的方法来决定一个篇幅短小的文本的作者身份，是不科学

---

① 关于在这个问题上持该立场的学术成果，最新的调研可见Chris Keith, *The Pericope Adulterae, the Gospel of John, and the Literacy of Jesus.* Leiden: Brill, 2009. 基思强烈主张这一文段是后来增补的，他的意图是展现识字（即能读并且能写）的耶稣。
② 克里斯·基思得出相同的结论，他发觉"'由路加原创'这一建议是难以置信的"。同前引书，第384页。
③ Von Soden, *Die Schriften*, Teil 1, 1 Abt. 500.
④ Alan F. Johnson, "a Stylistic Trait of the Fourth Gospel in the *Pericopae Adulterae*", *Bulletin of the Evangelical Theological Society* 9 (1966): 92.

的,这完全得到古典学界中从事文本研究的学者的赞同。① 赞恩·霍奇斯综合了不同的观点而得到具有批判性的共识,并在两篇互相关联的文章中提出,我们(所谈论)的文段"是否在《约翰福音》第7章52节之后出现""绝非偶然,而实际上是文本修订过程中的蓄意为之"。② 他言之成理地指出,正如我们所了解的,《约翰福音》现存最早的四份希腊文抄本都不包含这一文段,但这并不能证明它是后来增补的,因为这四个抄本很可能都是"出自同一母本,而这一母本渊源甚远"。③ 虽然最后这一点是推测性的,但他强调我们不应该忘记这四份最早的、共生的希腊文抄本是出自埃及,这使得我们不仅关注文献自身的问题,也注意到一种与这个故事中的题材关系密切的处境。进而,虽然《叙利亚文圣经译本》(Syriac Peshitta)④也无视这一文段,但事实上我们看到有多于400份的《约翰福音》希腊文手稿容纳了它。⑤ 霍奇斯是其中一个注意到这种情况的人,即虽然叙利亚文和科普特文(Coptic)抄本倾向于排除这一文段,但许多其他抄本——希腊文的和拉丁文的,都包含了。

先就艾莉森·崔提斯的方法说几句,然后我们就可以转到引起霍奇斯兴趣的问题上。崔提斯就整部福音书作了文学上的分析,将文本视为一个

---

① G. Udney Yule, *The Statistical Study of Literary Vocabulary*. Cambridge, MA: MIt Press, 1944. 该书被约翰逊和麦茨格引用,以提出同样的警示。麦茨格的看法见他著作 *The Text of the New Testament*. New York: Oxford University Press, 1964, 178—179。尤尔(Yule)表明,只有当一个样本至少包含一万个单词的时候,用来作为断定作者身份的统计学案例才是合理的。

② 参霍奇斯,同前引书,第321页。

③ 同上,第323页。

④ 《叙利亚文圣经译本》(Syriac Peshitta), Peshitta 意即"普通"或"简单",但是在公元九世纪之后才用这个名称。《旧约》经文内证表示,该译本大概于二或三世纪完成,部分可能是犹太人的翻译。《新约》译本可能于五世纪初或更早成书,但缺《启示录》《彼得后书》《约翰二书》《约翰三书》和《犹大书》。详参卢龙光主编:《基督教圣经与神学词典》,第425页。——译者

⑤ 参霍奇斯,同前引书,第325页。然而,正如麦茨格(1971年)所注意到的,这些手稿中有许多份见证了"该文段是被星号或剑号所标记的"(第221页),这似乎暗示着抄录者们承认该文段是存在争议的。

文学上的整体,且在叙事的层面上将其结构起来,就像一个人组织好论点准备为一个案件出庭一样。崔提斯说道,《约翰福音》处处在"为证实耶稣的弥赛亚及神子身份而引见证人,提供证据"。[1] 他着重指出前面几章的庭审要素(forensic elements),将耶稣与犹太官员之间的辩论处境化,正如我们从第7、8章所看到的,故事的演进越来越像一个法庭上的流程:证人的道德品质[2]及其断言和证据都受到质疑。他从《约翰福音》第1至12章中看到一种范式:法律措辞与叙事冲突构成了"一种司法的情景:在其中,那个妇人是被告,文士和法利赛人是她的原告,而耶稣被置于法官的角色中"。[3] 他指出,作者注意到犹太教要求至少要有两名证人指证,而在《塔木德》(Talmud)[4]里也有相似的庭审要求,还有第二圣殿时期的文献当中,也存在与这场冲突类同的作品,即次经中"苏珊娜与长老"的故事,出自《但以理书》第13章。崔提斯想说的是,这些语境的要素,为该文段被置于我们今天在西方教会的圣经中所见的位置提供了合理的解释。[5] 这里,语境与文学分析是相互支持的。

在我已经举出的、赞同约翰是作者的北美福音派学者中,并没有哪个在"是否纳入正典"的问题上提出让我觉得不容置疑的观点,但他们似乎都支持该文段的确是真实的耶稣故事这样一种可能性。综而观之,他们对我们有所提醒:只有文本批评,而缺乏历史语境和文学分析中的其他要素,即使

---

[1] Alison Trites,"The Woman Taken in Adultery",*Bibliotheca Sacra* 131(1974):139.
[2] 同上,第141页。
[3] 同上,第144页。
[4] 《塔木德》(*Talmud*),传统犹太教中仅次于《希伯来圣经》的神圣文本,是一套多卷本的文集,集合了律法、伦理、寓意解经以及古代拉比在数百年内的讨论。因此,塔木德被视为拉比犹太教奠基时期的历史记录,正统犹太教徒仍然遵守的律法基本也来源于此。参见 Sara E. Karesh and Mitchell M. Hurvitz, *Encyclopedia of Judaism*. New York: Facts on File, Inc., 2006,510。——译者
[5] 基斯再次表示赞同:"'行淫时被拿的妇人'这一文段不仅巧合了它的上下文……而且延续并强化了前文所提出的议题,即《约翰福音》第7章中耶稣作为一名教师的权威以及第7、8章中审判的主题。"同前引书,第381页。

对于解决作者身份和文段位置的尝试而言，也是不充分的。他们在一些福音派的季刊中表达这一点。① 我认为，从这里我们可以发现一种尝试性的开端：从拒绝文本批评，并将其视为对经文权威的颠覆这样一种成见，转向评价权威性的另一种基础。换言之，虽然他们可能没有完全自觉这样一种变化——转向古典语文学、文学分析以及对传统释经的恢复，他们却处在现代福音派释经的一个重要转折点上。

对于任何一个认真对待《约翰福音》20 章 30 节中解说的人而言——即"耶稣在门徒面前另外行了许多神迹，没有记在这书上"——叙事者在选材方面的意图引起了我们的思考：是像崔提斯那样，将这样一种意图解释为原初叙事者的文学构思，还是从后来的抄写者、编撰者，或经文选编制者（lectionary makers）的视角（这里指的是涵括这一文段或省略它）出发，认为它反映了某些后期编修层面上的意图。现在，比这些福音派文章中的文本批评更为有趣的是，我们从中得知，一种文本问题上的新视角正被开启。其中一种新的局面，就是愿意更谨慎地参考早期的释经家——尤其是教父时期的，以及中世纪的。我会与那些已经尝试稍微拓展其研究的人一道。

二、"行淫时被拿的妇人"：添加还是删减？

一些教父曾经在评注或提及"行淫时被拿的妇人"这一文段时，有理有据地提示我们：可以怎样想象科普特文、叙利亚文和一些希腊文手稿的分歧，以及不同的希腊文手稿和古拉丁文手稿之间的分歧？正如我已经指出的，他们中间有一位是被西方称为《使徒教训》——一份三世纪时出自叙利亚的希腊语文本——的作者，他引用了这一故事，谈及耶稣：

---

① 施耐肯伯格中肯地评价道："大概，我们这些形式批评范畴的条条框框，对于福音书传统中的这类材料来说，是太僵化了。"（2.169）他回顾"行淫时被拿的妇人"这一文段在普世教会传统中的流变历程，充分地支持了他的观点，并暗示了他为什么会在这个节点上（在他总结对这一文段的评论时）如此评述。

"……对那个犯罪的女人所作的。长老们将她带到耶稣面前,并将审判权交到他手中,就离开了。但他,心灵的探寻者,问她并对她说:'长老是否曾谴责你,我的女儿?'她对他说:'没有的,主。'然后他对她说:'走吧,我也不会谴责你。'"①

《使徒教训》中的论点是:不能接纳一位忏悔的罪人本身就是一种罪,因为这违背了主所做出的榜样。

不论这里给出的版本是如 R. H. 康诺利(R. H. Connolly)所料想的,来自新约伪经《希伯来人福音》(*The Gospel According to the Hebrews*),还是来自《使徒教训》中所引用的另一非正典材料,②故事显然在三世纪时为人熟知,以至于被作为可信的耶稣故事而引用。活跃于二世纪上半叶的帕皮亚,知道有一个故事与我们正在谈论的文段非常相似,很可能与后来在《使徒教训》中发现的有所雷同,虽然他的引文使巴特·厄曼猜测:在其记载中,两个故事或故事的两个版本被合并起来。③ 正如迈克尔·霍姆斯(Michael Holmes)在他对《使徒教父》(*Apostolic Fathers*)④的文本鉴定中所指出的,我们所谈论故事的一个版本,那个可能在散佚的《希伯来人福音》中被发现的版本,是为那位四世纪的亚历山大圣经评注者盲人狄迪莫斯所知的;霍姆斯

---

① Trans. R. Hugh Connolly. Oxford:Clarendon Press,1929,76;F. X. Funk,ed. *Didascalica et Constitutiones Apostolorum*. Paderborn,1905,1.92.
② Edward F. Hills,*The King James Version Defended*,4th ed. Des Moines:Christian Research Press,1984.
③ Bart Ehrman,"Jesus and the Adulteress",*New Testament Studies* 34(1988):24—44.
④ "使徒教父"(*Apostolic Fathers*),或称"使徒后期教父",公元一至二世纪紧随使徒时代之后的基督徒作家的统称,这个名词的用法在大约十七世纪之后才出现。使徒后期教父的作品虽然不被列入《新约》正典的文献中,但却被早期教会认为具有相当价值。详参卢龙光主编:《基督教圣经与神学词典》,第 58 页。原文这里指的是霍姆斯的著作 *The Apostolic Fathers:Greek Texts and English Translations*. Grand Rapids:Baker Academic,1992,1999,2007。——译者

也将这一文段视为一种警示,即原告自身的过失会导致审判无效。[1]

早期释经家似乎普遍承认,当前的议题在某些文化处境中是高度敏感的。安布罗斯在某处谈及《约翰福音》时,似乎已经意识到,"如何审判奸淫才是正义的"这一问题已经让某些人回避了这个文本,正如他清楚地指出的,原因在于"这对于不曾经历过的人来说是非常焦虑的"。[2] 然而,他强调基督"不可能犯错",因此对于这一问题的怀疑应该去除。无独有偶,奥古斯丁也意识到他同时代某些人对这一故事过分谨慎,在很大程度上是因为他们对奸淫这种罪行持有严肃的看法:

"……我认为某些信心小的人,或更确切地说,是真信仰的敌人,会感到害怕,唯恐他们的妻子犯罪却免于责罚,他们将主赦免淫妇的行为从他们的经卷中移除,仿佛他说'不要再犯罪'就是允许犯罪。"[3]

牧者奥古斯丁大概熟知北非对这一议题的特定看法,这是毋庸置疑的;他谴责以"双重标准"对待犯奸淫的男人,立场强硬,毫不妥协(《论涉及奸淫的婚姻》2.8.7)。正如威尔克所指出的,他可能也知道,德尔图良(Tertullian)反对任何对行淫和通奸罪的宽恕。德尔图良在《论谦恭》(On Modesty,拉丁文篇名为 De Pudicitia)中表达了这样的看法:诸如此类的罪行永远不应该得到宽恕。[4] 居普良(Cyprian),[5] 另一位来自北非的人,确认在他的时代

---

[1] Didymus, *Commentary on Ecclesiastes*:223.7—13, quotes by Holmes,725.
[2] *Apologia David et altera* 11.3, in *Corpus Scriptorum Ecclesiasticorum Latinorum* 32, ed. Carolus Schenkl. Vindobonae:Tempsky,1887,359—60.
[3] 奥古斯丁正是在论述"涉及奸淫的婚姻"(第27页)这一问题时提出他的看法的。见 St. Augustine, *Treatises on Marriage*, etc. New York:Fathers of the Church,1955,27,107;also 108—109.
[4] Tertullian, *De Pudicitia* 1;6. 德尔图良对罗马主教加里斯都(Calixtus)的法令感到愤怒,因为加里斯都为悔改不贞之罪提供了可能性。
[5] 居普良(Cyprian),约200—258,北非迦太基主教,拉丁教会教父。他主张只能在大公教会中得到生命与救恩,他最后殉道而死。他的作品主要论及教会牧羊和基督徒道德伦理等范畴。详参卢龙光主编:《基督教圣经与神学词典》,第158页。——译者

有些主教是不会赦免这样的罪行的。① 因此,对这一文段的主旨有所误解,显然是有其文化上的原因的,尽管人们会感到困惑:早期的诠释者怎么会认为耶稣对这一行淫的妇人的宽恕是有问题的,因而有别于他对《路加福音》第7章和《约翰福音》第4章中"正经的"妇人的回应?②

我想,我们可以依据这些而得出结论,"行淫时被拿的妇人"这一文段从很早的时候就为人所知了,但是,正如奥古斯丁所提出的,这是一个备受争议的文段,因为在二、三世纪,宽恕这样的罪行是遭受热议的,可能在北非和巴勒斯坦的环境中引起最广泛的讨论。(从文化上考虑,与之相关的情况是:在罗马法中,一个被证实了的奸淫案并没有作为重罪而受到审判,这种情况持续到三世纪。③)因此,奥古斯丁让我们有理由怀疑:在四世纪之前,这个故事多半是被从《约翰福音》中删除,而非增添上去的。如果奥古斯丁是正确的,那么,起决定作用的因素是处境,而不是文本。

我们或许会问,在耶稣自己的文化(即第二圣殿犹太教的文化)中,是否有一些相似的因素为奥古斯丁的观点做了铺垫(如果我们不说是为之辩护),即某些相似的原因可以解释为什么"行淫时被拿的妇人"这一文段会引起强烈的不安。这样一些因素似乎是存在的。高度关注犹太律法背景的学者是德雷特,那位在伦敦大学研究东方法律的、颇负盛名的教授,也经常

---

① Cyprian, Epistle 51.21,26.
② 显然,文化上的诸多证据表明,当时对交际花、妓女和已婚妇女有不同的标准;因此,男女之间也存在典型的双重标准,而耶稣并不认同这一点,这是该故事的主旨。正如 F. F. 布鲁斯(F. F. Bruce)所指出的,耶稣明显意识到"律法对妇女显然比对男人严苛。对于一个已经订婚或结婚的女人来说,与她的新郎或丈夫之外的男人发生性关系是犯了重罪;而对于一个已婚的男人来说,与其妻子之外的另一女人发生此类的关系,则是相对轻微的罪行,只要那个女人不是已经与另一个男人订婚或结婚……因此,耶稣的裁定挑战了每一个听到他说话的男人的良知"。参见 F. F. Bruce, *The Gospel of John*. Grand Rapids: Eerdmans,1994,416。
③ 德雷特在《新约中的律法:行淫时被拿的妇人的故事》(J. Duncan Derrett, "Law in the New Testament: The Story of the Woman Taken in Adultery", *New Testament Studies* 10.1[1963/64]:1—26)一文中中肯地指出,在三世纪之前的罗马法中,奸淫并没有成为重罪(第11页,注释1)。

是《福音派季刊》(*Evangelical Quarterly*)的文稿作者。然而,与我所提及的其他福音派学者不同的是,德雷特并无意证明故事是由约翰所写。相反,他认为是一世纪的犹太基督徒将这一文段置于现在的位置,而且大体上是基于崔提斯所提出的文学上的原因——也就是,那正是适合该文段的位置。①同样地,德雷特认为,在耶稣看来仅仅是宽大仁慈的表现,却很可能在中东地区引起义愤,因为那里的人并不认同耶稣这种做法。② 他强调,在犹太公会中,由两名证人独自确认那个妇人被当场抓获的情景中的诸多细节,乃是关键的要求;并且,他指出,正如伊斯兰国家的做法一样,在这样的测试中不合格的证人,自身会被判死刑。③ 德雷特对塔木德和米示拿(*Mishnah*)④中相关的量刑标准作了精细的分析,而且第二圣殿时期的文本成为了进一步的佐证。其中一个他顺便提到的文本,正如霍奇斯和崔提斯所提到的,正是次经中苏珊娜的故事(《但以理书》第13章)。

碰巧的是,这份第二圣殿时期的文本(大概成书于公元前80年),是我自己在约二十年前就关注过的。⑤ 虽然那时我还不知道德雷特的文章,但我对苏珊娜故事的米示拿语境作了细致研究,这最终将我引至"行淫时被拿

---

① 德雷特赞同艾琳·吉尔丁(Aileen Guilding)的看法,参见 Aileen Guilding, *Fourth Gospel and Jewish Worship*. Oxford:Clarendon,1960,110—112;214,n.1(参德雷特,同上,第11页,注释3)。
② 同上,第2页。
③ 同上,第5页,注释2。
④ 米示拿(Mishnah),指的是犹太拉比犹大·哈拿西(Judah Ha-Nasi)在约公元220年基于口述传统而编撰的犹太律法,是对犹太律法的全面总结,而后成为《塔木德》的第一层内容;由浅易的希伯来文书写,内容主要来自于对《希伯来圣经》和一些犹太传统中的传奇故事及寓言的诠释。详参 Sara E. Karesh and Mitchell M. Hurvitz, *Encyclopedia of Judaism*,332。——译者
⑤ David Lyle Jeffrey,"False Witness and the Just Use of Evidence in the Wycliffite Pistel of Swete Susan", in Ellen Spolsky, *The Judgment of Susannah:Authority and Witness. Society of Biblical Literature. Early Judaism and its Literature*. Atlanta:Scholars Press,1996,57—71。在年代断定的问题上,布吕尔拉比(Rabbi Brull)将苏珊娜故事的写作时间定为西门·便·沙达卡(Simon Ben Shetach,公元前100年的犹太公会主席)的时期。据悉,沙卡达是一位提倡严格盘问证人的法官(见《我们先祖的篇章》[*Chapters of Our Fathers*,希伯来文 *Pirke Aboth*]1.9—10)。

的妇人"这一文段。在这里,我想很简练地回溯那些步骤,因为我想这可以帮助我们进一步探究语境及其对文本的敏感性等问题。这将使得我可以提供一种具有通约性的文本解读,并且,我希望这种解读是可信的:这将与新近的福音派声音大致相同,但或许会更明显地基于天主教的传统。

"苏珊娜与长老的故事"(这是通行的称谓),并没有在雅麦尼亚会议(Jamnia Council)①上被通过,从《塔纳赫》(Tanakh)②中我们也找不到它,它也没有被早期犹太教释经书所提及。虽然它可能已经出现在第一部的《七十子译本》中,但仅仅是存在于狄奥多田(Theodotion)③的修订本(约公元150年)中,被收录于天主教和东正教圣经中的《但以理书》第13章,并以我们当前看到的形式存在。现在,新教圣经将其排除在外,虽然它仍被作为次经印在了十七世纪的"英王钦定本"(King James Version,简称KJV)中,并被《三十九条信纲》(Thirty-Nine Article)④批准为非正典的"道德文学"。因此,"苏珊娜"是第二圣殿犹太教的边缘文本,在福音派的视野中基本消失,大概如"行淫时被拿的妇人"这一文段从东正教的传统中消失一般。

我们所谈论的文段与苏珊娜的故事明显是相似的,虽然也有一些关键性的差异。在苏珊娜故事中,一名天真无邪的少女被两名证人所陷害、中

---

① 雅麦尼亚(Jamnia),位于约帕以南13英里,传说大约公元100年左右,犹太拉比在那里举行的会议中,决定犹太教正典的范围。不过,至今仍未有实质的证据支持确曾举行这次会议。引自卢龙光主编:《基督教圣经与神学词典》,第295页。——译者

② "塔纳赫"(Tanakh)一词来源于希伯来文中"Torah"(律法书)、"Nevi'im"(先知书)和"Ketuvim"(圣卷)三个词首字母的连缀,指的是这三类书卷的集合。该词有时用来指代《希伯来圣经》或"书写的律法"(the Written Torah)。见 Sara E. Karesh and Mitchell M. Hurvitz, *Encyclopedia of Judaism*, 511。——译者

③ 狄奥多田(Theodotion,二世纪后期),圣经翻译者,生平不详。他将《旧约》圣经翻译为希腊文,成为奥利金的《六栏经文合参》的一部分。详参卢龙光主编:《基督教圣经与神学词典》,第527页。——译者

④ 《三十九条信纲》(Thirty-Nine Article),英国教会信仰文献。这是英国国家基本信条,规定英国教会面对十六世纪的宗教问题之立场,成为英国教会脱离罗马的最终一步。这份信条是本于克蓝麦(Thomas Cranmer)1553年的《四十二条信纲》(Forty-Two Articles)撮编而成,1563年发表,于1571年再次修订。自1865年起,英国圣公会的教牧人员必须遵从这些原则。详参卢龙光主编:《基督教圣经与神学词典》,第530页。——译者

伤,并根据摩西律法(例如,申 19:15—19;利 20:10;民 5:11—31;利 24:14)责之以石头砸死的刑罚。在另一个故事中,一个被假定有罪的妇人遭到陷害,并被定刑。在两个故事中,假证人都宣称当场抓获被他们陷害的人,虽然没有拿出实际证据。在这两个故事中,共犯都适时缺席。在第一个故事中,原告的目的是报复那个拒绝其性挑逗的受害者;而在"行淫时被拿的妇人"这一文段中,对那个妇人的陷害则是出于不可告人的动机,即两个群体(文士和法利赛人)为了进一步陷害耶稣而设计的,他们想表明耶稣曲解律法。这两个案件都由一位正直的法官来解决,他判断出假证人对律法文句的妄用本身就已经违反了这律法。"年轻的但以理来断案了"——这是在莎士比亚的《威尼斯商人》中,夏洛克不经意间提到鲍西娅时所说的[1]——提示我们:故事中的耶稣亲自揭露律法本身的腐朽,并且,在两个案件中,原告的自我入罪都是由一个出乎意料的人来促成的,那个人比专业人士更能理解律法的目的(或者说律法的精神)。约翰·赖福特(John Lightfoot),十七世纪在剑桥大学研究塔木德和拉比文献的杰出学者提出,在"行淫时被拿的妇人"这一文段中,耶稣是推理性地运用拉比对《民数记》第 5 章 31 节条例的告诫,大意是:只有当"丈夫"或原告无罪的时候,行淫的妇人才会受到处罚(可参迈蒙尼德[Maimonides][2]关于疑妻行淫的第 2—3 条论述),并且,他将自己的手指放在尘土中,可能是为了引起人们对另一相似原则的关注:"如果你们自己也犯了奸淫,那么你们的妻子将免于苦水的责罚。"(出自《米示拿—民数记》)[3]无论我们如何解读主用他的手指在地上所画(希腊文

---

[1] 威廉·莎士比亚:《威尼斯商人》,第 4 幕第 1 场,第 223—224 行。

[2] 迈蒙尼德(Maimonides,1138—1204),中世纪犹太教首屈一指的神学家、哲学家,主要著作有《圣诫书》《米示拿律法书评述》《米示拿—托拉》和《迷途指津》。——译者

[3] John Lightfoot, *A Commentary on the New Testament from the Talmud and Hebraica*, 4 vols. (Oxford: Oxford University Press, 1859; repr. Henrickson, 1979), 3.325—332. 另参《论疑妻行淫》(*Sotah*,犹太教法典《米示拿》第三部分《妇女篇》的第 5 章,内容涉及妻子被怀疑与人行淫的条例[参民 5:11—13;申 20:1—9;21:1—9],引自卢龙光主编:《基督教圣经与神学词典》,第 503 页。——译者)28a 和 47b (另参见《松奇诺本圣经》[*The Soncino Books of the Bible*],第 137—138,251—252 页)。

egraphen，出自约 8:8，该词的意思是"画"或者"写")的神秘记号,这一姿势所投射出来的形象,能马上使人想起《出埃及记》中上帝用他的手指在石头上写下律法(出 31:18)。令人不安的是,对于《但以理书》的读者而言,这会使之想起圣经中第三个类似的例子,即在《但以理书》第 5 章中,神的手在伯沙撒的宫殿墙上写字,明确地对他亵渎神圣的行为作出审判,这吓得王心意惊惶。在所有这些故事中,很明显,一个比那些自以为是的人更伟大的权威被揭示出来。这里,在我们所讨论的文本中,践行了律法的神子树立了一种关于律法的权威,大大超过了文士和法利赛人的权威(太 7:29)。运用他所展示出来的更大权威,耶稣废除了原本会被施行的惩罚。令人惊讶的是,这个故事或许并非有意去呈现一位悔改的妇人。① 一方面,与某些耶稣治病故事相似的是,她直接从其窘境中被解救出来;而与那些神迹故事相似的另一方面,就是耶稣对她说"去吧,从此不要再犯罪了!"(约 8:11)如同苏珊娜的故事一样,这个故事的字里行间遗漏了忏悔的要素,暗示其主要关切是律法之中的正义审判——也就是说,主要是关于耶稣的权威。引人注目的是,耶稣谈论其权威的方式,准确地呼应了先知以赛亚对将临的弥赛亚的说法,即"行审判不凭眼见,断是非也不凭耳闻;却要以公义审判贫穷人,以正直判断世上的谦卑人"。(赛 11:3—4)

三、传统如何支持今日的福音派解读?

值得注意的是,罗马弥撒的历史告诉我们,早在六世纪,在大斋节②的

---

① 在鲁道夫·施耐肯伯格(Rudolf Schnackenberg)看来,"悔罪的原则最多就隐藏在背景中",同前引书,第 2 卷,第 169 页;另外,在弗雷德里克·戴尔·布伦纳(Frederick Dale Brunner)看来,那个妇人的忏悔并不明显,但确实呈现在故事中:"……他的确说了这些话:'我也不定你的罪'。"他也争论道:"她用微弱的声音说'主啊,没有',这大概也可以被理解为忏悔。"参见 Frederick Dale Brunner, *a Commentary on the Gospel of John*. Grand Rapids:Eerdmans,2012,507,509。

② 大斋节(Lent),指复活节前为期四十天的斋戒和忏悔。——译者

第三个主日之前的周六,经课中就会有"行淫时被拿的妇人"这一文段与苏珊娜故事的对举;类似的文本并置也出现在古塞勒姆(the Old Sarum)①的礼仪和新罗马礼中。② 其间,书信(《但以理书》第13章)开启了我们对福音书(《约翰福音》第8章)的理解:耶稣携律法(保罗亦如此)所提供的判断表明"因为世人都犯了罪,亏缺了神的荣耀"(罗3:23)。类似地,保罗对此主题的处理似乎也呼应了我们所讨论的文段。他说:

> 你这论断人的,无论你是谁,也无可推诿。你在什么事上论断人,就在什么事上定自己的罪;因你这论断人的,自己所行却和别人一样。(罗2:1)

这一段落还有补充:

> "你说人不可奸淫,自己还奸淫吗?"(罗2:22)

但是,如果律法及其权威的确是该文段的主要议题,那么《约翰福音》的上下文语境就使得我们相当容易接受这个故事通常在文本中所处的位置。恰好在这事件之前,《约翰福音》中的耶稣对其敌手提出了挑战:"摩西岂不是传律法给你们吗?你们却没有一个人守律法"(约7:19),还有"不可按外貌断定是非,总要按公平断定是非"(约7:24)。这呼应了《以赛亚书》第11章3至4节。与耶稣的控告者相反,正义的审判是以身作则的。犹太公会中的尼哥底母紧接着提问,看似完美地承接了我们所讨论的文段:"不先听本人的口供,不知道他所做的事,难道我们的律法还定他的罪吗?"(约7:51)他同伴的回答试图反对耶稣的权威,因为在他们看来,他似乎违背了这一谚语:"加利利没有出过先知。"(约7:52)这里的问题仍然是耶稣根据律

---

① 塞勒姆(the Old Sarum),英国索尔兹伯里市(Salisbury)最早的定居点,位于其两公里以北的一座山丘上。——译者
② 见拙作,同前,第60页;另参谢林(Frederick A. Schilling),同前,第105页。

法实行审判的权威。在大斋节之前的第三个周六,在以书信形式呈现的苏珊娜故事之后,《约翰福音》会在罗马和古塞勒姆的经课中被诵读,并清楚地强调了不守律法的证人将被免除做证的资格,提醒我们:仅凭眼见的审判是不公义的(赛11:3)。这是将聪慧的但以理,《旧约》中顺服并且行公义审判的模范,与明智而公道的耶稣相提并论。但是,不论对奸淫者的控诉是不是正确的,当时就是一个令人伤痛的时刻,在那个时刻,更严重的奸淫被暴露出来——亵渎上帝。这是由那些摩西口中"追随鬼魔而行奸淫"(利17:7)的人所犯下的;在以西结和何西阿振聋发聩的谴责中,不顺服的以色列正是被这样的词汇所描绘(西23:20;何4:12;9:1;赛56:1;57:3)。由此观之,妇人的行淫揭示了一种更深刻的灵性混乱症,而正是这种普遍存在的无序被耶稣置于公义审判之下,如同他以前的先知那样做的一样。

我们翻阅西方中世纪释经家对"行淫时被拿的妇人"这一文段的解读时,可以确定,经文选至少可以为他们对文本的阅读提供部分语境。这里预设的是权威和律法的问题,而不是奸淫可否被原谅的争议。在托马斯·阿奎那的《金链》(*Golden Chain*,拉丁文篇名为 *Catena Aurea*)中,我们可以找到一份相当中肯的概论。[1] 阿奎那对比德[2](Bede)有如下的引用:"或许,他用手指在地上书写,表明了他正是将律法中的十诫写在石头上的人。"[3]在

---

[1] *Catena Aurea*:*St. Thomas Aquinas*,ed. John Henry Newman,4 vols. London:J. H. Parker et al.,1845,4.280—83. 波拿文图拉的评注引用了许多相同的材料,而这位方济会修士注意到由经文是否被纳入正典所引起的争议,并将其与另一个例子联系起来:"他们说了,这是被嵌入《约翰福音》之中的,正如苏珊娜的故事被插入《但以理书》一样。"见 *Commentary of the Gospel of John*,8.3,transl. Robert J. Karris. St. Bonaventure:Franciscan Institute Publications,2007,455. 很明显,波拿文图拉认为"行淫时被拿的妇人"这一文段因处在正典之中而更有权威,但他将这两个故事联系起来,则毫无疑问是因为它们一同出现在塞勒姆经文选中。

[2] 比德,或称"可敬的比德"(Bede the Venerable,约673—735),早期益格鲁撒克逊神学家及历史学家,撰写大量释经著作和《英格兰人民教会史》(*Historia Ecclesiastica Gentis Anglorum*,731),后者成为英格兰早期历史的主要参考。详参卢龙光主编:《基督教圣经与神学词典》,第92页。——译者

[3] Bede the Venerable,*Homilies on the Gospels. Book One:Advent to Lent*,trans. Laurence T. Martin & David Hurst OSB. Collegeville:Cistercian Publications,1991,25.

奥古斯丁对这一文段的解读之后，阿奎那引用了他的大段文字，即"不先审判自己的人就不知道怎样正确地审判另一个人"，而耶稣，作为唯一一个真正顺服律法的人，"用正义的声音，就像用武器一般"，"击溃"他的敌人；"他们审视自身，发现自己有罪，于是一个接一个退下去了"。① 这里的要点呼应了《马太福音》第 7 章 1—2 节"你们不要论断人，免得你们被论断"，并清楚地揭示了，所有"犯奸淫的人"，确实地或象征性地，依赖于上帝的怜悯。"那么，"奥古斯丁总结道，"我们的主指责罪，但不指责罪人。"②

关注那些妄用律法并以之作为武器的人，构成了十四世纪英国讲道学中一贯的主题，特别是约翰·威克利夫（John Wyclif）的某些追随者，他们对这一点相当敏感（苏珊娜频繁地出现在其女圣人名单中）。③ 在十四世纪晚期的"考文垂圣经剧"（biblical *Ludus Coventriae*）或"N 城英文剧"（N-town English plays）④对这个文段的演绎中，一个"跑龙套"的角色被安插到我们的文本中，他叫朱文尼（Juvenis），即"年轻人"。当与那个妇人一起被发现的时候，他威胁那些捕手，即"文士"和"法利赛人"，并且由于他们怕他，所以放他走。⑤ 这一添加的部分明显是一种借用，或来自《但以理书》第 13 章和另一文本的异文合并，那个文本突显了实践中的"双重标准"（她的伴侣

---

① 详参 Augustine: *Tractates on the Gospel of John* 28—54, trans. John W. Rettig. Washington D. C.: Catholic University of America Press, 1993, 56。——译者
② 阿奎那和波拿文图拉都从奥古斯丁那里引用了这一行文字。见奥古斯丁关于《约翰福音》的第 33 篇论述第 6 节。详参 Augustine: *Tractates on the Gospel of John* 28—54, 56—57。——译者
③ 见拙作，同前。
④ "考文垂剧"（Ludus Conventriae），或称"N 城剧"（N-Town Plays），指的是四十二部中世纪神秘剧，它们在不同的英国城镇循环演出。剧本的手稿一度为十七世纪的英国古文物收藏家罗伯特·布鲁斯·科腾爵士（Sir Robert Bruce Cotton）所拥有，其图书馆员理查德·詹姆斯（Richard James）误认为该手稿中的圣经剧是在考文垂演出的，因此将其命名为"考文垂剧"。经学者研究，现在一般认为这些手稿中的剧目曾经是在东英格兰地区的各个城镇循环上演。剧目内容大部分来源于圣经，也有一些来自罗马天主教传奇、次经以及民间故事。——译者
⑤ Ed. K. S. Block, *Ludus Coventriae, or The Plaie called Corpus Christi*, EETS, e. s. 120. Oxford: Oxford University Press, 1922; 1960, 200—209.

在哪里?)。在所有这些改编和讲道中,不正义的审判、对法律的妄用,以及耶稣作为正义的法官这一主题,是占主导地位的。重点不在于对奸淫罪的关注,而在于我们应该理解:在《约翰福音》中,正如约翰·威克利夫所说的,"摩西的律法,是来自神的律法",而"神的律法,是给耶稣的律法"。这与《旧约》的观点相一致。①

如果说是否纳入正典的问题或奸淫的议题本身都不是阿奎那的主要关注点,对于威克利夫的诠释者和用本国语言书写法令的作者也一样,那么,对于特伦托宗教会议之后的天主教释经家来说,情况则是没有变化的。后者的一个代表性范例,就是十七世纪的耶稣会士,拉辟特的哥尼流(Cornelius a Lapide)②。在是否纳入正典的问题上,哥尼流直接引用特伦托会议的第四部分,即将该故事判定为正典及《约翰福音》的一部分。他还注意到该文本与苏珊娜故事相类似,并顺带提及《利未记》第20章10节中所规定的死刑之严酷,他评论道,这一类刑罚在"罗马人、撒克逊人、波斯人、埃及人、阿拉伯人、帕提亚人和土耳其人……以及其他异教国家中"是普遍存在的。③ 然而,他的评注集中在论述错误指控的不正义性,并强调任何一个想要引用法律审判他人的人,都需要首先自我反省。

约翰·加尔文(John Calvin)却不是这样的。他回到早先所提出的"文段是否属于《约翰福音》"的问题,虽然没有解决,但他在以拉丁文和希腊文手稿为证据的基础上,采纳了大多数人的意见:"我们没有理由不使用这一文本。"④以别

---

① 见拙作,同前。更全面的讨论,参见另一拙作"John Wyclif and the Hermeneutics of Reader Response",*Interpretation* 39(1985),272—287。在这一点上,波拿文图拉的提法是"主不会违背律法,因为他是高于律法的",见他 *Commentary of the Gospel of John*,8.3,trans. Robert J. Karris. St. Bonaventure:Franciscan Institute Publications,2007,459—60。

② 拉辟特的哥尼流(Cornelius a Lapide,1567—1637),弗兰德的耶稣会士及释经家。——译者

③ *The Great Commentary of Cornelius àLapide*:*The Holy Gospel According to St. John*,trans. Thomas W. Mossman,rev. Michael J. Miller. Fitzwilliam,NH:Loreto Publications,2008,310。

④ *Calvin's New Testament Commentaries*,trans. T. H. L. Parker,ed. David W. Torrance and Thomas F. Torrance,12 vols. Grand Rapids:Eerdmans,1961;1979,4.206。

具一格的方式,加尔文宣称他只会坚持他所认同的、文本言辞本身的力量,但他在这里也与在别处一样,表面上的"唯独圣经"(拉丁文 *sola scriptura*)的立场并没有干预他的思索和个人观点:

> 在我看来,那些认为耶稣写了某些东西的人,是错误的。我也不认同奥古斯丁的奇思妙想:他认为这里凸显了律法和福音的区别,因为基督不是在石板上写字,而是在由尘土所造的人上写字。毋宁说,基督想通过什么都不做的方式,来表明他们不配聆听。①

他接着说,耶稣对妇人的控告者投以轻描淡写的回应,是要求"那些证人必须是绝对无罪的",但他突然重提前人的观点,即突出那个妇人被宣称犯了奸淫的议题:

> 那些由此推论出奸淫不该被处以死刑的人,应该基于同样的理由,承认遗产不应被瓜分,因为基督拒绝在两兄弟之间做出仲裁。的确,如果犯奸淫的惩罚被免除的话,那么,每一宗罪也将可以豁免律法的惩处,因为那到时,我们的大门将向任何一类叛变的行为敞开……②

接着,他对"教皇神学"(Popish Theology)表达了不满:他宣称宽恕犯奸淫的人与妄用"恩典的律法",实际上都是在为恶行辩护,并导致"恶魔般的独身制,以致那些不被允许拥有合法妻子的人可能不加选择地通奸"。③ 显然,加尔文在这里兜了个圈来反对天主教徒;我们可以想象他与德尔图良一

---

① *Calvin's New Testament Commentaries*, trans. T. H. L. Parker, ed. David W. Torrance and Thomas F. Torrance, 12 vols. Grand Rapids: Eerdmans, 1961; 1979, 4.207.
② 同上,第209页。
③ 同上。

起愉快地抽着一两根雪茄,相互祝贺他们各自在这个问题上所表现出的公正。①

西奥多·德·贝茨(Theodore de Beze)在这一点上紧跟他的导师加尔文,②而福音派传统后来的构造者则有点儿不留情面地加以拒绝。马修·普尔(Matthew Poole,1635)关注文士和法利赛人的伪善,他将其称为"一个无比腐败的世代:活着的人腐败了,教义腐败了,崇拜也腐败了;而在他们之中,生命的其他罪恶则是司空见惯的,所以奸淫是很有可能发生的",③因而被"免除责罚"这样一个笼统的议题所模糊,但本来更好的做法是使之有所凸显。马修·亨利(Matthew Henry,1721)虽然将奸淫视为"罪中之罪",但标志着福音派诠释的一种转折:转向运用启蒙自由主义的合理性作为辩护,强调我们需要"宽容"的美德,这来源于对一个人罪的本性及倾向的承认:"我们如同,或已经是,或可能将成为他那样。让这一点阻止我们向我们的弟兄扔石头并宣扬他的过错。"④一旦我们将"行淫时被拿的妇人"这一文段的说服力等同于"居住在玻璃房里的人不该掷人以石"⑤这样的陈词滥调,在该文本的这一问题上,哎,我们也就到了福音派现代性的边缘,或者,到达的是另一种颇为相似的现代性。与尊敬的马修·亨利的一样,我也很难想象这一文段的叙述者会认为主在这里允许一种"莫问,莫说"的策略。

---

① 天主教批评清教倾向于改变七宗罪(傲慢、嫉妒、愤怒、懒惰、贪婪、暴食及色欲)的严重性次序,关注色欲而忽视傲慢,这种批评反映在莎士比亚的戏剧《一报还一报》(*Measure for Measure*)中,其中,苏珊娜和《约翰福音》的故事与《罗马书》第 2 章一同被凸显于背景之中。纳撒尼尔·霍桑(Nathaniel Hawthorne)的《红字》(*The Scarlet Letter*[1850])中有一篇相似的附文,美国文学的读者一定对其很熟悉。

② *Jesu Christi Domini Nostri Novum Testamentum sive Novum Foedus…Ejusdem Theod. Bezae*. Cantabrigiae:Danielis,1642,258.

③ *Annotations upon the Holy Bible, being a Continuation of Mr. Pool's Work by Certain Judicious and Learned Divines*. London:Thomas Parkhurst et al. ,2. sup. John VIII.

④ *Matthew Henry's Commentary on the Whole Bible*:Vol. 5,*Matthew To John*. London:1721—1728;repr. McLean, VA:nd,982.

⑤ 这一谚语意为:如果自己有相似的弱点,就最好不要批评别人。——译者

四、结语

　　通过回顾上半个世纪福音派学者为推进对"行淫时被拿的妇人"这一文段的理解而做出的贡献,我希望我已经揭示了一点:总的来说,他们的努力也佐证了某些福音派圣经学术研究的重要转折。从试图为经文的权威辩护,使之免于文本批评的挑战(福音派学者有时将其视为挑战)开始,在上世纪六七十年代,许多福音派学者似乎出于对正典和经文位置的衡量,考虑基于语文学的文学分析,以及从两千年的传统(尤其是经文评注和仪式中的运用)中恢复语境。这种转折标志着一个福音派圣经学术的新时代开始了,最好的例子是我已经提及的以德雷特为代表的时代,一些学者开始在犹太教以及其他背景的启发下更好地理解《新约》文本,重新发掘普世教会历代传统中的诠释。福音派学者致力于参考文本批评者的观点,这使得他们将经文的权威作为自己信仰的基础,同时诉诸于传统的权威,而整个学术界对这一进路的了解则刚开始清晰起来。更近一个阶段的福音派学术,不管是以"新视角"的外观出现,还是与教父时期及中世纪的解读进行历史的、神学的对话,已经达到了一种影响深远的积极效果,开启了三种传统之间的实质性对话。在一种更具有普遍性的神学基调上,文本批评的方法只是器具,而非最终的主题。当然,不是所有新教徒都是福音派,也不是所有福音派学者都采取这些路数。然而,那些采用了的人,越来越庆幸于与天主教和东正教信徒有所对话,尤其是与那些没有将圣经的学习与教会所讲的、活生生的道分离开来的同辈基督徒有所对话。

　　作者谢大卫,美国贝勒大学文学与人文科学杰出教授,加拿大渥太华大学英国文学荣休教授,主要研究中世纪、西方文学与艺术中的圣经传统,编撰《英国文学传统中的圣经词典》,代表作包括《一本书的民族:基督徒的身份认同与文本的文化》等。译者洪晓纯,香港中文大学文化与宗教研究系博士生,主修《新约》,研究方向为《约翰福音》。

(洪晓纯　译)
(邱业祥　编)

纪元初期犹太教与基督教的相互影响[*]

[挪威]托雷夫·艾葛文

内容提要：本文主要讨论基督教的犹太教渊源和犹太教的基督教渊源。在纪元初期，二者互相影响。在神学中心议题上，二者相互借鉴，使对方的一些宗教信仰元素为我所用，摒弃其他元素或创造自己的与之对应的元素。众所周知，早期基督教有着犹太教背景，但只有最后一代学者承认，拉比犹太教是通过与基督教会的论战并辩证地接纳了对方的优点而形成的。六、七世纪的犹太会堂不同于一世纪多元的犹太教——拉比犹太教徒有意识地与犹太基督徒进行分离，后来又与康斯坦丁时代的皇家教堂划清界限，自公元326年始，强势地出现在巴勒斯坦。此外，大量犹太基督徒将犹太传统和作品传播到更多的非犹太人占主导地位的教堂中，最终，那些犹太基督徒受到基督教堂和犹太会堂的双向排挤而消失。

关键词：犹太—基督教的关系；早期犹太教；新约；早期教会历史；逾越节；律法

---

[*] 本文是托雷夫·艾葛文教授于2015年9月18日在河南大学发表演说时的演讲稿，经其授权译成汉语发表于本刊。

How Judaism & Christianity Influenced Each Other in the Early Centuries

Torleif ELGVIN [Norway]

Trans. by LI Panpan

Abstract: The article deals with the Jewish roots of Christianity and the Christian roots of Judaism. These two religions interacted with each other in the early centuries. Each learned from the other, adapted some of his faith elements, rejected other elements or created one's own counter-image of central theological issues of the other. While it is common knowledge that the early church developed from a Jewish background, only the last generation of scholarship has acknowledged how deeply rabbinic Judaism is formed through a polemic reception vis-a-vis the church. Synagogal Judaism of the 6-7th centuries is different from the more pluriform Judaism of the first century—rabbinic Judaism develops in a conscious departure from the Jewish Christians and later from the imperial church of the Constantine era, powerfully present in Palestine from 326. Further, Jewish Christians were important transmitters of Jewish tradition and writings into the more gentile-dominated church, the same Jewish Christians were later squeezed between church and synagogue and ultimately disappeared.

Key words: Jewish-Christian relations; Early Judaism; *New Testament*; Early church history; Passover; Torah

本文勾勒出纪元初期犹太教和基督教的发展线索及二者间的相互关系，以及他们的自我认知和彼此间的关系对当下其他宗教的影响。

纪元初期犹太教与基督教的相互影响

近几十年来,我作为一名基督教圣经学者进入该学术领域后,与犹太学者有着密切的合作。我的博士论文研究方向为圣经和死海古卷,我的两位导师一位是美国犹太大学教授,一位是耶路撒冷希伯来大学教授。此后,在对希伯来圣经研究、死海古卷研究、新约研究和纪元初期犹太教与基督教的历史研究方面,我一直与犹太学者有着密切合作。我的学术研究历程与本论文主题密切相关。

我从早期教会和早期犹太传统两个方面对《旧约》和《新约》的经文进行研究。作为一名圣经学者,当面对古老的圣经文本时,如同那些经文的作者一样,我怀着个人信仰,向启示敞开心扉。无论是圣经的作者还是其编修者,都生活在有信仰的团体之中,都相信能够通过人类的使者感受到来自上帝的启示。如果试着以类似的世界观解读圣经文本,我不认为这会降低我的学者身份。与此同时,我还会以批评家和历史学家的眼光来阅读圣经文本。作为一个信徒,我有着虔诚祷告并感知上帝临在的切身体验。我研究早期以色列人所写的经卷,那些人声称他们深切感受到了上帝,随后他们又传讲其在上帝面前静默时所聆听到的事情。

纪元初期,犹太教和基督教接受了相同的预设:我们感受到了上帝的临在,并试图在信仰上追随他;我们要将这种信仰发展下去,并将信仰的影响记录下来。犹太教和基督教共享同样的经典《旧约》,犹太教称之为《希伯来圣经》。这使得犹太教和基督教彼此成为竞争对手而非同仁,虽然在罗马帝国时期二者都持一神论。

本文分两个部分:(1)基督教的犹太教渊源;(2)犹太教的基督教渊源。第一种观点是老生常谈,已经讨论了若干世纪。第二种观点产生于上世纪九十年代中期,如今在此领域的学者心中,这一观点或已司空见惯,但是在教堂或犹太会堂里,这一观点依然很新颖。

一、基督教的犹太渊源

教堂产生于犹太教。耶稣不是基督徒，他完全是一个犹太人。对《福音书》《死海古卷》以及耶稣时代犹太教的最新研究，都关注了犹太人耶稣的祖籍为何是拿撒勒的问题。犹太教和基督教学者都强调了这一点。耶稣出生于一个犹太家庭，作为一个犹太人施行了割礼，在耶路撒冷的犹太圣殿朝圣，就像后来的犹太教拉比一样讲授教义。他的言行举止犹如一个犹太先知，尽管他自己意识到，他超越了他之前的所有先知。他强烈地意识到自己比其他任何人都更接近上帝，[①]最终他被大祭司定罪为亵渎神明，并被钉死在十字架上。

死海古卷也是我的研究领域，它向我们刻画了一个与其他犹太人一样的耶稣形象，他身着犹太服装，讲着希伯来语和亚兰语，用希伯来语与他所处时代的《旧约》和犹太传统观念来讲授教义。新约作者如《福音书》的作者、《希伯来书》和《约翰启示录》的作者，也刻画了这样的耶稣形象。

1. 多元化犹太教

在公元一世纪的耶稣时代，犹太教是多元的。它由不同的团体组成，每个团体都有自己的神学主张，都为提高自己对生活在朱迪亚（Judea）的犹太人的影响而彼此斗争。在《福音书》中，我们看到了法利赛人、撒都该人以及奋锐党人。在《死海古卷》里又增加了在宗教和道德上更为保守的团体艾赛尼派。我们发现，在其周边地区，撒玛利亚人被罗马人等外来者视为犹太教的派别，但犹太人却视其为异端，并将之看作一个与众不同的民族。

自公元30年耶稣死后，耶稣运动逐渐发展为一个与其他团体一样的犹

[①] 耶稣很可能将自己视为《箴言》第1—9章中描述的智慧、上帝的声音及其创世时的助手（见太11:19,25—30）。《新约》作者发展了耶稣是智慧的神学观（约1:1—18；腓2:6—11；西1:15—19；来1:3；启1:17）。

太团体。与此同时,奋锐党人也发起了一场运动,等待上帝对其子民进行末日审判,那场运动被称为弥赛亚运动。

与当时其他犹太团体不同的是,犹太人的耶稣运动决定接纳异教徒和非犹太人加入到自己的团体之中,没有强求他们成为犹太人,而成为犹太人意味着男人必须施行割礼,参加改变宗教信仰的洗礼,承诺遵守犹太习俗和诫命。经过长期审议和激烈讨论,这个囊括了非犹太人的决定仅在耶稣阵营里得以实施(徒8:4—17;8:26—39;10;15:1—31),这成为后来犹太教和基督教分道扬镳的决定性因素。

2. 犹太基督徒是教会里的信息传递者

在公元一至二世纪,发生了两次犹太人反抗罗马政权的起义,公元66年至70年,起义军摧毁了耶路撒冷圣殿;公元132至136年,起义军借助罗马军队摧毁了朱迪亚政权。第二次犹太起义以其领导人巴尔·科赫巴(Bar Kokhba)的名字命名,科赫巴本人被其追随者尊奉为救世主弥赛亚。"巴尔·科赫巴"作为弥赛亚的代名词乃出自《民数记》,意思是"星辰之子"(民24:17)。[1] 许多犹太人认为,那是一个能够把罗马侵略者从自己家园驱逐出去并且重建圣殿的人。他的初步胜利使得祭司能够在圣殿被毁的地方进行献祭。

犹太基督徒没有参加这两次起义。对于第二次起义,他们可能会说:"这不是我们的弥赛亚,也不是我们所进行的起义。"两份早期基督教资料显示,巴尔·科赫巴向部分犹太基督徒施以酷刑和死刑,因为他们没有加入其起义队伍。[2] 巴尔·科赫巴及其追随者认为,那些犹太基督徒反对以色列人,是叛徒。还有另一因素使犹太人的耶稣运动在以色列人中处于孤立地位。

---

[1] 当时的拉比领袖阿基瓦(Akiva)宣称"有星要出于雅各——换言之,巴尔·科赫巴乃是雅各的后裔,是君王弥赛亚"(Jerusalem Talmud, Taanit 4.5 68d; Lamentations Rabbah 2.2)。

[2] *Apocalypse of Peter* 2; Justin, *First Apology* 31.6. 参 Oskar Skarsaune, *In the Shadow of the Temple. Jewish Influences on Early Christianity* (Downers Grove, Ill: IVP, 2002), 201—202.

虽然非犹太人很快占据了大部分耶稣阵营,但直至150年,耶稣运动仍然保持着明显的犹太特色。一直到第二次犹太起义,教堂本部都设在耶路撒冷或朱迪亚的中心地带。《新约》中的篇章是一个缓慢的收集过程,得到了整个罗马帝国和东波斯教会的授权,所有那些篇章都由视耶稣为弥赛亚的犹太人撰写。一些学者声称,《路加福音》的作者不是犹太人——我不同意这个观点,《路加福音》这部著作如此充斥着一世纪以色列人的犹太思想和知识,很难想象它不是犹太人写的。挪威的新约学者雅各·耶韦尔(Jacob Jervell)称犹太基督徒是教会里"有势力的少数派"。那些少数犹太基督徒在基督教会里提出了一个权威的规约:教会只有通过犹太圣经和犹太传统,才能理解自身及其弥赛亚。

犹太基督徒可能在促使教会承认犹太圣经的权威性中起到了重要作用——现在他们再次确定了"旧约"的权威性。公元二世纪中叶,罗马的一名基督教领袖马吉安(Marcion)想把《希伯来圣经》从教会清除出去。结果,他直接被教会罢免了领袖职务,并且被视为一个离经叛道的人。最终他不得不离开教会。地中海一带的所有教会都宣称:"我们接受以色列人的圣经!"

犹太基督徒犹如一座桥梁,也将其他犹太人的著作带入教堂。从公元前二世纪和一世纪开始,一批犹太人的著作渗入教堂,那些希伯来语著作被翻译成希腊语并广为传播,且深受学者和非专业人士的欢迎。最后,那些著作连同《旧约》和《新约》于公元四世纪一并被收入圣经的抄本中,这就是我们所说的"旧约次经",其中包括《便西拉智训》《马加比传》《托比传》和《犹滴传》等。《便西拉智训》是一本智慧书,具有《箴言》的风格,《马加比传》讲述了公元前二世纪犹太人的起义,起义最终建立了一个独立的犹太国家。那些书可能包含在手抄本中,因为它们在普通信徒中非常受欢迎,虽然大多数基督教思想家认为那些书籍与《旧约》篇章相较而言,仅属于次经。

其他犹太人的著作,也通过在教会中所占比例非常少的犹太基督徒这一相同的传播渠道进入教会。我们所谈论的作品如《以诺一书》在许多新约

纪元初期犹太教与基督教的相互影响

手稿中都有涉及,但是它并没有被收入圣经之中(只有埃塞俄比亚教会承认那本书的权威性)。有很多其他的书,想要重写并评论《旧约》中的篇章和人物。但因为大多数这样的作品是以圣经中古圣贤的名义发表的,它们便被认定为"旧约伪经"——其实,那些书的作者并非先贤如以诺、摩西或者耶利米,尽管那些书以其名字命名。

如果没有那些博学的犹太基督徒与后来的基督教文士和传播者,所有那些犹太著作都会在历史中消失并被遗忘掉。我们应该感谢基督教文士和修道院,是他们为后人保存了那些重要著作。公元一世纪,很多犹太人的著作是用希腊文写的,例如历史学家约瑟夫(Josephus)和亚历山大统治时期的思想家斐洛(Philo)的作品,其作品之所以没有被湮没在历史长河之中,乃是因为基督徒对它们进行了传播。

3. 两个一神论竞争对手

犹太教和基督教都是传教式的宗教。他们都试图让对方改变宗教信仰,并且积极招募新的成员。在罗马帝国这个奉行多神教的国度里,犹太教和基督教均属于外来宗教,但这并未使它们彼此友好或者结为盟友。几个世纪以来,犹太教一直是传教的宗教,直到它们被国家严令禁止。但是,即使是罗马帝国君主狄奥多西(Theodosius)在380年用法律明文禁止犹太教传教,也未能彻底阻止犹太人的传教做法,他们继续在非罗马势力范围的东部传教。

犹太人得到法律的许可,可以不必像其他人那样在帝国统治下被强制崇拜多神,并礼拜凯撒(Caesar)。而基督徒却没有如此的特权,他们时常遭受当局的残酷迫害。向君王说一个"不"字,就会被视为对国家不忠。这种局面并没有使犹太教和基督教二者之间的关系得到缓和,犹太教徒有时还怂恿罗马和波斯当权者对基督徒进行迫害。①

---

① 这可以解释为何当地的犹太会堂被称为"撒旦一会"(启2:9;3:9)。四世纪发生在叙利亚的与之相似的事件,反映在教父阿弗拉特(Aphrarat)和厄弗冷(Ephrem)的作品中。

151

在最初几个世纪里,这两个教派的关系日渐疏远。期间犹太基督徒不断聚集起来,但是那些人所受到的排挤日益增加,一方面,他们在犹太会堂中受到排挤,另一方面,更多的非犹太人控制了教会和其他地方。那些犹太基督徒面对在两大阵营之间进行两难选择的挑战,无法继续保持既遵守犹太人习俗又信仰耶稣的生活。从教父那里我们得知一些称呼,如"伊便尼派",意思是穷人和拿撒勒人,以及跟随拿撒勒人的那些人。① 在希伯来语著作中,那些人被视为"弱势群体",也就是异教徒。在以色列的基督教堂和犹太会堂里,那部分人受到了双重压迫,很快就于公元400年之后消失,要到公元7世纪,我们才在叙利亚对他们再度耳闻。

公元150年以后,许多教会的思想家越来越怀疑犹太人和犹太会堂的传统——犹太人应该接受耶稣,但大多数人没有这样做!小亚细亚萨迪斯(Sardes)的米雷顿(Meliton)主教大约在170年强调,那些怀疑和不忠的犹太人没有看到弥赛亚被钉死在十字架上。公元四世纪末,安蒂奥基亚(Antiochia)的赫里索斯托莫斯(Chrysostomos)进行了一系列名为"反对犹太人的布道"的活动。在那些布道中,他警告基督徒,不要和犹太人一起去犹太会堂,应拒绝庆祝犹太人的安息日及其他节日。因此,我们得知,在赫里索斯托莫斯时代,许多叙利亚基督徒与其犹太邻居有着密切的关系,那些基督徒继续拜访犹太人,并不遵从其教会领袖所发出的远离犹太人的警告。我们可以称那些民众为亲犹基督徒。

公元324年,尼西亚举行了一个非常重要的宗教会议,诸多基督徒如梅利通(Meliton)等在会议上按照犹太历庆祝逾越节和复活节。当时的主教尼西亚(Nicea)在皇帝康斯坦丁(Constantine)的支持下决定禁止这样的行为。

---

① Ray A. Pritz, *Nazarene Jewish Christianity: from the End of the New Testament Period until its Disappearance in the Fourth Century* (Leiden: Brill, 1988); *Jewish Believers in Jesus. The Early Centuries* (O. Skarsaune, R. Hvalvik, eds.; Peabody, Mass: Hendrickson, 2007); *Jewish Christianity Reconsidered. Rethinking Ancient Groups and Texts* (M. Jackson-McCabe, ed.; Minneapolis: Fortress, 2007).

4. 相互影响、借鉴与学习

知道了这一历史背景，我们就可以用一条清晰的线索，厘清犹太教和基督教之间的区别与联系，虽然这情形并不像历史学家在文献中所发现的那样。尼西亚会议之后，在四世纪末期曾有两代亲犹基督徒拜访叙利亚的犹太会堂和犹太家庭，当然在当时这并非稀罕事。

从新约时代开始，基督徒就已经在庆祝犹太人的逾越节和七七节，尽管他们重新赋予那些节日以新的内涵。七七节改名为圣灵降临节，目的是庆祝圣灵降临，而非纪念摩西在西奈山颁布律法——在那个节日里，圣灵显现在耶路撒冷的门徒面前，犹如《使徒行传》中所描绘的那样。

基督徒举行的圣餐，耶稣最后的逾越节晚餐，明显受到犹太献祭传统的极大影响。也是在这种情况下，《旧约》中的献祭和赎罪概念在耶稣言行的烛照下被赋予了新的意义。基督教的礼拜仪式产生于犹太会堂和圣殿。一神论信仰本身源于《希伯来圣经》或《旧约》。

因此，几个世纪以来，学者们认为，从基督教教会中能感受到犹太人备受争议的思想和传统。教会接纳了《旧约》和以色列人的信仰及实践的核心元素，与此同时，他们也重新解释了那些元素，在某种程度上，他们经常驳斥其"老大哥"。

二、犹太教的基督教渊源

早期学者们认为，犹太教数世纪一直保持着纯净和纯粹的姿态，只从内部发展，与基督教会保持着一定距离。今天我们所看到的这种历史描述是有缺陷的。假设犹太教是统一的，在公元70年后不久，犹太会堂完全由拉比运动所左右，那些拉比生活在犹太会堂中，就像犹太人一样进行祈祷和礼拜仪式——拉比运动导致了对犹太教的重新定义，那是一种没有圣殿的宗教,祈祷取代了流血献祭。那些拉比的思路是:"我们的父在上帝面前流血献祭,我们在其面前祷告——在上帝面前那是一场不流血的献祭。"

再者,如果基督教学者声称早期犹太教深受基督教的影响,将会令犹太教徒认为,这是基督徒的一种必胜信念,是由强势群体强加于弱势群体的。但是自1995年以来,犹太学者们勾勒了另一幅画面,导致一个新的范式:犹太教和基督教犹如姐妹宗教,有着共同的来源《希伯来圣经》和犹太第二圣殿。这两个教派互相辩难,同时又从对方的神学体系中汲取营养。

从公元二世纪到七世纪,犹太教发展的一个主要因素,是有意识地将犹太基督徒与耶稣信仰进行分离。犹太会堂中的犹太教并非耶稣时代的犹太教,这实际上是一种后基督教现象。这个变化过程中的一个重要例子,就是庆祝逾越节和逾越节礼拜的仪式,在犹太家庭中,这种庆祝一年举行一次。我这一代的圣经学者都知道,在我们的研究中,耶稣最后的晚餐紧随着犹太逾越节的圣餐仪式,当时耶稣为晚餐上的面包和酒赋予了新的意义。关于耶稣最后晚餐的基督教来源,我们可以在三卷《福音书》中找到,也可以从一世纪50年代初的保罗,以及生活在二世纪来自小亚细亚的米雷顿(Meliton)及其他人的著作中找到。

相比之下,《密西拿》中的部分文字记载了逾越节圣餐仪式的犹太教来源,该书大约于220年编纂而成,于公元三至五世纪收入圣经评注。历史研究的一般规则是,早期资料所保留的传统优于晚期资料所保留的传统。

犹太学者如以色列人尤瓦尔(Yuval)从九十年代中期就开始挑战旧有的诠释范式,[1]而这仅仅是起点:在耶稣时代几乎没有任何逾越节圣餐仪

---

[1] 促进新范式成熟的重要著作有:Israel Yuval, *Two Nations in Your Womb. Perceptions of Jews and Christians in Late Antiquity and the Middle Ages* (Berkeley:University of California Press,2006); Peter Schäfer, *The Jewish Jesus:How Judaism and Christianity Shaped Each Other* (Princeton:Princeton University Press,2012); Peter Schäfer, *Jesus in the Talmud* (Princeton,Princeton University Press,2007); Daniel Boyarin, *Border Lines:the Partition of Judaeo-Christianity* (Philadephia:University of Pennsylvania Press,2004); Daniel Boyarin, *Dying for God:Martyrdom and the Making of Christianity and Judaism* (Stanford:University of Stanford Press,1999)。

式,人们只阅读圣经、喝酒、吃逾越节的羔羊以及无酵饼和苦菜,如同《出埃及记》第12章所记载的摩西带领以色列人出埃及时那样。耶稣是第一个对面包和酒赋予意义的人,他说:"这是我的身体,这是我的血,在我将死的时候我为众人流血赎罪。"对耶稣这些话的反应,通过犹太基督徒如米雷顿(Meliton)和其他人的著作可以看出,与之相反,早期的拉比对无酵饼的解释则是:"这代表着我们的先祖在埃及所受的苦难。"①

后来,基督徒强调摩西的角色是基督赎罪方式的承受者,击杀埃及人长子的惩恶天神是另一个天国基督的原形,这对于拉比淡化摩西和《出埃及记》中天使的角色非常重要。一篇写于三世纪的对《出埃及记》的评论讲道:"我穿越埃及,我不是精灵、六翼天使或信使,我只不过是恶魔而已。"②这句话只能被理解为,犹太基督徒在布道时,对摩西与基督以及天使与基督之间关系的一种反应。这句话很快被用于逾越节礼拜仪式上,并被吟诵至今。

如同四个儿子的寓言,一个明智但其他三个不那么聪明:一个"无神论儿子将自己置于共同体之外"。早期的部分逾越节礼拜仪式就反对犹太基督徒,但这些犹太基督徒仍想成为以色列的一员,他们在礼拜仪式上遭到了强烈谴责,人们企图将他们从礼拜仪式的共同体中驱逐出去。

逾越节羔羊是圣经时代逾越节庆典最重要的部分,但是其在犹太教逾越节的礼拜仪式上已经消失。耶路撒冷圣殿已经不复存在,只能在圣殿外面的庭院里屠宰羔羊。但在逾越节礼拜仪式上对羔羊意义的诠释却没有延续下来。当我们知道随着逾越节的献祭最终成为基督教传统,基督的形象

---

① 对后基督教时期犹太逾越节礼拜仪式发展的研究,参见 Israel Yuval,"Easter and Passover as Early Jewish-Christian Dialogue", *Passover and Easter:Origin and History to Modern Times*(P. F. Bradshaw,L. A. Hoffman,eds.;Notre Dame:University of Notre Dame Press,1999),98—26;Lawrence A. Hoffman,"a Symbol of Salvation in the Passover Seder", *Passover and Easter: The Symbolic Structuring of Sacred Seasons*(P. F. Bradshaw,L. A. Hoffman,eds.;Notre Dame,University of Notre Dame Press,1999),109—131。

② *Mekilta de Rabbi Yishmael* to Exod 12:12—13,23,29;13:14.

变得如此重要，我们便会理解这种沉默的原因。

还有一些其他因素：①公元 70 年出现了"十八种祷告"，此后不久，在二世纪的一段时间，拉比每日的祈祷比往日增加了十九分之一，即使到了十九世纪之后，这种称呼仍然在祈祷中使用。增加的部分是诅咒异教徒在来世没有财产——这种诅咒的意图是谴责那些仍然到犹太会堂并且与犹太人保持着密切联系的犹太基督徒。②

与此同时，十诫是犹太会堂礼拜仪式的一个常规部分。拉比的声明告诉我们，"因为异教徒"的缘故，在二世纪的一段时间里已经将十诫从仪式中取消。③ 合理的解释可能是：尽管犹太会堂的领导人表示他们不欢迎那些犹太基督徒，但那些犹太基督徒仍然定期去犹太会堂参加礼拜仪式。当礼拜仪式进行到背诵十诫时，那些处在角落里的群体就会带头大声背诵并在心里默想："这些诫命由我们的主耶稣证实了。"为了摆脱这种令人讨厌的感受，犹太会堂的领导者决定从礼拜仪式中废除那些诫命。

雅各布·纽斯纳（Jacob Neusner）是研究这种新范式的前辈。这位美国犹太学者是上一代研究拉比作品的首席专家，他并不认为犹太基督徒是一个强大的群体，能够真正向拉比挑战，那些拉比的代表著作有《密西拿》（三世纪早期）以及《都世服陀》（四世纪初期）——这一观点受到学者诸如以色列的尤瓦尔（Yuval）和彼得·谢弗（Peter Schäfer）的挑战。但是，据纽斯纳的观点，这一切在康斯坦丁时代均被改变了：在 326 年巴勒斯坦由基督徒统治时，博学的牧师、主教和学者就开始宣告：我们在应许之地，我们基督徒是《旧约》和以色列应许之地的真正的继承人，《旧约》预示着耶稣是犹太人的弥赛亚。拉比需要发展自己的观点作为回应，当然，从四世纪中叶始他们的

---

① 以下内容参见 *Jewish Believers in Jesus*, 665—697。
② Pritz, *Nazarene Jewish Christianity*, 102—107. Sources: Justin Martyr, *Dialogue* 137; Epiphanius, *Panarion*, 29 9.2; Jerome's biblical commentaries; *Babylonian Talmud, Berakot* 28b. 最早的犹太参考文献是出自四世纪初的《都世服陀》和《安息日》13。
③ *Jerusalem Talmud, Berakot* 1.3c. See *Jewish Believers in Jesus*, 675—676。

确这样做了。①

基督徒声称,神圣智慧在《箴言》第1—9章中被描绘成上帝创世时的伙伴和助手——上帝以拿撒勒人耶稣的形象降临于世,耶稣就是先在的救世主。作为回应,拉比发展了律法的概念:神圣智慧与天国之书与它们在人间的副本《摩西五经》一样,它们与上帝先在于世,在上帝创世之后才被模写。我们可能会注意到,早期穆斯林传统继承了犹太人的这种观念,并将其应用于《可兰经》,他们宣称《可兰经》是来自真主所在的永恒天国之书的副本。

基督徒宣称,耶稣和教会是摩西、约书亚和先知的直接继承者,他们在新约的烛照下解读旧约。作为回应,拉比在四世纪发展了"口传律法"的概念:除了书面形式的《摩西五经》之外,上帝还赋予摩西以神秘的信息,那些信息通过代代口授相传,至二世纪最终传到了拉比那里。那些拉比首次将"口传律法"写入《密西拿》——即三世纪拉比犹太教的基本文献。因为只有拉比才有权使用那些口传律法,他们是摩西的合法继承人,而不是基督教会的继承人。在四世纪末期和五世纪初期,口传律法的教义第一次记录在希伯来语著作中(首先记录在《摩西五经》评注中,然后又出现在《耶路撒冷塔木德》中)。根据《马太福音》第15章记载,法利赛人与耶稣就"天父的传统"进行辩论——其中的一些传统实际上被保存了下来,记录在《密西拿》中,但是直到公元四世纪末期之前,密西拿传统从未被称为"(口传)律法"。所以,这些历史事件,比如发生在一世纪和二世纪的犹太人反抗罗马统治者的起义,加速了犹太教徒和基督徒的分离,其他发生在康斯坦丁时代的历史事件,则促使了犹太神学迅速发展。

希腊罗马的宗教从未对犹太拉比构成挑战,基督教也是如此。在康斯

---

① Jacob Neusner, *Judaism in the Matrix of Christianity* (Minneapolis: Fortress, 1986; 2nd edtion, Atlanta: Scholars Press, 1991). 纽斯纳在该书第二版的第9—20页总结了他论述的主题。亦参见 *Torah. From Scroll to Symbol in Formative Judaism* (Philadelphia: Fortress, 1985); *Judaism and Christianity in the Age of Constantine*; *Messiah, Israel, and the Initial Confrontation* (Chicago: University of Chicago Press, 1987).

坦丁大帝时代拜占庭帝国占统治地位的基督教,以及没有得到国家支持的东正教会,均是如此。随后收集的关于弥赛亚和最后审判日的希伯来语格言催生了一系列"预言",那些"预言"出自二世纪拉比之口:"帝国将会在末日走向异端"①——当康斯坦丁大帝宣告基督教成为帝国首选的宗教时,这个预言实现了。

犹太人和穆斯林经常谴责基督教放弃了纯粹的一神论信仰。但是,也是犹太学者最近指出,无论是在《希伯来圣经》中还是在后来的犹太著作里,上帝都不是唯一的。② 所以上帝三位一体的教义可以被视为已经存在于犹太传统中的一个被强化的概念:上帝只有一个,但他会以圣父/造物主、圣子/弥赛亚以及圣灵的形象向世人显现。多年前,我在耶路撒冷为我儿子所在中学的犹太学生做讲座,主题是"耶稣和他的犹太门徒"。在讲座中我被打断,有人问我一个问题,即:"你,我同学的父亲,相信有三个上帝吗?"我的回答是:"不,我相信只有一个上帝,他是亚伯拉罕、以撒和雅各的上帝,这位上帝以三种面孔向世人显现,即造物主、弥赛亚和圣灵。"

在《但以理书》第7章9—14节,我们看到一位被称为"人子"的人,他驾着天云而来,被领到"亘古常在者"面前,并得到了上帝的终极权柄。我将人子视为天国的弥赛亚,他坐在上帝的王位旁边,并且掌管着世间。③ 耶稣有意自称"人子",《新约》将他与但以理形象等同:随着他的复活升天,他坐在上帝的右边,具有"天上地下的权柄",根据《马太福音》第28章18—20节,这句话是耶稣复活后说的。拉比回应道:但以理眼中的异象不是一个弥赛亚,而是一位地位高贵的天使,在天国的地位仅次于上帝。他通常被称为"梅塔特隆"("他在王位"),后期的文本如《以诺三书》甚至称他为"小耶和

---

① *Babylonian Talmud*, *Sanhedrin* 97—99.
② Daniel Boyarin, "Two Powers in Heaven; or, the Making of a Heresy", *The Idea of Biblical Interpretation. Essays in Honor of James L. Kugel* (JSJSup 83; H. Najman, J. H. Newman, eds.; Leiden: Brill, 2004), 331—370; Schäfer, *The Jewish Jesus*, 55—159.
③ Torleif Elgvin, "Messianic ideas in the Hasmonean Period", forthcoming in *The Seleucid and Hasmonean Periods and the Apocalyptic Worldview* (L. Grabbe, ed.; London: T&t Clark, 2015).

华",是仅次于上帝的神!

七世纪的一份拉比文献认为弥赛亚乃是预先存在于天国。上帝在创世之前就已经预见到,人类将会陷入罪恶的深渊,上帝问他的弥赛亚是否愿意降世为人,通过背起罪人的枷锁惩罚自己的方式,来为那些罪人赎罪。弥赛亚同意了,他道成肉身,开始惩罚与救赎的行动,他在肩膀上扛着铁十字架惩罚自己,他死后去了天堂。自此以后,他的故事就是以色列救赎故事的源头。基督教学者彼得·谢弗(他与其以色列犹太同事尤瓦尔有着密切合作)认为,这个大胆的犹太诠释者创造了一个与基督耶稣极其相似的形象。①

东方犹太人每年都会在一年一度的赎罪日使用祈祷书,《以赛亚书》第53章讲述了这样的弥赛亚:"弥赛亚,我们的公义已经离我们而去。我们身负沉重的罪的枷锁。他为我们的罪蒙受伤害,他背负起我们的过错。他通过承受伤痛使我们得以免罪,他宽恕我们的罪过,希望我们得以重生。让我们再次聆听他的声音!"②

本文要讲的最后一点是《创世记》第22章的亚伯拉罕祭献以撒,拉比将其称作"被缚的以撒"。在犹太传统中,以撒自觉地作为祭品奔赴死亡,被认为是第一位犹太殉道者。因此,以撒被刻画成一个成熟的年轻人。以撒献祭作为后来圣殿献祭的原型具有更深层的意义,事实上在后来建立圣殿的地方确实进行了献祭。以撒献祭以及为后来的以色列子民受伤流血这一故事,有着重要的意义,其影响一直延续到公元70年圣殿献祭被废除。

在公元二世纪末,基督徒翻译家米雷顿(Meliton)回应道:③不,以撒只不过是耶稣以及耶稣之死的原型之一。他们两个都是独生子,上帝心爱的儿子,被父亲作为祭品献出,并且他们在"死后的第三天"都回到了父亲的身

---

① Schäfer, *The Jewish Jesus*, 236—271.
② Risto Santala, "The Despised Messiah and His Despised People", *Mishkan. a Journal of the Gospel and the Jewish People* 3/2005, 16—24.
③ *On Pascha and Fragments: Melito of Sardis*. Texts and translations edited by Stuart George Hall (Oxford: Oxford University Press, 1979).

边(以撒的情况是亚伯拉罕离开营地的第三天;耶稣的情况是他受难之后的第三天)。耶稣远远超过了以撒,其牺牲通过以撒和圣殿促成并改变了早期献祭形式。

由此回到拉比的问题。三世纪的拉比在《〈出埃及记〉注解》中认为,逾越节的羊羔之血是对以色列历史上最重要的以撒流血献祭的回应。[①] 后来一些评论家在谈到以撒之死的问题时,认为以撒返回人间时已经在天堂三年。我们看到,拉比构想以撒作为赎罪的救世主重回世间,不是在坟墓里三天之后,而是在天堂三年之后。

古代资料显示,犹太教和基督教思想家相互倾听着对方的观点。他们互相学习,从对方的教义中不断修正自己的思想;对于信仰的核心问题,他们相互辩论,并创建与对方相应的教义。这样的对话与辩证性接纳表现在高水平的著作中。我们因此明白,犹太教徒和基督徒从相遇,至互相讨论经文,从而证明了他们的信仰——尊重对方、创造上帝的形象是完全有希望的。

三、今后的展望

在一世纪早期的古代近东,犹太教和基督教这对姐妹宗教相遇后,各自从对方那里获得了新的"外衣"。基督教虽传遍亚洲,却依然保留了其古老的根源,但是当它向东发展时,又披上了当地文化的新衣。公元七至八世纪,中国的景教是一个适应当地文化和传统的很好例子,能说明基督教敢于用中国的观念表达圣经真理。这种做法是一种非凡的冒险,可能是今天的我们所做不到的。我不太了解今天的中国,所以提出这样一个问题:基督教在中国作为一种组织活动找到自己的发展方向了吗?我们清楚意识到基督教的古老根源,但还应倾听周边文化的声音,彼此尊重和对话,中国基督教

---

① *Mekilta de Rabbi Ishmael* to Exod 12:13, which refers to Gen 22:8, 14 and 1 Chr 21:15.

应当以独特的面目呈现,而不是对欧洲或西方教会的复制。

从与之相似的一种处境——适应当地的环境和文化——可以观察到:世界上许多国家的很多犹太人和穆斯林都接受了耶稣基督的信仰,但他们并没有放弃自己的本土信仰和文化。自二十世纪七十年代以来,这些群体首次认为他们是"弥赛亚的犹太人"和"耶稣的穆斯林追随者",[1]其他群体的这种观念主要产生于过去的二十年。[2] 弥赛亚的犹太人可能确实在有着久远分歧的教堂和犹太人之间架起了一座沟通的桥梁。早期的犹太基督徒正在逐渐消失,但最后一代犹太基督徒看到了一种类似自我认同感的运动,那种运动提醒具有犹太渊源的教会不可忘记这种根源。

作者托雷夫·艾葛文(Torleif Elgvin),挪威圣经学者。毕业于耶路撒冷希伯来大学并获得哲学博士学位,现任挪威奥斯陆 NLA 大学教授。主要进行圣经与犹太教研究,是死海古卷整理出版国际团队成员之一,学界公认的死海古卷研究专家。译者厉盼盼系河南大学文学院比较文学专业博士候选人,近期发表译文《古代以色列社会学研究》等。

(厉盼盼　译)
(陈会亮　编)

---

[1] Richard Harvey, *Mapping Messianic Jewish Theology: a Constructive Approach* (Milton Keynes: Paternoster, 2009).
[2] Paul-Gordon Chandler, *Pilgrims of Christ on the Muslim Road. Exploring a New Path between Two Faiths* (Lanham: Rowman and Littlefield, 2007); David Garrison, *a Wind in the House of Islam. How God is drawing Muslims around the World to Faith in Jesus Christ* (Colorado: Wigtake, 2014).

想象基督的身体[*]

[澳]克瑞斯蒂娜·佩特森

内容提要：本文从集体性身体这一观点出发，主要采用比较的研究方法，从历史和经济层面分析了摩拉维亚弟兄会诗班演讲和《哥林多前书》中基督的集体性身体概念的差异及其根由。在欣岑多夫的诗班演讲中，个体与集体之间是辩证关系，欣岑多夫借用基督的身体来调和十八世纪德国个体与社群的关系，体现的是一种个体思维；而《哥林多前书》则主张个体和基督身体之间的一种本体性参与关系，这种一世纪罗马帝国的集体思维方式强调的是集体的绝对地位。此外，性别问题也是两个本文之间的一个重要差异。

关键词：集体性身体；摩拉维亚弟兄会；《哥林多前书》；个体；集体；性别

---

[*] 本篇论文即将刊载于 Robert Myles & Caroline Blyth（eds.），*Sexuality，Ideology and the Bible：Antipodean Engagements*，Sheffield：Sheffield Phoenix（forthcoming）。经罗兰·博尔教授推荐及原作者授权，译成汉语而首发于本刊。

Imagining the Body of Christ

Christina PETTERSON [AUS]

Trans. ZHANG Yafei

Proof HOU Linmei

Abstract:The article, beginning from the focus on the body as collective, through the analytical method of comparison, analyzes historically and economically the different understandings of Christ's collective body in Moravian Brethren's Choir-speeches and 1 Corinthians, and then contextualizes the differences. In the speeches of Zinzendorf, there is a dialectic between the individual and the collective, by thinking individuality Zinzendorf uses the body of Christ as a way of mediating between the individual and the community in eighteenth century Germany; while 1 Corinthians indicates the relationship between "the individual"and Christ's body as one of ontological participation, such collective thinking in first century Roman Empire emphasizes collectivity as an absolute horizon. Besides, another important difference is the issue of gender.

Key words:collective body;Moravian Brethren;1 Corinthians;individuality;collectivity;gender

十八世纪中期,德国摩拉维亚弟兄会(Moravian Brethren)崇拜的是一个同时具有男女两性性器官——阳具和侧伤——的基督。这也使得该群体领袖欣岑多夫伯爵(Count Zinzendorf)认为基督的身体是整个社群的象征。①

---

① 有一些言论,将侧伤视为阴道或子宫。历史学家保罗·普客(Paul Peucker)还提出,有一些材料将侧伤(side-hole)视为肛门。详参 Pual Peucker, "Inspired by Flame of Love:Homosexuality, Mysticism, and Moravian Brothers around 1750", *Journal of the History of Sexuality* 15 (2006):30—64(61)。

此种将基督身体视为整个社群象征的观点，在一些《新约》文本中是众所周知的比喻，如《罗马书》《哥林多前书》《以弗所书》和《歌罗西书》。然而，欣岑多夫伯爵所创造的，是社群的一个集体性意象，一个**有别于**基督的身体。本章将借用这一集体性身体在创造上的转变，来分析对身体和集体性的不同理解及其背景。我将先对我的方法论深入探讨，然后再分析欣岑多夫伯爵的诗班演讲(choir-speech)——一种演讲体裁，其听众是根据性别和婚姻状况划分成不同组别的摩拉维亚社群，即所谓的"诗班"。在此基础上进而分析《哥林多前书》和基督的集体性身体。

集体的身体以及比较问题

无论保罗还是欣岑多夫伯爵，都不是唯一持"集体性身体"这一观点的人。该观点在古代就较为流行，①贯穿整个中世纪的基督教，②同时在十七和十八世纪的西方哲学传统中，我们还看到了霍布斯(Hobbes)的《利维坦》(Leviathan)、洛克(Locke)的共和国理论，以及诸如卢梭(Rousseau)、孔狄亚克(Condillac)和马尔萨斯(Malthus)等思想家提出的政体理论③。

然而，这是自古以来我们所理解的那个亘古不变的身体吗？它不为持续变化的自我以及社会契约概念所左右？我认为，借用基督的身体来调和

---

① 详参 Dale B. Martin, *The Corinthian Body*. New Heaven: Yale University Press, 1995, 该书第 1—2 章能为研究盖伦(Galen)、屈梭多模(Dio Chrysostom)、柏拉图(Plato)等人提供参考。另参 Senaca, *On Anger*, II. XXXI. 5—8; *Idem, On Mercy*, I; III. 3—v. 3 and II. 2. 1。

② Jacques Le Goff, "Head or Heart? The Political Use of Body Metaphors in the Middle Ages", in Michel Fehrer, Ramona Naddaff, and Nadia Tazi (eds.), *Fragments for a History of the Human Body* III. New York: Zone, 1989, 12—28.

③ Catherine Gallagher, "The Body Versus the Social Body in the Works of Thomas Malthus and Henrey Mayhew", in Catherine Gallagher and Thomas Walter Laqueur (eds.), *The Making of the Modern Body: Sexuality and Society in the Nineteenth Century*. Berkely: University of California Press, 1987; Giuseppa Saccaro-Battisti, "Changing Mataphors of Political Structures", *Journal of the History of Ideas* 44 (1983), 31—54.

十八世纪德国的个体与社群的关系,这与公元一世纪罗马帝国关于集体性身体的理解截然不同。通过分析和比较这两种对身体的运用,我们会发现,社会—经济背景的差异造成了对集体性身体理解的差异。

比较

比较往往需要细致的探索。正如乔纳森·史密斯(Jonathan Z. Smith)所指出的,比较**从来**都是被建构的,其兴趣的出发点是对差异的接受和强调;①同时他也承认,学者从事理性思维工作需要方法论的指导。史密斯进一步强调了非常有必要调用比较的第三方——它一直存在,但从来都隐而不露——以便同时显示异同之处,并由此揭示始终存在的、构成比较之一方的重要性②。第一点是重要的方法论问题,它需要不断地关注和质疑。第二点——发现第三方——相对于本章的历史和经济视角而言,也很重要,因为这种简化对象并使它们同第三方具有可比性的特殊工作,就是马克思所论证的资本主义交换价值的核心特征。事实上,尽管数千年来比较一直被视为一种辅助性分析工具,但是在十九世纪后半叶的各种学科(法律、历史、文学、社会科学)中,比较已经发展成为一种独特的研究方法(如比较文学)。③ 因此,仅仅摩拉维亚文本与《新约》文本可以进行比较这一事实,就揭示了分裂的自我——尽管其与客观性不无关系,但却不等同于它——与上述两者无关。但是它并非是调和者。在马克思的分析中,金钱是使两个毫不相同的物体具有可比性的调和者。在本文的讨论中,调和者是基督身体的**隐喻**(metaphor),或者更准确地说,是我们所普遍理解的语言中的隐喻;它在当前的理解中意味着一个已经疏离的、独特的实体。资本主义社

---

① Jonathan Z. Smith, *To Take Place: Toward Theory in Ritual*. Chicago: Chicago University Press, 1992, 14.

② Jonathan Z. Smith, *Drudgery Divine: On the Comparison of Early Christianities and the Religions of Late Antiquity*. Chicago: Chicago University Press, 1990, 51.

③ Natalie Melas, *All the Difference in the World: Postcoloniality and the Ends of Comparison*. Standford: Standford University Press, 2007, chapter 1.

会,由于其本身的分裂和可通约价值趋向,从而使得比较成为可能。资本主义的社会发展意味着,那些不同的领域——早期曾是日常生活中无关紧要的部分,并由此拒绝成为象征符号——在资本主义框架内实现了自身的存在,并成为个体和社会互动的象征领域。① 例如,弗雷德里克·詹明信(Fredric Jameson)指出,性欲自主化是心理分析出现并大获成功的先决条件。性欲作为一种纯粹的身体机能,是"内在世俗世界的平常事件",②是社会生活的一部分,这也就意味着其能力有限,不具有象征领域的功能。为了具有上述功能,需要将性欲排除在社会生活之外。为了我们不将今日已处中心地位且无处不在的性别和性欲意识加诸圣经文本之上,在讨论圣经文本时,这点就变得很重要。

集体性

詹明信《政治无意识》(The Political Unconscious)的主要目标是建立一种正确的马克思主义诠释学。为此,他挪用了中世纪寓言体系,以说明人类整体历史的不同层面。然而,他在其研究方法的发展中问道于诺思洛普·弗莱(Northrop Frye),弗莱同样借用此中世纪寓言体系及其在文学、类型学、伦理、圣经神秘诠释层面的解读,指出文学层面见于历史或文本所指,即《希伯来圣经》,以及随后的寓意和类型学代码,即《新约》,或称基督的生平。这种诠释随后又为伦理或个体解读所强化,并且最后以政治解读告终,这暗示了历史的整体含义。尽管詹明信通过借用寓言体系来强调人类历史的整体性是解读的极限,然而,弗莱在他的观点中,包含了集体性和社会解读的可能性,并重新分析了盛行于心理分析的欲望逻辑及其赋予个体身体的特权。质言之,詹明信批评弗莱,认为后者将人的身体——个人的身体——视为人类理解力的最终目的。

---

① Fredric Jameson, *The Political Unconscious: Narrative as a Socially Symbolic Act*. London: Routledge, 2002, 47.
② Fredric Jameson, *The Political Unconscious*, 49.

想象基督的身体

对弗莱而言,只有在我们超越自然或内在词语的集体原型而瞥见人类身体自身之时,当在乔伊斯的作品中大地逐渐变成了沉睡的巨人之时,以及社会的不同"成员"在寓言层面上将自己编织成一个真正的有机体之时,意义[最完整的意义]的这个最终层面才开始显现。①

这对于探讨基督身体在两个不同处境——古代和近代——在社群构成中所发挥的作用,具有重要意义。基督的身体是否一直都起着人类个体身体的作用,并由此决定了人类认知的终极视野?抑或"身体"具有不同的概念,个体和社群在不同的文本中发挥着不同的作用,并形成了有关集体和社群的不同观点?

威廉·道林(William Dowling)在其《政治无意识概论》的开篇,②借用身体来解释詹明信思想中原始共产主义的作用,以及如何在个人主义至上的世界来想象集体性思维。道林首先概述了无法进行集体性思考的悖论:

不幸的事实是,(集体思考)作为历史的产物,却被锁在我们自我意识中私人的、隔离的、孤独的世界内——这种隔离和孤独是由无情的资本主义市场力量造成的,为了发挥系统的作用,后者使得人类成为单独的个体或"主体"——我们无法想象,在最纯粹的意义上进行集体思考、将世界视为没有诸如个体或个性存在的世界、不是以"集体的一位成员"而是以集体自身来进行思考,将会怎样。③

---

① Fredric Jameson, *The Political Unconscious: Narrative as a Socially Symbolic Act*. London: Routledge, 2002, 57.
② William C. Dowling, *Jameson, Althusser, Marx: An Introduction to the Political Unconscious*. London: Methuen, 1984, 22—23.
③ Dowling, *Jameson, Althusser, Marx*, 22.

道林用身体来类比原始共产主义所设想出来的一种集体思维。关于这一点，我将在结论中再做讨论。此处我要强调的是在资本主义存在之前就存在的集体思维的本质差异。在对《哥林多前书》中基督的集体性身体进行分析时，以及将其与欣岑多夫演讲中基督的集体性身体进行比较时，我将以此观点为主要假设，以准确地描述出个体/集体思维的不同之处。我认为，对《哥林多前书》的一定分析能表明个体和集体的一种关系，其前提是集体的绝对地位——尽管众多圣经学者努力将集体个体化和基督化。然而，在欣岑多夫的演讲中，个体与集体之间的关系是辩证的，尽管此处强调社群的力量，但却是通过强调个体力量实现的。欣岑多夫在运用基督的身体时，不仅是将它视为最终目的，并且他的基督身体概念已经被完全个体化了。

摩拉维亚文本中的身体

本部分所用的材料，取自欣岑多夫在赫仁护特（Herrnhut）对教会会众中的唱诗班所做的将近400次演讲。此宗教群体亦可称为摩拉维亚弟兄会（Moravian Brethren），弟兄合一会（Unitas Fratrum），或德语中的摩拉维亚教会（Brüdergemeine）。尽管这一教派可追溯至约翰·胡斯（Johan Hus）以及他在摩拉维亚和波西米亚的追随者，但摩拉维亚弟兄会却始于1721年。当时，一批遭受迫害的摩拉维亚农民到位于萨克森最东面、上劳西茨地区的欣岑多夫领地寻求庇护。他们在那儿建立了赫仁护特村，此后发展迅速，教会遍布欧洲及其殖民地。①

唱诗班体系是摩拉维亚弟兄会的独特之处。它随着赫仁护特的建立而

---

① 十八世纪，摩拉维亚弟兄会成员在格陵兰、北美、西印度群岛积极传道。在整个十九世纪，他们到过南美和南非，被称为专业传教士，并由此受到维多利亚政府邀请，到澳大利亚向原住民传教。在欧洲，摩拉维亚弟兄会在荷兰、瑞士、英格兰、丹麦，以及德属西西里亚、威特劳、上劳齐茨，都有会众。有关该会早期全球发展的研究，详参 Gisela Mettele, *Weltbürgertum oder Gottesreich: Die Herrnhuter Brüdergemeine als Globale Gemeinschaft 1727—1857*. Göttingen: Vandenhoeck & Ruprecht, 2009。

产生，是一种通过调和个体与社群关系来克服内部争端的方式。通过唱诗班这种方式，不仅个体在帮助下发现了他/她自身在集体中的存在，而且视社群为集体也获得了一种把不同个体联结在一起的方式。

这种诗班结构通过性别、性成熟程度、婚姻状况将会众分组，每个小组就是一个"诗班"，并且有其独立的居所。① 每个小组都分配有工作人员来帮助他们度过人生的不同时期。因此，诗班演讲(Choir-speeches)是诗班或教会领袖面向不同诗班的演讲。② 欣岑多夫是最具热情的演讲家，从1744年发表第一篇演讲到1760去世，共发表了3000多次诗班演讲。③ 这种诗班演讲的语境通常与崇拜仪式相关。在崇拜仪式结束后，各个诗班都会聚集在一起，欣岑多夫或者其他社群领袖会对各种不同的诗班发表演讲。那些演讲的本质，或是申斥，或是激励，或是对经文加以解释；抑或是因特定的庆祝活动而作。

欣岑多夫的演讲中包括很多身体的隐喻，其中一个是会堂(Hütte)④，即会幕(tabernacle)，代表凡人躯体。另外一个是被钉十字架的耶稣身体，有时他也明确地称其为耶稣的圣体(*Leichnam Jesu*)。还有作为男性凡人的耶稣的身体。最后，是由诗班居所中的全体成员组成的身体。我将其称为"诗班身体"。这些身体功能各异，关系复杂。耶稣的肉身是一个最为基本的比

---

① 尽管诗班结构也是其他教会的特征，但是每一个社群的起居模式都不尽相同。在赫仁护特，每个诗班都有自己的房子，但是在其他一些教会中，只有单身的弟兄姊妹才有自己的房子。
② 诗班—演讲被承认为一种体裁，似乎是随着1744年第一个自我命名的诗班—演讲而产生的。1743—1744年，由于"某些姊妹"和一些士兵之间的不正当行为，当时诗班结构普遍变得更为严格，诗班—演讲正好符合这一现状。详参 Otto Uttendörfer, *Weltbürgertum und Wirtschaftsorganisation Herrnhuts und der Brüdergemeine von 1743 bis zum Ende des Jahrhunderts*. Herrnhut: Verlag der Missionsbuchhandlung Herrnhut, 1926, 189。在此之前，诗班的演讲不太注重形式，常为一时之作，而且也不被记录下来；同时其结构也较为松散。
③ 我目前的研究项目主要探讨欣岑多夫在赫仁护特所发表的大约400次演讲——其中多数之前都未被研究或出版过。我尤其关注这些演讲如何开启了个体化和异化的进程。
④ Hütte 曾有一次指代人类暂时的肉体，很可能源自路德的圣经翻译，他将旷野中的会幕(民9:17)、广义的帐篷(创9:21)以及《哥林多后书》第5章中的 *skēnē* 翻译为 Hütte。考虑到圣经的弦外之音和众多例子中对"暂时"的强调，我将其译为"会幕"(tabernacle)以求神似。

喻，因为欣岑多夫借用耶稣的人性和性别特质来强调诗班中弟兄姊妹——尤其是弟兄——的人性和性别特质。耶稣的男性特征可以用来定义社群中男性成员的性别，女性则在一定程度上代表着对此的挑战，因而欣岑多夫运用群体、基督、表征等概念，努力解决女性的存在、地位、角色等问题。①

集体的身体和基督的新娘

诗班的建立是协调个体与集体关系的一种尝试。② 在这一过程中诗班演讲发挥着重要的作用，这首先体现在对身体主题的重复使用上。欣岑多夫认为，道成肉身是人类生存的福音，正如他在一次对诗班姊妹们的演讲中所指出的："这表明，基督成为人类是对我们会幕的普遍圣化，而非表面圣化；不止于此，他的割礼、他的男性气概，以及这个世界上与其身体相关的东西，都是弟兄们的慰藉。"③社群中的男性通过他们与耶稣在身体上的相似性而被祝福，因为，任何一位弟兄所具有的身体部位都存在于耶稣身上。欣岑多夫称此为"肢体关系"（membership，德语为 *Gliederschaft*），它指的是集体身体；但是鉴于欣岑多夫对耶稣肢体的普遍指涉，及其对于（诗班）弟兄们的重要意义，肢体关系也可以被认为是指阴茎，耶稣和社群男性共有的身体特征。④ 尽管欣岑多夫一方面极力凸显阴茎的重要性，然而同时他又竭力强调，阴茎本身并没有那么重要：

……作为区分标志的肢体并不能证明一个人是年轻人 [Jüngling]，

---

① 我要强调的是，此处无法对演讲中材料的范围和复杂性给予公正的评价，所以我只能给出一些概述，不能将其视为详尽的分析。为此，可以参阅我即将问世的更为细致的研究成果。

② Hanns-Joachim Wollstadt, *Geordnetes Dienen in der Christlichen Gemeinde*. Göttingen: Vandenhoeck & Ruprecht, 1966, 25—26.

③ 欣岑多夫于 1751 年 3 月 25 日对单身姊妹的演讲见于 HS28 和 HS47（HS 是 Haupt Schriften: Main writings 的缩写）。如无特殊说明，所有材料均引自该卷中未付梓印刷的手稿。

④ 欣岑多夫于 1757 年 4 月 27 日对单身弟兄的演讲，见于 HS57 和 HS58。

想象基督的身体

因为男童、男孩、年轻人、男人、鳏夫,都拥有它。因此,年轻人的特质必定源于其他事物。并且可以确定的是,这种特质正是按照男性形象形成的处子思维[Jungfräulich],它将孩童变为年轻人。①

那么,成为一个年轻人,在欣岑多夫的概念中就是成为一个真正的弟兄,一个主动承担起身为耶稣同伴所应具有的内涵和意义的人,一个拥有处女思想的人。这种具有性别特征的真正门徒身份意义重大,让我们先理解一下诗班身体(choir-body)和男性个体身体,然后再继续讨论上述问题。

> 为此房子必须首先成为一个人,每一个人的心、性情、思想,以及天生的才能必须按照整体的灵性(spiritum generalem)、诗班的精神汇入集体中,然后主才会赐福和生命于其上。②

该段引文显示了诗班精神的理想:单身弟兄们必须在意志和思想上成为一个统一的身体。我在引言中曾经提出,欣岑多夫创造了一个与基督判然有别的"集体身体"。尽管欣岑多夫好似不止一次假设,社群**就是**基督的身体,③然而欣岑多夫的整个神学体系却是将社群假设为一个与基督不同的身体,即"基督的新娘"。

> 当男教友们结成姊妹关系后,他们就有福了;人相信此事真的会发生,如果他们记得自己是耶稣的灵魂、姊妹和处女,而且他们为了辨别彼此所具有的身体部位绝不是身体的一个部位,它必须与本质和肉体

---

① 欣岑多夫于1750年10月26日对单身弟兄的演讲,见于HS22。
② Uttendörfer Wirtschaftsgeist,200。该段引文中的演讲出自欣岑多夫1758年3月3号对单身弟兄诗班的演讲。
③ 其中一个例子是,他认为诗班是耶稣圣体在人间的肢体。欣岑多夫1748年5月14日对已婚诗班的演讲,见于JHD. 2. 1748。JHD是教会日记(Jüngerhaus Diarium)的缩写,此日记(同样是手写以及未曾付梓印刷)摘自1748,第二卷。

171

相混同，因为它仅仅是荣耀的象征，他们是奉救世主之命而拥有它的。①

欣岑多夫认为耶稣是真正的新郎，而且所有的灵魂都是他的新娘。因此，所有弟兄的灵魂，实际上是阴性的，并且此后将重返这种状态。再回到上文讨论的真实信徒身份的性别特征这一观点上来，则判断一个男人或孩童之非年轻人的依据不是阴茎，而是他的性情，他应该具有处女一样的性情。这同欣岑多夫对婚姻的一般性认识有关，在婚姻中男人代表基督——唯一一位真正的男性。② 因此，人类的性交是一种礼拜仪式，其中女性是社群，而男性是基督。毫不奇怪，这致使人们将欣岑多夫的性欲观和摩拉维亚兄弟会对基督的理解都指责为同性性欲。尤其是过去10年，学术界特别关注十八世纪摩拉维亚社群中的性别和性欲表现问题。③ 尽管我也对此研究中的性别形成和基督角色颇感兴趣，但此处我更关心的是新型性别模式形成的条件，这将是下一部分的重点。

---

① 欣岑多夫于1751年4月17日对单身兄弟的演讲，收于 JHD.5.1751。
② 详参 Craig D. Atwood, *Community of the Cross: Moravian Piety in Colonial Bethlehem*. University Park, PA: Pennsylvania State University Press, 2004, 92—93。我也曾以此观点来研究《以弗所书》，详参 Christina Petterson, "'Gar Nicht Biblish!' Ephesians, Marriage, and Radical Pietism in 18th Century German"（即将出版）。
③ 这些研究尤其关注北美的摩拉维亚居留地，以及十八世纪四十年代末在哈仁哈格（Herrnhag）教区耽于声色的摩拉维亚强大组织。详参 Katherine M. Faull, "Temporal Men and the Eternal Bridegroom: Moravian Masculinity in the Eighteenth Century", in Katherine (ed.), *Masculinity, Senses, Spirit*. Lewisburg: Bucknell University Press, 2011, 55—79; Aaron Spencer Fogleman, *Jesus Is Female: Moravians and Radical Religion in Early American*. (Early American Studies) Philadelphia: University of Pennsylvania Press, 2007; Pual Peucker, "'Inspired by Flame of Love': Homosexuality, Mysticism, and Moravian Brothers around 1750", *Journal of the History of Sexuality* 15 (2006): 30—64; Idem, "The Song of the Sifting: Understanding the Role of Bridal Mysticism in Moravian Piety During the Late 1740s", in *Journal of Moravian History* 3 (2007), 51—87; Idem, "Wives of the Lamb: Moravian Brothers and Gender around 1750", in Katherine M. Faull (ed.), *Masculinity, Senses, Spirit*. Lewisburg: Bucknell University Press, 2011, 39—54. 此外，可以参考 Peucker, Faull 和 Peter Vogt 三人发表于《摩拉维亚历史期刊》(*Journal of Moravian History*) 2011年第10期上的文章，那是一期研究摩拉维亚派和性欲的特刊。

身体、自我与基督

作为一种经济结构,诗班体系允许新的性别形式存在,因为它提供了一种新的生活方式,这种生活方式不受半封建社会结构以及与此种生产方式相关的社会期望和条件的束缚。① 因此,个体可以不结婚,已婚夫妇也可以不要孩子。可见诗班体系不仅表明了对于性别的新理解,而且也提供了实施这些新看法的框架和方法。然而,诗班的集体化功能仅仅是他们现实运作的一个方面。诗班中所发生的个体化则直指个体成员的身体及其性别。社群中彻底的性别隔离措施,意味着男孩和女孩很小时就被分开,诗班借此来确保性别身份形成过程的隔离。不仅于此,所有两性之间的对比或联系在诗班演讲中都是一种抽象的存在,两性因着他们与上帝的联系而被不断提及。因此,诗班演讲塑造了个体、各个诗班,并由此塑造了整个教会,所有这些都同基督思想的灌输有关。上文提到,男性是耶稣的代表;②女性,通过上文提及的社群是新娘的观点,被主体化为配偶,因此,可以被视为教会的真正意象。③ 另外一个同女性有关的意象就是侧伤:在一次发表于1748年的对已婚诗班所作的演讲中,欣岑多夫提出:"姊妹们对于耶稣神圣的侧面有着清晰和明确的印象,此侧伤是他在十字架上所受的,因此耶稣使我们

---

① 关于此方面的进一步讨论,详参 Christina Petterson, "Männlichkeit Im Radikal-Pietismus Des 18. Jahrhunderts", in Andreas Heilmann et al(eds.), *Männlichken Und Reproduction. Zum Gesellschaftlichen Ort Historischer Und Aktueller Männlichkeitsproduktionen*. Wiesbaden: Springer VS, (即将出版)。
② 我最喜欢引用其 1757 年 6 月 8 日对单身兄弟的演讲作例子:"作为一名单身兄弟,他需要每日追寻基督的灵……并于此寻求他的慰藉,恳求基督,询问基督,正像膏油从主教的头顶流向他的全身一样,他同样也让其神圣的人性[*Menschheit*]如膏油一般流向诗班、每一个人以及他的身体,进而使他们获得不朽,同时圣洁教友的会幕,使之类似于基督诗班的圣所。"这段话引自欣岑多夫 1757 年 6 月 8 日对单身兄弟的演讲,见于 HS57 和 HS58。
③ 最有力的例证是欣岑多夫将姊妹之家(sister-house)描述为"和平与祝福之所,人间的天国,主的庭院,只要将围墙拆掉,就能看到洞房以及立于其中的新郎"。作者原注:此段话出处不详。

的灵魂重生。"①此处,耶稣身上的侧伤被类比为女性的生殖器,目的是给人以创造出侧伤孕育了会众灵魂的印象。上述两个例子表明了,尽管诗班结构为现实的婚姻和生育提供了一定的自由,但是此意象在创造一种独立于现实婚姻的婚姻观时,还是有用的。

因此,基督的身体调和了个体与集体的关系,而那些演讲则凭借听众的身体将听众个体化。在这一过程中,基督的身体经历了若干修正,如侧伤(概念),如将基督的性别扩大化以使其象征可以同时包含两性。而《新约》文本好似与此相悖,尽管基督的集体性身体在保罗书信(《哥林多前书》和《罗马书》)和伪保罗书信(《以弗所书》和《歌罗西书》)中颇为常见,但是似乎只有在《哥林多前书》中,基督的个体身体和社会身体之间的相互影响一直存在。② 然而,我将要讨论的是,"(不同的)个体"源自本体论意义上的**圣子概念/独一概念**,因而绝非我们所谓的个体的本质。

《哥林多前书》中的身体

有关《新约》中基督集体性身体研究的一个奇怪之处在于,该话题在二十世纪的圣经学界被过分强调,但在当前的圣经研究中却又被忽略。③ 这种现象并不奇怪,因为二十世纪的圣经研究注重神学议题,而当前,则是类

---

① 欣岑多夫于1748年5月14日对已婚诗班的演讲,见于JHD. 2. 1748。
② Markus Barth and Helmut Blanke, *Colossians:a New Translation with Introduction and Commentary*, trans. Astrid B. Beck, New York: Doubleday, 1994, 100. 作者认为,《歌罗西书》强调了"上帝的完美在基督中的具体存在,被钉十字架的基督肉体以及身体,即服侍主的圣徒的肉体生命",而肉体在《以弗所书》2:16中仅被提及一次。因此,"有可能是,只有《歌罗西书》反对对于肉体以及肉体生命的贬损"。为了驳倒这种解经学的诡论,他们提到了三类"身体":基督的完美、被钉十字架的身体以及肉体生命,还提到了《歌罗西书》中六个例子中的四个(罗1:22;2:9,11,23;cf. 2:17;3:5)。然而这四个例子,只有三个是真正与人的身体相关的(2:11;2:23;3:5),其余的均指涉基督的肉身(1:22;2:9),还有第2章17节中神秘的属于基督的身体。当然,三个总比一个多,但就此认为它被强调,则有些言过其实。
③ 马丁(Martin)的《哥林多人的身体》(*The Corinthian Body*)一书则属例外。

想象基督的身体

历史性的圣经研究更流行。早期著作中的问题研究显然是神学的,它们易于受到基督论或教会论的影响,换言之,即基督的身体究竟是私有的,还是共有的。对这些争论的来龙去脉进行准确的梳理,非本章篇幅所能企及(西斯尔顿[Thistelton]在其评论中[1]对这些争论所作的奇怪且不合逻辑的总结足以说明一切),但是基督身体的概念好似确实触动了一些人的神经,无论是忏悔派的,还是释经派的(如果完全有可能将二者区分开来的话)。在众多观点中,广为众人接受的是基督论拥护者的观点,他们倾向于强调基督是一个独立于教会的个人[2],同时反对任何基督和教会之间的"本体性认同"。他们同对手约翰·罗宾逊(John Robinson)和爱德华·史怀哲(Eduard Schweitzer)展开了激烈争论,并认为对方在推行"教会玄学"[3]。罗宾逊——有人批判他倡导"躯体社会主义"[4]——备受指责,因为他对希伯来身体概念持有片面看法。[5] 最后一组,以鲁道夫·布特曼(Rudolph Bultmanna)和恩斯特·盖世曼(Ernst Käsemann)为代表,并非主要争论者,他们强调人类学神话的影响,来支持以独尊基督论为特征的极端(德国新教徒)个人

---

[1] Anthony C. Thiselton, *The First Epistle to the Corinthians*. Grand Rapids, MI: Eerdmans, 2000, 989—998.

[2] Francis A. Christie, "One Body in Christ, Rom. Xii, 1 Cor. Xii", *JBL* 16(1897), 118—130. 慕尔(C. F. D. Moule)在其著作《基督论起源》(*The Origin of Christology*)中指出,**躯体**(*soma*)并非一个集体性概念。并且,在其出现的极少数情况下——如果它确实出现过的话,**躯体**(*soma*)并不指基督自身超验的、无所不包的身体;通常它仅仅是对社群在若干方面的一种隐喻(Cambridge: Cambridge University Press, 1977), 70。另外, 也可参考 C. K. Barrett, *a Commentary on the First Epistle to the Corinthians*. London: A. & C. Black, 2nd edn, 1987, 288。

[3] 该术语源自恩斯特·盖世曼的《保罗面面观》(*Perspectives on Paul*. trans. Margaret Kohl, Philadelphia: Fortress Press, 1st American edn, 1971) 一书第110页。此后在第117页,他又谈及基督教主义趋势提升了教会的荣耀。

[4] Robert H. Gundry, *Soma in Biblical Theology: With Emphasis on Paulinee Anthropology*. Monograph Series; Cambridge: Cambridge University Press, 1976, 217.

[5] 戴尔·马丁(Dale Martin)曾在《哥林多人的身体》(*The Corinthian Body*)一书第254页第13个脚注中提到过罗宾逊一次,称其为"此广泛流传观点[希腊人和希伯来人的身体概念截然不同]的最知名例证"。

主义。①

上述问题——这些问题推动了可谓后结构主义研究的进行,当然,依旧是有关个体化的——聚焦于个体身份,尤其是性别。② 这些研究的另一特点是其研究中的非历史性划分,即将历史上的各种文本放在一起,根本无视它们之间的种种差异,除了偶尔会对其予以象征性的提及。③ 尽管可以承认这些研究都没有直接声称自己为历史性分析,然而其意识形态分歧却非常明显:抛去历史差异并忽略圣经文本的非资本主义产生背景,构成了詹明信所称的积极诠释学,④而且阻止了任何对资本主义基本范畴普适性所发起的挑战。⑤ 本章的焦点,是在不涉及早期基督教中广义"身体"概念——一般都认为文本是以早期基督教为前提——的情况下,通过将《哥林多前书》中的身体历史化,来极力避免上述两种极端。⑥ 毋宁说,我的研究兴趣

---

① Ernst Käsemann, *Leib Und Leib Christi*. Tübingen: J. C. B. Mohr, 1933; *Idem, Perspectives on Paul*; Rudolf Bultmann, *Theology of the New Testament* I. London: SCM Press, 1952. 基督论的普遍优先地位颇为有趣,因为其假设和影响都与个人主义有关。在《启蒙辩证法》(*Dialectic of Enlightenment*)一书中,霍克海默(Horkheimer)和阿多诺(Adorno)指出了基督教中固有的对于自我的颂扬;详参 Max Horkheimer, Theodor W. Adorno, and Gunzelin Schmid Noerr, *Dialectic of Enlightenment: Philosophical Fragments, Cultural Memory in the Present*. Stanford, CA: Stanford University Press, 2002, 145。另参见 Roland Boer, *Criticism of Heaven: On Marxism and Theology*. Leiden: Brill, 2007, 434—435。

② 关于相关案例,可详参 Caroline Vander Stichele and Todd C. Penner, *Contextualizing Gender in Early Christian Discourse: Thinking Beyond Thecla*. London: t & t Clark, 2009。

③ 关于相关案例,可详参 Stephen D. Moore, *God's Gym: Divine Male Bodies of the Bible*. London: Routledge, 1996。

④ Fredric Jameson, *The Political Unconscious: Narrative as a Socially Symbolic Act*. London: Routledge, 2002, 117。

⑤ 参见 Ellen Meiksins Wood, *Democracy against Capitalism: Renewing Historical Materialism*. Cambridge: Cambridge University Press, 1995, 13。有关此论述请参阅"Solidarity! Conditions Apply", Bruce Wortherington (ed.), *Reading the Bible in Crisis*. Minneapolis: Fortress Press(即将出版)。本章节是对上述文章中所提出观点的详尽分析。

⑥ 例如,詹妮弗·格兰茜(Jennifer Glancy)借用皮埃尔·布尔迪厄(Pierre Bourdieu)的习性概念让故事中的身体变得有血有肉。尽管格兰茜承认,"我们不能亲自触摸早期基督徒的肉身",然而她进一步深入探究了有关"肉体地位、性情以及互动线索"的资料。详参 Jennifer A. Glancy, *Corporal Knowledge: Early Christian Bodies*. Oxford: Oxford University Press, 2010, 14。这一研究取决于她阐明早期基督教的"非简化性身体认识论"的意愿(第 23 页)。在我看来,这种研究方法好比是在不关注意识形态再现和文本复杂性的情况下,一种潜入文本之活生生现实的研究方法。

是"身体"在《哥林多前书》中的含义以及它如何将哥林多人与基督联系起来。

个体的与社会的身体

"在所有的保罗书信中,只有《哥林多前书》对**身体**(BODY)给予了全面且热切的关注"。① 由此,哲罗姆·内瑞(Jerome Neyrey)开始了他对《哥林多前书》身体语言的研究,此分析是通过运用玛丽·道格拉斯(Mary Douglas)有关身体是社会体系象征的研究来进行的。内瑞在研究之初就提出,信中对身体的各种不同观点影响了我们对《哥林多前书》中身体的理解,他同时也指出了保罗书信立场与非保罗书信立场在下列问题上的对立:乱伦(第5章)、淫乱(第6章)、祭偶像之物(第8章和第10章)、头发(第11章),以及说方言和作先知讲道(第14章)。他因此认为:"这些概述表明保罗书信提倡对身体的控制以及群体对个体的影响,然而非保罗书信则赞成对身体的极少控制以及强烈的个人主义。"②内瑞的文章颇具影响力,它的研究对象从早期释经家奉为中心的基督身体,变成了具体的身体,及其与社会身体的关系,它属此类研究的早期成果之一。然而,我对上述分析和假设——其中多数也出现在他后来的著作中——疑问颇多。首先,我质疑他对于"身体"的运用;其次,我质疑他对个体主义的假设,当涉及具体身体和社会身体两者关系时,他的假设就问题重重。我将从这些争论入手来进行全面解读。

在早期对身体的讨论中,一个反复出现的问题是**身体**(soma)在文本中千差万别的含义,例如它能否代替人称代词。尽管这可能看似又是一个令人痛苦的迂腐例子,然而它与**身体**一词及其语义场确不相符。例如,罗宾逊认为**身体**(soma)有下列四种含义:(1)客观存在的人;(2)一个完整的人的

---

① Jerome H. Neyrey, "Body Language in 1 Corinthians: The Use of Anthropological Models for Understanding Paul and His Opponents", *Semeia* 35(1986), 129—170 (129).

② Neyrey, 'Body Language', 130.

客观存在;(3)人称代词的一种迂回表达法;(4)存在于"此世"的人。① 这些语义场的焦点都与人类学相关,却与**身体**的其他含义相悖,如《哥林多前书》15:35—41,该处植物、子粒、天上形体和地上形体都被视为**身体**。② 正如甘德里(Gundry)在其对身体在古文献中的含义进行的细心研究中所指出的,这一术语指向"客观实在性",而且其关注点永远是物质性的。③ 事实上,赋予(个人或人类的)身体一种纯粹人类学的意义,确实忽视了其用法的要点,因为奴隶被称作"形体"恰恰是由于他们作为商品、作为单纯实在的形体的属性。④ 最后甘德里指出,在将身体用作人称代词时,有多个隐含的假设,因为这将(身体的)含义从实在的形体扩展至人类或个体的肉体。⑤ 众多学者假设,当谈到"身体"时,并不总是用 soma 来表达,由此造成了关注点的人类学特征,或者至少,造成文本中统一的肉身概念。若将上文的观点进一步与内瑞以及上述众多学者的观点相联系,也许会收获颇丰。从上文内瑞所列举的例子看,不论是所论的淫乱、祭偶像之物、头发,还是说方言和作先知讲道,都不包括**身体**(soma)这一词语。

现在还回到个人主义的问题上。运用玛丽·道格拉斯的研究来分析圣经文本存在的难题之一,是令人厌烦的时代错误问题,这是一个颇为棘手的范畴,但是同时也可以完全对其置之不理。道格拉斯模式的结构特点是,假定个体的身体是属于个体的,并由此与它所象征的社会身体相对立,群体成员的身份就是个人作为个体置身于其中之物。让我们再回到詹明信,他认为(仍然在对弗莱进行批评),积极的诠释学滤掉了"历史差异和生产方式的彻底中断"。⑥ 他在导

---

① John A. T. Robinson, *The Body: a Study in Pauline Theology*. London: SCm Press, 1957, 26—33.
② 罗宾逊认为"保罗仅有一次提到非人类肉体的身体(soma)[Col 2:17]",所以他随手将该段经文排除在外(*The Body*, 27 n. 1)。
③ Robert H. Gundry, *Soma in Biblical Theology: With Emphasis on Paulinee Anthropology*. Monograph Series; Cambridge: Cambridge University Press, 1976, 15.
④ Gundry, *Soma in Biblical Theology*, 27.
⑤ Gundry, *Soma in Biblical Theology*, 29.
⑥ Jameson, *The Political Unconscious*, 117.

论中所提到的分裂的个体,必定成为积极和消极诠释学的试金石。因此,在内瑞及其他采用此种隐秘区分的学者的研究中,除非借用类比方法,否则将难以解释个体身体和社会身体之间的准确关系。

细读《哥林多前书》中的辩论,能发现其与上述观点相悖,因为保罗认为个体和基督身体之间是一种**参与**关系,而非类比关系。正如戴尔·马丁(Dale Martin)所言,"只有当个体的身体等同于某个宏大的宇宙实体时,它才具有实体性",但是,他同样论及,洗礼使人类的身体与基督的身体合而为一,"因此证明了基督徒身体与基督身体之间的联系"。① 这两句话看起来自相矛盾,因为一个论及的是绝对的或本体性的参与,而另一个则是更温和、自愿的参与,一种对现代个体的敬服。

亨瑞克·特罗尼尔(Henrik Tronier)的著作《〈哥林多前书〉中的超验与变形》(*Transcendence and transformation in First Corinthians*)与马丁的著作《哥林多人的身体》(*The Corinthian Body*)同年出版,他在书中采取的是坚定的本体论参与立场。② 特罗尼尔研究的重点是在斐洛(Philo)的思想背景下阅读《哥林多前书》,尤其考虑到文本意识形态的语义结构、对它的诠释行为以及信中提到的变形概念——它依赖于现实和主体的同时变形。

分离法,作为一种诠释手段,最初是由柏拉图(Plato)提出的,后来被中世纪柏拉图主义所吸收和改造,建立在现象和概念二分法基础之上。在斐洛看来,分离法的目的是"通过将一种现象与一般的概念——这些一般概念比个体现象更普遍、范围更广泛——相比,来理解此种现象的本真属性"。③ 因此,我们可以将这理解为一座概念金字塔,金字塔的顶端是最普世和广泛的概念,沿金字塔向下此概念被不断地划分为越来越多的具体概念,这样诠释者就理解了具体现象的概念。由此,具体现象的本质是本体地内嵌在一

---

① Dale B. Martin, *The Corinthian Body*. New Heaven: Yale University Press, 1995, 131.
② Henrik Tronier, *Transcendens og Transformation i Første Korintherbrev*. ed. Niels Hyldal and Niels Peter Lemche, Tekst & Tolkning, 10; Copenhagen: Akademisk Forlag, 1994.
③ Tronier, *Transcendens og Transformation*, 13.

般概念中的。① 分离法于是可称得上是反映了存在于客观现实中的真实理性联系和结构,通过智慧它可以为思维所获得,而智慧是由先验的**逻各斯**所规定的认知转换产生的。斐洛的逻各斯不仅实现了认知转换,而且也成为创造的基本原理。身为造物主,**逻各斯**通过对概念进行准确细分的分离法过程,为被造的世界建立了一种全面的、本体性的层次秩序。所以分离法既是被造世界中一种理性的客观宇宙结构,又是现实超验思维中一种理性的主观诠释结构。斐洛认为,两者都是通过**逻各斯**而实现的。其方法正如拜伦·卡尔迪斯(Byron Kaldis)在他对柏拉图分离法的研究中所提到的,是"一种形而上学的方法"。②

《哥林多前书》第12章的主题(一与多/一个身体与多个肢体的关系),第11节以及第14—26节从一个超验的整体降至更低的概念层,以及第4至11节中分离法的四重表现,在特罗尼尔看来,都是对《哥林多前书》进行分离法解读的支撑性要点。③ 特罗尼尔认为:"当教会的全体成员都被包含于圣灵产生的所有灵性现象时,会众在基督灵体中才能成为一个超验的、灵性的整体,这使得他们成为(不同的)灵性肢体(身体)。"④但是,在保罗的思想中,这两个层次(超验的整体与分离法式的细分)是被空间阻隔的。会众合一(即圣灵中灵魂的合一以及基督灵体中教会成员的合一)不会发生于会众所居的地上国度。灵性肢体与灵体受到空间的阻隔,基督的灵性**身体**存在于天国。⑤ 因此,尽管眼下会众与基督的圣体相隔万里,但是在末世时他们会发生肉体上的变形(从具体的身体变为灵性的身体),以便与圣体真正结合。⑥

---

① Tronier,*Transcendens og Transformation*,13.
② Byron Kaldis,"The Question of Platonic Division and Modern Epistemology",in John Dillon and Marie-Élise Zovko (eds.),*Platonism and Forms of Intelligence*. Berlin:Akademie Verlag,2008,62.
③ Tronier,*Transcendens og Transformation*,133—138.
④ Tronier,*Transcendens og Transformation*,138.
⑤ Tronier,*Transcendens og Transformation*,140.
⑥ Henrik Tronier,*Transcendens og Transformation i Første Korintherbrev*. ed. Niels Hyldal and Niels Peter Lemche,Tekst & Tolkning,10;Copenhagen:Akademisk Forlag,1994,42.

这一诠释强调了基督徒身体与基督身体——两者存在概念上的差异,一是因为空间的阻隔,二是因为《哥林多书》并没有揭示启示性灵魂的诠释学特点——之间的本体论合一。这就是信中所论之事以及它对哥林多人各种分裂行为予以关注的原因。

因此,特罗尼尔对基督身体本体性现实的强调是对施瓦泽(Schweizer)、罗宾逊以及厄尔·埃利斯(Earle Ellis)和戴尔·马丁观点的重复,但是他对书信的全部解读也是以个体身体在普世身体中的绝对参与为前提的。

与欣岑多夫思想中的基督不同,保罗思想中的基督显然是男性,正如约兰·奥克兰(Jorunn Økland)和龙恩·法图姆(Lone Fatum)所研究的一样。[①]女性由于天生就属于这具身体,所以女性实际上就是男性:

> 女性是在场的,但是女性在教会中的地位却总是需要通过男性的地位被赋予价值。作为教会的成员,作为基督徒的兄弟,以及基督的男性身体的肢体,女性基督徒被用男性称呼来指代。[②]

奥克兰在对《哥林多前书》第11—14章的分析中指出,文本的关注点是集体性的,并且与依据既定等级制度的崇拜空间构建有关。她认为:"保罗并不热衷于将教会性别化,亦非要实施对于女性的歧视。"[③]将这种观点与上文讨论的摩拉维亚文本进行比较,就会发现,重要的差异在于性别问题。摩拉维亚文本在本质上与诗班演讲一样,被性别化了;而社群成员的个体化也是被完全性别化的。《哥林多前书》,甚至其他《新约》文本,均并非如此。男性和女性的**本质**仍旧被认为是常识,因此无需言说。性别问题(gende-

---

① Lone Fatum, "Den Kollektive Kristus: Kristus–Identitet som Eskatologisk Etnicitet", in Niels Peter Lemche and Henrik Tronier (eds.), *Etnicitet i Bibelen Forum for Bibelsk Eksegese.* Copenhagen –Museum Tusculanum, 1998; Jorunn Økland, *Women in Their Place: Paul and the Corinthian Discourse of Gender and Sanctuary Space.* JSNTSupp; London: t & t Clark International, 2004.

② Økland, *Women in Their Place*, 217.

③ Økland, *Women in Their Place*, 217.

ring)并非是《哥林多前书》的一个问题。

小结:作为个体的思考

詹明信在对弗莱的批判中提出,积极与消极诠释学的区别在于对历史差异的强调或遮蔽。这也是本文的旨归,透过十八世纪的材料来解读《哥林多前书》,有助于注意到集体、个体以及性别表达的差异。此分析中出现了三个阶段或立场:首先,我们作为二十一世纪读者的立场,它受制于分裂的身份、知识的专业化,尤其是,既定的且不容置疑的解读立场。在此基础上,出现了第二种立场:保罗式的立场,其思维方式对我们来说已遥不可及。道林主张通过对身体的类比来达到这种状态,因为尽管我们知道自己的肢体可以独立于我们自身而存在,但是,当我们倒咖啡时,还是认为自己无法对一个**他者**发号施令。因此,借用道林的例子,当我说"我逃走了"时,我的意思并非"我命令我的身体逃走",而有可能是"我,也就是我的身体,逃走了"。因此,

> 如果我们能将这种思维方式转化为一种社会集体性,我们将非常接近詹明信所指的原始共产主义,在那个国度,所有社会成员——男性、女性、孩童、年轻人、老人、强者、弱者——都用集体思维来看待非人类世界,此集体思维认为群体中的个体之间没有区别,就如同我认为自己的双臂、两腿和双手等(肢体)之间没有区别一样。[1]

但这是不可能的,即使我们的语言属于堕落的现实;而且也不能明确地表达出这种集体思维。正如道林所指出的:

---

[1] William C. Dowling, *Jameson, Althusser, Marx: An Introduction to the Political Unconscious*. London: Methuen, 1984, 23.

在詹明信所构思的原始共产主义中,没有此类群体概念的存在,正如同我无法将我的双臂、双腿以及身体的其他部分看为一个整体一样,好比我会说"整个身体逃走了:我的双腿快速运动,我的双臂摆动,我的眼睛确定方向"。①

为了理解这种思维方式,我借用了特罗尼尔对《哥林多前书》所作的分离法解读,因为其参与的观点好似能使历史差异最为明晰化。

最后,是欣岑多夫的立场。欣岑多夫作为现代性转折关头的一位**修补匠**,尝试建立一个由性别差异成员构成的社群,通过调和机构,如代表基督身体的诗班,来将成员联结起来。诗班结构是社群的核心特征,实质上即意识形态特征,它促进了社群内所有调解个体和(耶稣身体所代表的)群体行为的成功。恰恰是由于其调和功能,我们对现代国家异化初期阶段的探索才成为可能。这让我们又回到原地,回到我们深陷其中的资本主义概念范畴,即作为个体进行思考,实际上,这是不可能的。

作者克瑞斯蒂娜·佩特森任教于澳大利亚纽卡斯尔大学,主要研究性别问题、马克思主义及其与《新约》的关系。著有《传教士、传道师与猎人福柯、新教主义和殖民主义》《帝国行传:〈使徒行传〉与帝国思想》等。译者张雅斐,香港中文大学文化与宗教研究学系博士候选生,主要从事晚清传教士中文著述及其与圣经和中国文学的关系研究。校者侯林梅,河南师范大学外国语学院副教授,河南大学文学院博士研究生。

(张雅斐 译)
(侯林梅 校)

---

① Dowling, *Introduction*, 23.

对当前圣经汉译研究中几个问题的反思*

程小娟

内容提要：圣经汉译研究近年来受到越来越多的关注，但也显露出不少问题，有必要认真反思。其中，史实运用方面存在着一些基本的错误及历史意识的缺失，导致某些研究结论存疑，需要予以纠正。翻译理论的运用方面需要警惕以理论框定史实的倾向。研究者应综合考虑史实的丰富性和复杂性，评估理论的适用性及限度，可能的话，达至双向互动。此外，还要意识到研究者自身可能存在的各种偏见，以求真和祛除偏见为研究取向，避免偏见的传递、累积和强化。

关键词：圣经汉译；史实；翻译理论；偏见

Reflection on Several Issues in the Current Chinese Bible Translation Research

CHENG Xiaojuan

Abstract: In recent years, more and more researches focused on Chi-

---

* 本文系河南省哲学社会科学规划项目"圣经汉译研究"（2012CZX009）及河南省高等学校哲学社会科学创新团队支持计划"经典阐释与文学文化比较"（2015-CXTD-02）、2014年度河南省高等学校教学团队建设项目"比较文学与世界文学教学团队"的阶段性成果。

nese translation of the Bible. However, more and more problems appeared in those researches, which calls serious reflection. As to the adopting of the historical facts, there are some elementary mistakes and a lack of historical awareness that result to suspicious conclusion which should be corrected. Regarding the application of translation theories, the trend of shaping historical events with theory should also be cautious. Researchers should take the richness and complexity of the translational events into account comprehensively, assessing the applicability and limitation of the theory, and, if possible, reaching to the bilateral interaction. Furthermore, the bias of researchers themselves should also be realized so as to pursue the truth, dispel prejudice, and avoid the transmitting, cumulating and strengthening of the bias.

Key word: Chinese translation of the Bible; historical facts; translation theory; bias

> 你的名字不要再叫雅各,要叫以色列,因为你与神与人较力,都得了胜。(创 32:28)

近十几年来,圣经汉译研究受到越来越多的关注,既有专著陆续出版,更有一大批论文发表,博士、硕士研究生们对这类选题也青睐有加,学界圣经汉译研究的深度和广度可谓前所未有。圣经汉译作为一个漫长而复杂的宗教、翻译、历史、文化、传播事件,理应受到重视,如今的研究局面与往昔相比,自然值得欣喜。但与此同时,一些问题也逐渐暴露出来,需要研究者加以反思。本文主要就中国大陆[①]当前圣经汉译研究中的几个问题予以反思,期待学界作进一步的讨论。这些问题本身相互勾连,难以截然分离,下

---

① 笔者的观察主要面向当前中国大陆学术界,必要时兼及港台和海外的研究,以下行文中不再一一标明。

文的分类论述只是为了特别突显问题的某一侧面。

一、史实的错误与缺失

虽然这些年国内外研究者在圣经汉译史实的研究方面取得了卓越的成就,①但是一般研究中仍然较为普遍地存在着史实方面的缺憾,主要涉及两个方面,一是基本史实的错误,二是历史意识和史实开掘的缺失。②

基本史实的错误比较普遍地存在于译文比较中。不少文章是拿中文圣经译本和某个英文圣经译本进行比较,而这背后一个普遍的错误是把《英国修订译本》(English Revised Version)当作官话《和合本》的底本。这个错误直接关涉到比较的合法性问题,亦关涉到对《和合本》翻译原则、翻译过程的干预要素、翻译效果、译本地位等相关问题的评价和判断,有必要作一澄清。

关于官话《和合本》底本的明确说明,源于1890年传教士大会的决议,原文如下:

> That the text which underlies the revised English version of the Old and New Testaments be made the basis, with the privilege of any deviations in accordance with the authorized version. ③

---

① 譬如,德国学者尤思德(Jost Oliver Zetzsche)著,*The Bible in China*: *The History of the Union Version or the Culmination of Protestant Missionary Bible Translation in China* (Monumenta Serica monograph series,45. Sankt Augustin:Monumenta Serica Institute,1999),该书由蔡锦图翻译成中文(《和合本与中文圣经翻译》,香港:国际圣经协会,2002),虽然在香港出版,大陆不少学者也关注到这一重要成果,并常加引用。
② 赵晓阳在《圣经中译史研究的学术回顾和展望》一文中有类似的观察,参《晋阳学刊》2013年第2期,第12—13页。
③ "Report of the Committee on the Revision of the Old and New Testaments in Mandarin", *Records of the General Conference of the Protestant Missionaries of China, held at Shanghai, May 7—20, 1890*. Shanghai:American Presbyterian Mission Press,1890,xliii.

这段话翻译过来应该是：

"基础文本以英国人修订的新旧约译本所基于的文本为准，若有任何差异，均按钦定本（的底本）做出取舍"。①

可能是这句话太拗口，有研究者将之误读为以《英国修订译本》为蓝本，而在孤零零的语境中，后半句也容易被错误地理解为以《钦定本》而非《钦定本》所依据的底本为取舍标准。由于之前中国大陆研究者资料获取上的不便，涉及这一问题时，往往依据错误的二手资料，长此以往，以讹传讹，此一错误的看法似乎已成为常识。以后虽然一手资料已很容易获取，二手资料中也已有正确的翻译，但不知是出于惯性，还是出于对多数人的信赖，最近的研究者仍无意查询一手资料，重复这一错误，甚至在引用正确的二手资料时也会把它微妙地处理成错误的表述。

事实上，如果对当时传教士的讨论稍有了解，就会明白，这里所提到的底本或者说基础经文指的是《英国修订译本》和《钦定本》各自依据的希伯来文《旧约》和希腊文《新约》文本。1890年传教士大会的记录中，呈现了传教士当时在大会上关于这一问题的专门讨论，1890年前后的《教务杂志》也有多篇关于底本问题的争论。这些讨论的焦点是以哪一个版本的原文圣经作为《和合本》（包括文理、浅文理和官话三种译本）的依据，而其中争议的焦点是《新约》的原文底本。之所以有这个争论，是因为随着经文鉴别学的发展，原来《钦定本》等译本所依据的、被称作是《公认经文》（Textus Receptus）的、权威的希腊文《新约》版本不少地方被认为是错误的，或者是有争议的，经文鉴别学家们对之进行修正，产生了新的希腊文《新约》版本。1881

---

① 这里参考了蔡锦图的翻译。参尤思德：《和合本与中文圣经翻译》，蔡锦图译，香港：国际圣经协会，2002年，第195页。

年出版的《英国修订译本》的《新约》就是以新的希腊文评鉴版本为基础,而非以过去的《公认经文》为基础。但是这个新的希腊文版本作为新生事物尚处于老版本权威的阴影之下,并非所有人都能接受。所以当传教士决定翻译《和合本》时,在采用哪一个希腊文底本的问题上就产生了分歧。这就是1890年传教士大会关于《和合本》底本问题决议的背景。明白了这个背景,就不会误解那条决议。其实,简单地想一想,就圣经的宗教性质而言,传教士当年调动那么多资源、战战兢兢去翻译的、期望各方都能接受的《和合本》怎么可能不从原文翻译,而从英译本转译呢?此外还需要注意到,决议中也提到,官话《和合本》应当参考此前已有的广为流传的官话译本,包括杨格非(Dr. John)和麦都思(Medurst)的《新约》,施约瑟(Bishop Schereschewsky)的《旧约》。[①] 自然,英文的《钦定本》和《英国修订译本》也会是传教士的重要参考,因为这是他们日常使用的,且与其工作密切相关的非常重要的译本。这些都是研究中应当弄清楚的基本史实,也是在进行译本比较时需要慎重考虑的方面。

历史意识和史实开掘的缺失主要表现在分析问题时未能有意识地查考与所论问题相关的史实;或者关注到一些史实,但是在开掘的广度和深度上不够,从而使观点、结论有待商榷。譬如,在尝试梳理圣经汉译的某种演化规律或评价不同时期的翻译时,需要仔细考虑和考察唐代景教、明末清初天主教、清末以来新教及后传教士时代圣经汉译之间有无传承及细究传承与变化;更应考虑同一个时代中的不同译者或译本的不同倾向;还应考虑同一个译者主张中的不同维度,译者公开声称的原则与译本具体呈现出来的面貌之间的落差,译本产生后不同的评价等。

景教与明末清初天主教的圣经汉译之间没有传承关系,但后面几个阶段的翻译之间是有密切关联的,如果要在这么长的链条中抽取规律,就应关照到这样的史实,并细加分析。同是明清天主教,从利玛窦到"白徐译本"到

[①] "Report of the Committee on the Revision of the Old and New Testaments in Mandarin", xliii.

贺清泰的《古新圣经》,"先以片段性意译为尝试,然后才有集中的新、旧约全文直译,所采用的翻译语言也由文言而渐趋口语化。"①而在译名问题上,同属耶稣会的利玛窦和龙华民有着截然不同的主张。就贺清泰的《古新圣经》的翻译而言,虽然他"本人在序中一再称圣经应做到'直译''不得人或添、或减、或改'"②,但在实际翻译中,"凡经文中涉及'食物'的词,都被译为'馒头'","'预言'译为'跳神'、'占卜'译为'讲究风水'、'竖琴'译为'琵琶'……","谁爱子女胜过爱我,不该得我"译为"谁爱子女输我,不该得我"。③ 所以,当概括这一时期翻译的特征时,就需要谨慎考虑所选对象的代表性。

清末以降新教传教士的圣经汉译情况更为复杂。语体方面,由于传教士对传教路线有各自的主张,因而,尽管随着传教范围的扩大、时间的延长、经验的积累,传教士对中国语言的认知越来越全面深入,但文理、浅文理、白话、方言在不同的时期并存,并无明显的演化轨迹,直到最终随着白话文运动,官话《和合本》得以巩固其主流地位。而语体的选择与翻译是否以读者为中心也并无太大关系,其不同主要在于所针对的读者群体的差异,牵涉的是以哪一类读者为中心的问题。在翻译原则上,新教传教士之间也一直争议不断,有倾向直译的,也有倾向意译的,但大多都认同译者应当"努力在意译和盲目的直译间找到平衡","把上帝之言的意义合乎语言习惯、合乎语法地传达出来,从而给出原文的生命和精神"。④ 因为每一个译者的意图都是传达上帝之言,上帝之言必要忠实,要想有效传达,必定要以读者能够理解和接受的方式表述。但在实际操作中,这种平衡常常很难达到,译者在很多

---

① 朱菁:《汉译新约〈圣经〉"白徐译本"研究》,北京外国语大学比较文学与跨文化研究专业博士学位论文,2014年,第45页。
② 王硕丰:《贺清泰〈古新圣经〉研究》,北京外国语大学比较文学与跨文化研究专业博士学位论文,2013年,第45页。
③ 王硕丰:《贺清泰〈古新圣经〉研究》,第43页。
④ J. S. Burdon, "Address of Bishop Burdon at the Opening Meeting of Bible Translators", *The Chinese Recorder* 22(1891):577.

时候要面对的是两难的选择。翻译总难在两个方面同时令所有人满意,因而在不断调整。所以我们看到,既有麦都思偏向意译的翻译,①也有被评价为抄袭原文的湛约翰/韶泼(Chalmer/ Schaub)的直译译本。②《新约》官话《和合本》虽然也希望达到两者之间的平衡,但在当时被指责为可读性差,③而且,尽管宣称坚持直译,其忠实性却也受到批评。譬如,它将《路加福音》14:26译作:"人到我这里来,若不爱我胜过爱自己的父母、妻子、儿女、兄弟、姐妹和自己的性命,就不能做我的门徒。"有人就批评这里不该将原文的"恨"译作"爱我胜过爱"。④ 事实上,几乎每一个译本都得到过矛盾的评价,即如马礼逊的译本在被大英圣书公会高度评价的同时,也受到麦都思等人的一再批评。⑤

后传教士时代的翻译也有其复杂情况,译者的构成、翻译的取向都呈现多元态势,而翻译原则和实际落实及效果之间也有落差,⑥不少译本出现后同样也是争议不断,评价不一。

史实如此复杂多样,如果不能予以耐心、全面的检视,极易以偏概全,为一些论述留下遗憾,甚至得出误导性的结论。而一些基础的史实未必多么难以查考,更多的时候,需要的是研究者自觉的历史意识和自我反思意识。下文提及的两个方面也许可以为这些缺失提供一些解释,同时也会进一步呈现史实运用方面存在的问题。

---

① 麦都思自己对此有不同的看法。详参韩南:《作为中国文学之〈圣经〉:麦都思、王韬与〈圣经〉委办本》,段怀清译,《浙江大学学报》(人文社会科学版)2010年第2期。
② G. E. Moule, "Chalmer's and Schaub's Version", *The Chinese Recorder* 29(1898):612.
③ A. Sydenstricker, "The Revised Mandarin Version of the New Testament", *The Chinese Recorder* 39(1908):194.
④ F. S. Hughes, "Exact Biblical Translation", *The Chinese Recorder* 46(1915):577.
⑤ 关于这一系列的批评,详情请参韩南:《作为中国文学之〈圣经〉:麦都思、王韬与〈圣经〉委办本》,段怀清译,《浙江大学学报》(人文社会科学版)2010年第2期。
⑥ 譬如吕振中译本最终的水准与其原则和目标之间的差距。参马利安·高利克:《吕振中:一位中文圣经翻译家》,《圣经文学研究》(第七辑),北京:人民文学出版社,2013年。

二、翻译理论的运用

圣经的翻译与翻译理论之间存在着密切互动,圣经汉译研究者非常有意识地尝试将各种翻译理论运用于自己关注的论题。一些理论的确有助于研究者解释某些现象,洞察某些问题,或者挑战某些习以为常的观念。譬如,利玛窦《天主实义》以"上帝"或"天"翻译"Deus"通常被认为是归化翻译,与其"适应"策略一致,但有学者以韦努蒂(Lawrence Venuti)的异化翻译理论为视角,将这种归化翻译解读为"阻抗",实为异化翻译。① 以同样的理论,研究者也解释了阳玛诺《圣经直解》中阻抗式归化策略,论证其"天主教中心主义",挑战对明末清初天主教"适应"策略的一般认知。② 这些新的观察揭示出文化交流中的复杂性和双向影响,将过去被忽略的一面呈现在人们眼前,启发研究者重新审视此一翻译现象。

然而,有时候研究者会过分拘泥于理论,导致本末倒置的情况。一种情况是抽象的理论转述占据主导地位,圣经汉译的相关史实或问题成为点缀,结果既看不出这一理论对圣经汉译研究有何启发,也看不出圣经汉译问题对该理论自身的强化或完善有何贡献。不过这种情况相对而言不是很普遍,比较普遍的是另一种情况,即对理论的简单化使用。在这种情况下,研究者往往以理论假设为本,继而拿预定的理论框定问题,削足适履,选择性地摄取历史材料,或者强解史实,来验证自己的假定。

譬如,一些研究在运用操控学派的理论特别是勒菲弗尔(André Lefevere)的赞助人概念时,就没能注意仔细探寻史实,客观地看待这一理论的适用性以及适用的程度。即如《和合本》的翻译中,大英圣书公会作为最重

---

① 高胜兵:《颠覆儒家"忠孝"根本——论〈天主实义〉对〈圣经〉中的"Deus"和"diligere"的翻译》,《中国比较文学》2015年第2期。

② 高胜兵:《无处不在的"天主教中心主义"——论〈圣经直解〉翻译中的文化取向》,《中南大学学报》(社会科学版)2014年第5期,第257页。

要的赞助人,对译本的翻译起着举足轻重的作用,如果单纯从理论的可能性出发,会解读出许多操控的迹象。比如上文提及的,传教士大会决议中认同,《和合本·新约》以《英国修订译本》所依据的希腊文本为底本,若有任何差异,均按钦定本(底本为《公认经文》)做出取舍。如果仅从这一决议看,可以解读为大英圣书公会从中实现了维护《公认经文》权威的意图,但如果去考察当时英译圣经的背景、经文鉴别学的发展、在华传教士关于底本问题的讨论文章、大英圣书公会与《和合本》翻译委员会成员之间的信件往来,则会发现,这个出了巨资的赞助人并未像想象中的那样操纵《和合本》底本的选择。

根据《教务杂志》呈现的史料,1881 年《英国修订译本》的《新约》刚出版不久,其使用新的希腊文评鉴版本这一变化就引起了在华传教士的注意。有传教士对此发表了评论,认为在新的希腊文版本尚未得到学者们一致认可的情况下,修订本的做法是不适宜的,中文圣经翻译不应以此为底本,而应继续采用《公认经文》,直到新版本明确确定下来。① 筹备翻译《和合本》时,有传教士称,"对上帝之言的尊敬使我们无法满足于哪怕是有一点点缺陷的翻译,那么我们为什么要满足于从一个不完美的源文本进行翻译呢?"②经文鉴别学家已经发现了《公认经文》的许多缺陷和错误,并提供了更原始更纯粹的经文,圣经翻译不应当漠视数代学者穷其一生的研究成果,而应在翻译中将这些成果吸收进来,中文《新约》理应以此为底本进行翻译。③ 1890 年传教士大会关于《和合本》底本问题的决议受到许多传教士的肯定,他们认为新的译本理应吸取希腊文底本的最新研究成果,从中受益。

但慕稼谷(G. E. Moule)的坦率批评却掀起了波澜。慕稼谷在传教士大会上被选为深文理委员会的成员,由于不能接受决议中的底本选择,于1891 年 11 月辞去了这一工作。他多次在《教务杂志》发表言论,表达对新

---

① A Bible Student,"Correspondence",*The Chinese Recorder* 13(1882):66.
② J. E. Walker,"Correspondence",*The Chinese Recorder* 21(1890):235.
③ J. E. Walker,"Correspondence",*The Chinese Recorder* 21(1890):236.

约希腊文经文的看法,并建议修改第四条决议。他认为应当以《公认经文》为基础,只在斯克理夫纳(F. H. A. Scrivener)支持的地方采用《英国修订译本》所依据的希腊文本。① 慕稼谷主要考虑的是经文鉴别学家之间的争议,认为修订本的希腊文本中许多结论尚不确定,有待于进一步研究,在中国传教士没有几个人有能力进行文本鉴别的情况下,②翻译应当持谨慎保守的态度。他所推荐的斯克理夫纳是《公认经文》的支持者,有这样的约束似乎更让人放心。个别传教士在这一问题上持与慕稼谷类似的态度,③但是更多传教士还是支持传教士大会的决定。狄考文(C. W. Mateer)就认为这反映了翻译委员会绝大多数成员的选择,促成这一选择的则是基督教世界对修订本所依据的希腊文本的广泛认同。④ 纪好弼(R. H. Graves)和汲约翰(J. C. Gibson)对修订本所依据的希腊文本也有着较大信心——尽管他们也不认为这个版本是完美的,并因此判断它优于《公认经文》,中文译本应当从中受惠。而且在他们看来,对此版本的采用也会免去传教士许多不能胜任的经文鉴别工作,节约翻译时间。传教士大会本身的规定亦留有一定的选择空间,在有争议的地方仍然是以《公认经文》为准,真正改动《公认经文》之处也是很有限的,因此,底本问题固然重要,却并没有慕稼谷所认为的那样夸张。⑤

正如争论双方都承认的,他们对经文鉴别都不在行,因而争论事实上更多的是基于一种信念和态度,即对西方权威学者研究成果的确信,和激进心态与保守心态引发的不同选择倾向,而他们选择相信的是不同的权威。这

---

① G. E. Moule,"Bishop Moule on the Greek Text of the New Testament",*The Chinese Recorder* 23 (1892):10.
② G. E. Moule,"Bishop Moule on the Greek Text of the New Testament",*The Chinese Recorder* 23 (1892):12.
③ F.,"The Text of the New Testament",*The Chinese Recorder* 22(1891):128.
④ C. W. Mateer,"Bishop Moule and Chinese Bible Revision",*The Chinese Recorder* 22(1891):129.
⑤ R. H. Graves,"To the Editor of 'The Chinese Recorder'",*The Chinese Recorder* 22(1891):133—134;J. C. Gibson,"Scripture Translation",*The Chinese Recorder* 22(1891):225—228.

种隔靴搔痒式的争论显得很无助。慕稼谷曾多次引用一位牛津学者的看法来支持自己的观点,但汲约翰却对这位牛津学者的看法另有理解,结果仍然无法说服对方,争论最终不了了之。1892年11月在上海召开的文理、浅文理和官话三个翻译委员会的联合会议上,三个委员会各选出一人成立希腊文委员会,负责比较《钦定本》和《英国修订译本》所依据的希腊文原文的差别,以使译者慎重对待。①

从1890年前后的讨论可以看到,在华传教士对《新约》希腊文底本的问题是有争议的,大英圣书公会尽管有自己坚持的原则,却没有利用这一争议将自己的主张强加给翻译委员会,而是尊重此一争议,并给译者留下了选择的空间。即便后来《和合本》总编辑花之安(Ernst Faber)和官话《和合本》译者之一白汉理(Henry Blodget)都曾写信强烈建议以大英圣书公会为首的三家在华圣经公会担任仲裁者,决定选用哪一个希腊《新约》文本为《和合本》的唯一翻译基础,以解除译者的烦恼,但大英圣书公会均未介入。② 虽然1890年的决议具有模糊性,有可介入的空间,而事实证明,这个自由空间完全留给了译者,大英圣书公会亦未左右译者的选择。在实际翻译中,当两个希腊文底本有出入时,译者在大部分情况下选择以《英国修订译本》的希腊文底本而非《公认经文》为准。③

从理论上讲,翻译的确存在操控的可能和空间,但在实践中,圣经汉译却有其特殊性,赞助人之外,还有很多制衡因素在共同起作用,比如文本的神圣性,传教的意图,翻译的群体性(翻译过程中,传教士通过不同的平台和途径发表意见和建议,因而从某种意义上讲,参与者不仅仅是选入翻译委员会的那些传教士),复杂的差会背景和中国处境等,在这种情况下,赞助人操控的可能性或操控的空间到底有多大,是需要仔细审视的。同样,对其他因

---

① "Meeting of the Board of Reviser", *The Chinese Recorder* 23(1892):25.
② 麦金华:《大英圣书公会与官话〈和合本〉圣经翻译》,香港:基督教中国宗教文化研究社,2010年,第140页。
③ 详细情况请参麦金华《大英圣书公会与官话〈和合本〉圣经翻译》中出色的研究。

素的操控可能及空间的论述也需要慎重对待。

因此,运用某种理论进行圣经汉译研究时,需要特别留意圣经汉译本身的丰富性和生动性,有意识地考察相关史实。史实永远是灵感之源。这方面的缺失不仅可能带来观点或论证的错误或瑕疵,也可能会失去与理论互动,乃至改造和完善理论的机遇。

三、研究中的偏见

正如在圣经翻译过程中,译者很容易或明或暗地带着一定偏见一样,①在圣经的翻译研究中,研究者也同样容易受到偏见的影响。这些偏见可能来自文化、语言、宗教、文学等各方面的观念或倾向。就圣经汉译本身而言,它的确与上述诸方面关系密切,因而,对圣经汉译的研究从这些方面入手也是自然而然的,而且,每一个方面的考查都可能给人们带来新的认知和启发。但同时,研究者在上述诸方面存在的偏见也悄无声息地影响着其在圣经汉译问题上的判断,需要后来者谨慎对待。

在文化方面,总有一种或隐或显的,难以平和的心态影响着研究者对圣经翻译问题的判断。对中西方文化持有不同倾向的学者对同一个问题可能会秉持相反的看法和主张。② 持文化冲突论的学者可能会过度强调翻译中的冲突,在一些学者看来是文化调和折中的地方,在他们看来则可能是冲突的焦点。而以殖民主义眼光审视事件的学者则把一些学者认为是传教士妥协俯就的问题看作是狼子野心的文化侵略。所以,就出现了在术语翻译中,不管传教士采用音译策略还是采用中国文化中现有的用语,都会遭到批评的现象。可是,如果设身处地地想,在当时的情境下,怎样的翻译选择才是

---

① Jason David Beduhn, *Truth in Translation: Accuracy and Bias in English Translations of the New Testament*. Lanham, New York, Oxford: University Press of America, 2003, "Introduction", XV.
② 参李秋零:《清初"中国礼仪之争"的文化学再反思——兼与安希孟先生商榷》,《中国人民大学学报》2003年第4期。

适切的呢？或者，就同一个现象，如果是发生在佛教翻译中，又将作何评价呢？1840年的鸦片战争被有的研究者视作一个重要的转捩点，似乎从此以后，西方文化和中国文化的实力对比发生了逆转，直接影响了圣经翻译的原则和策略，使之表现出与明末清初的圣经翻译完全不同的面貌。然而，如果将这一时期的圣经翻译与明末清初的翻译、后传教士时代的翻译，以及英文的圣经翻译仔细进行比较，是不是真的如此呢？也许更开阔的视野和更严谨的比较会让研究者更清晰地辨别哪些是真正的殖民主义影响，哪些是与此无关的圣经翻译本身的普遍性问题，从而探寻问题的症结所在。

另有一个比较普遍的看法是——尤其是当研究者站在某个竞争性的新译本的立场上时，过去传教士的翻译一定不如中国人自己的翻译，原因是，传教士的译本不是用母语翻译的，因而想必语言表达的水平，包括文辞的优美和准确，会逊于中国人自己翻译的译本。这也是当年传教士自己的判断。这个看法有一定道理，的确有的传教士译本语言有明显缺陷，譬如新教早期马礼逊、马士曼的译本等。但是这一对传教士译本的偏见也会导致低估传教士译本的语言水平。事实上，参与圣经翻译的一些传教士在中国传教几十年，学习并用汉语大量写作，语文水平并没有想象的那么低。更何况，随着史料的发掘，传教士翻译圣经时的合作者逐渐浮现出来，而其中有些合作者的水平是相当高的，譬如麦都思的合作者王韬，以及官话《和合本》的中国助手们。[①] 而当考察这一问题时，将传教士的译本与稍后中国人独立翻译的译本进行对比是十分必要的，也是合乎逻辑的。但是如果拿那个时代传教士的译本与现在中国人自己的译本进行比较，在引导结论时就需要谨慎对待。因为这里牵涉到语言变迁的问题。此外，一个译本成功与否，除了语言表达水平之外，还有其他影响要素和评价标准，这也是需要注意的。意识到这些复杂要素，才有助于把握圣经翻译的真正问题所在，而不是寄希望于

[①] 游斌：《被遗忘的译者：中国士人与中文〈圣经〉翻译》，《金陵神学志》2007年第4期；韩南：《汉语基督教文献：写作的过程》，姚达兑译，《中国文学研究》2012年第1期。

译者身份改变能带来根本变化。

　　研究者由于自身宗教信仰或学术取向的影响,也会不自觉地将宗教偏见和学术偏见带入研究当中。宗教偏见是一个太复杂的问题,也是研究中一个有力地左右观点和倾向的因素。这里想提到的是在具体译本评判时出现的对某一教派神学观点的倾向。圣经翻译必定会受译者神学观点的影响,如果研究者进行评判时,站在其中一方的神学立场上,而不顾另一方不同的观点,就会出现偏颇。特别是在进行译本忠实度的分析时,这一偏见下的结论会很难让人信服。学术取向带来的偏见可见于关切圣经译本文学性的研究。当研究者聚焦于译本的文学性时,在建构圣经汉译史上译本文学性发展的趋向时,就可能会忽略同时代不同风格译本的存在,或者忽略不同译者群体——譬如基督教内和基督教外的译者——之间的分野,选择性地进行历史线索的梳理。① 这会掩盖圣经汉译中始终存在的不同的翻译意图,以及直译文本的要求与文学性追求之间的张力,从而有碍读者对圣经翻译复杂性的认知。

　　有学者评论到,圣经翻译中的偏见可以理解,但不可以接受;译本发行量或流行时间方面获得的成功并不能保证它就是真理;圣经翻译应当严格排除基督教思想后来发展的偏见,恪守经文可能有的含义而非希望它有的含义。② 同样,圣经翻译研究中存在一些偏见也是可以理解的,甚至有时候这些偏见会提供某种思考问题的独特视角和灵感,但是研究的真谛终究是求真,偏见并不能因大多数人的认同和沿袭就是对的,研究者必须去做仔细的探析和严谨的论证,揭示事实,以免人们持续迷失于累积的偏见之中。

---

① 譬如关注严复、许地山、陈梦家、朱维之等人的翻译之外,是否也应当考虑到朱宝惠、王宣忱、吕振中、萧铁笛等人的译本?
② Jason David Beduhn, *Truth in Translation*, "Introduction", XV.

四、余论

除了前文谈到的之外,目前的圣经汉译研究还面临着其他方面的诸多问题。资料方面尚有待系统的整理,尤其是对分散各地的档案资料、小册子、日记等。虽已有学者在研究中使用这些资料,但对大多数研究者而言,要想随时参考或深度研究,几乎是无法实现的。译本评价标准方面,尤其是对较近译本的评价,也还有待探索。过去传教士的经验表明,以直译/忠实、意译这样的原则来衡量一个译本是非常容易发生争议的,而不少学者倚重的奈达的动态对等标准正在遭受挑战[1],信达雅的原则在实际运用中也显得难以掌控,文学性的标准用到一个宗教经典上,其局限性亦显而易见,因而,如何建立起评价标准,还有待探索。而在探索新的评价标准时,亦需要警惕按照某种已有倾向,或按照译本现有的地位,量身定做,以免标准本身失去意义。此外,研究者中极少人懂圣经原文,这也使译本的评价问题捉襟见肘。而在研究方法上,许多时候似乎都难以避免以举隅法论证观点,可是这个方法本身并不严谨,很有可能陷入正反证据同时存在、自相矛盾的境地,或者陷入相互举证辩驳而无法做出最终判断的怪圈。然而,一个研究又几乎不可能对整部圣经做出分析。因而,如何进行更加严谨的、更具合理性和说服力的研究,也是需要研究者深入思考的问题。

"你的名字不要再叫雅各,要叫以色列,因为你与神与人较力,都得了胜。"(创32:28)雅各与天使摔跤的故事就像是对圣经翻译的绝妙隐喻。圣经译者像雅各一样,想尽力"抓住"(也许如有的译本注释所言——"欺骗")[2]人和神。尽管这是个艰辛的过程,但是最终得到了祝福,而且改名叫

---

[1] Jason David Beduhn, *Truth in Translation*, 17—18.
[2] 和合本注:"雅各"就是"抓住"的意思(创25:26)。NIV(New International Version)注:*Jacob* means *he grasps the heel* (figuratively, *he deceives*)。

以色列——不再是"抓住",而是去"摔跤"①,并得胜。研究者在某种意义上也像以色列,只不过是在模拟这场较力。不管是译者,还是研究者,在这场"摔跤"中,面对神一样的原文,被轻轻一碰就瘸了,但这显然不影响他得胜,他跛着脚,依然得到祝福。这也是译者和研究者持续那场摔跤的真意所在。鉴于此,一切的反思和批评也都是那场较力的一部分,想必奋战的以色列们不会介意吧。

作者程小娟,文学博士,河南大学文学院比较文学与比较文化研究所副教授,主要研究圣经汉译和圣经文学,近期发表论文《英国中世纪神秘连环剧对圣经的改编》(《河南大学学报(社会科学版)》2015 年第 3 期)。

---

① NIV 注:*Israel* means *he struggles with God*.

经文辩读与理雅各对"God"和"上帝"互译的经学及神学基础[*]

邱业祥

内容提要：理雅各将"God"与"上帝"进行互译及其提出的儒教—神论，是他在儒家古代经典和基督教经典之间进行"经文辩读"的成果之一；对儒家经典文献的注疏、训解与阐释，对基督教圣经的解经、释经以及在两者之间的互读、互释，构成了这一互译的经学基础；同时，对他者文化的尊重和开放的背后，又是基于上帝的普遍启示以及相对于上帝之绝对性、超越性的人之有限性的基督教神学基础。这两者恰恰呼应了经文辩读的根本祈愿，因为"经文辩读"所要做的，即在意识到作为自我的有限性，意识到自我永不可能是中心和占有绝对性之后，将自我的根本经典面向他者打开。

关键词：God；上帝；经学；经文辩读

---

[*] 教育部人文社科项目"理雅各经文辩读及其现代价值"（12YJCZH169）、河南省高等学校哲学社会科学创新团队支持计划"经典阐释与文学文化比较"（2015—CXTD—02）、2014 年度河南省高等学校教学团队建设项目"比较文学与世界文学教学团队"的阶段性成果。

Theological Foundations of the Scriptural Reasoning & Classics Studies for the Mutual Translation between "God" & "*Shang Te*"

QIU Yexiang

Abstract: James LEGGE proposes a mutual translation between "God" and "*Shang Te*" after he conducts scriptural reasoning between Confucian classics and Christian scriptures. As for LEGGE, there are two basic foundations for his proposal. The classics studies' foundation is the traditional approaches of classics studies, including noting, annotating, exegesis, interpreting and so on. The theological foundation is general revelation of God and the limitation of human being to God. These two foundations echo exactly the basic wish of scriptural reasoning which seeks to be de-centralized and to open one's scriptures to others.

Key words: God; *Shang Te*; classics studies; scriptural reasoning

在新教传教士之间聚讼不已的"译名问题"(Term Question)上，理雅各从十九世纪五十年代以来即坚持"God"与"上帝"的互译，因为他坚称中国古代经典中的"上帝"就是基督教所信仰的唯一真神"God"，在此基础上他进一步提出了儒教一神论。儒教一神论应该是理雅各在儒家思想与基督教思想对话中最重要的发现，也形成了儒家经典研究的一种别样声音，既上承了两百多年前的利玛窦(Matteo Ricci)，①也呼应了几十年后和一百多年后

---

① 理雅各曾经在《中国的宗教》中特别提及了一位论者对利玛窦的嘲讽。那位论者说，如果利玛窦读过朱子和《易经》的话，他肯定不会认为儒家信仰中的"天"会与基督教的上帝存在着相似性。理雅各反唇相讥，宣称自己确信利玛窦阅读、评价并且深入思考过《易经》，然而利玛窦却得出了有关这种中国宗教的结论，并依据其他资源确认了那个结论。随后理雅各毫不犹豫地宣称自己认同那种结论。James Legge, *The Religions of China: Confucianism and Taoism Described and Compared with Christianity*. London: Hodder and Stoughton, 1880, 35—36.

近现代中国有关儒教问题的论争。① 笔者无力也无意重新进入这场论争，只是认为，理雅各将"God"与"上帝"进行互译及其提出的儒教一神论，已经是理雅各在儒家古代经典和基督教经典之间进行"经文辩读"（Scriptural Reasoning）的成果之一：对儒家经典文献的注疏、训解与阐释，对基督教圣经的解经、释经以及在两者之间的互读、互释，构成了这一互译的经学基础；同时，对他者文化的尊重和开放的背后，又是基于上帝的普遍启示以及相对于上帝之绝对性、超越性的人之有限性的基督教神学基础。这两者恰恰呼应了经文辩读的根本祈愿，因为"经文辩读"要做的，即在意识到作为自我的有限性，意识到自我永不可能是中心和占有绝对性之后，将自我面向他者打开。

一、何谓"经文辩读"及理雅各中国经典译解的经文辩读性质

按照彼得·奥克斯的追索，"经文辩读"受到三种主要研究模式的影响：首先是犹太教、基督教与伊斯兰教中的传统文本研究，这些研究主要考察经文起源、经文注疏和教义传承；其次是现代大学中从历史、文学、诠释学和哲学等进路研究经文的方法；最后是犹太教、基督教与伊斯兰教三种传统内部各自独立进行的"文本辩读"（Text Reasoning）。从1994年开始，一些研究犹太教、基督教和伊斯兰教的学者就试图跨越各自经文的界限，合力寻求一种对话方式，从而使"文本辩读"这一运动拓展为涵盖犹太教、基督教和伊斯兰教的"经文辩读"（Scriptural Reasoning）。② 大致来讲，"经文辩读"是犹太教、基督教和伊斯兰教等不同信仰群体共同阅读、辨析三教经文的实践活动，以求实现相互间的理解与对话。他们并不追求达成一致和统一，更不会

---

① 参见任继愈主编：《儒教问题争论集》，北京：宗教文化出版社，2000年；陈明主编：《儒教新论》，贵阳：贵州人民出版社，2010年。
② 彼得·奥克斯：《经文辩读：从实践到理论》，汪海译，《中国人民大学学报》2012年第5期。

经文辩读与理雅各对"God"和"上帝"互译的经学及神学基础

试图将三教融会为某种普世性的亚伯拉罕信仰,而是在建立关联之时,仍然保留差异,只是尽量不让这些差异变得过于激烈,而且"提升差异的品质"。① 这就是说,"人们不只是知道彼此间是不同的,而是通过对彼此权威经典的阅读,从本根处知道差异在哪里,知道差异的由来,同时知道差异的走向。这样,不同宗教在共处时,就不会仅以面具化的'我们'或'他们'进行简单区分,而是在彼此深入了解的基础上实现'美美与共'"。②

尽管"经文辩读"原本只是在亚伯拉罕系统内进行的,但由于它是多元他者参与其中的实践活动,而且并不寻求在共同的源头——亚伯拉罕那里达成一致,所以它已经具有了拓展至其他宗教经文的内在气质。③ 因此作为"经文辩读"运动的奠基人、"国际经文辩读协会"主席的彼得·奥克斯进一步扩展了"经文辩读"的意涵,"将经文辩读这一术语应用于与对话、关联式研习或探究相类似的活动形式",亦认可中国一些学者将两种宗教间的对话式相遇(例如传教士的天主教与中国的儒家)称为"经文辩读"。④ 当然,这种态度体现了一位经文辩读学者所必须具备的开放视野,不过仍然需要澄清的是,经文辩读并不等同于包容广泛的宗教间对话,因为经文辩读极为根本的一个特质是,回到经典,回到经典的直白义,将宗教传统中最核心、神圣的经典开放给其他宗教和文化,邀请他们对自己的经典进行阅读和解释。在此情形下,在入华传教士那里发生的中西经典之间的互读、互释、互译最

---

① David Ford, "An Inter-Faith Wisdom: Scriptural Reasoning between Jews, Christians and Muslims", in David Ford and C. C. Pechnold ed., *The Promise of Scriptural Reasoning*. Oxford: Blackwell Publishing LTD, 2006, 3.
② 游斌:《以"经文辩读"推动宗教对话》,《中国宗教》2012 年第 5 期。
③ 理查德森(Kurt Anders Richardson)曾说:"毫无疑问,经文辩读可以在更为广阔的范围里实践,从而必将形成一个团体,这个团体可以不受约束地纳入所有经典宗教和各自解经传统 (There could be a society that is virtually unbounded with respect to its inclusion of all scripture-based religions and their interpretation traditions)。" Kurt Anders Richardson, "Editor's Preface", *The Journal of Scriptural Reasoning* 2, no. 1 (2002). See http://etext.lib.virginia.edu/journals/ssr/issues/volume2/number1/ssr02-01-f01.html.
④ 彼得·奥克斯:《经文辩读:从实践到理论》,汪海译,《中国人民大学学报》2012 年第 5 期。

有可能成为经文辩读的历史资源。而理雅各对中国儒家经典的翻译、读解和阐释，已经提供了中西之间"经文辩读"的丰富实践和资源。原因在于：

首先，面对儒家经典和基督教经典，理雅各坚持理性的辨析（reasoning）和批判。[1] 在依据各自经典本身来进行理性的比较和对话之外，他也强调了各自经典本身在历史中所经历的改造和变迁，因而也必须接受理性的检验。理雅各除了在诸多论著中多次提及甚至强调"reasoning"之外，他在《中国的宗教》中特别谈到："我们必须谨记，当我们总结说基督教乃是启示性宗教之时，这不表明我们不需要勤勉地研究圣经，不需要藉由各种合法的批评方法和解经方法去获取圣经真义。旧约圣经和新约圣经传承到我们时，与罗马经典和中国经典一样，经历了败坏和改造、增补和删减。这些文本都必须接受同样的批评规范的检验；那些已经确定下来的文本内涵，还必须通过相同或者相关建构过程而最终得以确定。在基督教圣经中我们获得了一种启示，但这一事实并不影响我们对它进行研究。"[2]

其次，理雅各的翻译已经摆脱了所谓的"传教士东方主义"或者"学术式东方主义"，而形成了独特而重要的"汉学特色的东方学"。这种东方学乃是一种对他者文化的宽容、尊重和开放，由此成就的是"他者成为了他者"。费乐仁（Lauren F. Pfister）曾经指出，曾经担任过伦敦遣使会传教士的理雅各，并不是赛义德（Edward Said）意义上的"东方主义"。[3] 理雅各并不是在译解中不断归化甚至曲解中国儒家经典，他可能对儒家文化有误解，但是绝非有意和任意的曲解，他是"保持着冷静而公正的头脑"[4]，带着学者的认真、缜密和小心翼翼来进入儒家文化的，他时刻警醒自己的公正。吉拉德

---

[1] 大卫·福特试图在一种公共性层面上为经文辩读提供一种基础，那种基础就包括了理性辨析（reasoning）。见 Ford, "An Inter-Faith Wisdom", 3。

[2] Legge, *The Religions of China*, 287–288.

[3] Lauren F. Pfister, *Striving for "The Whole Duty of Man": James Legge and the Scottish Protestant Encounter with China*. Frankfurt am Main: Peter Lang, 2004, 9.

[4] James Legge, *Confucianism in Relation to Christianity: a Paper Read before the Missionary Conference in Shanghai*. Shanghai: Kelly & Walch, 1877, 2.

经文辩读与理雅各对"God"和"上帝"互译的经学及神学基础

非常公正地评价说,理雅各能够以一种近乎正统的中国方式亲自参与到中国丰富的注疏传统中,试图从中国人的角度去审视和了解中国人。①

理雅各自己曾经提到,有些人认为他是从基督教的立场来理解和表达的,但是,如果这些人听到那些献给上帝的祈祷文(其中中国人的宗教热忱达到了最高点)时,他们就不会这么说了。② 他抱着宽容甚至谦卑的态度来严肃对待儒家经典(虽然在传教初期并不一定全然如此,但是越到后来他越认识到如此态度的重要性和必要性)。③ 他的译解甚至已经超出了意图归化中国异教徒的工具性考量④,而产生为了他者文化本身而进行研究的冲动。⑤

最后,理雅各在翻译之中不但达成对他者文化的了解和理解,又更进一步接受另外他者的映照、阐释甚至质疑,也在进行着自我修正和丰富。一个鲜明的例子,是他曾经借助于孔孟的性善论试图对基督新教的原罪论进行改造。而在译名问题中,他的思考也暗含了对基督教自身并非全部真理的反省。

---

① Girardot Norman, *The Victorian Translation of China: James Legge's Oriental Pilgrimage*. Berkeley: University of California Press, 2002, 361.
② Legge, *The Religions of China*, 33.
③ 理雅各批评那些乐于批判中国文化的传教士时说:"暴露《易经》和其他儒家经典中的谬误和幼稚,可能是出于削弱中国士大夫和普通大众对这些经典之尊重程度的目的。传教士和汉学家们竭尽全力进行揭露的原因只是在于藉此间接维护基督教。"他认为:"儒教并不像佛教和印度教那样与基督教相对立,并不是前者的那种无神论,也不是后者的多神论。……许多传教士有时会不可避免地将孔子从高处拉下来。……希望没有人会将尽力熟悉儒家经典看作分心劳神之事。"Legge, *Confucianism in Relation to Christianity*, 2, 12.
④ 当然,作为传教士,理雅各汉学研究的初衷的确是为传教服务。他在《中国经典》第一卷中写道:"从最初研究儒家文化至今,二十年的经验使他(理雅各在前言中常使用第三人称指代他本人)能做出此判断,只有全面掌握中国经典著作,深入研究中国古代圣人们的思想,他才能认为自己有资格去完成传教使命,并从那些经典中发现中国人的道德、社会、政治、生活的基础。"见 James Legge, *The Chinese Classics with a Translation, Critical and Exegetical Notes, Prolegomena, and Copious Indexes*, vol. Ⅰ. London: The Clarendon Press, 1893, reprinted by Taipei: SMc Publishing Inc, 1991, vii.
⑤ 理雅各在早年的一则日记中与自己进行了隐秘的对话。他指出自己对中国的迷恋并不正当,因为那种迷恋实际上被归化中国的渴望所牵引。由此他形成一种为了他者本身,在学术上和哲学上去认知中国的冲动。这种冲动甚至构成他晚年脱离传教活动而成为一名职业汉学家的一个至关重要的因素。参见 Girardot, *The Victorian Translation of China*, 41。

二、"God"与"上帝"互译的经学基础：
儒家经典与基督教经典之间的经文辩读

单就理雅各在英文中的"God"（以及希伯来文中的 Elohim、希腊文中的 Theos）与汉语中的"上帝"之间寻求对译来说，其选择既是他在基督教经典与儒家经典之间进行比较、辩读之后的学术性结果，建立在严谨的经学基础之上；同时也构成他在两种经典之间进行更为广阔和细致辩读的基础。

经学是中国古代学术的主体。一般来说，所谓"经学"，指的是中国历代学者对于儒家经籍的注疏、训解与诠释。学者们在经学传统内部发展出了包括训诂、章句、义疏、义理、考据等在内的一整套阅读和阐释技艺。在近两千年的基督教历史中，基督教释经学企图显明圣经经文的原意和寓意，或者阐明圣经经文在某种特殊情境中的意义，并借重那些类似的技艺。理雅各一方面在早年的学术训练中已经掌握了包括圣经高等批判在内的基督教释经学基本原则和方法——这已经为他后来诠释中国经典作了至关重要的学术方法准备，[1]另一方面，他在学习、阅读、理解中国经典时也领会了包括汉学、宋学在内的中国经学传统，且不拘泥于某一特定传统。[2] 这些学术训练

---

[1] Norman, *The Victorian Translation of China*, 31.
[2] 曾经帮助理雅各译经的著名近代文人王韬从经学角度高度评价了理雅各："嘉庆年间，始有名望之儒至粤，曰马礼逊，继之者曰米怜维琳，而理君雅各先生亦偕麦都思诸名宿囊笔东游。先生于诸西儒中年最少，学识品诣卓然异人。和约既定，货琛云集，中西合好，光气大开。泰西各儒，无不延揽名流，留心典籍。如慕维廉、裨治文之地志，艾约瑟之重学，伟烈亚力之天算，合信氏之医学，玛高温之电气学，丁韪良之律学，后先并出，竞美一时。然此特通西学于中国，而未及以中国经籍之精微通之于西国也。先生独不惮其难，注全力于十三经，贯串考核，讨流溯源，别具见解，不随凡俗。其言经也，不主一家，不专一说，博采旁涉，务极其通，大抵取材于孔、郑而折衷于程朱，于汉、宋之学，两无偏袒。……呜呼！经学至今日几将绝灭矣。溯自嘉、道之间，阮文达公以经师提唱后进，一时人士禀承风尚，莫不研搜诂训，剖析毫芒，观其所撰《国朝儒林传》以及江郑堂《汉学师承记》，著述之精，彬彬郁郁，直可媲美两汉，超轶有唐。逮后老成凋谢，而吴门陈奂硕甫先生能绍绝学，为毛氏功臣。今海内顾谁可继之者？而先生独以西国儒宗，抗心媚古，俯首就铅椠之役，其志欲于群经悉有译述，以广其嘉惠后学之心，可不谓难欤？"见王韬：《弢园文录外编》，沈阳：辽宁人民出版社，1994年，第316—317页。

经文辩读与理雅各对"God"和"上帝"互译的经学及神学基础

与理念,决定了理雅各所提出的"God"与"上帝"的互译,必然建立在儒家经典及其注疏传统,以及基督教圣经及其释经传统的双重经学基础之上。

理雅各通过细致考察中国典籍,提出中国人信仰的"上帝"就是基督教所信仰的"God"。他几乎在其整个后半生都坚持和论证这种观点,①其中最重要的文献是《中国人的上帝观与鬼神观》和《中国的宗教》。

发表于1852年的《中国人的上帝观和鬼神观》明确提出:"中国人的确知晓宇宙的创世者、护持者和主宰者——'God'"。② 理雅各的论证思路主要是返回古典,他试图通过对中国古代经典的辨析,来凸显其中的一神信仰。

此时的理雅各虽然已经开始借重《尚书》和《诗经》中的相关记载,但他似乎对古代经典中的《易经》更为重视。这一方面可能因为,他与其论辩对手们普遍将《易经》作为中国最古老的典籍,另一方面他可能也认为,如果能够从《易经》——那些坚称中国并无一神信仰的论辩对手们将之作为最有力量的证据之一——成功发掘出信仰唯一上帝的信息,那么这无疑也使他的观点更具说服力。③ 他认为,《易经》中的"帝"或者"上帝"并非"无意志、无理解力的源初理性"(即"道"),④而是生成万物又主宰万物的人格化存在。⑤ 在论

---

① 理雅各受邀参加麦克斯·缪勒(Friedrich Max Muller)主编的《东方圣书》(The Sacred books of the East)的翻译工作,负责翻译《中国圣书》(The Sacred Books of China)。他在《易经》译本的导言("Introduction")中同样坚持将"帝"译为"God",See James Legge, The Sacred Books of China, part II: The Yi King, or Book of Changes. Oxford: Clarendon Press, 1879, 51. 他在1882年再版中的前言(Preface)里仍然坚定宣称,中国人的"帝"或"上帝"就是基督教中的"God"。See James Legge, The Sacred Books of China, part II: The Yi King, or Book of Changes. Oxford: Clarendon Press, 1882, XX.
② James Legge, The Notions of the Chinese Concerning God and Spirits. Hong Kong: Hong Kong Register Office, 1852, 7.
③ 不过,主要为了回应更加关注《易传》的论辩对手,理雅各事实上同样更多地讨论了《易传》。
④ 理雅各引述其论辩对手文惠廉(William J. Boone)的观点。见 Legge, The Notions of the Chinese Concerning God and Spirits, 11。
⑤ 理雅各借用了康熙年间的一些释经者的观点:"天之生成万物而主宰之者谓之帝。"见 Legge, The Notions of the Chinese Concerning God and Spirits, 12。他也引用孔安国的注解作为例证:"帝者,生物之主,兴益之宗。"见 Legge, The Notions of the Chinese Concerning God and Spirits, 16。可惜的是,作为一篇反驳性的长文,理雅各主要纠缠于某些具体经文的释读,而没有从整体上来充分论证《易经》表述了对人格化上帝的信仰,而且他对具体经文的释读也很难说是充分的。这可能也是他后来在《中国的宗教》中不再倚重《易经》的重要原因。

及《易经·系辞》中的"易有太极,是生两仪,两仪生四象,四象生八卦"时,理雅各借助于孔颖达的注解①,将"太极"理解为"最初的创世行为之前的状态或时间"。② 这实际上将"太极"降格,以示"太极"并不具有创造者的地位(理雅各将"太极生两仪"中的"生"仅仅理解为时间上的在先,而非创生),而恰恰是需要被改变的状态。笔者无意也无力去判断此解的正误,只是想指出,理雅各的理解很明显地借助了圣经的资源。在受到孔颖达的启发后,理雅各很自然地将"太极"与《创世记》1:1—2 联系起来思考,因为这段经文恰恰讲述了上帝创世"之先"③的混沌状态:"起初神创造天地。地是空虚混沌。渊面黑暗。神的灵运行在水面上。"在这里,"空虚混沌"显然并不是造物主,只是造物主创世之先的状态(按照基督教的正统观点,这种状态是绝对的"无",而非混沌未开的"有")。由此,在圣经的参照下,理雅各达成了对"太极"的全新理解。而在理雅各看来,之所以其论辩对手将"太极"理解为无理解力、无意志的"道",完全是受到宋儒们的不良影响;而事实上,宋之前的儒者们都倾向于将"太极"理解为创世之前的状态。④

此外,对于《周易·说卦》中的"帝出乎震"中的"帝出",理雅各理解为"帝"使得万物生出("*Te* cause things to issue forth"),⑤而非如文惠廉所认

---

① 孔颖达正义曰:"太极谓天地未分之前,元气混而为一,即是太初、太一也。"见 Legge, *The Notions of the Chinese Concerning God and Spirits*, 12。参见(魏)王弼注、(唐)孔颖达疏:《周易正义》,北京大学出版社,1999 年,第 189 页。

② Legge, *The Notions of the Chinese Concerning God and Spirits*, 11。

③ 按照奥古斯丁的理解,时间也是创世的一种产物,因此不存在所谓"创世之前"的时候如何的问题。见奥古斯丁:《忏悔录》,周士良译,北京:商务印书馆,1963 年,第 241 页。但是笔者不妨按理雅各的说法,将之表述为顺序上的在先。

④ 理雅各引述了晋人韩康伯的解释:"夫有必始于无,故太极生两仪也。太极者,无称之名也,不可得而名,取有之所及况之,太极者也。"唐人孔颖达的注疏:"太极谓天地未分之前,元气混而为一。"另有其他两种注解。见 Legge, *The Notions of the Chinese Concerning God and Spirits*, 18。不过需要指出的是,即使就韩康伯和孔颖达的解释来说,前者坚持"太极"就是绝对的无,而后者则认为"太极"乃是元气混而为一,仍然是"有"。理雅各并未仔细分疏这些注解的差异,只是含混地将之称为"创世之先的状态或时间"。不过这些注解都可以为人格化的创世者预留出空间来,因此含混并不影响他论证的有效性。

⑤ Legge, *The Notions of the Chinese Concerning God and Spirits*, 14。

经文辩读与理雅各对"God"和"上帝"互译的经学及神学基础

为的,意为"帝"的生出。理雅各进一步引用朱熹和孔安国的注解作为论据①,指出"帝"正是万物的主宰者、护持者。由此理雅各宣称:"孔子此文无可争辩地证明了中国人的上帝就是真正的'God'。"②在对"涣"卦的解释中,理雅各强调"王假有庙"和"先王以享帝立庙"正是表达了享帝、祭祖对于救天下之涣散的重要性和紧迫性。③

理雅各也注意到了其他中国经典中的相关论述,如《尚书·舜典》:"肆类于上帝,禋于六宗,望于山川,遍于群神。"《中庸》:"郊社之礼,所以事上帝也。"尤其在论述上帝对世界和人的护理、维持时,他大量引述了《诗经》《尚书》《孟子》等。

从学理上说,在中国的古代经典中找寻一神信仰的证据,可以说是适当的,也是必须的,因为经典毕竟保留了当时最重要的文化成果,而这些成果的确能够透露出当时甚至此前宗教信仰、社会政治等方面的重要信息(当然这是建立在对那些经典之可靠性的肯定之上);但是即使理雅各的论证是充分的甚至是确切的,他也面临着一个棘手的挑战:经典中透露出的古代信仰是否一直作为中国历史中的主流信仰,支配了从尧舜禹时代直到理雅各所处的清代后期的国家信仰和民众信仰?如果这种古代信仰仅仅存在于遥不可及的过去,此后便无遗响,那么由此判定中国人的一神信仰便是以偏概全,对于解决译名问题也是隔靴搔痒。因此,理雅各必须建构起中国的一神教历史,以证明一神教是统绪不坠的。

但是理雅各也承认,自春秋战国之后,对至高上帝的一神信仰多面目全非。理雅各认为,秦时开始萌芽、至汉文帝时最终形成的五帝崇拜已经败坏了

---

① 朱熹:"帝者,天之主宰。……万物之随帝以出入也。"孔安国:"帝者,生物之主,兴益之主。"见 Legge, *The Notions of the Chinese Concerning God and Spirits*, 15, 16。另参见(宋)朱熹:《周易本义》,北京大学出版社,1992 年,第 170 页。
② Legge, *The Notions of the Chinese Concerning God and Spirits*, 16.
③ Ibid., 13. 理雅各甚至乐于引用他本来就抱有不满的宋儒的观点,来以子之矛陷子之盾。如程颐:"先王观是象,救天下之涣散至于享帝立庙也,收合人心,无如宗庙祭祀之报出于其心,故享帝立庙,人心之所归也,系人心合离散之道,无大于此。"

原本的一神信仰。唐代虽已认识到古代宗教之败坏①，但并未能成功清除，也未能在此后五百年间发挥正面影响。此后，"宋儒们将上帝与'太极'、'道'、'理'混同起来"②，从而"将至高神——上帝的位格性特点消除了"。③ 不过尽管如此，理雅各还是认为宋儒们的观念"从来没有影响到已经建立起来的国家宗教，也没有影响到大众信仰"。④ 而到了明代，皇室一举革新前朝数代的宗教仪式，"凡所谓天皇太乙、六天五帝之类，一切革除"，⑤由此彻底超越了之前的"黑暗时代"，回归到古时简洁而纯正的信仰。⑥

在《中国的宗教》中，理雅各进一步提出，这种一神教的国家宗教就是"儒教"（Confucianism）。与前著不同是，他将中国汉字也作为了自己的论据。作为象形文字的汉字，历史久远，一路传承下来，完全可以令人信服地从中检视汉字创制者们的宗教观念或超越感观世界的观念；而且文字的出现显然比文献的出现更早，因而更具有始源性，那么回溯到有据可查的源头——汉字便可以打破对古代经典的单一依赖。基于此，理雅各回到了汉字的"原初形态"，⑦他一一分析了"天""帝"以及"祀""神""社""鬼""卜""卦"等古老汉字的构造和意义。例如对于"天"，他认为"天"由"一"和"大"两部分构成，"一"象征着"整一"（unity），"大"意为"伟大"，由此引发

---

① 理雅各引述唐代史家论述这一变乱的原因、过程及表现。见 Legge, *The Notions of the Chinese Concerning God and Spirits*, 45—46。
② Legge, *The Notions of the Chinese Concerning God and Spirits*, 18。
③ Ibid., 21。
④ Ibid., 22。
⑤ 理雅各曾引述明代资料，见 James Legge, *The Notions of the Chinese Concerning God and Spirits*, 44。
⑥ 理雅各主要依据的材料是《大明会典》。他在《中国人的上帝观与鬼神观》和《中国的宗教》中都给予大量篇幅进行翻译和讨论。见 Legge, *The Notions of the Chinese Concerning God and Spirits*, 25—42; Legge, *The Religions of China*, 43—51。
⑦ 根据理雅各引用的"天""示""神""社"等字体及其相应分析来看，他探讨的汉字很可能是春秋战国时期的篆书，甚至可能是秦汉时期的隶书。他并没有回到金文，当然更不可能回到甲骨文，因为在他写作《中国的宗教》的十九世纪七十年代，甲骨文尚未被发现。所以他所谓的原初汉字是有时间局限的。不过他又认为，中国汉字的流变乃是一脉相承，因此它所含带的信息仍会在后世形态中留下痕迹。见 Legge, *The Religions of China*, 8。

先民头顶之天的广阔无垠的观念,而后便唤醒了中国先民的神圣感,由此,他们便开始使用"天"来表达超越性力量。① 理雅各认为,"天"和"帝"两个汉字表明了中国古代宗教乃是一种一神教。② 而在《尚书》和《诗经》中,"天""帝"和"上帝"是交互使用的,而"天"展示大能权柄,"帝"显示人格意志,它们指向同一至高神。事实上,在《中国人的上帝观与鬼神观》中,理雅各已经做出了类似区别:"以其神性本质之绝对性而言,称'天';以其相对于存在物的关系而言,称'帝'。"③

理雅各甚至试图推测文字初创之后至公元前二十三世纪的一千年间发生的历史。他推测,在此期间,汉字中透露出来的祭祀方式已经体制化了:全民崇拜上帝,但是必由君王代理;全民祭祖,或者至少由族长进行祭祖。④ 他之所以如此推测,原因可能在于试图将汉字初创时代与《尚书》等中国古籍中表现的宗教信仰状况链接起来,而《尚书》则表明,此时的宗教祭祀明显是体制化的了。

此时的理雅各对于《易经》已经持有怀疑,并且早已了解《易经》并非中国最古老的典籍。他明确宣称《易经》的目的乃是占卜,对于研究宗教问题鲜有裨益。⑤ 因此他更为重视《尚书》⑥和《诗经》,通过辨析《尚书·尧典》中对舜祭祀上帝、群神等的记载,进一步证明一神信仰的延续,以及鬼神祭祀的从属性。⑦ 对于《诗经》,他强调了其中体现出的上帝之主宰者地位及

---

① Legge, *The Religions of China*, 9.
② Ibid., 11.
③ Legge, *The Notions of the Chinese Concerning God and Spirits*, 127.
④ Legge, *The Religions of China*, 23.
⑤ Ibid.
⑥ 理雅各已经知晓《尚书》才是中国最古老的典籍,而且他引用一位中国学者的话说:"中国之事,其根基无不在《尧典》和《舜典》。"足见理雅各对《尚书》的重视程度。见 Legge, *The Religions of China*, 23—24。
⑦ 需要指出的是,在《中国人的上帝观和鬼神观》中,理雅各已经注意到了此段记载,但是理雅各藉此说明,侧重舜时即有鬼神崇拜在腐蚀着一神信仰。而此时理雅各的态度已经从单纯的批评转变为有保留的赞赏。

其对人类和人类历史的护理、监管。

因此他仍坚持认为,五千年前的中国人就是一神论者(monotheists)——不是单一神论者(henotheists),而就是一神论者。① 他又进而提出,中国的先民与创立者信仰至高无上、独一无二的上帝(God)。毫无疑问,上帝(God)是中国人最初的崇拜对象,在一段时期内很可能还是唯一的崇拜对象。② 尽管这种一神论一直遭受着自然崇拜和迷信占卜的败坏,然而它并没有被最终毁掉。几经波折,在明代时被重新净化。由此,他已经建立了对中国一神教信仰之历史变革脉络的想象。③ 在此基础上,"上帝"与"God"的互译便是理所当然,因为两者都是对同一至高存在的不同语言中的不同称谓而已。

三、"God"与"上帝"互译的神学基础:
普遍启示与人言的有限性

从根本上讲,理雅各论证儒教一神论乃是建立在基督教神学的普遍启示的基础之上。作为一种启示宗教,基督教最为重要的一个特征便是其对于上帝超越性及其密切联系于世的双重强调。④ 在基督教看来,上帝("God")是绝对超越和自由的,人完全不能凭自身知晓和认识上帝。但上

---

① Legge, *The Religions of China*, 16.
② Ibid., 69.
③ 笔者没有能力对理雅各这种想象和论证的正当性与合理性进行评价,不过,诸多学者承认"五经"中的确包含了对至上神的崇拜,甚至学界对殷墟甲骨文进行细致考察后,不少学者也提出甲骨文中的"帝"已具有至上神品格。参见陈来:《古代宗教与伦理——儒家思想的根源》,北京:三联书店,1996年。单就理雅各的论证而言,笔者只想指出,其中当然会有粗疏乃至错误之处,例如对"天"的解释(可以参照陈咏明:《儒学与中国宗教传统》,北京:宗教文化出版社,2003年,第66—100页),但是笔者以为,这种建立一神教历史叙事的尝试无论如何都是一种有益的启示,能够提醒往往缺乏宗教意识的我们从宗教信仰的角度重新审视自身的传统。
④ 尼布尔:《人的本性与命运(上)》,成穷、王作虹译,贵阳:贵州人民出版社,2006年,第116页。

帝同时也是位格性的,而且上帝就是爱,这使得他愿意主动向人类启示自己。据此启示总是及必须由上帝而来,是出自上帝之爱的意志的主动行为。上帝的启示既包括针对整个宇宙、整个人类和整个人类历史所呈现的普遍启示,也包括上帝在某一特定时间和地点向某一特定个人或群体自我显示的特殊启示。

理雅各认为,尽管中国人并未领受过特殊启示,但他们与基督徒一样领受了普遍启示。所以他引用《使徒行传》中保罗(St. Paul)的话说:"然而为自己(指上帝——引注)未尝不显出证据来,就如常施恩惠,从天降雨,赏赐丰年,叫你们饮食饱足,满心喜乐。"(徒14:17)以及《罗马书》1:18—20:"原来,神的忿怒,从天上显明在一切不虔不义的人身上,就是那些行不义阻挡真理的人。神的事情,人所能知道的,原显明在人心里,因为神已经给他们显明。自从造天地以来,神的永能和神性是明明可知的,虽是眼不能见,但藉着所造之物就可以晓得,叫人无可推诿。"这表明,人通过所造之物,通过人所承受的恩惠,就可以意识到上帝的存在及其某些属性,例如权能、公义、不朽、良善。对于这一点,罗马天主教自不必说,即使路德和加尔文也承认,在普遍启示的基础上,所有人(包括偶像崇拜者)都对上帝有所认知。而后来的路德宗和改革宗"都在梅兰希顿的影响下达到对基督教之前和基督教之外的上帝认识的一种宁可说积极的评价"。① 无论是否能够由保罗的言说进一步宣称普遍启示带来人的理性潜能和能力,至少可以宣称人对于上帝认知的事实性。因此理雅各说:"这些同样的资源也已经指引中国人具有了对上帝的观念和承认。"②

理雅各对普遍启示的重视和解读受到了自然神论及苏格兰常识哲学的

---

① 潘能伯格:《系统神学(卷一)》,李秋零译,香港:道风书社,2013年,第99—100页。
② Legge, *The Religions of China*, 96. 另可参见 Legge, *Confucianism in Relation to Christianity*, 10—11。值得注意的是,加尔文强调,尽管上帝也藉由普遍启示来启示自我,但是堕落后的人已经不能正确接受和体会上帝的启示了,除非经由中保基督。显然,理雅各有意偏离了加尔文神学的某些教导,这体现在理雅各的诸多译作、著作中。

影响。理雅各成长于独特的"汉德利传统"中,那一传统中弥漫的是与传教运动相关的福音派护教学中的自由倾向、十八世纪自然神论的理性主义和自然宗教元素、苏格拉常识哲学传统(特别是经由托马斯·里德和 D. 斯图亚特的发展)、圣经高等批判、与圣书的巨大古代遗产相关的比较历史科学,以及进化论的或者思辨的比较学。① 苏格兰常识学派将外部世界的存在和心灵世界的存在作为常识接受和肯定下来,其理论基础就追索到人心灵的初始能力与构造原则之中,而这一能力和原则是源出于上帝的。② 具体来说,就是来自于上帝在创造之中的普遍启示。作为奠基人的托马斯·里德曾经专门谈到,自然神学是人在所有受造物中的特权,这使得人能够知晓其创造者,敬拜他,模仿他的完美性。③ 自然神学传统和常识哲学传统在理雅各曾就读的阿伯丁国王学院影响深远,原因之一是托马斯·里德在 1751 至 1764 年在此执教时形成、发展并传播了他的常识哲学。根据费乐仁的追述,那些传统对理雅各思想的成型影响重大。④

需要特别指出的是,初看起来,似乎理雅各通过普遍启示的观念将基督教中的"上帝"观念"强加"给了中国信仰,但是实际上理雅各一直在强调即使基督教自身对"上帝"的知识也是相对的,⑤因为基督教同样也是建立在上帝启示的基础之上,他们哪怕宣称自己获得了圣经中的特殊启示,也不能宣称获得了关于上帝的绝对知识。

这就关系到上帝的无限性和超越性以及人的有限性。即使上帝主动启示,人类仍然不能完全认识上帝,这一方面是由于上帝在启示中既显又隐,在启示中所启示的上帝并非进行启示的上帝本身,正如巴特(Karl Barth)所说:"借助于一个他在不是的形式里遮掩他自己,他揭示他自己是一个他所

---

① Norman, *The Victorian Translation of China*, 20—21.
② 托马斯·里德:《按常识原理探究人类心灵》,李涤非译,杭州:浙江大学出版社,2009 年,第 7 页.
③ 托马斯·里德:《实践伦理学》,转引自 Pfister, *Striving for "The Whole Duty of Man"*, 63.
④ Pfister, *Striving for "The Whole Duty of Man"*, 65—67.
⑤ Legge, *The Religions of China*, 96.

是的人。"①启示既是上帝主动向人自我揭示,同时也是自我隐藏的一种方式。由于信仰是指向不可见之物,为使信仰有机会,一切被信仰的东西必须是隐藏的。如果它们与人们看见、感知、经验的正好相反,则它们就是隐藏得最深的。② 因而上帝永远是无限的和超越的。

另一方面,对于上帝启示奥秘的表达,对于圣言的传达,也终究是用人言来表达的,因而不能不受制于人言的限制和弹性。③ 这意味着任何一种人言都绝对无法真确、整全地言说上帝,任何一种人言的术语都无法向人类传达"God"的全部内涵,从而只是一种相对性真理。如此一来,西方传教士们的基督教言说也并不天然而必然具有先天优越性;从个体生存论而言,正如刘小枫所说的那样,由于基督文化指圣言(基督事件)在个体偶在生存中的言语生成,因而圣言对于任何民族性存在及其文化来说,都是从此世之外、从神圣的他在发出的异音。不同民族语言和文化去承纳言说、跟随圣言才呈现为多样的基督文化之人言样式。④ 由此而言,不管是希伯来语、希腊语或拉丁语的言说,还是汉语言说,都天然具有相对于无限和超越之上帝的有限性,在有限性层面上,这些言说是平等的。

因此,从根本上说,基督教不能依据自己形成的对上帝的认识来判定其他文化或宗教信仰中缺乏对上帝的认识。如果妄称他们根本不可能具有任何对上帝的可能意识,那么这既是相对于其他文化和宗教信仰的自傲,也是对上帝的亵渎。可以说理雅各的这种思想已经包含了对基督教自我中心的深刻自省,而不仅仅是来自经学考察的学术成果。

---

① 卡尔·巴特:《教会教义学》(精选本),何亚将、朱雁冰译,北京:三联书店,1998年,第17页。
② 路德语,转引自卡尔·巴特:《罗马书释义》,魏育青译,上海:华东师范大学出版社,2005年,第41页。
③ 保罗二世:《教宗若望保禄二世贺辞》,宗座圣经委员会公告,冼嘉仪译:《教会内的圣经诠释》,香港:思高圣经学会,1995年,第iv页。转引自杨慧林:《圣言·人言——神学诠释学》,上海译文出版社,2002年,第3页。
④ 刘小枫:《道与言——华夏文化与基督教文化相遇·编者序》,上海:三联书店,1995年。

这种反省在当时的传教士群体中弥足珍贵,但并不是绝唱。例如十九世纪美南浸信会传教士纪好弼(R. H. Graves)通过对圣经原文的考察,发现God之名多种多样,而不同的名字具有不同的侧重点:考虑到他的永恒与绝对独立,他被称作"Elohim"——永恒;当他被看做自由和人格的God,通过他的创造工作显现自己时,他被称作"Jehovah"——自存者,造物主;当考虑到他超越一切造物的无法企及的超绝时,他被称作"El Elion"——至高的God;当他展现出不可战胜的全能时,他被称作"El Shaddai"——全能的God;在以色列人生活于偶像崇拜民族中的以斯拉和但以理时代,他们又称God为"天上的God"。按照纪好弼的分析,之所以"God"在圣经中会有如此多样的名称,主要在于人们只能理解其一部分本性,并不能形成对于其本性的充分观念,因而God用多个语词来使人们知道他的属性和本性。① 这就意味着,即使作为God之话语的圣经,由于仍然是人用人言所记述,还是不能尽然形成对God的整全和完全真确的认识,且受到人言本身的肉身性和含混性所限制。既然希伯来原文中God之名并非单一的,那么纪好弼提议也采用不同的中文译名来翻译God。尽管纪好弼的解决方案与理雅各并不相同,双方都意识到,相对于God的绝对性、超越性,人的头脑不能形成关于God本性的充分整全的观念,包括在基督教文化内部显然也不能。

在此意义上说,"译名问题"并不只是人言层面上的是否可译以及如何译的问题,更重要的是在人言和圣言的关系层面的可译性/不可译问题。意识到基督教自我的局限,才能以一种平等的姿态谈论译名问题,才能不贸然将包括儒家文化在内的他者文化断然视为异教的乃至低级的。因此,理雅各选择"God"与"上帝"的互译,并非一种单纯的译名问题,而是在对基督教文化自我局限性的深刻警醒之后,向他者文化的开放。

---

① 参见程小娟:《God的汉译史——争论、接受与启示》,北京:社科文献出版,2013年,第40页。

结　语

　　当我们背靠着各自的文化经典或者宗教经典而相互平等交往时,必然已经在进行着"经文辩读",因为"经文辩读"要做的,就是将自身去中心化,以获得更真实的、"在路上"的自我。[1] 而对于各自依靠的经典来说,面向他者的打开,也使得自身成为去偶像化的标志物,[2]因为无论是圣经,还是《论语》,都不可能独占真理,甚至都仅仅只是对真理的追索而已。正是理雅各观念中这种或隐或显的神学基础,才促使他能够在人言的层面对他者文化持有开放和宽容,才能够在他者文化的观照下反省西方基督教文化自身。这样向他者的敞开、自我的去中心化,正是经文辩读的题中应有之义。

　　作者邱业祥,河南大学比较文学与比较文化研究所副教授,文学博士,主要研究圣经文学、传教士汉学和比较文学。近期发表论文《鬼神或上帝:不在场的在场——理雅各的两处〈论语〉译解与儒耶对话》《论〈薄伽梵歌〉与〈约伯记〉的信仰交汇点》等。

---

[1] Richardson, "Editor's Preface," *The Journal of Scriptural Reasoning* 2, no. 1 (2002). See http://etext.lib.virginia.edu/journals/ssr/issues/volume2/number1/ssr02—01—f01.html.
[2] Ibid.

圣经根本隐喻 οἰκονομία 的汉译研究

周复初　谢仁寿

内容提要：圣经之隐喻 οἰκονομία 是一个具多层涵义的"根本隐喻"。本文比较10个中文译本对 οἰκονομία 及其相关字的翻译，结果显示，大部分译本对这"根本隐喻"的理解尚待发展。对于托付人的 οἰκονομία，译词可谓纷歧；然而，管家职分及其同义词占了大部分。对于神的 οἰκονομία，译词之间的歧异更大；目前的主要译词有：安排、计划、章程、措施和经纶等，本文将探讨何者较能体现圣经隐喻的多层涵义，也与教父传统的 οἰκονομία 用法相呼应。

关键词：οἰκονομία；根本隐喻；译本比较；安排；经纶

A Study of Chinese Translation of Biblical Root Metaphor οἰκονομία

CHOU Fu-Chu　HSIEH Jen-Sou

Abstract: The biblical metaphor οἰκονομία is a root metaphor with several underlying meanings. This article investigates the ways in which the root metaphor has been translated in ten different Chinese Bible versions.

圣经根本隐喻 οἰκονομία 的汉译研究

The result shows that several embedded meanings of the root metaphor have largely been uncovered, which in turn leads to inconsistencies in translation. Some versions of translation appear to have maintained a higher level of consistency than others. In these versions, the Chinese translations of the root metaphor are found to reflect more meanings of οἰκονομία underlying the biblical text and agree with the patristic tradition.

Keyword: οἰκονομία; root metaphor; translation comparison; plan; economy

圣经是一本充满隐喻的书。在人类的语言与文学中,隐喻(metaphor)是一种非常重要的工具。① 该词的希腊文为 μεταφορά,其字根分别是 μετά 与 φέρω,意思为"穿过、横穿"与"背负"。也就如雷可夫和约翰逊所陈述的:"隐喻的实质是藉由一类事物去理解并体验另一类事物。"② 胡壮麟认为:"隐喻在语言和认知之间起到重要的桥梁作用。"③

玻撒(Botha)指出,圣经语言的隐喻性质是无争论之余地的。④ 弗莱(Northrop Frye)认为:"隐喻也许并不是圣经语言的一种偶然性装饰,而是圣经语言的一种思想控制模式。"⑤ 诺门拉索(Norman Russell)也指出,所有神学语言都根植于隐喻。比如救赎,字面意为"赎回或买回";救恩意为"使……成为安全或完整"。圣经中 οἰκονομία(英文转化为 economy)的最初意思是"家庭管理",后来用作任何人类事务之组织或 dispensation 的隐喻。⑥

---

① 李怡严:《隐喻—心智的得力工具》,《当代》第 177 期,2002 年,第 56—65 页;《当代》第 178 期,2002 年版,第 120—141 页。
② 雷可夫(G. Lakoff)和约翰逊(M. Johnson)著,周世箴译:《我们赖以生存的譬喻》,台北:联经出版公司,2006 年,第 12 页。
③ 胡壮麟:《认知隐喻学》,北京大学出版社,2004 年版,第 3 页。
④ M. Elaine Botha, "Clusters, roots and hierarchies of metaphors in Scripture and the quest for Christian scholarship", *Koers: Bulletin for Christian Scholarship*, Vol. 69, No. 3, 2004, 499—528.
⑤ 吴持哲选编:《诺思洛普·弗莱文论选集》,北京大学出版社,1997 年,第 85—86 页。
⑥ 诺门拉索(Norman Russell):《神的同工》,王亚伯、周复初译,台北:以琳书房,2004 年,第 27,30 页。

本文将阐述 οἰκονομία 一词为何是圣经中的一个"根本隐喻",并探讨中文译本译词对这"根本隐喻"多层涵义的表达方式。

一、οἰκονομία 是圣经中的"根本隐喻"

1."根本隐喻"

玻撒在讨论圣经中隐喻的聚群、根本与层次体系时指出,一个隐喻能被称为"根本隐喻",是因它能实质地掌握到神关于自我启示的目的和意愿、其救赎计划,或其管制的性质;而选择某个特定的圣经图画、事件、表号,或隐喻作为释经的钥匙来理解圣经,对于圣经经文与学者之间的关系能产生决定性的影响。而根本隐喻——或称中心隐喻、中心概念(notion)——的选择,也会经由释经学的影响,塑造一个基督教派的神学观点及其自身的特色。玻撒也探讨了其他学者如何将创造、救赎、圣约(covenant)、国度和律法等作为根本隐喻。[1]

2. οἰκονομία 是圣经中的"根本隐喻"

οἰκονομία 是圣经中的一个根本隐喻,因为我们能透过 οἰκονομία 而实质地掌握到神关于自我启示的目的和意愿、其救恩的计划,并其管制的性质。圣经至少有 10 处经文使用了 οἰκονομία 及其相关字。《以弗所书》提到,οἰκονομία 是连于神在时期满足的时候,使天上、地上、一切所有的都在基督里面同归于一(弗 1:10);也连于历代以来隐藏在创造万物之神里的奥秘(弗 3:9)。这两节经文提到 οἰκονομία,在时间上,其跨距是由创造到时期满足的时候;在空间上,是包含天上、地上和一切所有的;而且,这奥秘的 οἰκονομία 又被赐给使徒保罗,成为托付给他的 οἰκονομία(林前 9:17;弗 3:2;西 1:25);再

---

[1] M. Elaine Botha, "Clusters, roots and hierarchies of metaphors in Scripture and the quest for Christian scholarship", 511—512.

者,这奥秘的 οἰκονομία 又被称为神在信仰上的 οἰκονομία(提前1:4)。因此,圣经作者是使用 οἰκονομία 这隐喻的多层涵义来描绘神的宇宙性工作,启示神的目的和意愿,其救恩的计划及其管制的性质。

3. οἰκονομία 在教父著作中的用途极为广泛

普列斯第及(Prestige)在《教父思想中的神》①一书中指出,古代教父们常使用 οἰκονομία(英译为 economy 或 dispensation)一词,其用途广泛,且含义极广:诸如天地万物、宏观细节、人类历史、乾坤运转等,莫不与此有关。而 οἰκονομία 一字的意思可归纳整理为:行政、管理、分赐、供应、配给、执行、计划、设计、安排、调整或控制、监督、经营、职业、功用、神的主宰等。②

教父们也以 οἰκονομία 描述圣经的时代观。神对人之处理,分为旧约时代与新约时代。伊格那丢(Ignatius,约35—107年)说,新人耶稣基督,有其所属之 economy。③ 俄利根(Origen,约184—254年)说,犹太人从前蒙神恩宠,如今此 economy 与恩典转移至基督徒身上。④ 尼撒的贵格利(Gregory of Nyssa,330—395年)将 economy 一字直接用以形容神的约,即新旧二约。⑤ 区利罗(Cyril,约313—386年)也说,第二个 economy(指新约)远超第一个 economy。⑥ 爱任纽(Irenaeus,约130—202年)亦论及,神有一个"完整之救恩的 economy"。⑦ 在这个 economy 中,神设立了"各种的 Dispensations"⑧:"旧约的 Dispensation"⑨和"新约的 Dispensation";新约的 Dispensation 也被

---

① G. L. Prestige, *God in Patristic Thought*. London: S. P. C. K. 1952, 57—67, 97—111.
② 余洁麟:《神学与神的经纶》,《肯定与否定》第1卷第2期,1998年,第3—11页。本文许多关于经论的资料受惠于此,特此申谢。
③ G. L. Prestige, *God in Patristic Thought*, 64, 引自 Ignatius(*ad Eph.* 20.1)。
④ G. L. Prestige, *God in Patristic Thought*, 64, 引自 Origen(*c. Cels.* 5.50)。
⑤ G. L. Prestige, *God in Patristic Thought*, 64, 引自 Gregory of Nyssa(on *Cant. proem.*)。
⑥ G. L. Prestige, *God in Patristic Thought*, 64—65, 引自 Cyril(on *Hab.*, 563D)。
⑦ Irenaeus, *Against Heresies*, 3.23.1.
⑧ Irenaeus, *Against Heresies*, 4.20.10;4.21.3;4.28.2;4.33.7;4.33.10;5.20.10;5.33.7;4.23.1.
⑨ Irenaeus, *Against Heresies*, 4.11.3. 又被称作"原先的 Dispensation""摩西的 Dispensation""利未人的 Dispensation",或"律法性的 Dispensation"。

称作"基督的 Dispensation"。① 爱氏甚至使用了"藉他所取之属人性情的那个 dispensation"②,来描述基督的道成肉身。

二、οἰκονομία 用于神之三一性和基督之神人二性

前述是教父们对 οἰκονομία 的一般用法。事实上,在初期教会时,οἰκονομία 一词也专门用于神之三一性和基督之神人二性。在教父思想中,神的 οἰκονομία 能解释三一神的教义,也能阐释基督之神人二性真理。德尔图良(Tertullian,约 160—225 年)指出,有时候,三一与单一(the Trinity and Unity)的大公教义被称为"神之神格中位格关系的神圣 economy 或 dispensation"。又说:"我们的确相信有一位独一的神,只是有 οἰκονομία 的讲究:就是这一位独一的神中又有一位子,也就是他的道(His Word)。"③"虽然,神是那一位独一的神,但必须以其本身之 οἰκονομία 被相信。"④希坡律陀(Hippolytus of Rome,170—235 年)说:"'神在你里面',必是指 economy 之奥秘而言。因道成肉身成为人时,父在子里面,子活在人中间时,子在父里面。"又说:"和谐之 economy 说出一位神,因为只有一位神:父发命,子遵从,圣灵使人领悟。"⑤"父的道既深明父神之 economy 与旨意——即在死而复活后,命令门徒奉父、子、圣灵之名给人施浸。"⑥

再者,古教父在论基督神人二性之真理时,常以 θεολογία 和 οἰκονομία 两词连用,而分别指基督之神性和人性。⑦ 希腊教父大马色的约翰(John of

---

① Irenaeus, *Against Heresies*, 4.23.1。或"神儿子的 Dispensation""他儿子的 Dispensation""主的 Dispensation""主再临的 Dispensation""自由的新 Dispensation",或"怜悯的 Dispensation"。
② Irenaeus, *Against Heresies*, 5.19.2。也被称为"受苦的 Dispensation"。
③ Tertullian, "Against Praxeas", Chap. 2, *The Ante-Nicene Fathers*, Vol. III, Eerdmans Publishing Co., 598.
④ Tertullian, "Against Praxeas", Chap. 3, 599.
⑤ Hippolytus, "Against Noetus", Chap. 3, *The Ante-Nicene Fathers*, vol. V, Eerdmans Publishing Co., 225.
⑥ Hippolytus, "Against Noetus", Chap. 14, 228.
⑦ Eusebius, "Ecclesiastical History", Chap. 1.8, *The Nicene and Post-Nicene Fathers*, vol. I, Eerdmans Publishing Co., footnote 9, 82.

Damascus,约675—749年)于其《正统信仰经解》一书中说:"任何人想论及神或听见神,必须先清楚明白 θεολογιά 之教义与 οἰκονομία 之教义。"① 五世纪教父苏格拉底(Socrates of Constantinople,约380—439年)也指出:"承认基督为神,并从未因其道成肉身之 οἰκονομία,将其人性与神性分离。"②

三、中文译本如何处理 οἰκονομία 这根本隐喻

中文圣经是中国历史上翻译版本最多、汉语言文字表现形式最多、也是近代史上出版发行量最大的书籍。③ 下文将针对 οἰκονομία 这"根本隐喻"的翻译进行比较与研究,以探讨不同译本处理该隐喻的方式,以及如何影响读者对于该隐喻的认识。本文比较10个中文译本,包括:委办译本(1854)、文理和合本(1919)、和合本(1919)、思高本(1968)、吕振中译本(1970)、现代中文译本(1979)、恢复本(1986《新约》出版)、新译本(1993)、新汉语译本(2010《新约》出版),④以及汉希英逐字五对照《新约》(2007),⑤依时间先后顺序排列,以期展现中文圣经翻译工作的演化。

1. 各译本的比较

圣经至少有10处经文使用了 οἰκονομία 及其相关字,分别见于:《路加福音》16:1—4、《哥林多前书》9:17、《以弗所书》1:10、3:2、3:9、《歌罗西书》

---

① John of Damascus, "An Exact Exposition of the Orthodox Faith", Bk 1, Chap. 2, *The Nicene and Post-Nicene Fathers*, vol. IX, Eerdmans Publishing Co., 1.
② Socrates, "Ecclesiastical History", Bk 7, Chap. 32, *The Nicene and Post-Nicene Fathers*, Vol. II, Eerdmans Publishing Co., 170.
③ 赵晓阳:《汉语官话方言圣经译本考述》,《世界宗教研究》2013年第6期,第77—86页;赵晓阳:《圣经中译史研究的学术回顾和展望》,《晋阳学刊》2013年第2期,第8—14页。
④ 汉语圣经协会:圣经。《新约全书——新汉语译本,和合本(并排版)》,香港:汉语圣经协会有限公司,2011年。
⑤ 周行义、王建德、祈绍昊、周忠义编著:《汉希英逐字五对照新约圣经》,上海:中国基督教两会,2007年。

1:25,以及《提摩太前书》1:4。以下列举 10 个译本对两处较具代表性和讨论性之经文的翻译。

表格一　10 个译本对《以弗所书》1:10 和 3:9 的经文翻译

圣经译本	弗 1:10	弗 3:9
委办译本	届期将以天地间万物悉归基督、	令众共知上帝永世所隐奥妙、上帝以耶稣基督造万物、
文理和合本	迨期满时、在天在地之万有、悉统一于基督、	令众咸知此颁布之奥秘、即历世隐于创造万有之上帝者、
和合本	要照所安排的,在日期满足的时候,使天上、地上、一切所有的都在基督里面同归于一。	又使众人都明白,这历代以来隐藏在创造万物之神里的奥秘是如何安排的,
思高译本	就是依照他的措施,当时期一满,就使天上和地上的万有,总归于基督元首。	并光照一切人,使他们明白,从创世以来,即隐藏在创造万有的天主内的奥秘,
吕振中译本	以完成时机成熟之安排,使万有、无论在天上的、在地上的、都总归于基督。	照明历世以来隐藏在创造万有之上帝里的奥秘、是何等安排,
现代中文译本	上帝在时机成熟的时候要完成的计划就是:要使天上和地上一切被造的都归属基督,以他为首。	使全人类知道上帝怎样实行他奥秘的计划。以往的时代,万物的创造主——上帝把这奥秘隐藏起来,
恢复本	为着时期满足时的经纶,要将万有,无论是在诸天之上的,或是在地上的,都在基督里归于一个元首之下;	并将那历世历代隐藏在创造万有之神里的奥秘有何等的经纶,向众人照明,
新译本	到了所计划的时机成熟,就使天上地上的万有,都在基督里同归于一。	并且使众人明白那奥秘的救世计划是什么(这奥秘是历代以来隐藏在创造万有的神里面的),
新汉语译本	当安排的时候满了,就使天上的、地上的,一切所有的,都同归于基督,以他为首。	并向众人显明这奥秘的计划是什么(这奥秘历世历代隐藏在创造万有的神里面),
汉希英逐字五对照	就是不但在这些诸天里面的而且在这地上的这些万物去综合了在这基督里,进入这些日期的这满足的安排。	又所有的人们去明白了这从这些时代以来以被隐藏着的在通过耶稣基督创造着了这些万物的这神里面的这奥秘的这分享是什么。

224

表格二　中文译本对于 10 处使用 οἰκονομία 及相关字之翻译的对照

		文言文译本		白话文译本							全直译
经节	原文	委办 1854	文理 1919	和合 1919	思高 1968	吕振中 1970	现代 1979	恢复 1986	新译 1993	新汉语 2010	五对照 2007
路 16:1	οἰκονόμος	操会者	家宰	管家	管家	管家	管家	管家	管家	管家	管家
路 16:2	οἰκονομία	会计条目	职	所经管的	管家家务	管家职分	管家	管家职分	管理的账目	管理的事	管家职分
	οἰκονομέω	为操会者	为家宰	作管家	作管家	作管家	担任管家的职务	作管家	作管家	作管家	作管家
路 16:3	οἰκονόμος	操会者	家宰	管家	管家	管家	管家	管家	管家	管家	管家
	οἰκονομία	操会	职	管家的职务	管家职事	×	管家职分	管家	管家职务	管家职分
路 16:4	οἰκονομία	操会	职	管家	管家职务	管家职事	业	管家职分	管家的职务	管家职务	管家职分
林前 9:17	οἰκονομία	责	任	责任	责任	管家职责	任务	管家的职分	职责	职责	管家责任
弗 1:10	οἰκονομία	×	×	所安排的	措施	安排	计划	经纶	所计划的	安排	安排
弗 三2	οἰκονομία	职	职	职分	职分	职分	职务	管家职分	计划	管家职分	职分
弗 3:9	οἰκονομία	×	×	安排	×	安排	计划	经纶	救世计划	计划	分享
西 1:25	οἰκονομία	职	职	职分	职责	管家职分	任务	管家职分	管家职分	管家职分	职分
提前 1:4	οἰκονομία	×	役事	章程	救世计划	安排（管家职分）	计划	经纶	计划	计划	安排

以上的经文共使用了 3 个 οἰκονομία 相关的字：(1) οἰκονομέω 是动词型态，意思是管理一个家庭或产业、或管理家务；(2) οἰκονόμος 是名词型态，指的是进行 οἰκονομέω 的那个人、家庭的管理者、家庭的分配者、家庭的总管；(3) οἰκονομία 也是名词型态，指的是 οἰκονόμος 负责管理的事务、特别是宗教信仰上的 Economy、Dispensation、Stewardship（管家职分）。①

---

① 也可参阅朴润植：《从神救赎史的经纶看〈创世记〉的家谱》，山东：中国山东省基督教协会，2009 年，第 25 页。

2. 文言文译本评析

委办译本与文理和合本采用的译词与后来的白话文译本有相当大的差异。例如,白话文译本普遍采用的"管家"一词,委办译本翻译为"操会者",文理和合本作"家宰"。对于 οἰκονομία,委办译本与文理和合本往往以非常"简约"的方式进行翻译,例如,在《哥林多前书》9:17、《以弗所书》3:2 和《歌罗西书》1:25,这两个译本以"责""任""职"一个字译之。甚至于在《路加福音》16:2,《以弗所书》1:10、3:9 和《提摩太前书》1:4(委办译本),两个译本均采取不翻译的处理方式。过于简略的翻译,甚或不译,都会使读者错失作者想要表达的原意,或产生不同的理解。

3. 白话文译本评析

对于《路加福音》16:1 的 οἰκονόμος,所有的白话文译本皆译成"管家"。而《路加福音》16:2 的动词 οἰκονομέω 绝大部分译本译为"作管家";至于 οἰκονομία 的翻译,就出现了完全不同的情况。因为《路加福音》16:1—4 的上下文是明确的在家庭管理的背景之下,各白话文译本基本上都根据这主题将 οἰκονομία 翻译作"管家"(steward)或"管家职分"或"职务"(stewardship)。这使得各译本的翻译都体现出某种的规律。唯一的例外是现代中文译本,它没有翻译《路加福音》16:3 的 οἰκονομία,并将 4 节中的 οἰκονομία 翻译作"业",这与原意差距颇大。

在《新约》书信中,各个版本的翻译就出现了更大的差异。对于没有原文背景知识的读者群而言,他们在阅读译文的时候,会理所当然地认为,翻译者乃是使用与原文相对应的字或译词来反映原文的意思。以 οἰκονομία 为例,若某译本使用了 7 个不同的译词,读者就难以察觉这 7 个不同译词背后,实际上是同一个希腊文单词。其结果就是,圣经用一个词来表达的意思就可能被理解为 7 个独立互不隶属的意义。一个译本的质量往往也取决于这个因素。换句话说,翻译后之译词的数目是一种指标,一定程度地代表了译文的一致性和前后呼应性;在本文中,更是体现出译者对 οἰκονομία 这根本隐喻的重视与理解程度。所使用的译词越是一致和前后呼应,就越能够准确地传达这圣经中心概念的原意。

含有 οἰκονομία 的 9 处经文,依其内涵可分两类,其一是托付人的 οἰκονομία(路 16:2—4、林前 9:17、弗 3:2、西 1:25),其二是神的 οἰκονομία(弗 1:10、弗 3:9、提前 1:4)。所以,白话文译本的翻译概况可整理如下:

表格三 白话文译本的翻译概况

	οἰκονομέω	οἰκονόμος	托付人的 οἰκονομία	神的 οἰκονομία
和合	作管家*	管家	所经管的,管家,责任,职分(4 个翻译)	所安排的,安排,章程(3 个翻译)
思高			管理家务,管家的职务,责任,职分,职责(5 个译词)	措施,救世计划(2 个译词,但是,弗 3:9 未译)
吕振中			管家职分,管家职事,管家职责,职分(4 个译词)	安排,管家职分(2 个译词)
现代			管家,业,任务,职务(4 个译词,但是,路 16:3 未译)	计划(1 个译词)
恢复			管家职分,管家的职分(2 个译词)	经纶(1 个译词)
新译	作管家*	管家	管理的账目,管家,管家的职务,职责,计划,管家职分(6 个译词)	所计划的,计划,救世计划(3 个译词)
新汉语			管理的事,管家,管家职务,职责,管家职分(5 个译词)	安排,计划(2 个译词)
五对照			管家职分,管家责任,职分(3 个译词)	安排,分享**(2 个译词)

* 现代中文译本是例外,译为"担任管家的职务"。

** 在《以弗所书》3:9,《汉希英逐字五对照新约圣经》译词"分享"所对照的希腊文是 κοινωνία,在脚注中才用 οἰκονομία,至于为何该译本所对照的希腊文与其他版本不同,不在本文的探讨范围内。

综观各译本对于上述 9 处含有 οἰκονομία 之经文的翻译,可以看见以下3个现象：

（1）新译本使用了8个不同的译词。其次是和合本、思高本和新汉语译本，用了7个不同的译词。使用5个译词的有吕振中译本、现代中文译本和汉希英逐字五对照。恢复本使用3个译词。整体而言，目前大部分的中文译本使用了5个（含）以上的不同译词来翻译οἰκονομία。这现象显示，过去一百年来，翻译的经验累积了，神学的认识也增加了，但在处理οἰκονομία相关经文的翻译上，大部分的译本并未显出相对应的进步。

（2）对于托付人的οἰκονομία，所有译本的译词可谓纷歧；然而，管家职分、管家职事、管家职责、管家职务、管家责任等意义相同的译词占了大部分。

（3）对于神的οἰκονομία，各译本的译词之间歧异更大。目前的译词：安排、计划、章程、措施、经纶等，的确译出神的οἰκονομία的一部分意义。但是，本文将探讨，是否有些译词较能阐述οἰκονομία在圣经经文中的多层涵义？也能与前述之教父传统的economy或dispensation意义相呼应？

四、现代神学家将οἰκονομία
译成economy或dispensation时的发展

二十世纪的华人神学家贾玉铭将《以弗所书》1:10的οἰκονομία译为"计划"，并且"神永远的计划"在贾氏的神学思想中占有非常重要的地位。贾氏在《完全救法》一书中使用了48次"计划"，包括"永远的计划"[1]、"荣耀的计划"[2]、"神的计划"[3]、"天国的计划"[4]、"预备救恩之计划"[5]、"为犹

---

[1] 贾玉铭：《完全救法》卷1第10章"创始成终的耶稣"（1.10.2）、卷2第10章"信徒的职责"（2.10.1.3）、卷3第5章"十架之经过"（3.5），浙江省基督教协会。

[2] 贾玉铭：《完全救法》卷2第10章"信徒的职责"（2.10.1.3）。

[3] 贾玉铭：《完全救法》卷6第9章"保罗于教会"（6.9.1）。

[4] 贾玉铭：《完全救法》卷7第1章"神于天国之计划"（7.1）。

[5] 贾玉铭：《完全救法》卷7第1章"神于天国之计划"（7.1.1）。

太选民之计划"①、"为教会经过之计划"②、"为宇宙复原之计划"③等。倪柝声也曾将《以弗所书》1:10 的 οἰκονομία 译为"计划"。④ 而倪氏晚期著作将 οἰκονομία 译为经营或经纶。倪氏说:"在神的经纶中,教会乃是神最后的工作。所以,教会不能再误了神的事。"⑤在当代华语神学界,章雪富论三一神的神学时,强调有"内在三一"和"经世三一"(economical Trinity)两方面的讲究。⑥ 朴润植《从神救赎史的经纶看〈创世记〉的家谱》对于神的经纶也有相当的着墨。⑦ 谢仁寿和周复初《从教父传统和中国本土神学的对照》指出,在论述神的经纶上,贾玉铭、王明道与倪柝声虽无机会亲炙教父爱任纽的著作,却与爱氏所代表之教父传统遥相呼应。⑧

到了二十世纪末,对神化(Deification)或 Theosis 教义的研究在基督教内部获得了一个全面性的复兴,西方神学家们又再度注意 economy 的教义。⑨ 而相较于救赎,神救恩的经纶(economy of salvation)更能描述整个神化的过程。因此,诺门拉索在论 Theosis 之专书的第一章就以"神救恩的经纶"为题。并且,他指出,当我们提到神圣经纶时,是指神拯救人类的计划。神圣经纶实现于成肉体的子,使我们得与神的性情有分,成为由神的能力所变成的人类。⑩ 改革宗的学术圈子正探讨着(1)加尔文是否教导过神化或 Theo-

---

① 贾玉铭:《完全救法》卷 7 第 1 章"神于天国之计划"(7.1.2)。
② 贾玉铭:《完全救法》卷 7 第 1 章"神于天国之计划"(7.1.3)。
③ 贾玉铭:《完全救法》卷 7 第 1 章"神于天国之计划"(7.1.4)。
④ 倪柝声:《神的得胜者》(原载《复兴报》第 34 期》),《倪柝声文集》第 1 辑第 11 册。台北:台湾福音书房,2002 年,第 116 页。
⑤ 倪柝声:《鼓岭训练记录》卷 1,台北:台湾福音书房,2002 年三版,第 174 页。
⑥ 章雪富:《内在三一和经世三一——论卡尔·巴特和 T.F. 托伦斯的三位一体神学》,《基督教思想评论》第 7 期,2007 年版,第 137—146 页。
⑦ 朴润植:《从神救赎史的经纶看〈创世记〉的家谱》。
⑧ 谢仁寿、周复初:《教父传统与中国本土神学的对照——神的经纶、神化和人的灵》,近现代基督教的中国化国际学术研讨会论文,中国社科院近代史所和福建师大主办(福建武夷山,2013),第 132—149 页;谢仁寿、周复初:《经纶、神化、人的灵》,《基督生命长成:现代中国本土基督教神学之发展》,圣经资源中心,2014 年,第 18—38 页。
⑨ Roger Olson, "Deification in Contemporary Theology", Theology Today, 64(2007):186.
⑩ 诺门拉索:《神的同工》,第 27 页。

sis 教义？以及，(2)改革宗是否当全面接受 Theosis 并将其改造为"改革宗的神化教义"？① 这使得改革宗的学术圈子在研究 Theosis 教义的同时，也展现出一种 οἰκονομία 的张力。最明显的例子是，得到邓普顿奖（Templeton Award）的康丽丝（Julis Canlis）在她的新书《加尔文的梯子：一个上升与升天的灵修神学》中突破了改革宗传统，将加尔文直接与爱任纽进行比较。同时，康丽丝以三个经纶（Economies）来总结爱任纽的神学，它们分别是：亚当上升的经纶（The Ascending Economy of Adam），基督上升的经纶（The Ascending Economy of Christ），与圣灵上升的经纶（The Ascending Economy of Spirit）。②

要探讨各译词对 οἰκονομία 多层涵义的表达程度，须先查读其词义。各译词在《辞海》的定义分别是：

安排：有条理、分先后地处理（事物）；安置（人员）。
计划：工作或行动以前预先拟定的具体内容和步骤。
章程：各种规章制度。
措施：设施；解决问题的办法。
经纶：〈书〉整理过的蚕丝。比喻规划、管理政治的才能。

相较之下，安排、计划、章程和措施等词的词义较为单纯，而经纶是一个比喻，且是一个有典故可寻并具有多层表义作用的词。在古籍中，《周易·屯》曰："君子以经纶"，孔颖达疏："言君子法此屯象有为之时，以经纶天下。"《礼记·中庸》："惟天下至诚，为能经纶天下之大经。"朱熹曰："经者，理其绪而分之；纶者，比起类而合之。"元郑光祖《伊尹耕莘》第二折："想你学成经纶济世之策，立国安邦之谋"。总而言之，经纶在中文的用法上有规

---

① Gannon Murphy, "Reformed Theosis", *Theology Today*, 65(2008):191—212.
② Julie Canlis, *Calvin's Ladder – a Spiritual Theology of Ascent and Ascension*, Wm. B. Eerdmans Publishing Co., 2010.

划政治、治理天下、理其绪而分之、比其类而合之的意义,也常见"大展经纶""经纶天下"和"满腹经纶"等成语。这具有多层表义作用的词是较安排、计划、章程和措施等译词,更能描述 οἰκονομία 是如何连于神宇宙性的工作,启示神的目的和意愿、他救恩的计划,并他管制的性质。再者,对于前述教父们将 οἰκονομία 一般性地用于天地万物、人类历史、乾坤运转和圣经的时代观,以及专特性地用于神之三一性和基督之神人二性,经纶也是较优的译词之一。

五、结论

圣经语言的隐喻性质是毋庸置疑的。而在圣经的诸多隐喻中,οἰκονομία 是一个具多层涵义的"根本隐喻",或称"中心隐喻",或称"中心概念"。因为,一方面,根据圣经经文,οἰκονομία 连于神在日期满足的时候,使天上、地上、一切所有的都在基督里面同归于一,也连于历代以来隐藏在创造万物之神里的奥秘;而且,这奥秘的 οἰκονομία 又被赐给使徒保罗,成为托付给人的 οἰκονομία;再者,这奥秘的 οἰκονομία 被称为神在信仰上的 οἰκονομία。另一面,在教父们的著作中,οἰκονομία 一词用途极为广泛:既是一般性地用于天地万物、人类历史、乾坤运转和圣经的时代观,又是专特性地用于神之三一性和基督之神人二性。因此,透过 οἰκονομία 这"根本隐喻",我们能实质地掌握到神自我启示的目的和意愿、他的救恩计划和他管理的性质。

本文比较了 10 个中文译本对于 οἰκονομία 及其相关字的翻译,结果显示,文言文译本的译词过于简略,甚至不译,而大部分白话文译本,在 9 处经文里用了 5 个以上不同的译词。这种译词的前后不一致,实已体现出译者对这根本隐喻的理解程度。从读者的角度而言,几乎无法把 5 到 8 个不同的中文译词联想为同一个希腊文"根本隐喻"。如此纷歧的翻译,对于华人读者阅读圣经与对于 οἰκονομία 之理解的影响实是不容忽视的。

对于托付人的 οἰκονομία,所有译本的译词可谓纷歧;然而,管家职分及其同义词占了大部分。对于神的 οἰκονομία,译词之间的歧异更大,目前的主要译词——安排、计划、章程、措施等,词义较为单纯。而经纶在中文的用法上是一个比喻,有典故可寻,具有规画政治、治理天下、理其绪而分之、比起类而合之的多层表义作用。这些意义较能充分体现经文中 οἰκονομία 的多层涵义,也与教父传统的 οἰκονομία 用法相呼应,是较优的译词之一。圣经翻译工作本身乃是一件永无止境、精益求精的过程——没有"完美"的译本,但是一直该有"较优"的译本。

作者周复初,博士,台湾中央大学荣誉教授,主要研究圣经汉译、中国基督教之本土与全球发展;谢仁寿,台湾基督徒信仰研究学会副研究员。

(程小娟 编)

作为多维资源载体的伊甸园神话

周 妍

内容提要：作为圣经人类始祖叙事的鸿蒙开篇，伊甸园神话为诸多哲学理念、文化现象、关系模式、文学理论的成长与成熟提供了思想资源。本文试图通过文本细读，说明伊甸园神话为阐明存在哲学内涵，表明二元对立哲学现象，架构对立而互补关系模式，论证各派文学理论提供了滋养，以期加深对伊甸园神话丰富性、深刻性、重要性的认识。

关键词：伊甸园神话；多维资源；存在；二元对立；关系；理论

Eden Myth as Carrier of Multidimensional Resources

ZHOU Yan

Abstract: As Bible's obscurant beginning of human ancestors, the Eden myth has provided multidimensional resources for a variety of philosophical ideas and phenomena, relationship patterns, and literary theories. In order to further strengthen the awareness of the Eden myth's richness, profoundness and importance, through close reading, this paper tries to indicate that the presence of Eden myth gives nutrition to elucidate the philosophical connotation of being, suggest the phenomena of binary opposition philosophy, structure opposite and complementary modes of relationships, and demonstrate literary theories.

Key words: Eden myth; multidimensional resources; being; binary oppositions; relationships; theories

关于神话的定义,众说纷纭。学者们研究神话时涉及十二种类型,其中前三种是"作为认识范畴来源的神话;作为象征性表述形式的神话;作为意识投射的神话"。① 这说明,神话作为可资借鉴的元素,能为哲学思想、文化现象、关系模式、文学理论提供可资参考的多维资源。伊甸园神话作为远古创世神话之一,为诸如存在哲学理念、二元对立文化现象、对立而互补的关系模式、各派文学理论的成长与成熟提供了富于启发性的文献讲述,堪称多维资源的重要载体。具体而言,观其存在理念维度,伊甸园神话提供了世界、时间、意识存在的神学阐释;观其二元对立现象维度,伊甸园神话开启了男女、善恶、生死二元对立的神学起源;观其关系模式维度,伊甸园神话架构了人与神、人与自然、理性与信仰的对立互补结构范型;观其文学理论维度,伊甸园神话为论证结构主义、生态主义、女性主义的合理性提供了试刀石。

一、存在理念之维

伊甸园神话为存在理念提供了神学阐释。在伊甸园神话语境下,"存在"作为一个哲学概念,论及世界、时间、空间的存在,具有其神学意义上的起点,且以人的出现及其活动为参照系。

---

① 叶舒宪编选:《神话—原型批评》,西安:陕西师范大学出版社,2011年,第127页。

1. 世界存在

伊甸园神话为完整意义上的世界何时开始存在,提供了一种可能性的解答。在《创世记》中,耶和华先创造万物,但那时还不能说明完整的世界已经存在,因为缺少作为主体的人类,万物就不具备客体的属性,也无所谓由人管理的世界。只有出现了作为主体的人,由人感知客体世界,完整的世界才算出现。主体和客体彼此依赖,相互依存。就如同那个关于存在的著名问题:在森林里,一根松针掉落在地上,如果没有人在场,能否说有声音发出?答案是否定的,因为离开耳朵这一作为主体的接收器,客体的声音便不复存在。

2. 时间运动

耶和华创世,意味着时间的开始,但这却不意味着人类时间运动的开始。因为耶和华自称为 I AM WHO I AM(出 3:14),他是绝对的超时间性的存在。哲学意义上的时间,表达事物的生灭排列。所以时间感的存在必需仰赖于起点与终点的存在。伊甸园中由于没有死亡这一终点的存在,亚当与夏娃就不具备时间感。他们犯下原罪后,耶和华降下人类必死的惩罚,人类开始恋慕生命、恐惧死亡,生与死的概念开始形成,其生命从此有了起始与终结,人类也就萌生了时间意识。即如圣奥古斯丁所论:"上帝在创造世界的同时创造了时间。对时间的认知唯有依靠人的心理感觉,故亚当既为人类开启了时间感,也带来了原罪与堕落。"[①]

3. 意识萌发

亚当与夏娃偷吃禁果,获得智慧,象征着他们自我意识的萌发。这与婴儿自我意识的萌发、开始社会化进程非常相似。

[①] 转引自梁工主编:《西方圣经批评引论》,北京:商务印书馆,2006 年,第 401 页。

拉康认为,0 至 6 个月的婴儿处于象征母性的想象界,没有自我意识,也没有性别意识。6 到 18 个月的婴儿处于镜像阶段,他们开始察觉到镜中的自己,产生自我意识,进入语言系统。结束镜像阶段的婴儿进入体现父权秩序的象征界,他们拥有自我意识,以语言、逻辑理解世界,开始社会化进程。[1] 未开启智慧的亚当与夏娃如同处于想象界的婴儿,不具有自我意识,主体与客体浑然为一。耶和华与亚当口头立约,并让他为万物命名,象征人进入语言系统,此阶段的亚当如同进入镜像阶段的婴儿。吃禁果后的亚当与夏娃对赤身裸体产生了羞耻感,自我意识萌发,开始用理性理解世界,如同进入象征界的婴儿。海因茨·韦斯特曼(Heinz Westman)和尤兰迪·雅可比(Jolanda Jacobi)倾向于将伊甸园视作人类婴孩时期的无意识阶段,犯禁代表着孩童意识的产生。雅可比在《个性化的途径》中提出,伊甸园象征着人出生时的心理阶段,具有无空间、无时间、无意识的特点。[2] 在亚当夏娃偷吃禁果前,他们处于主客合一的无意识阶段,意识不到各自的赤身裸体;吃下禁果后,便开始形成主客二分的自我意识,无意识被深深掩埋于意识之下。

二、二元对立现象之维

伊甸园神话从神话角度象征性地解释了许多二元对立现象的起因,为二元对立哲学现象开启了男女、善恶、生死二元对立的神学起源。

1. 男女二元对立

起初,亚当双性同体。耶和华创造夏娃,世界开始出现男女两种性别。亚当与夏娃偷吃禁果,意识到彼此身体的不同,男女二元对立开始形成。由

---

[1] 彼得·巴里:《理论入门:文学与文化理论导论》,杨建国译,南京大学出版社,2014 年,第 109、110 页。

[2] 徐俊:《荣格理论对伊甸园神话的阐释》,《圣经文学研究》2013 年第七辑,第 166 页。

此,世界围绕男女性别的对立、冲突展开其架构。

"耶和华神用地上的尘土造人,将生气吹在他鼻孔里,他就成了有灵的活人,名叫亚当。"(创2:7)亚当是用象征大地母亲的尘土与象征人类父亲的耶和华的"气"造成的,这暗示伊甸园神话中初始的人是双性同体的。耶和华认为亚当独居不好,要为他创造一个配偶,就用他的肋骨造了夏娃。由此形成男女二元对立模式,并对西方的女性观念发生深刻影响。首先,亚当是由地上的尘土所造,夏娃仅是亚当身体的一部分,在创造时间上也晚于亚当,所以夏娃从属于亚当。其次,亚当与夏娃虽然都偷吃了禁果,但由于是夏娃诱惑亚当,故其罪孽更大,女性从此背负沉重的罪名。再次,亚当与夏娃吃下禁果后认识到彼此身体的不同,为逃避羞耻感而给自己做裙子穿,这意味着人类彼此之间开始产生隔阂,亦即男性与女性开始视彼此为"他者"。最后,作为耶和华的惩罚,女性要遭受生育之苦,慕恋丈夫并且服侍丈夫。"显然,夏娃通过生育做了母亲,并开始履行性别规范中的母亲角色。事实上,夏娃母亲身份的发现与认同,也是男权制文化身份的发现与认同。如果按照圣经所说,母亲身份是男性话语的他者,那么女性为什么接受了这一事实?"[①]母亲身份是男性强加给女性的,生育将女性牢牢地捆绑于家庭,捆绑于男性。在此过程中,女性也逐渐对自身产生了身份认同。可见整个伊甸园神话,深深影响了男女二元对立模式的形成。

2. 善恶二元对立

伊甸园神话故事的另一种二元对立是善与恶的对立,主要体现于蛇以禁果诱惑夏娃的情节。首先,象征撒旦的蛇用反问句质疑神的权威,表现出邪恶与至善的对立。其次,蛇告诉夏娃,吃了禁果不但不会死,还会眼睛明亮,以致笃信耶和华的夏娃发生怀疑,这是坚信与怀疑的二元对立。再次,"善恶树"名称本身就蕴含着深刻的隐喻。善恶树又名智慧树,"善恶"之名

[①] 佟玉洁:《中国女性主义艺术性修辞学》,桂林:广西师范大学出版社,2011年,第24页。

包含"善"与"恶"两极，善与恶的对立导致理性。夏娃（善）受蛇（恶）引诱吃禁果，获取了理性。可见善虽是好的一极，但仅有善还不能产生理性，尚需善与恶斡旋与抗衡。最后，夏娃与亚当想要变得与神一样富有智慧，乃吃下禁果，犯下原罪，遭到神的惩罚。亚当与夏娃想要僭越耶和华的行为，构成了他们最大的罪。在这一行为中，由怀疑导致的理性压倒先验的信仰，善与恶形成了二元对立。

3. 生死二元对立

耶和华对亚当与夏娃降下必死的惩罚，使生死的二元对立开始形成，由此，个体性死亡与集体性永生的二元对立也开始形成。

亚当与夏娃未触怒耶和华时，他们是永生的，不知死为何物。后来亚当与夏娃偷吃了禁果，有了理性，激怒了耶和华而遭到惩罚，惩罚之一是他们二人必将死亡。可以说自亚当与夏娃背上必死的咒诅时起，他们才成为尘俗意义上的人。生因死的出现而变得有存在感，死因生的前提而有了可能性。从此，生与死的二元对立开始形成。在亚当与夏娃未吃禁果时，他们是永生的，但这永生是个体性的永生。他们吃下禁果，遭到必死的惩罚后，个体生命便注定要死亡，但人类作为一个整体，却得到了集体性的永生。人类要面对的个体性的死，形成了人对死亡的恐惧，集体性的生又赋予人以永生的希望。个体性的死与集体性的生形成了二元对立。

三、关系模式之维

伊甸园神话蕴含着丰富的关系模式，架构了人与神、人与自然、理性与信仰之间对立互补的结构范型。

1. 人神关系

人按着神的形象被造，说明人具有神的特性，但并不等同于神。后来神与亚当立约,亚当与夏娃却因僭越之念违约,遭到神的惩罚,人与神从此分离,陷入对立与矛盾中。然而,在整个圣经语境中,关系破裂并非终点。"浪子回头"(路15:11—32)故事启示读者,神随时欢迎离开他的人与其重归于好。神与人的关系是爱与被爱、祝福与被祝福的关系。

神"照着自己的形象造人"(创1:27)。"照着"一词说明,人的主要特性,例如善与爱,都是源于神的特性。而"形象"一词说明,人并不等同于神,神是实相,人则类似于神镜中的影像。作为神的形象,人是有限的,注定永远不可能超越具备无限性的神。耶和华造亚当与夏娃后,与他们口头立约,规定他们不能吃善恶树上的果子。"既然关系是通过'立约'来确定的,人作为立约的一方,便可以选择守约,也可以选择违约"。① 亚当与夏娃因蛇的挑唆,心中升起了挑战神圣地位的分裂之念,违背约定,吃下禁果,触怒了神,致使神将他们逐出伊甸园。这便是人与神的分离。

然而,神爱他所创造的人类,即使人类违约在先,离开了神,神也随时欢迎他们回家。圣经的这一理念在"浪子回头"故事中得到充分体现:某父亲有两个儿子,一天,小儿子要求父亲将他应得的那份财产给他,他带着那些财产离开家,去闯荡江湖,父亲一口答应了。他离开家,在外面过着放荡不羁的生活……最后吃尽苦头,终于幡然悔悟,回家准备做父亲的雇工。出乎他意料的是,父亲接受了他(路15:11—32)。这则寓言故事与伊甸园故事具有很强的互文性,揭示了神对犯下原罪的人类的根本态度:祝福并欢迎每个迷失的人回家。正如莫尔特曼所说:"在基督教信仰里,人发现自己的人性在于:尽管他有许多非人性的表现,上帝还是已经爱他了;尽管他犯了错误,他还是被呼召去带有上帝的样式;尽管世上有许多国度,他还是被接纳到人子的共融关系里头。爱使得不爱者成为被爱者。来自他者的呼唤,使得孤独的生命成为具有回应能力的生命。"②

---

① 马月兰:《圣经创世神话的文化折射》,《世界宗教文化》2009年第1期,第44页。
② 尤根·莫尔特曼:《人子的国度》,林鸿信译,见赵林、杨熙楠编:《人神之际》,桂林:广西师范大学出版社,2008年,第11页。

2. 人与自然关系

起初,人与象征自然的伊甸园亲密无间;人吃禁果后,意识到自己与自然的不同,便与自然初步分离;后来人遭到惩罚,被逐出伊甸园,去尘世建功立业,象征人与自然事实上的分离。然而细细剖析耶和华惩罚的内容,可知大地也由此受到牵连,这象征人与自然患难与共;耶和华惩罚亚当终身劳苦,死后仍归于尘土,则象征人与自然生命的纽带从未分离。

亚当由伊甸园的尘土与耶和华吹的气造成,这个细节说明,人身体的质料源于象征大地母亲的伊甸园,灵魂源于象征人类父亲的耶和华。人的"身体发肤"源于伊甸园的自然环境,可见,起初自然与人有着母子般的亲密联系。在伊甸园中,水草繁茂、食物丰足,亚当与夏娃无忧无虑地生活,这象征人与自然和谐共处的状态。耶和华要人"生养众多,遍满地面,治理这地;也要管理海里的鱼、空中的鸟、地上的牲畜和全地,并地上所爬的一切昆虫"(创1:26)。莫尔特曼认为,这句经文中的"管理"意思是"人类和动物都要靠地上的果实生存,所以人对动物只能是和平统治,而没有生杀予夺的大权"。① 亚当与夏娃吃下禁果后,意识到自己是宇宙间唯一裸露的生物,感到羞耻,遂为自己制做裙子,这意味着亚当与夏娃将自己看作与自然不同的生命体,即第一次视自然为"他者"。② 这种"人类是主体,自然是他者"的观念发展到一定程度,便形成人类中心主义。后来耶和华降下惩罚,亚当与夏娃被逐出伊甸园,人类去世上开疆拓土,人与自然的对立关系遂开始形成。然而,仔细分析耶和华的惩罚,会发现人与自然的内在关系仍紧密相连。亚当与夏娃遭受惩罚,大地甚至也要受到牵连,长出荆棘和蒺藜(创3:18),这象征人与自然的命运紧密相连。耶和华惩罚亚当,他必须一直劳作,直到死后归于尘土(创3:19),这样的"叶落归根"象征人与自然生命的内在联系永

---

① 尤根·莫尔特曼:《创造中的上帝——生态的创造论》,隗仁莲等译,北京:三联书店,2002年,第44页。
② 刘意青编著:《圣经文学阐释教程》,北京大学出版社,2010年,第17页。

不绝断。

3. 理性与信仰关系

在蛇诱惑夏娃的情节中,由怀疑引发的理性与先验的信仰构成了对立关系。由怀疑引发的理性不能将人解救,只有理性与信仰结合产生的智慧才能使人获得真正幸福。

在伊甸园神话中,第一个怀疑者是身为女性的夏娃。蛇告诉她,吃善恶树上的果子不仅不会死,还会明辨善恶,这使夏娃从服从神转向怀疑神,最终吃下果子,也劝亚当吃下,以致他们犯下原罪,被逐出伊甸园。由此,夏娃的怀疑开启了人类的理性。然而耶和华为何不愿让人类获得理性?究其原因,"一是'理性'的清晰逻辑必然伴随着'怀疑'精神,二是丝毫的'怀疑'都会动摇乃至断送关于'信仰'的神学陈述"。① 在圣经语境下,由怀疑引发的理性不能给人以智慧和信仰,也就无法给人以真正的幸福。

犹太谚语有言:"人类一思考,上帝就发笑。"千百年来,哲学家们就本体论、认识论中的种种重大问题提出多种观点,如笛卡尔认为"我思故我在",可见哲学家们赋予思考以主体性地位。然而为何"人类一思考,上帝就发笑"呢?因为由二元对立的分裂之心所引发的种种思考,都是在语言内的自我游戏,思维始终无法自我超越。人类思维的局限性注定了人类在其本质上必然远离上帝的实相。缺失了信仰的理性就像失去磁性的指南针,虽能指向却指不到正确方向,人类对真理的思考反倒使之远离了真理。然而,并非没有能使人接近上帝的途径,虽然前文所述的理性是一种思想者带有分裂性自我意识的自娱自乐。在基督教思想体系中,真正的理性是效法基督,跟随圣灵,心怀信仰,这是一种超越了思维的真我境界。断言智慧是虚空的《传道书》写道:"我又专心察明智慧、狂妄和愚昧,乃知这也是捕风。"(传1:17)这样的观点看似与圣经的崇智倾向相悖,其实二者并不矛盾,只是分属

---

① 杨慧林:《罪恶与救赎——基督教文化精神论》,北京:东方出版社,1995年,第110页。

于不同层面上的智慧。①

四、文学理论之维

伊甸园神话作为圣经的经典文本,为论证结构主义、生态主义、女性主义的合理性提供了试刀石。

1. 结构主义

列维·斯特劳斯在《结构人类学》中对俄狄浦斯神话重点进行了结构主义分析,得出结论:不同地区的神话有着惊人的相似性。② 这表明,神话拥有规律性的结构,即将自然物纳入二元对立的结构中去认识世界。伊甸园故事作为神话,具有重要的二元对立的结构意义,具体而言,它象征着男与女、善与恶、生与死的二元对立等。可见列维·斯特劳斯的结构主义人类学分析方法,能够为伊甸园神话二元对立的结构研究带来启示。下文将仿照斯特劳斯对俄狄浦斯神话的结构主义分析,对伊甸园神话进行研究。序号1至7为依次发生的神话情节,最后一行是以纵列为单位归纳出的二元对立意义概念。横向为历时视域,即神话发生的前后顺序;纵向为共时视域,探究神话表层结构下深层的二元对立意义。

---

① 在伊甸园中,人吃了智慧树上的果子后,耶和华怕人类再吃生命树上的果子,获得与神一样的永生,而将人驱逐出伊甸园,人类便有了必然会死亡的命运,这吊诡地将智慧(理性)与死亡联系在一起。而圣经又具有崇智倾向,这看似矛盾,实则不然。因为亚当与夏娃吃智慧果,潜意识的动机是想变得和耶和华一样,心中升起了傲慢自大,以致这种"自己的智慧"断然不能回归圣经语境下的基督精神。而圣经崇智倾向所倡导的是理性与信仰的结合,唯此才能"找到生命的终极意义"。正如李炽昌、游斌所言:"《传道书》颠覆了早期智慧文学的基本原则,回归到《创世记》的伊甸园故事,主张智慧树与生命树的分离,人不能以自己的智慧找到生命的终极意义。"参见李炽昌,游斌:《生命言说与社群认同:希伯来圣经五小卷研究》,北京:中国社会科学出版社,2003年,第111页。
② 施用勘:《结构人类学》,《文艺研究》,1989年第3期,第172页。

1.耶和华造伊甸园，安置亚当	2.耶和华与亚当立约（亚当享有永生）	3.耶和华造夏娃	4.蛇诱惑夏娃，夏娃怀疑耶和华
		5.亚当夏娃吃禁果，眼明亮，觉羞耻	
	6.耶和华怒，降惩罚（人类不可能永生）		
7.亚当与夏娃被逐出伊甸园			
人与神的二元对立	生与死的二元对立	男与女的二元对立	善与恶的二元对立

纵向看，第一列涵盖了耶和华造伊甸园，安置亚当；亚当与夏娃被逐出伊甸园。这象征了人与神的二元对立。第二列包含耶和华与亚当立约；以及亚当与夏娃违抗耶和华后神震怒，降下人类必死等惩罚。耶和华降下的必死惩罚使人类永生的神话破灭，生与死的二元对立开始形成。第三列讲述了耶和华用亚当的肋骨造夏娃，形成男女两种性别；亚当与夏娃吃禁果，获得智慧。他们意识到彼此的不同，为彼此的赤身裸体感到羞耻，这时，男女的二元对立真正产生。第四列只包含一项，蛇诱惑夏娃吃善恶树上的果子，夏娃对神产生怀疑。这一情节包含着由怀疑引发的激烈的善恶对抗：象征恶的蛇挑战象征善的耶和华的权威，由此开启了善与恶的二元对立。

由伊甸园神话归纳出的二元对立结构说明，该神话基于二元对立结构，可用作论证结构主义二元对立模式的试刀石。

2. 生态主义

生态主义关注人与自然的关系，反对由人类中心主义造成的人与自然的二元对立，认为人在谋求自身生存发展的同时，应当尊重自然规律，与自然和谐共处。

在伊甸园神话中，神造天地的日子里，世界乃是"野地还没有草木，田间的菜蔬还没有长起来，因为耶和华还没有降雨在地上，也没有人耕地"（创2:5）。这象征人与自然是共生共荣的关系，没有人类的耕作，自然便一片荒凉。耶和华创造了亚当和伊甸园,并让亚当管理伊甸园。在自由派基督徒林恩·怀特看来,这段经文促成了人与自然的二元对立,人主导自然,人类中心主义便来源于此。① 对此,被称为"上帝中心主义者"的当代神学家莫尔特曼提出不同的观点,认为"自然界是人类历史发展的舞台,无论在时间抑或空间上都限制着人类历史"。② 也就是说,人能够生存于世间,全是因为上帝创造了美好的伊甸园;人更应好好地"修理看守"(创 2:15)伊甸园,而非将自然看作与人类对立的他者。这一观点在伊甸园神话本身也能找到支持:亚当与夏娃犯下原罪后,地也受到咒诅,长出荆棘和蒺藜,人要汗流满面才能养活自己,而死后仍归于尘土——这象征人与自然息息相关、患难与共,具有同源的生命纽带。

3. 女性主义

伊甸园神话至今还深刻影响着西方女性观:从某种意义上说,这则神话奠定了女性从属于男性的地位。时至今日这种观念还对女性心理起着潜在性的影响。夏娃由亚当肋骨而生,质料上次于男性、时间上晚于男性;此外,偷吃禁果时,夏娃在先,亚当在后,且亚当是受夏娃诱惑而为之。综上,夏娃所代表的女性罪孽深重。

女性主义文论及其引导下的女性主义批评与女性主义圣经批评在各自的领域成长,都促进了女性主义运动的发展。它们有如下共同见解:"女性就其本质而言,既不次于男性也不是男性的派生物;男性就其本质而言,亦不存在某种女性应当依从的'标准人性'或'完美人性'。"③在伊甸园神话中,夏娃劝亚当吃禁果,他并未意志坚定地拒绝,这反映出男性并不具备"完美人性";与亚当相比,夏娃倒表现出更多的勇敢与果决,女性在品性上也有优于男性之处,所以女性便无需事事顺从男性。

---

① 转引自梁工:《当代文学理论与圣经批评》,北京:人民出版社,2014 年,第 649 页。
② 转引自梁工:《当代文学理论与圣经批评》,第 665—666 页。
③ 梁工:《当代文学理论与圣经批评》,第 573 页。

女性主义文论不是单纯地反对男权主义,还要反对阶级中心论,乃至基督教中心主义、男权中心主义。概而言之,女性主义以反对据守中心的沙文主义为己任。[①] 这便意味着女性主义以消解二元对立为主旨。具体而言,消解男女间的二元对立或许可以从最初的亚当双性同体这一点得到启示,男性与女性要形成相互补充、相互依存的关系。男性发挥其理性、阳刚的优势;女性发挥其感性、温柔的优势,互相促进彼此人格的成长。由此,倡导追求男女平等、反对二元对立的女性主义显得十分适时与必要。

小　结

作为多维资源载体的伊甸园神话,具有重要的神学、哲学、文学价值。具体表现为:伊甸园神话所衍生出的存在理念象征着人类世界存在的基本模型样本;伊甸园神话所表现出的二元对立现象象征着人类世界对立元素的交织与对抗;伊甸园神话所依存的关系模式象征着影响人类社会基本意义关系的结构性存在;伊甸园神话所承载的文学理论象征着人类试图理解并超越伊甸园神话所面临的困境及其所做的努力。从一定意义上可以说,结构主义是对伊甸园神话二元对立模式的阐发,生态主义是对伊甸园神话影响下的人与自然二元对立关系的消解,女性主义是对伊甸园神话影响下的男性与女性二元对立关系的超越。由此可知,伊甸园神话不仅是关于圣经人类始祖的故事,而且具有丰富的象征元素、深刻的原初范型内涵、重要的多维资源价值。

作者周妍,河北师范大学外国语学院硕士研究生,研究圣经文学与比较文学,参与撰写河北省教育厅重点项目"从副文本解读圣经抒情诗重译的文学动因"系列论文。

---

① 李炽昌,游斌:《生命言说与社群认同:希伯来圣经五小卷研究》,北京:中国社会科学出版社,2003年,第23页。

生育禁令　命名改造　族内婚制

——《创世记》2:18—20 刍议

胡玉明

内容提要: 底本学说解释了圣经文本中多处不合逻辑、前后矛盾的地方,但鲜有论者认为《创世记》2:18—20 节是不同底本叠加的结果,其中把动物等同于后造的作为人之帮手的夏娃明显不合情理,而在上帝为亚当创造帮手的叙事中又插入"亚当命名"的情节,更是显得突兀。本文通过对希伯来语"帮手"所隐射的生育禁令、亚当命名所行的图腾改造,以及亚当拒绝异族通婚所预表的族内婚制等问题的探讨,发现《创世记》2:18—20 记录的是希伯来一神教对原始图腾部落的信仰改造,对以女性神为象征的性生殖崇拜的记忆根除,以及希伯来民族悠久的内婚制传统。结合列维-斯特劳斯的相关人类学观点,本文认为《创世记》2:18—20 所隐射的图腾制度、婚姻规则与希伯来认知传统之间具有结构主义人类学家所提出的结构同源关系。

关键词:《创世记》;图腾;族内婚制;亚当命名;结构同源

生育禁令　命名改造　族内婚制

Childbirth Control, Totemism Conversion, Consanguinity Marriage & Genesis 2:18—20

HU Yuming

Abstract: To rationalize God's forming animals and building a woman as Adam's "זֶרַע" (helper) continues to be the task of important debates among theologians and biblical scholars. Our aim in this paper is to briefly explore three interrelated issues that, taken together, point us toward Hebrew traditions of monotheism and consanguinity marriage that best represent Genesis 2:18—20. The key issues considered are childbirth control implied by masculine noun "זֶרַע" (helper), totemism converted by Adam naming and consanguinity marriage, a compensation for God's failed attempt to find Adam a suitable helper. The concerted force of these investigations, aided by insights drawn from the work of Levi-Strauss, will allow us to propose that Genesis 2:18—20 should be a homologous condensation that has the attributes of some structuralist anthropology.

Key words: Genesis; totemism; consanguinity marriage; Adam naming; homologous structure

耶和华神说:"那人独居不好,我要为他造一个配偶帮助他。"耶和华神用土所造成的野地各样走兽和空中各样飞鸟都带到那人面前,看他叫什么。那人怎样叫各样的活物,那就是它的名字。那人便给一切牲畜和空中飞鸟、野地走兽都起了名,只是那人没有遇见配偶帮助他。[①]

——《创世记》2:18—20

---

① 文中圣经引文来自汉语和合本(南京:中国基督教协会,2003年),凡出自《创世记》的引文只注章节,不再一一说明。

传统释经学通常把此段经文中"动物的受造视为造物主为人寻找帮手的一次不成功的尝试"①，而现代生态神学则将其解释为受造物"以上帝伙伴的身份积极参与不断进化的创造过程"②，因为只有"当万物从人类那里得到名称时，上帝才完成了创造"③。但是这两种解读均未能厘清"上帝为亚当寻找帮手"与"亚当命名"这两个事件的内里逻辑。然而，圣经文学阐释者却在其间看出了"J"的高超叙事技巧，认为经文里的语言错乱是上帝思维混乱的外化④。对此，我国学者赵敦华不以为然，认为经文里的"走兽"和"飞鸟"并非普通动物，而是以这些动物为图腾标识的原始部落族群，而"'亚当命名'是亚当选择帮手的身份认同事件"⑤。

　　赵敦华教授的"图腾说"理据充分，在一定程度上消弭了这段经文在理解上的逻辑混乱，但其与希伯来一神教的教义旨归却背道而驰。希伯来一神教反对包括原始拜物教在内的一切形式的偶像崇拜，又怎么会让"亚当发明图腾"呢？⑥ 相反，本文认为《创世记》2：18—20 节隐射的是希伯来人在与原始拜物教相抗争过程中对其的收编改造，通过亚当命名，使动物图腾过

---

① D. R. G. Beattie, "What is Genesis 2—3 About?" *The Expository Times* 1(1980):9.
② 梁工:《当代文学理论与圣经批评》，北京：人民出版社，2014 年，第 674 页。
③ 本雅明:《本雅明文选》，陈永国等译，北京：中国社会科学出版社，1999 年，第 279 页。此外，沃尔克(Michael Welker)认为，圣经创世神话把"给一切牲畜和空中飞鸟、野地走兽"命名的工作留给了人，强调的是"神性与人性在创世过程中的协调互助"；富尔康纳(James E. Faulconer)认为，人为万物命名这一事件"突显了人的创造性劳动，暗示人与上帝一起创造了这个世界"。参见 Michael Welker, "What is Creation？ —Rereading Genesis 1 and 2", *Theology Today* 1(1991):61；James E. Faulconer, "Adam and Eve—Community：Reading Genesis 2—3", *Journal of Philosophy and Scripture* 1(2003):7.
④ 尼克松(Rosemary Nixon)认为，J 底本里的上帝类似一位学艺不精的"工匠"，虽"精工细作"，但由于"缺少计划""思维混乱"，导致工作"没有预见性"。造人之后，发现"那人独居不好"，于是造了万物，万物之中没有找到合适的帮手，于是又造了夏娃；如此这般"没有预见性、几近嬉戏的工作方式，通过这样的叙事形式来讲述再合适不过了"。参见 Rosemary Nixon, "Images of the Creator in Genesis 1 and 2", *Theology* 777(1994):191—192。
⑤ 赵敦华:《人类起源、融合和分化——〈创世记〉前 11 章辨析》，《北京社会科学》2013 年第 2 期，第 10 页。
⑥ 赵敦华:《人类起源、融合和分化——〈创世记〉前 11 章辨析》，第 11 页。

生育禁令　命名改造　族内婚制

渡到语言图腾,①直至实现皈依耶和华神的目的,因为"道(语言)就是神"(约1:1),并进而实现对以女性神为象征的性生殖崇拜的记忆根除;而亚当"身份认同"的失败则预表了希伯来人盲目的民族优越感,以及接下来几千年希伯来人所坚持的族内婚制传统。

一、生育禁令

据菲利斯·特丽波(Phyllis Trible)考证,希伯来语"זֶרַע"(帮手、配偶)在圣经中常用来描述上帝的行为,具有"拯救"、"护佑"之意,②而在文章开头所引的那段经文中,它却明显预指夏娃。如此一来,"זֶרַע"一词不仅将夏娃与"走兽""飞鸟"连在一起,还将其与上帝等而视之。那么,夏娃是在何种意义上等同于上帝作为亚当的帮手,其作为亚当的帮手与"走兽""飞鸟"又有何区别呢?

《创世记》中一个非常重要的母题是生育焦虑。撒拉因不育而让亚伯拉罕同自己的使女夏甲同房(16:2),以撒因妻子利百加不育而祈求耶和华(25:21),"拉结见自己不给雅各生子,就嫉妒她姊姊,对雅各说,你给我孩子,不然我就死了"(30:1)。可见以色列的三代族母都在为生育而焦虑,以至于伦茨伯格(Gary A. Rendsburg)将以色列民族比作一个不孕的女子,"只有通过上帝的直接干预她才兴盛起来",③就连夏娃在生了该隐以后也说:"耶和华使我得了一个男子。"(4:1)那么,这些女性是自然不孕,还是另有隐情?对此,"זֶרַע"一词泄露了玄机,"זֶרַע"在希伯来语中属阳性名词,暗示了夏娃作为始祖亚当的配偶,从一开始就遭到了不育的诅咒。撒拉对亚伯

---

① 关于人类社会文化中是否存在"语言图腾"这一现象,详参见尹铁超:《"语言图腾"初探》,《学术交流》1991年第3期,第94—99页。
② Phyllis Trible, *God and the Rhetoric of Sexuality*. Philadelphia: Fortress Press, 1978, 90.
③ 加里·A. 伦茨伯格:《圣经的〈创世记〉》,邱业祥译,《圣经文学研究》第五辑,2011年,第108页。

拉罕说:"耶和华使我不能生育。"(16:2)拉结在向雅各要孩子时,雅各非常生气地说:"叫你不生育的是神,我岂能代替他做主呢。"(30:2)那么,神为什么要剥夺这些族母的生育能力呢?

在古代近东地区的两大文明发源地美索不达米亚和埃及,司掌女性生殖、土地丰饶的神祇往往都是女性神。美索不达米亚神话中的伊南娜(Inanna,又名伊什塔尔、亚斯他录)是自然与丰收女神,同时也是司爱情、生育及战争的女神;泰芙努特(Tefnut)是埃及神话中九柱神(Ennead)之一,是主司雨水、生育的女神。传说有一次泰芙努特和父亲太阳神拉(Ra)吵架离家出走,导致埃及大地一片干旱,后太阳神拉派儿子空气之神舒(Shu)去找回爱女,并将泰芙努特许配给舒,埃及才再度迎来雨水。① 闪米特人的母神亚舍拉(Asherah)是司生育繁殖的女神,早期以色列人将其视为耶和华的配偶,在耶路撒冷的耶和华神殿中随祀,但是到了犹太—基督教传统中,亚舍拉则成了一位异教神祇,对亚舍拉的柱像和木偶崇拜会招致先知的谴责和上帝的惩罚。无独有偶,这位繁殖女神亚舍拉的希伯来语"אֲשֵׁרָה"也属阳性名词。而《创世记》的J底本神话把太虚之初的野地荒芜、田间荒废说成是"神还没有降雨在地上,也没有人耕地"所导致(2:5)。

如若考虑到四邻神话对希伯来神话的影响,以及以色列人对女神亚舍拉的态度转变,就不难看出,这种荒芜的创世环境或许是女性神缺位以及两性关系不和谐而导致的,因为在美索不达米亚神话里,正是生育女神伊南娜与爱人杜姆兹(Dumuzid)的"圣婚"(Holy Marriage)仪式,才保证了土地肥沃、庄稼丰产以及四季轮回。② 女性神的缺位使得司掌生育繁殖的职权转

---

① 后来,泰芙努特与空气神舒结合生下一对双胞胎兄妹地神盖布(男)和天神努特(女)。地神盖布和天神努特结合生下第四代神祇,两男两女,最后弟弟赛特谋害兄长奥西里斯,成了新王。两相对比,不难发现埃及九柱神神话与圣经创世神话之间存在某些类似的结构:泰芙努特出走导致埃及土地干旱对应于J底本中的女性神缺位导致创世环境荒芜,天神努特与地神盖布的结合对应于J底本没有降雨和无人耕地对性关系的隐喻,九柱神赛特谋害兄长奥西里斯对应于圣经中赛特代替被谋杀的兄长亚伯。

② Samuel Noah Kramer, *Mythologies of the Ancient World*. New York: Anchor Books, 1981, 346.

移到上帝身上,致使女性本能的自然生育变成了上帝的恩赐。《诗篇》有云:"儿女是耶和华所赐的产业,所怀的胎是他所给的赏赐。"(127:3)因此,如果 P 底本创世神话中的上帝是在同美索不达米亚地区的男性神马尔杜克(Marduk)争夺主神位置,①那么 J 底本创世神话所描绘的,就是上帝在同埃及女神和闪族女神争夺生育的权利。

女性生育权被剥夺导致夏娃只能成为亚当合适的帮手,而非生育的配偶,而这一不和谐的两性关系在偷吃禁果后有了根本的改善。于是,关于"分别善恶树上的果子"与人类性意识之间的关系便有了诸多猜测,可谓仁者见仁智者见智,蔚为大观。② 列维-斯特劳斯(Levi-Strauss)说,原始初民对于动植物的认识"首先是为了满足理智的需要,而不是为了满足生活的需要"。③ 但是,对于圣经中那些备感焦虑的不育女性,利用动植物来"满足生活的需要"似乎才是第一位的。不育的拉结宁愿牺牲丈夫雅各的一夜陪宿来换取姐姐的风茄(30:15),想必风茄这种植物必有不凡的用处。据考证,圣经中的风茄(mandrake)就是俗称的曼陀罗草(mandragora),"是一种生长于巴勒斯坦和地中海沿岸的植物……自古以来就被当作精力剂和可以帮助怀孕的药草"。④ 另据奥森(Benedikt Otzen)考证,神话中的"无花果树绝非贞洁的象征,而恰恰是它的反面。希伯来人和其他一些古老民族一样,都认为无花果树具有提高人的性能力的作用"。⑤ 据理以推,"分别善恶树上的果子"从植物学的角度看也应该具有促性繁殖的药用功效,夏娃和亚当正是吃了这棵树上的果子后才具备了夫妻之实,原本不正常的性关系才变得自

---

① 马尔杜克是美索不达米亚神话中的战神,在巴比伦创世神话中因杀死制造原始混沌的咸水神提阿玛特(Tiamat)而晋升主神位置。因"提阿玛特"与希伯来神话中的"深渊"(tehom)"从语词和观念上都有着直接的联系",不少圣经学者将之视为希伯来神话借鉴巴比伦神话的强有力证据。参见王立新:《古犹太历史文化语境下的希伯来圣经文学研究》,北京:商务印书馆,2014 年,第 29 页。
② 参见 Sam Dragga, "Genesis 2—3: A Story of Liberation", *Journal for the Study of the Old Testament* 55(1992):4。
③ 斯特劳斯:《野性的思维》,李幼蒸译,北京:商务印书馆,1987 年,第 13 页。
④ 李庭模:《科学家讲〈圣经〉故事》,朴玉等译,长春:长春出版社,2011 年,第 60 页。
⑤ 转引自刘连祥:《〈圣经〉伊甸园神话与母亲原型》,《外国文学评论》1990 年第 1 期,第 36 页。

然和谐。然而吊诡的是,上帝吩咐亚当说"分别善恶树上的果子"是不可以吃的,"因为你吃的日子必定死"(2:17)。

贝蒂博士(Dr. D. R. G. Beattie)发现,上帝对亚当说的这句话——"你吃的日子必定死"——绝不像它听起来那样是句善意的忠告,而实在是声色俱厉的禁令。① 特丽波认为"必定死"跟所吃的果子无关,而是吃这一行为导致的,因为它违反了上帝"不可吃"的禁令。② 但这样说仍无益于了解上帝颁布该条禁令的初衷,除非是对亚当的试验,如同神要试验亚伯拉罕一样。神吩咐亚伯拉罕燔祭以撒,发现他并未将自己的独生子留下不给,大悦,遂赐大福给他,叫他的子孙多起来,让地上万国都因他的后裔得福,原因是"你听从了我的话"(22:18)。两相比较,亚当和夏娃因违反上帝禁令而得育生子,亚伯拉罕因"听话"而得以保全爱子性命,上帝的试验似乎也是为了证明自己对以色列选民有生杀予夺的掌控之权。事实上,亚伯拉罕以后的各位嫡系族长以撒、雅各、约瑟也确是因神而出。正如不育构成了以上各位族长夫人的主要焦虑,女性生育仿佛成了上帝焦虑的主要问题。

由此可见,圣经创世神话中女性神的缺位是希伯来一神教对其贬抑和压制的结果。为了根除以女性神为代表的性、生殖崇拜,女性在一开始作为男性配偶被造时就被剥夺了生育的权利,而只能借助上帝的眷顾成为"合适的帮手"。然而,历史上希伯来父权制却把"生子"视为"女人生命之意义的规定",③于是生育就被演绎成了父权制与信仰之间的博弈,然信仰终究是父权制的信仰,圣经中女人不惜一切代价也要完成生育这个父权制社会所赋予她们的使命和任务。因此,对于那些已婚不育的妻子来说,利用某些植物的药用价值来促性繁殖,或许不失为一种没有办法的办法;而对于那些未嫁之女或嫠寡之妇来说,她们甚至不惜把自己的父亲或公公作为性工具来达到衍续子嗣的目的。于是就有了夏娃的偷食禁果、拉结的风茄之易、撒拉的借腹生子、他玛的乱伦之耻,等等。

---

① 参见 D. R. G. Beattie, "What is Genesis 2—3 About?" 10。
② Phyllis Trible, *God and the Rhetoric of Sexuality*, 118—119.
③ 南宫梅芳:《圣经中的女性》,北京:社会科学文献出版社,2012年,第183页。

生育禁令　命名改造　族内婚制

二、命名改造

　　太初有道,上帝用语言创造了世界,并在创世完成后将创世的语言传给了人类。然而在 J 底本创世神话中,动物(蛇)却分享了上帝赋予人的语言,不仅如此,它们还分享了上帝造人的特殊材料:土。依据赵敦华教授的图腾假说,这些上帝用土所造的"走兽"和"飞鸟"并非普通动物,而是与亚当一样拥有上帝之灵的人,是以"各样走兽"和"各样飞鸟"为图腾标记的原始部落族群。① 如此一来,上帝将众图腾部落带至亚当面前,让其从中选择一位做其帮手(配偶),也就合情合理了,然而这中间为何又插入一个"亚当命名"的情节呢?

　　在古代近东地区,存在就意味着某物被分离出来假以名称,名称直接与物相连,传达物的本质,赋予物的功能,决定物的发展和命运;② 而知道某人或某物的名字,就如同了解了他或它的本质。③ 造成这种现象的原因,在弗雷泽看来,是"未开化民族不能明确区分语言和事物,常以为名称和它们代表的人和事物之间有具体实在的物质联系……认为占有名称便是占有了名称所指的事物"。④ 名称具有如此强大的力量,以至于在古代近东地区的很多创世神话中,命名就等于创世。古巴比伦的创世神话《埃努玛·埃利什》开篇即曰:"天之高兮,既未有名。厚地之廓兮,亦未赋之以名。"⑤ 而马尔杜克作为众神之神,更是被赋予了多达五十个名字来揭示他的命运,以及他作

---

① 赵敦华:《人类起源、融合和分化——〈创世记〉前 11 章辨析》,第 10 页。
② J. H. Walton, *Ancient Israelite Literature in its Cultural Context: A Survey of Parallels between Biblical and Ancient Near Eastern Texts*, Grand Rapids: Zondervan, 1990, 88, 188.
③ Robert Gordis, "The Knowledge of Good and Evil in the Old Testament and the Qumran Scrolls", *Journal of Biblical Literature* 2(1957):125.
④ 梁工:《律法书叙事著作解读》,北京:宗教文化出版社,2011 年,第 63 页。
⑤ 转引自 Robert Gordis, "The Knowledge of Good and Evil in the Old Testament and the Qumran Scrolls", 125。

为主神的职责。①

在圣经希伯来语中,"שׁם"（名字）意味着"本质",②源自挪亚的长子"闪",意即"有名字的人",而据文字记载,历史上的希伯来人最早就是闪族的一个分支。③ 亚当从土（Adamah）而出,所以起名"Adam";女人由男人（Ish）肋骨而生,所以起名"Ishshah";如此一来,"土地—男人—女人"之间的补遗关系通过命名方式就清晰地呈现出来。圣经人物的命名大多从神而起,有的表达蒙恩感谢,也有的表达希冀眷顾,不一而足。雅各的爱妻拉结多年不孕,眼看丈夫的妻妾接二连三地给雅各家族添丁进口,不免心急如焚（29—30章）。一日,"神顾念拉结,应允了她,使她能生育"（30:22）。盼子心切的拉结在儿子出世后"就给他起名叫约瑟（就是"增添"的意思）,意思说:'愿耶和华再增添我一个儿子。'"（30:24）后来,拉结在随丈夫去伯利恒的路上果真又产一子"便雅悯"（35:16—18）。

除了命名,圣经中还经常出现赐名现象。亚伯兰和雅各因追随上帝信仰坚定而分别被赐名"亚伯拉罕"（"多国之父"）和"以色列"（"与神较力得胜者"）,并被应许土地和子嗣,从而成为以色列人的始祖和族祖。雅各出世时,耶和华对他母亲利百加说:"两国在你腹内,两族要从你身上出来,这族必强于那族,将来大的要服侍小的"（25:23）,结果以扫先出,雅各后出,而"以撒爱以扫,因为常吃他的野味"（25:28）,或许这就是以撒未能蒙召赐名的原因。可见,这里的赐名是一种恩赐,代表的是上帝的恩宠。然而,还有一种赐名体现的则是一种统治与被统治的关系。约瑟进埃及后,被埃及法老赐名撒发那忒巴内亚（41:45）;巴比伦王尼布甲尼撒围困耶路撒冷时,其太监长将犹大族的但以理、哈拿尼雅、米沙利、亚撒利雅分别改名伯提沙撒、

---

① J. H. Walton, *Ancient Israelite Literature in its Cultural Context: a Survey of Parallels between Biblical and Ancient Near Eastern Texts*, 90.

② Robert Gordis, "The Knowledge of Good and Evil in the Old Testament and the Qumran Scrolls", 125.

③ 朱维之主编:《希伯来文化》,上海社会科学院出版社,2012年,第244页。

沙得拉、米煞、亚伯尼歌(但1:6—7)。

命名如此重要,以至于本雅明说:"当万物从人类那里得到名称时,上帝才完成了创造。"[①]太初有道,神说:"要有……",就有了……"万物都是道的载体",[②]唯独人不是上帝用言说方式创造的,而是被赋予命名的语言天赋,并因此被提升于万物之上。因此,人只有通过亲近自然、感悟自然,再以命名的形式把自然语言、上帝之道转译成人的语言,才能向上帝传达自身,即"向上帝表明人之所以为人的本分所在"。[③]

至此,上帝将众图腾人带至亚当面前让其命名,目的昭然若揭。通过把众图腾部落的图腾标识转译为上帝之"道",再以命名方式赋予众图腾部落,而成功地实现了语言对图腾的成功取缔,使之归于上帝名下,达到改造、收编、皈依的目的。由于"名"成功地表征了众图腾团体的图腾内涵,众图腾团体无不感恩于上帝的蒙召,悦然成为上帝的子民。对于亚当来说,命名不啻为一个对下实施管理,对上表明忠心的职权交接仪式。亚当命名所体现出来的这种三角关系可以用图表示如下:

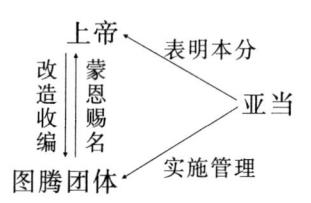

三、族内婚制

上帝将众图腾部落带至亚当面前,让其从中选择一位做配偶,这一事件

[①] 本雅明:《本雅明文选》,第279页。
[②] 郭军:《一个生态伦理主义者的〈创世记〉:从生态伦理视角阐释本雅明的语言论》,《外国文学研究》2011年第3期,第19页。
[③] 同上,第20页。

不仅暗含了上帝欲对众图腾部落收编改制的目的,也从侧面说明了女性在原始图腾早期是可以在部落间自由交换的,族外婚制度是被普遍执行的。现在的问题是,亚当为何拒绝族外婚制,不愿与异族女子结成生育配偶呢?亚当个人的自我优越感固然在起作用,但这样解释未免过于狭隘;是以色列人悠久的内婚制传统在起作用吗?这样又犯了本末倒置的错误。图腾崇拜虽已被收编改制,但图腾思维却无法根除,因为它反映的是原始初民的一种普遍的思维方式。因而结合图腾制度对伊甸园里的婚姻制度做进一步考察,或许可以管中窥豹而得见一斑。

图腾制度的建立是将自然系统内的物种区别引入社会(文化)系统内进行团体划分,而非在自然系统和社会系统间建立某种实质性的类同关系。因此,"当他们(两个不同氏族的成员)宣称他们构成两个不同的动物类别时,所强调的不是动物性而是区别。至少在开初时是这样。"[1]差异区别出现的同时,诸社会团体仍"保持着作为同一整体各部分之间必须具有的相关性,而族外婚规则提供了解决差异和统一之间对立平衡的手段"。[2] 族外婚规则普遍实行的前提在于女人的可交换性这一事实,而女人作为交换的对象,较之食物更有利于维护系统的统一性,因为作为可思维的人,女人的交换可以在一定程度上弥补社会团体因图腾分类而造成的文化差异,从遗传学角度看,也更有利于各图腾团体在自然中的繁衍壮大。

随着自然物种和社会团体之间关系的逐步趋于稳定,加之各图腾团体的不断繁衍壮大,诸团体项目的系统属性和团体系统的整体涵射力开始趋于减弱。诸图腾团体对于彼此间差异的关注开始胜于对系统统一性的维护,土著开始"对人与其图腾间的肉体和心理上的相似性……有很强的意识",[3]而上面提到的图腾同态关系就会从系统变成项目,从形式的变成实质的了。[4] 诸图腾团体不再倾向与本系统其他团体建立联系,而是倾向与

---

[1] 柏格森:《道德与宗教的两个来源》,王作虹等译,南京:译林出版社,2011年,第138页。
[2][3] 斯特劳斯:《野性的思维》,第132页。
[4] 同上,第131页。

某物种建立一个具有世袭性的新系统。新系统的首要任务便是强化团体间的差异,但由于人类团体在自然属性上是相似的,因而新系统只能在文化层面上建立自己的团体属性,而这一团体文化属性反过来又加剧该团体与原系统的隔阂。正如列维-斯特劳斯所说:"每一集团越是试图用取自一自然原型的形象来表示自己,它在社会平面上就越难与其他集团维持联系,特别是越难与他们交换姐妹与女人,因为它将倾向于把她们看作是某种特殊的'物种'。"① 这里的"物种"并非生物学上的物种,而是团体文化赋予女人的新属性,这种文化属性注定了"她们不再能被交换,正如物种彼此不能杂交一样"。② 作为能思维的人,具有不同文化属性的女人的交换无疑是对刚刚建立的团体文化的冲击。

由此不难看出,上帝在将众图腾人领到亚当面前,让其从中选择一位做其配偶之际,各图腾团体的文化属性尚未建立,图腾团体间的区别还只是形式上的,亚当和其他图腾团体在自然层面上并无实质性的不同,族外婚制尚未瓦解,亚当完全可以从中选择一位做其配偶。但在亚当命名之后,各图腾团体分别被赋予不同的文化属性,为保有自己独特的文化身份,不仅亚当把异族女子视为异类,就连众图腾团体彼此也视对方为异类,异族通婚不仅在亚当这里受阻,就是在图腾团体之间也开始变得困难。无奈之下,上帝取其肋骨造了夏娃,并将其领到亚当面前,面对眼前这个拥有"骨肉之亲"的女性,亚当与之欣然认同,预示着族内婚等级制度的开始。

尽管族内婚等级制度相比于族外婚图腾团体是一种文化的提升,但是在人类历史发展进程中却是一个倒退。这一悖论在始祖被逐出伊甸园后得以暂时的解决,赛特和该隐的后裔在大迁徙过程中不断与外族融合,繁衍出"神的儿子们"与"人的女儿们"。③ "后来神的儿子们与人的女子们交合生子,那就是上古英武有名的人"(6:4),从此出现外婚制与内婚制共存的发

---

① 斯特劳斯:《野性的思维》,第133页。
② 同上,第142页。
③ 赵敦华:《人类起源、融合和分化——〈创世记〉前11章辨析》,第15页。

展态势。待到希伯来族长时期,"尽管部落之间的通婚(异族通婚)的确存在,对于大多数以色列人来说,婚姻还是发生在部落内部(族内通婚)"。①族内婚制不仅导致了希伯来人盲目的民族优越感和狭隘的民族排他主义,也"成了希伯来宗教不能发展为世界性宗教的主要原因之一"。②

　　至此,《创世记》中婚姻制度的发展经历了一个轮回。最初,上帝为亚当在外族寻找配偶,外婚制在图腾社会被普遍执行;而随着亚当命名的完成,女人作为一种异质文化符号变得不再在图腾团体之间交换,族外婚制让位给族内婚制,亚当在族内与夏娃结合;随着人类始祖被逐出伊甸园,始祖的后裔在大迁徙过程中不断与异族融合,待到"神的儿子们和人的女子们交合生子",内婚制再度崛起,出现外婚制与内婚制共存的发展态势,并被以色列人一直承袭下来。这一过程可以表示如下:

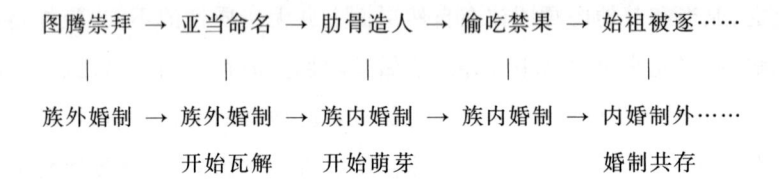

图腾崇拜 → 亚当命名 → 肋骨造人 → 偷吃禁果 → 始祖被逐……
　　｜　　　　｜　　　　｜　　　　｜　　　　｜
族外婚制 → 族外婚制 → 族内婚制 → 族内婚制 → 内婚制外……
　　　　　　开始瓦解　 开始萌芽　　　　　　　 婚制共存

结　语

　　列维-斯特劳斯在《图腾制度》一书中指出:"人类学所能做的事情,只是确认行动中的人类思维与其所应用的人类对象之间的结构同源关系。"③而据其考察,原始初民的思维活动是建立在对秩序的要求之上,这种思维模式是整合性的,体现在原始初民坚持区分性差异原则对自身生存环境的整体性感知;同时它又是具体的,反映在它沿着聚合轴对某一具体事物所做的

---

① 坎贝尔:《圣经世界的婚姻与家庭》,梁工等译,北京:商务印书馆,2012年,第69页。
② 朱维之主编:《希伯来文化》,第79页。
③ 斯特劳斯:《图腾制度》,渠东译,上海世纪出版集团,2005年,第125页。

持久观察和纵深探索。而圣经中创世神话所反映的正是早期希伯来人感觉世界和把握世界的方式:上帝先通过语言的区分功能让"空虚混沌、渊面黑暗"的宇宙变得井然有序,再令其所造万物各司其职、各从其类,最后把创世过程中彼此区分、彼此独立的成分联系起来,合力完成创世的伟业。

由此可见,早期希伯来人的语言思维模式与"其所应用的人类对象"的图腾制度、婚姻规则之间确实存在着同态关系,用坐标轴来表示就是:其发展都经历了从毗邻轴到聚合轴再回到毗邻轴这样一个轮回,最后形成毗邻轴和聚合轴共同作用的局面。如果把语言、图腾、婚姻视为三个系统,那么毗邻轴虽以系统内各项目的区别差异为基础,其关切点却在于对系统整体性的把握;而聚合轴通过牺牲系统的整体性,为系统内各项目赢得了短暂的纵深发展机会。作为一个成熟完善的系统,无论是语言符号,还是图腾制度和婚姻规则,系统内各项目之间只有在毗邻轴和聚合轴实现了良性互动时,系统才能获得可持续的发展。

综上所述,《创世记》2:18—20 的叙事非但不是错置,反而证明了圣经叙事简约、含蓄的语言风格。图腾制度、婚姻规则、语言思维,三者之间深层的同态结构在《创世记》中通过"亚当命名"这一事件得到了完美体现。早期希伯来人利用三者的同态结构成功地实现了对包括图腾崇拜在内的原始拜物教的改造同化,以及对以女性神为象征的性生殖崇拜的记忆根除,进而实现希伯来一神教的教义旨归;而三者的同态结构也影响了希伯来人悠久的内婚制传统,以及希伯来人盲目的民族优越感。

作者胡玉明,文学硕士,皖西学院外国语学院讲师,主要从事英国浪漫主义诗歌与圣经文学研究,近期发表论文《心灵对本体的建构与直观——论柯勒律治文学本体论的神学倾向》《现代社会发展的物化现象与人的主体性隐没》等。

约瑟与法老故事的文化解析

赵克仁

内容提要：约瑟与法老的故事是希伯来圣经《创世记》中的经典纪事，文学价值和影响力巨大。该故事被史学家定性为有着深厚历史底蕴的文学作品，其中寓有深刻的文化蕴含。随着犹太教和基督教的传播，它已融入西方文化而成为其组成部分。该故事不仅蕴含着农耕与游牧民族在思维上的差异，渗透着多神与一神宗教的不同信仰，凸显了贤明君主与杰出商人的优秀品质，而且具有个人奋斗获得成功的普遍意义。该故事对埃及历史、犹太和基督教文化，甚至对世界文明史均产生了极为重要的影响。

关键词：约瑟与法老；圣经故事；文化蕴含

Cultural Analysis of the Story Joseph & Pharaoh

ZHAO Keren

Abstract：The story of Joseph and Pharaoh is the classic story of Genesis in the Hebrew Bible of great literary value and with far-reaching influence. The story is characterized by historians as a literary masterpiece of deep historical heritage, rich with cultural implication. With the spread of Judaism and Christianity, it has been integrated into the western culture and has become part of it. The story implies differences between farming and nomadic people in thinking, demonstrates different beliefs of polytheistic and monotheistic religions, highlights qualities of the outstanding monarch and the disposition of the distinguished businessman, and above all has universal significance of success through individual struggle. In all, the story has exerted great influence on the history of Egypt, the Jewish and Christian culture, and the history of world civilizations.

Key words: Joseph with Pharaoh; biblical story; cultural connotations

约瑟与法老的故事是《创世记》中的著名篇章。目前学界对该故事的研究主要集中在两个方面：一是历史和考古学界的考察，他们把目标放在考证该故事的真实性方面；[1] 二是文学界的研究，他们主要将其当作文学作品，检索约瑟与法老故事的文学与文本价值。[2] 本文的目的既不在于考证约瑟与法老故事的真实性，也不研究其文学与文本价值，而是分析蕴含于约瑟与法老故事中的文化价值。

一、约瑟与法老的故事及其历史真实性

在分析约瑟与法老故事的文化蕴含与影响力之前，有必要简单介绍约瑟在埃及取得成功的记载，以及学界对该故事历史真伪的相关考证。

---

[1] 如章智源：《圣经人物约瑟任职古埃及考》，《合肥教育学院学报》，1999年第3期，第44—46页。
[2] 如梁工等著：《律法书叙事著作解读》，北京：宗教文化出版社，2003年，第106—111页。

1. 约瑟与法老故事梗概

根据圣经描述,约瑟是一个典型的希伯来人,从一名地位卑贱的家奴登上了埃及宰相的宝座。其传奇故事成为通过个人奋斗取得成功的典型范例。

约瑟是希伯来历史上最重要的三位族长之一,是亚伯拉罕的曾孙、雅各 12 个儿子中的第 11 个,为雅各所宠爱的妻子拉结所生。雅各的 12 个儿子后来衍生出犹太民族的 12 个支派,在犹太史上居有重要地位。[①] 犹太民族能够延续发展,与约瑟在埃及的成功息息相关。

约瑟与法老的故事主要集中在《创世记》第 37—50 章,情节跌宕起伏,感人肺腑。约瑟是雅各宠爱的年轻妻子拉结所生,智慧过人,备受宠爱。雅各"给约瑟作了一件彩衣。约瑟的哥哥们见父亲爱约瑟过于爱他们,就恨约瑟,不与他说和睦的话"(创 37:3—4)。少年约瑟未经世事,童言无忌,将自己所做一个称王的梦讲给哥哥们听,激怒了众兄弟。众兄弟合谋将约瑟卖给过路的商人,致使他被卖往埃及为奴,之后在法老护卫长波提乏家中做管家,深得主人信任。"波提乏将一切所有的都交在约瑟手中,除了自己所吃的饭,别的事一概不知"(创 39:6)。因约瑟相貌"秀雅俊美",波提乏妻子心生爱慕,多次引诱皆被约瑟拒绝。她恼羞成怒,反而诬陷约瑟企图强暴自己(创 39:7—18),使之被投入监狱。在狱中约瑟表现出释梦才能,其名声传到正被某些梦象困扰的法老耳中,而宫中术士们对那些梦象的寓意都不得其解。约瑟成功诠释了法老的离奇梦幻,深得法老信任,甚至被任命为埃及宰相。

约瑟任职期间利用 7 个丰裕年份囤积了足够的粮食,直到"无法计算,因为谷不可胜数"(创 41:49)。当饥荒来临时,约瑟将丰年储备的粮食发放给百姓,使其免受饥荒之苦,也使法老政府避免了一场因饥荒可能引发的暴

---

① Bernard Reich, *A Brief History of Israel*, George Washington University, Washington D.C, 2005, 2.

动。他早已预计到,不管是王公贵族还是平民百姓,届时都要去他那里买粮。起初约瑟让他们用牛来换取,然后便是身体,最后众人必须饥饿难耐到只要供给粮食,就愿意献出自己的土地(创 47:13—20),结果正如约瑟所料。该项措施不仅拯救埃及人于饥荒,也使之趁机加强了王权。约瑟把王公贵族土地全部收归国有,这项策略无异于在全国进行了一次土地改革。收缴土地的约瑟堪称埃及历史上的政治家;其屯粮救荒的计策充分显示了商人的聪明与智慧。任职期间,约瑟还在法尤姆地区修建了长达 200 英里的约瑟运河,将莫里斯湖和法尤姆绿洲连接在一起,造福埃及百姓。①

约瑟在埃及的成功不仅惠及埃及民众,而且惠及希伯来民族。功成名就后的约瑟不仅在埃及娶妻生子,而且说服法老,把远在迦南忍饥挨饿的父老兄弟接到富庶的埃及定居。法老将他们安置在尼罗河三角洲的歌珊地区。② 约瑟的成功固然得益于把握机遇的能力,但如果没有丰富的知识储备和灵活运用知识的聪明智慧,恐怕再好的机遇也会从其身边溜掉。

2. 史学界对约瑟与法老故事的考证

学者们对约瑟与法老故事的考证早在十九世纪便已开始,较早对此进行研究的是犹太学者雅胡达(Abraham Shalom Yehuda,1877—1951)。据他考证,约瑟与法老二人的事迹在历史上确实存在过,其研究证明了圣经记述的属实性。据他研究,约瑟大约生活在公元前 1850 年的埃及,而时至公元前 1450 年前后,摩西与希伯来人才一道离开埃及。③ 他运用的材料基本上来自圣经,同时也取自古代埃及陵墓浮雕和部分其他文献。给人留下深刻印象的是,他将古代埃及文献中有关希伯来人的记载与圣经资源进行了比较,说明二者存在诸多关联。中国学者章智源在其论文《圣经人物约瑟任职

---

① Werner Keller, *The Bible as History*, New York: William Morrow & Co, Inc. , 1981, 89.
② Bernard Reich, *a Brief History of Israel*, 2.
③ [德]埃米尔·路德维希著:《青白尼罗河》,下册,郭院林等译,广州:花城出版社,2008 年,第 309 页。

古埃及考》中运用的方法与雅胡达基本类似,结论也相差无几,他认为约瑟在历史上确实存在过,大约生活在喜克索斯人统治埃及时期。①

对该故事进行深入考证的莫过于美国纽约圣经考古学会会长、全美埃及研究中心、美国考古研究所的加利·格林伯格教授,他在二十世纪九十年代推出专著《圣经之谜:摩西出埃及与犹太人的起源》,该书第七章"约瑟与十八王朝"专题探讨了约瑟与法老故事的真实性。其研究吸纳了已有成果,得出较为公允的结论,即历史上确有约瑟其人,约瑟生于公元前1564年,死于公元前1454年,活了110岁,30岁时即公元前1534年就任埃及宰相。约瑟生活于埃及第十八王朝,提拔他为宰相的法老是图特摩斯一世。② 其故事中的7个丰年对应于图特摩斯一世任期的初年,7个荒年对应于图特摩斯一世任期的末年和图特摩斯二世任期的初年。虽然研究表明历史上确有约瑟其人,且约瑟的生存年代也有其古埃及对应的法老,但是格林伯格对圣经中约瑟与法老故事的丰富细节描写,以及对人物心理和伦理天性的浓墨重彩刻画并不认同,而认为该故事属于优美动人的文学作品。③

笔者认为,该故事应当是有着深厚历史底蕴的文学作品。法老和约瑟虽然在历史上确实存在,但其故事情节、人物描写、心理刻画等均属于文学创作范畴。该故事是以历史为基础的文学作品,而非真实历史故事,但其中蕴含的历史和文化价值是毋庸置疑的。

---

① 章智源:《圣经人物约瑟任职古埃及考》,第44—46页。
② 威廉·C.海斯在《剑桥古代史》中持相反观点。他提出,阿蒙霍特普一世和图特摩斯一世的形象和姓氏共同出现在卡纳克神庙里,说明存在着一个短暂的共同执政期。Iorwerth Eiddon Stephen Edwards, ed. *The Cambridge Ancient History*, Vol. 2.1, Set 3 Edition, Cambridge: Cambridge University Press, 1973, 315.
③ [美]加利·格林伯格:《圣经之谜:摩西出埃及与犹太人的起源》,祝东力、秦喜清译,北京:光明日报出版社,2001年,第143—152页。

二、约瑟与法老故事的文化蕴含

约瑟与法老故事之所以经久不衰,流传至今,究其原因,除圣经作为基督教的经典外,还与该故事本身拥有民族、宗教、思维等方面的深厚文化蕴含密切相关。

1. 农耕民族与游牧民族的思维差异

约瑟与法老故事蕴含着希伯来与埃及两个民族在思维上的差异。由于地理环境、生活方式、风俗习惯和道德观念的区别,两个民族在思维方式上存在巨大差异。

古埃及人属于农耕民族,埃及文明是农耕文明的典型代表。在本质上农耕文明需要顺应自然规律,守望田园,辛勤劳作。尼罗河一年一度的泛滥造就了埃及人按部就班的生活方式。埃及人期盼农业丰收,法老向往国泰民安。虽然农耕文明不都是世外桃源,也有动荡与战乱,但较之于游牧文明,却有质的不同。在人际关系上,它提倡合作包容、关系和睦;在家庭生活中,提倡尊长爱幼、伦理有序;在社会风俗上,提倡道德高尚、和谐发展。他们关心的是按时播种,按时收获。根据尼罗河一年一度的泛滥节律,埃及人把一年划分为三季,即泛滥季、播种季和收获季。① 依此节律,埃及人过着循规蹈矩的生活。他们以素食为主,食物主要来自耕作而非杀戮,这造就了埃及人温和善良、墨守成规的特性。久而久之,埃及人在思维上形成惰性,往往凭经验办事,缺乏创新变革意识。

与埃及人相比,希伯来文明具有明显的游牧特征。相对而言,游牧民族所拥有的资源是不稳定的,由于资源匮乏和生存所需,游牧民族天然就有同

---

① Charles Francis Nims and Wim Swaan, *Thebes of the Pharaohs, Pattern for Every City*, London: Elek Books, 1965, 69.

外部世界交换物资的需求。这造就了游牧文明开放、进取、拓展的特性。狩猎和游牧生活既可以强身健体,又可以磨炼意志。由于经常面对险境并长于搏击,在他们看来,战争不过是另一种形式的狩猎而已。千百年来游牧民族居无定所,逐水草而居,客观环境要求其必须具有应对新环境、接受新事物的适应力。此外,游牧民族以肉食为主,长期以肉食为主的游牧民族具有易兴奋、易激动、好冒险的性情。其成员个个英勇剽悍、能歌善舞、激情四溢、思维活跃、个性鲜明。这有助于克服人类的思维惰性,与农耕民族形成鲜明对比。

约瑟与法老来自不同民族,属于不同文明,他们相互感受到对方身上的异质特性,并由于彼此的异质性而相互吸引。法老对约瑟果敢担当的气质非常欣赏;约瑟对法老慷慨大度、唯才是举的君主风度心存好感。约瑟运用其聪明智慧,不仅摆脱了自己身陷囹圄的人生困境,而且作为一代名臣彪炳于史册。

2. 多神宗教与一神信仰的不同影响

约瑟将其成功归于神灵的护佑。作为唯物主义者,笔者虽不赞成这种说法,却认同约瑟在埃及能取得成功,法老敢于接受约瑟,皆与其宗教信仰密切相关。

法老在约瑟面前显示出客观包容、胸怀宽广的谦谦君主风度,他之所以接受地位卑微的约瑟,原因并非约瑟的父亲雅各所说"法老年事已高",而是与其宗教信仰相关联。众所周知,古埃及是一个多神信仰的国度,据不完全统计,从埃及史册上能找到名字的神灵就达2000多个。[①] 埃及宗教的发展经历了一个从万物有灵到动植物崇拜,再到人格神的发展过程。与此相应,神灵也经历了一个从多神到主神的演变过程。在此过程中,一些被人们认识和熟知的事物,不断从神明的名单中被淘汰;而没有被认识、对埃及人来

---

① Barbara Watterson, *The Gods of Ancient Egypt*, London: Bramley Books, 1999, 35.

说具有神秘感的事物仍然留在神灵名单里,被人们崇拜。随着思维的发展,埃及人认识到英雄人物在社会中的作用,遂开始崇拜人格化的神灵,如将法老当作神灵来敬拜,亦将发明了书写的托特尊为书写神,将设计金字塔的伊姆霍泰普尊为建筑神。[1] 了解了埃及宗教的发展演变,就不难理解法老对约瑟的信任了。约瑟来到埃及大约是古埃及第十八王朝,那时埃及宗教已经发展到人格神阶段。约瑟身上的优秀品质被法老视为神性的表现。外来的神、外来的优秀人士能够被法老接受,符合埃及宗教的发展规律,那就是淘汰人们可以掌控领域里的神灵,而尊崇那些对埃及人说来具有神秘感的神灵。约瑟作为异族人,其气质与埃及人截然不同。在法老看来,他气质非凡,神气十足。法老对臣仆说:"像这样的人,有神的灵在他里头,我们岂能找得着呢?"(创41:38)这是法老很快信任约瑟,封他为宰相的宗教根源。

约瑟能够接受法老的册封,也与自身的宗教信仰相关。约瑟虽身处逆境,其信仰却坚定不移。"约瑟住在他主人埃及人的家中,耶和华与他同在,他就百事顺利"(创39:2)。约瑟从父亲的宠儿沦落为埃及人的家奴,可谓严重的人生悲剧,但环境的变化、地位的突降并未使他忘掉自己的信仰。他信仰的希伯来宗教属单一主神教,[2]上帝雅赫维不仅是唯一存在,而且是无形无像、无所不在的。[3] 单一主神教是多神教发展的结果,在层次上高于多神教。约瑟虽被卖身为奴,但并不怨天尤人,而坚信是上帝雅赫维派他来到埃及,使其肩负使命,拯救民众于水火之中。这种信仰使之拥有了坚定意志和必胜信心。在被法老赋予宰相职位后,他身负救世主的使命,利用当时的天灾和埃及人的宗教信仰在埃及施政,结果大获成功。

---

[1] Byron E. Shafer, ed., *Religion in Ancient Egypt, Gods, Myths, and Personal Practice*, Ithaca and London: Cornell University Press, 1991, 37.
[2] 学界大都主张一神教摩西起源说,认为从亚伯兰罕到约瑟时代的希伯来宗教为单一主神教。参见邱文平:《犹太人早期上帝观念的演变》,2006年,复旦大学博士论文。
[3] J. Lindblom, *Prophecy in Ancient Israel*, Oxford: Basil Blackwell, 1962, 308.

3. 贤明君主与杰出商人的优秀品质

尽管出身不同、民族不同、信仰不同,但独特的气质、良好的素养、鲜明的个性却使两位伟人相互欣赏。法老之所以钟情约瑟,是因为他身上具有商人气质,这是任何一个处于农耕社会的埃及人所不具备的。约瑟之所以愿意辅佐法老,则是由于法老是一位贤明君主。

约瑟出身于希伯来部族,属于典型的犹太人。[①] 正如张倩红教授所说:"正是迦南地区独特的客观环境与社会条件孕育了希伯来人的从商意识。"[②]约瑟身为希伯来族长,自然极具商人品质。长期的漂泊与游牧,日常生活中的贸易及交换,作为一种文化品格已经浸入约瑟的骨髓,融入他的血液。商人藐视旧观念,敢于打破传统与惯例,善于从庸常中发现商机。一旦锁定目标,就会勇往直前,绝无反悔。而作为一代君王的法老,则从约瑟身上感受到一种埃及人所不具备的敢于担当的英雄气质。长期以来,法老的专制统治造成了埃及人唯命是从的性格。法老所做之梦离奇怪异,埃及上至祭司下到术士,个个束手无策,显得愚钝无能。他们知道一旦解梦失败就会面临惨痛后果。在此关键时刻,约瑟因其在监狱中显现出的解梦才能,被狱友推荐,面见法老为之解梦。他镇定自若,胸有成竹,解梦时妙语连珠,灵光闪现,展现出罕见的智慧大师风范,使法老被约瑟的聪慧睿智所折服。约瑟之所以敢于冒险,是因为他不受传统束缚,没有后顾之忧。约瑟为法老解梦只能有两个结果:要么成功,要么失败。对他来说,成功意味着赢得人生重新启航的机会,失败则意味着大祸临头。面对这样的挑战,具有商人思维的约瑟可谓大赌了一把。在解梦过程中,法老感受到约瑟身上的灵光闪现。他从这位异国青年身上感受到了久违的大将风度与智者风范,认定约瑟是

[①] 犹太人古时被称为希伯来人,一种解释为"来自河那边的人",意指底格里斯河;另一种解释为"到处漂泊的人"。第二种解释符合当时希伯来人游牧迁徙的特点。摩西创立犹太教后,外界称希伯来人为犹太人,后来他们自己也接受了这一称谓。

[②] 张倩红:《犹太人犹太精神》,北京:中国文联出版社,1999年,第101页。

位难得的帅才。这就是法老毫不迟疑地为约瑟披上质地优良的亚麻罩袍，赐予他金链和戒指，封他为宰相的原因。所有这一切都发生在法老未对约瑟进行充分考察，约瑟也尚未证明自己的实力之前。法老信任约瑟所依凭的,乃是这位异域青年的人格魅力和领袖气质。

除上述文化蕴含外,该故事还反映了人类个体自由化发展的普遍模式,同时,也满足了下层百姓通过个人奋斗实现人生价值,获得权力和荣耀的欲望。

三、约瑟与法老故事的文化影响

1. 该故事对埃及历史文化的贡献

古代埃及虽有3000多年的漫长历史,是四大文明古国之一,但因埃及文明在公元7世纪被阿拉伯文明所取代,它并未延续下来。在随后的1000多年时间里,其遗迹被掩埋在撒哈拉的漫漫黄沙之下。客观地说,在此漫长的历史时期,正因为希伯来圣经对法老的记载,古代埃及才未从人们的视线中消失。尽管圣经描述的古代埃及以及法老形象大多是负面的,然而在象形文字未被破译之前,很多西方人其实是通过圣经的描述和希罗多德的著作来了解古代埃及历史的。正如英国利物浦大学埃及学者伊安·沙乌所说:"在早期的埃及学研究中,古典作品和有关圣经的著述发挥了关键作用。"[1]可以说,在埃及声誉鹊起的过程中,希伯来人对埃及的贡献远胜过任何一个侵略或统治过埃及的国家和民族。他们在自己的宗教经典中用大量篇幅将古埃及民族和法老描述为压迫者,同时也就将永恒和不朽慷慨地赐予了它。

在埃及学兴起之前,西方人是从圣经中得知古埃及历史的。由于约瑟与法老的故事在西方妇孺皆知,所以随着圣经的传播,古埃及的知识也借助

---

[1] Ian Shaw, *Ancient Egypt, A Very Short Introduction*, Oxford University Press, 2004, 20.

于它而得以传播。在早期探索中,西方流行的传说认为,金字塔与圣经中的约瑟故事有关。罗马作家尤里乌斯·霍诺留斯(Julius Honorius)就曾猜测,金字塔是约瑟存放粮食的谷仓。早期西方学者将埃及文明与其在圣经中的记载相联系,大多是出于神学目的。十九世纪晚期,欧洲国家组织探险队去埃及探险,目的是寻宝。不久,那些探险队便把关注的焦点从寻宝转向圣经考古。他们企图通过考古发掘,来证实圣经所载内容的历史真实性,①正是这些活动拉开了探寻埃及文明的帷幕。

由于从圣经得到了有关埃及的历史知识,法国人入侵埃及之前就确知他们即将进入的是个文明古国。法国军队刚刚攻下埃及,拿破仑便于1798年8月21日在开罗成立了"埃及研究院",任命法国科学家加斯帕尔·蒙日(Gaspard Monge,1746—1818)为院长,他本人担任副院长。该研究院拥有165名成员,专门负责收集文物和处理相关文化事务。② 在侵入埃及之后,拿破仑军队在战场上连吃败仗,而在文物方面却收获颇丰。拿破仑入侵埃及最终以失败告终,所掠夺的大部分文物被迫交给英国等战胜国收藏。尽管如此,通过这次埃及之旅,法国人增进了对文明古国埃及的了解,他们将收集到的有关资料进行整理,编撰成多卷本的《埃及概览》。③ 在拿破仑远征之后,西方世界形成了研究埃及的热潮,著名的罗塞塔石碑就是法国军队入侵埃及时发现的。该碑后来虽然由英国人收藏,但在研究埃及文化的热潮中,法国学者商博良依据碑文的拓片在1822年解读了象形文字,迎来埃及学研究的新时代。

2. 该故事对犹太—基督教文化的影响

在希伯来圣经中,埃及被描绘为受奴役之地,法老被描述为专制暴君,

---

① Ian Shaw, *Ancient Egypt, A Very Short Introduction*, 141.
② Daniel Boorstin, *The Discoverers, A History of Man's Search to Know His World and Himself*, New York: Random House, 1983, 781.
③ Ibid, 782.

约瑟与法老故事的文化解析

约瑟被称诵为拯救民众的英雄人物。约瑟与法老的故事对于凝聚希伯来人的民族向心力发挥了巨大作用。希伯来圣经被后来兴起的基督教继承,这段故事也就作为基督教文化的组成部分而广为流传。故事中约瑟对上帝耶和华的坚定信仰被基督教广为宣传,约瑟的智慧与成功也被人们津津乐道。① 基督教宣扬,只要虔诚地信仰上帝,就能像约瑟一样取得人生的成功,实现梦想。该故事激励着一代又一代基督徒发奋努力,实现人生价值。故事中约瑟在信仰支配下勇于冒险的奋斗精神,无论对处于中世纪黑暗时代的基督徒,还是对近代欧洲资本主义的发展都起到了不可估量的作用。如今的西方发达国家大多是在基督教文化熏陶下发展起来的,圣经中的故事激励着他们勇往直前,其中约瑟成功之事成为他们通过个人奋斗实现人生梦想的范例。然而,其中法老贤明、唯才是举的开明君主形象却一再被忽视。按照圣经描述,重用约瑟的法老慷慨地收留希伯来人,把他们安置到埃及肥沃的尼罗河三角洲地区。他们"住在埃及共有四百三十年"(出12:40)而人丁兴旺,对此,希伯来人难道不应感恩戴德么!至于后来,希伯来人口增长过快威胁到法老统治时,法老开始奴役、驱逐乃至暗算他们,法老的形象开始变得负面化。客观地讲,约瑟执政时期的法老,形象起码该是正面的吧?从宗教和文学角度看,圣经作者为了突显神的作用和约瑟的智慧而贬低法老。在故事中,约瑟并未对提拔他的法老感恩戴德,而是把法老的重用归于神灵的安排和自己的智慧,断言"他(神)使我如法老的父,作他全家的主"(创45:8)。文学作品需要突显主人公的智慧,宗教经典需要从意识形态上引导读者。客观地说,这样的描写有失公允,难免误导读者,而这恐怕正是宗教经典所要达到的目的。

圣经对埃及的记载大多是负面的,这种描述已经作为文化记忆而深入

---

① 希伯来神名 YHWH,意为"我是自有永有(I am, I will be)",原读作"雅赫维"或者"亚卫"。因十诫规定不可妄称上帝之名,犹太人便将雅赫维读作阿多乃(Adonai),将其三个元音符号标注于 YHWH 之下。基督教兴起后,人们误将 YeHoWaH 读为耶和华,但犹太人不承认这种说法。

271

西方人的心。西方人或许对拉美西斯和阿蒙霍特普充耳未闻,但对圣经中的法老形象和约瑟在埃及的故事却家喻户晓。毋庸讳言,东西方文化属于异质文化,在起源和发展过程中确实存在着巨大差异。圣经对古代埃及和法老的负面描述,加之异化的传播,妖魔化了东方文化在西方人心中的形象,造成了西方人对东方文化的偏见。他们从希伯来圣经中继承了其中犹太祖先的正面形象和埃及法老的负面形象,加之圣经本来就属于文化文本,带有一定的意识形态色彩,西方人对东方文化存在固有的偏见,总是把东方文化视为"他者"。这种偏见固然部分地缘于东西方文化本身的异质性,部分地缘于西方人的二元论世界观,然而圣经故事的渲染以及后来基督教推波助澜的异化传播,也是一个不可忽视的原因。

3. 该故事在世界文明史上的地位

约瑟与法老的故事是希伯来圣经中的重要篇章,被作为犹太教经典中核心文本编入《摩西五经》,在世界文明史上具有承上启下的重要地位。

首先,该故事从风俗习惯到思想意识等文化内涵对周边地区,尤其是对古代埃及文化的继承和吸纳是明显的。德国犹太学者利奥·拜克(Leo Baeck)说过:"每当发现圣经与其他古老民族的宗教文献之间存在着联系,就会产生一种否定犹太教创造性的倾向。"[1]这恰恰表明犹太文化与中东其他地区的文化之间存在着继承关系。按照圣经,希伯来民族客居埃及达400多年,长期的寄居生活使之难免受到埃及文化和宗教传统的影响。有学者对此进行过较为深入的研究,表明犹太风俗习惯受埃及的影响很深。[2] 在此仅举两例加以证明:一是犹太教的割礼源自埃及。古希腊历史学家希罗多德证实,割礼是埃及土生土长的风俗,在希伯来人到达那里之前已经流传

---

[1] [德]利奥·拜克:《犹太教的本质》,傅永军等译,济南:山东大学出版社,2002年,第13页。
[2] 徐家玲:《犹太民族的埃及背景探析》,《圣经文学研究》第3辑,北京:人民文学出版社,2009版,第306—330页。

很长时间;①二是约瑟死后希伯来人熏烤尸体而制做成干尸的习俗来自埃及。众所周知,在中东地区埃及是最早制作木乃伊的民族。

其次,希伯来文化不只对周边民族文化加以继承和吸纳,对其还进行综合与发展。刘洪一先生认为,希伯来圣经"在对上古周边异质文化的吸纳中,能通过有机整合而生发出新质意义,从而对犹太文化乃至世界文明产生重要的启示性影响"。② 希伯来圣经被后来兴起于中东地区的基督教继承,成为其圣经的《旧约》部分。真正完成犹太文化与基督教文化传承与对接的是犹太思想家斐洛(Philo Judeaus),其著述成为研究初期基督教如何从犹太教脱胎而出,后来又得以广泛传播的重要资料。③ 斐洛的"逻各斯"学说和寓意解经法,在传承犹太教思想并使其融入基督教方面发挥了重要作用。恩格斯在其《布鲁诺·鲍威尔和早期基督教》中称斐洛为"基督教真正的父亲"。④ 基督教继承了希伯来圣经后,约瑟与法老的故事便作为基督教的圣经故事,借助于圣经文本及其基督教学说的传播,将犹太教文化的种子撒入世界文化的广袤原野。由此,世界不同地区的文化中存留了种种始于犹太文化的种子,完成了古老宗教与现代文明的衔接。

结　语

综上所述,约瑟与法老的故事不仅具有深刻的文化蕴含,而且对犹太文化、基督教文化和世界文化均产生了重要影响。通过上述分析,可以得到如下启示:

---

① Herodotus, *Histories*, Vol. 2, translated by David Grene, Chicago: University of Chicago Press, 1985, 104.
② 刘洪一:《〈圣经〉的世界意义——犹太传统与现代文明的一种联结》,《犹太研究》2004年第3期,第7页。
③ Hans Lew yet al, *Three Jewish philosophers*, New York, 1975, 7—25.
④ 《马克思恩格斯全集》,第19卷,中共中央马恩列斯著作编译局译,北京:人民出版社,1976年,第328页。

第一，圣经将约瑟的成功归咎于其坚定的信仰，究其实质，该故事给人的启示是，要成就一番伟业，除了心怀必胜的信念外，还必须有一定的知识储备，尽可能发挥个人智慧，唯此，当机会到来时才会不失时机地实现梦想。第二，约瑟与法老属于不同民族，而两者却能够相互吸引，由此可知，异质文明在历史交往中也曾开出过绚丽的花朵。该故事引发后人对处理异质文明、不同民族之间关系的思考，启示我们，在涉及人类发展等共同利益时，需要领袖人物拥有跨越民族、超越文明的宽广胸怀，在不同民族，甚至异质文明之间展开合作，利用异质元素之间的魅力，优势互补，共谋发展，实现共赢。第三，就该故事而言，法老选用了来自异域，志趣甚至信仰与自己完全相反的约瑟，需要克服朝野各方，甚至心理上的障碍才能做到。无疑，法老唯才是举的行为值得后人借鉴。该故事还启示读者，欲实现国家的昌盛，民族的复兴，人才政策是关键。

作者赵克仁，陕西省户县人，河北师范大学历史文化学院教授，南开大学历史学博士。主要研究中东历史文化，近期作品有《两河文明与埃及文明的差异及原因探析》《古埃及和谐文化探源》等。

异象与拯救:《但以理书》的启示性叙事

张若一

内容提要:《但以理书》以其光怪陆离、变幻莫测的异象书写著称。在这神秘的异象背后,蕴藏着以色列民族期盼已久的拯救启示。其叙事紧密围绕着异象和启示展开,创作者以嵌套结构与重复性特征为文本形式,将以色列民族独有的神圣历史和神圣智慧观念融会其中,使之形成独特的启示性叙事,既饱含浓重的历史意味,又具有高度的隐喻性,是希伯来圣经中启示文学叙事的典范。

关键词:《但以理书》;异象;启示性叙事

Vision & Salvation:
Research on the Apocalyptic Narrative of Daniel

ZHANG Ruoyi

Abstract: As a scroll of Hebrew Bible, Daniel is famous for those mysterious visions that hold the revelations of the salvation to Israel within the book. The narrative of Daniel is structured by two major methods, frame story and repetition, concentrating on the themes of visions and revelations. By such narrative patterns, the conceptions of the holy history and holy wisdom of Israelite nation are conveyed in distinguished apocalyptic narrative in Daniel, which possesses both massive historical and metaphoric features. It is this apocalyptic narrative that contributes Daniel the most representative piece of apocalyptic literature in Hebrew Bible.

Key words: Daniel; vision; apocalyptic narrative

按照希伯来圣经的分类,《但以理书》被列为"圣录"之列。该经卷以其包含的大量令人称奇的异象和启示为主要特征,它们以特定的文本形式为结构,形成既饱含历史感又充满隐喻性的启示性叙事,在希伯来圣经中独树一帜,为之后的犹太和基督教启示文学确立了范式,产生了深远的影响。①

一、嵌套与重复——启示性叙事的文本结构

《但以理书》启示性叙事特征的确立,得益于其经卷的文本结构与主要内容。该书共十二章,包含十个叙事,从整体上看好像一部系列剧,十个故事既各自独立,又能在更高层的叙事框架中彼此统一。

第一个叙事(即第 1 章)起到了规约整部《但以理书》叙事时空的作用,

---

① 这一看法已获得普遍认可,相关论述可参考《圣经(启导本)》(南京:中国基督教两会,2006)中《但以理书》部分的参考资料;解经类书籍,如 John E. Goldingay, *Word Biblical Commentary*, *Daniel*, Dallas: Word Books Publisher, 1989; *The Jerome Biblical Commentary*, New Jersey: Prentice Hall, 1968, 449;《丁道尔旧约圣经注释·但以理书》(台湾:校园书房, 2003)等的相关分析;以及学术研究类著作的相关探讨,如 John J. Collins & Peter W. Flint, *The Book of Daniel*: *Composition and Reception*, Leiden: Brill Academic Publishers, 2002, Part One; John F. Walvoord, *Daniel*: *The Key to Prophetic Revelation*, Chicago: Moody Press, 1981, Introduction;赵宁:《先知书、启示文学解读》(北京:宗教文化出版社, 2011)第五章,等等。

异象与拯救:《但以理书》的启示性叙事

是这部经卷叙事的大背景。但以理和他的朋友于"犹大王约雅敬在位第三年"被巴比伦王尼布甲尼撒掳走,开始了异国宫廷的生活。其他九个叙事虽内容各异,却无一不是在第一个叙事提供的叙事框架内进行的。这种由一个统一的高层叙事框架统摄多个低层叙事的整体结构,是东方文学常见的嵌套结构。① 其最大特点在于能够兼顾内容的丰富多彩和主题的统一,使文本散而不乱;既能以不同角度展示但以理的生平和人物形象,又能使文本呈现出高度一致性。

《但以理书》嵌套结构所反映的高度统一性在于,该经卷的十则叙事在共同的叙事时空中发生,均以但以理等人所见的异象和神对但以理的启示为内容。这些异象有的是但以理与别人共见的,如尼布甲尼撒的两个梦(但2,4)、墙上的神秘文字(但5)等,有的是但以理自己所见,如四兽异象(但7)、两羊相斗异象(但8)等。所见异象中均包含着神对但以理的启示,那些启示不但解释了异象的秘密,更传达着神高深莫测的意图和拯救的劝勉。因而,每一个叙事实际上都可以被视为独立单元;然而当那些独立的叙事单元被统合在统一的叙事框架中时,不但其各自的独立性得以保留,而且共同形成了全书的叙事基调。那种基调以异象与启示为核心,形成了启示性叙事的基础。

在嵌套结构的框架之下,《但以理书》的叙事结构呈现出显著的重复性特征。② 而重复的内容仍然是紧密围绕着异象与启示展开的。

首先,书中存在着大量主导词重复现象。这得益于希伯来圣经文本语

---

① 嵌套结构(Frame Story),又称框架结构、连环穿插式结构,是东方文学,特别是民间文学叙事的常见结构。从整体上看,嵌套结构的基本范式为"大故事套小故事"——即众多处于同一叙事层级、分有同一叙事背景的系列故事,在一个相对统一的叙事时空框架内形成聚合关系。
② 重复性特征是希伯来圣经文本的基本特征之一,其出现并非毫无意义的赘述,亦非不同底本的文本在汇编时的纰漏,而往往是创作者的有意之举。其意义除了起到强调和易于诵读的作用之外,也常常包含着更多丰富的具体内涵。代表性论述可参见罗伯特·阿尔特:《圣经叙事的艺术》第五章(章智源译,北京:商务印书馆,2010年)。

277

言自身独特的性质。① 通过归纳可以看出,《但以理书》中高频重复的主导词,与异象和启示有着密切关联。

第一,主导词חזה高频出现。该词的 qal 形式为חָזָה,本义为看见(see),引申为觉察(perceive),是"异象"(חָזוֹן)的词根。该主导词在第 7 至 12 章中大量出现,极为引人注目(如但 8:1—2 等)。②

第二,另一个高频出现的主导词是חלם。该主导词的名词形态多以亚兰文形态חֵלֶם(如但 2:4—6;7:1 等)出现,即"梦";也有以希伯来文形态חֲלוֹם出现的(如但 2:1—2 等)。而该词的 qal 形式חָלַם,基本上是以希伯来文形态出现,意为"他曾做梦"(如但 2:1,3 等)。该主导词在宫廷叙事部分,特别是在但以理为尼布甲尼撒两次占梦部分反复出现,形成突出的重复现象。

第三,主导词שׂכל也多次重复出现。该词的 qal 形式שָׂכַל本义为聪明谨慎(be prudent),其 hif'il 形式也可引申为教授(teach)之意。该词根的 hif'il 分词复数阳性形式מַשְׂכִּילִים在启示部分重复出现(如但 11:35,12:3,10 等),可被译为"智者"。

---

① 希伯来文的一大特点是:其单词全部由辅音字母组成。希伯来文中没有元音字母,只有元音符号,且在希伯来圣经文献中常不标出;当为同一个词根配上不同的元音符号后,便能衍生出其他词汇,因此,在很多情况下,区别这些词汇的唯一方法就是读音。直到约公元八至十世纪,玛索拉学者才创制了系统的语音符号,标注在经文之中,使得希伯来圣经的读音和释义有了标准化的可能。本文中所引圣经原文皆出自 *Biblia Hebraica Stuttgartensia*, Stuttgart: Deutsche Bibelgesellschaft, 1967. 另外,由于《但以理书》的玛索拉文本中包含了希伯来文和亚兰文两种语言,笔者在下文的分析中对两者进行了区分,并分别加以讨论。

② 需要特别指出的是,《但以理书》第 2 章 4 节 b 至第 7 章 28 节由亚兰文写成,其他部分由希伯来文写成。亚兰文与希伯来文在形态、语法等方面较为相近,但仍有不同。以第 7 章为例,异象חזה一词的希伯来文 qal 形态为חָזָה,但亚兰文则对应写作חֲזָא或חָזֵה,其名词形态为חֵזֶו(如但 7:2,7,13 等)。第 7 至 12 章由于集中涉及了四个异象,常被学者在结构上归为一个整体,然而其中涉及希伯来文和亚兰文两种语言,该主导词在此部分的形态较为复杂。不过从整体上看,无论是亚兰文还是希伯来文,原文中"异象""见异象"的重复现象都是十分明显的。笔者采用的词典版本如下: *The Brown-Driver-Briggs Hebrew and English Lexicon of the Old Testament, with an Appendix Containing the Biblical Aramaic (B. D. B.)*, Francis Brown, with the co-operation of S. R. Driver and Charles A. Briggs. Oxford: Clarendon Press, 1906; William L. Holladay, *A Concise Hebrew and Aramaic Lexicon of the Old Testament*. Leiden: E. J. Brill, 1988.

异象与拯救:《但以理书》的启示性叙事

这三个高频重复的词根是构成《但以理书》启示性叙事的关键因素,它们均以启示为核心。梦常常是异象出现的场域,如尼布甲尼撒所见的异象皆在梦中出现;异象将启示蕴藏在自身的表象之中;而若想揭示启示的内涵,就必须具备过人的智慧,成为智者。由此,这三个词根所代表的,分别是启示的场所、形态和接受方法。《但以理书》以词根重复的方式充分展现了异象和启示的核心地位,使得该经卷叙事紧密围绕着启示展开。①

其次,《但以理书》的典型场景重复现象也非常突出。② 特别是在但以理见四个异象的叙事部分,其发生、异象结构以及启示传达的方式都如出一辙,构成了跨越个别叙事的典型场景重复现象。那些典型场景同样以异象与启示作为核心,参见下表:

异象	发生方式	结构方式	启示传达方式
海中四兽的异象（但7）	夜间观看异象	异象:四大怪兽自海中来;亘古常在者审判;人子得权柄	侍立者（天使）解释异象
公绵羊、山羊的异象（但8）	异象现于但以理	异象:公绵羊无比强大;公山羊击败公绵羊,生出四角	加百列解释异象
七十个七的预言（但9）	加百列飞来	异象:加百列飞来,破解七十个七的谜题	加百列解释异象
底格里斯大河边的异象（但10—12）	举目观看异象	异象:底格里斯河边有非凡之人,他为但以理传递启示;河边又有两人,宣布应验的日子以及结局	"有一位像人的"解释异象

从上表可见,这四个异象的叙事均是以但以理看到异象作为开端,且异象降临的时间均有详细记载。异象的结构方式则以叙述异象的样貌和情节为主。最后,关于异象的解释工作,也就是启示内涵的揭示,均由属灵人物

---

① 需要说明的是,这种词根重复既是文本形式意义上的,更是语音意义上的,如כתב读作 kātɑb,而כתוב读作 kātûb,这样的重复在诵读经文时非常富于韵律感,具有十分浓厚的宗教仪式性特征,而且能避免过度重复单一的词汇,使得重复富有曲折性和动态感,体现出希伯来圣经独有的魅力。

② 典型场景重复的概念参见罗伯特·阿尔特在《圣经叙事的艺术》第131页所作的定义。

(侍立者、加百列、"有一位像人的")完成。但以理自己虽见异象，却无法理解其意思。这样，围绕但以理所见的异象，《但以理书》第7—12章构成了异象的典型场景重复，均以异象的书写和启示的解读为内容。

综上所述，通过分析《但以理书》的叙事结构，不难看出，《但以理书》的创作者以异象与启示为主体，整体上采用嵌套式结构，并于各处娴熟运用词根重复和典型场景重复的手法，形成一种立体的启示性叙事手法。这种以异象为启示的表层形式、以启示的真正内涵为内核的叙事手法，成为《但以理书》最突出的文学特征。希伯来圣经其他经卷均并未像《但以理书》这般，集中而颇具力度地展现异象与启示的独特魅力。

二、历史性与隐喻性——启示性叙事的艺术特征

《但以理书》的启示性叙事具有两大鲜明的艺术特征——浓厚的历史性和强烈的隐喻性，其出发点在于，叙事将异象作为真实的历史事件看待，以异象离奇诡谲的表象指涉其蕴含的启示意义。

《但以理书》的叙事之所以寓有浓厚的历史性，首先是因为其所涉及的异象均被置于真实历史框架之内。从整体上看，但以理的所有叙事均发生在巴比伦宫廷，无论是新巴比伦帝国的尼布甲尼撒，还是波斯帝国的大流士，都是历史上真实存在过的君王。但以理及其朋友们的经历，也是犹太史上真实而惨痛的一笔：犹大王国被灭、犹大人被迫流亡他乡的"巴比伦俘囚"事件。整部《但以理书》包含九个异象，各异象的开端均有较为明确的时间状语，如"尼布甲尼撒在位第二年"（但2:1）、"玛代人大流士年六十二岁，取了迦勒底国"（但5:31）、"伯沙撒王在位第三年，有异象现与我但以理"（但8:1）等。这就意味着，异象的降临及其蕴含的启示并非毫无现实依据的信口开河；相反，如此这般地强调异象和启示降临的时空节点，表明《但以理书》的叙事具有很强的针对性，往往针对特定的历史事件或民族处境，呈现

出浓厚的历史意味。

更为重要的是,《但以理书》中异象所传达的启示,旨趣在于对真实历史走向的宣告,此即那些异象具有极强叙事性的根本原因。例如在第2章,尼布甲尼撒做了个奇异之梦,自己却记不起来。但以理得到神的启示,为尼布甲尼撒复述那梦的内容,并讲述其间蕴含的启示:

> 王阿,你梦见一个大像,这像甚高,极其光耀,站在你面前,形状甚是可怕。这像的头是精金的,胸膛和膀臂是银的,肚腹和腰是铜的,腿是铁的,脚是半铁半泥的。你观看,见有一块非人手凿出来的石头打在这像半铁半泥的脚上,把脚砸碎。于是金、银、铜、铁、泥都一同砸得粉碎,诚如夏天禾场上的糠秕,被风吹散,无处可寻。打碎这像的石头变成一座大山,充满天下。(但2:31—35)

至于这异象所蕴含的意义,则是关于尼布甲尼撒及以后世界霸权的流向。该大像的四个部分按照从头到脚的顺序,代表着历史发展的四个阶段。尼布甲尼撒是其金头,随后的银、铜、铁和半铁半泥各部分,依次代表相继出现的三个帝国。[①] 而最后,一块非凡的巨石将那塑像全部砸烂,则意味着神将人间的帝国全部消灭,而建立神的国度:"当那列王在位的时候,天上的神必另立一国,永不败坏,也不归别国的人,却要打碎灭绝那一切国,这国必存到永远。"(但2:44)可见,该异象所蕴含的启示,乃是人间历史发展和终结的过程。在人间历史的尽头,神的拯救必将到来,建立起神的国度。

与之具备异曲同工之妙的,还有第8章公绵羊、公山羊彼此争斗的

[①] 按照教内一般观点,除了代表巴比伦的金头外,其他三个部分分别代表波斯、希腊和罗马。这四国因其各自的某些特征而被金银铜铁四种金属指涉。如《天道圣经注释——〈但以理书〉注释》(邝炳钊著,香港:天道书楼,1989年)谈到:巴比伦喜欢以金装饰各物;银即是银钱,波斯以经商赚钱驰名;希腊军队以铜制造兵器;罗马的器械却是铁制成的(第96页)。《圣经(启导本)》中也有四个帝国的解释(第1198页)。

情景：

> 我举目观看，见有双角的公绵羊站在河边，两角都高……我见那公绵羊往西，往北，往南抵触。兽在它面前都站立不住，也没有能救护脱离它手的……我正思想的时候，见有一只公山羊从西而来，遍行全地，脚不沾尘……它往我所看见，站在河边有双角的公绵羊那里去，大发忿怒，向它直闯。我见公山羊就近公绵羊，向它发烈怒，抵触它，折断它的两角。绵羊在它面前站立不住。它将绵羊触倒在地，用脚践踏，没有能救绵羊脱离它手的。(但 8:1—7)

这异象蕴含着关于两个帝国交替的历史走向。按照加百列的解释，双角公绵羊代表玛代和波斯王。他们的帝国称霸一时，正如异象中的公绵羊一般凶残暴虐。而公山羊指希腊王（文中也作雅完），它比公绵羊代表的玛代和波斯更强悍，将后者击败、践踏，成为世间的霸者。这也暗合了历史发展的王朝交替次序。最后，异象中两个圣者的对话表明，希腊将会"非因人手"而灭亡，神的圣所必得到洁净，这是指人类历史的终结和神圣纪元的开启。

《但以理书》启示性叙事的隐喻性在于，首先，启示并非以直陈方式被言说，而是通过高度抽象、甚至变异的异象来表达。异象以启示的内容为基础，将其幻化为令人瞠目结舌的奇异景象，看似天花乱坠、光怪陆离，实际上却处处离不开启示所传达的意义，甚至与其一一对应。以尼布甲尼撒做的第二个梦为例：尼布甲尼撒梦见一棵参天之树，极为茂盛华美，圣者从天而降，大呼将树伐倒，而树桩却留住，与野兽同行，并被给予一个兽心，经过七年而止（但 4:10—17）。对此，但以理得到的启示是：这梦就是尼布甲尼撒得势—失势—再得势的命运的预兆。这些预兆最后一一应验（但 4:28—36）。

尼布甲尼撒失势前举世无双的权势幻化为异象中的参天大树，其突然失势和失势后的悲惨境遇在异象中幻化为树被伐倒、树桩被铁圈铜圈箍住、不得以与野兽为伍的情景。① 其隐喻性在于，异象与启示间的可喻性是通过"国王之梦"和"但以理解梦"两条线索中各要素的动态对应来体现的。梦中的大树与国王一样强大、泽被万物；大树倒下与国王失势一样，因极为特殊的非常因素所致；大树的悲惨下场与国王的境遇相似；树桩的存留预示着树还有再次成长壮大的机会，亦如尼布甲尼撒失势后重夺势力。因而，两个叙事各要素间的相互对应关系形成整体的隐喻，呈现出动态隐喻的属性，而非一般意义上"甲像乙"般的静态比喻。

其次，启示性叙事特征的隐喻性还体现在，作为能指的异象和作为所指的启示存在着相互分离的趋向，即异象和启示的意义结合从文本上看并非密不可分、相互紧密依存；相反，异象和启示完全可以不依赖彼此而独立存在。以《但以理书》第7章的异象为例。但以理在夜间见到了大异象：

> 有四个大兽从海中上来，形状各有不同，头一个像狮子，有鹰的翅膀。我正观看的时候，兽的翅膀被拔去，兽从地上得立起来，用两脚站立，像人一样，又得了人心。又有一兽如熊，就是第二兽，旁跨而坐，口齿内衔着三根肋骨。有吩咐这兽的说，起来吞吃多肉。此后我观看，又有一兽如豹，背上有鸟的四个翅膀。这兽有四个头，又得了权柄。其后我在夜间的异象中观看，见第四兽甚是可怕，极其强壮，大有力量，有大铁牙，吞吃嚼碎，所剩下的用脚践踏。这兽与前三兽大不相同，头有十角。（但7:3—7）

---

① 从经文对失势的尼布甲尼撒的描写来看，他很可能患有在医学上被称为"狼狂症"（Lycanthropy）的精神疾病，以至于他形如野兽。关于尼布甲尼撒的疯狂、失势及其权力复得的历程，一些经外文献可予以佐证。相关分析可参阅 John E. Goldingay, *Word Biblical Commentary*, *Daniel*, 83—84。

然而,这异象所指涉的启示意义却并没有随着异象的降临而同时出现。但以理在惊惶和犯愁之中,向一位侍立者询问,那位侍立者乃将异象所蕴含的启示告诉但以理:"这四个大兽就是四王将要在世上兴起。"(但7:17)可见,若但以理不询问,或无人将异象的内涵向但以理道破,则其令人费解的表象背后所包含的真意便永远不得而知了。虽然异象的意义在很大程度上取决于启示的揭示,但从完整性上看,异象和启示均可作为独立的叙事单元存在。这种相互分离的趋向强化了启示性叙事的隐喻性,亦即异象神秘性的根本来源。两者的分离使异象的意义深藏于文本的叙事中,构成张力,造就了《但以理书》广阔的阐释空间。

综上所述,浓厚的历史性和强烈的隐喻性是《但以理书》启示性叙事的两大艺术特征。这两种艺术特征的形成,使犹太人在特定历史语境下独特的神学观念和对拯救的热切盼望得到淋漓尽致的体现。

三、困境中的奇妙拯救
——启示性叙事艺术特征的历史与神学观念根源

从前文分析可以看出,《但以理书》的启示性叙事独具特色,令人称道。而这种叙事艺术特征的形成,是以色列传统文化观念与《但以理书》最终成书时的历史语境相互碰撞的结果。叙利亚国王安条克四世对犹太人发起前所未有的迫害,在以色列独特历史观和智慧观的观照下,该事件被赋予了强烈的熬炼和拯救意味,且带有终极性,包含着人类历史的终结,以及对以色列人所盼望拯救的期许。

启示性叙事的历史性主要得益于以色列民族独有的历史观念——神圣历史观念。在那种观念中,信仰与现实之间几乎不可协调的尖锐对立得到了统一。这是一种从上帝一神论的角度来看待民族失败与苦难的历史观念,其要义是上帝拣选以色列民,最终将赐予他们繁荣与兴盛,但是由于以色列民的悖逆，上帝需通过惩罚手段使其悔改，回归上帝之道。这表现成一种信仰救赎的历史观，"用信仰的眼睛来看，不管是神圣历史还是世俗历史，整个历史程序都表现为预定的上帝的秩序"。① 这样，整部以色列历史都是上帝"神圣计划"（Divine Scheme）的一部分，最终的历史走向体现着上帝的终极目的。可见《但以理书》启示性叙事的历史性实则是对民族终将获得救赎的肯定。无论现实多么残酷，神的拯救计划都早已定好，因此遭受苦难的虔诚信徒便能重拾获救的希望，以义人的身份面对拯救的到来。

另一方面，《但以理书》启示性叙事的隐喻性源自以色列民族的另一重要观念——神圣智慧观念，认为智慧是得到启示的最重要品质，真正的智慧源于神的恩赐。只有智慧人才能掌握真理，而掌握真理就能使人避免犯罪，知晓如何得到拯救。这种观念，体现着智慧文学传统对《但以理书》的影响。《但以理书》成书时期希伯来智慧文学已蔚然成风。《箴言》《雅歌》《传道书》《约伯记》等智慧文学名篇均成书于希腊化时期。② 智慧不仅仅是美德，更是上帝的恩赐，而最大的智慧诚如《传道书》所云：

> 这些事都已听见了。总意就是敬畏神，谨守他的诫命，这是人所当尽的本分（或作这是众人的本分）。因为人所作的事，连一切隐藏的事，无论是善是恶，神都必审问。（传 12:13—14）

神的奇妙拯救将以常人无法理解的方式展开，故其本质必定是神秘的。若要使人明白，就必须用隐喻方式加以表达。正如以"海中四兽"的叙事来指涉王朝更迭一样，异象作为能指，以神秘莫测的面貌示人，虽含混暧昧，但它形象生动地表现出神的启示，是理解神的奇妙拯救的唯一途径。然而，若

---

① 卡尔·维洛特：《世界历史与救赎历史》，李秋零、田薇译，北京：三联书店，2002 年，第 202 页。
② 关于这部分经卷成书时期的考察，可参见王立新：《古代以色列历史文献、历史框架、历史观念研究》，北京大学出版社，2004 年，第 114—115 页。

想从高度抽象、神秘莫测的异象中理解神的真意，必须拥有高度的智慧。这种智慧唯独敬神爱神、蒙神悦纳的义人才能拥有。根据《但以理书》的表述，智慧者将在神的拯救中迎来自己的永生：

> 智慧人必发光，如同天上的光。那使多人归义的，必发光如星，直到永永远远。（但 12:3）

当今学界普遍认为，《但以理书》最终竣稿于希腊化帝国塞琉古（Seleucid）国王安条克四世（Antiochus Ⅳ the Epiphanies，公元前 175—164 年在位）统治末期至马加比起义爆发之间。① 与希伯来圣经的其他经卷一样，《但以理书》的成书也经历了漫长的过程。不过在这漫长的岁月中，不变的主题是犹太人丧失了民族主权，或成为流亡者，或成为其他帝国管辖下的犹大省人，被迫接受着其他霸权者的政治、经济和文化管制。

《但以理书》最终成书的时期对于犹太人而言是灾难性的。安条克四世在犹大省施行了一系列迫害政策，从政治、经济、文化，特别是信仰方面

---

① 这一看法由来已久。认为《但以理书》最终成书于但以理时代之后的推测，是基于认为《但以理书》是编纂而成的，而非但以理在自己的时代完成的。新柏拉图主义哲学家波菲力（Porphyry，公元 234—305 年）首先指出，《但以理书》第二部分是以塞琉古帝国的安条克四世对犹太人进行宗教迫害为背景而创作的。之后，基督教会对此观点进行反驳，认为《但以理书》与其他先知书一样，是但以理得到默示写成的。18 世纪以来，随着圣经文本考据学的发展，特别是高等批判（Higher Criticisim）的兴起，波菲力的观点又引起学者的重视。随后，越来越多的学者认为《但以理书》是一部经人编纂而成的经卷，作者绝非只有一人。关于《但以理书》的编纂情况及其成书时代的论证有大量专著和论文可供参考，如：H. L. Ginsberg, *Studies in Daniel*. New York: Jewish Theological Seminary of America, 1948; "The Composition of the Book of Daniel. Vetus Testamentum", vol. 4, Fasc. 3 (Jul., 1954), 246—275; W. D. Davies & Louis Finkelstein, *The Cambridge History of Judaism*, Volume Two: *The Hellenistic Age*. Cambridge: Cambridge University Press, 1989; 《丁道尔旧约圣经注释·但以理书》"但以理书绪论"部分; 王立新:《古代以色列历史文献、历史框架、历史观念研究》上编第四章等。不过，仍有少数保守派学者认为《但以理书》确系但以理得默示而写成，其成书时期约在但以理时代或但以理死后不久。详情可参见 *Daniel: The Key to Prophetic Revelation*, Chapter 2。

对犹太人进行压制。虔敬的犹太人遭受迫害,甚至被屠杀。更糟糕的是,面对这样一场民族浩劫,犹太人并非铁板一块。很多人在希腊文明的诱惑和当权者的残酷政策下放弃了自身的民族信仰,甚至反过来陷害自己坚守犹太传统的同胞,其中不乏宗教领袖。此外,宗教、贵族势力相互倾轧,社会贫富不均等问题层出不穷,这样的历史状况对犹太信仰又是一次重大挑战。①

面对这种严酷的局面,部分虔诚的犹太信徒颇觉绝望。凭借其热忱和努力,无法光复纯洁的犹太传统,甚至反招杀身之祸。他们看到的不是暴政者的倾颓和信仰者的得救,却是施暴者耀武扬威、玷污圣殿,虔敬者惨遭屠戮的惨状。另一方面,他们坚信神必将拯救义人。这种拯救是神所定立的,必将以人间历史为框架展开,历史的走向是神圣意志的体现,指向义人的胜利。因而,神将以奇妙的方式行拯救之事,就成为了逻辑上的必然;异象和启示也成为了传递神意的最佳途径。神通过异象表明,他要借苦难熬炼义人,使得拯救降临在那些经受住熬炼的人身上,而唯有如但以理这样的智者才能明白神的意图。

因此,《但以理书》的启示性叙事是以色列民族独有的神圣历史与神圣智慧观念在残酷黑暗的历史语境中顽强挣扎的产物,对于犹太民族的存续和信仰的坚立具有极为重要的意义。在丧失民族主权的漫长岁月中,离散的犹太人多次经受反犹排犹运动的冲击,其处境正如安条克四世迫害犹太人的历史语境,屡次陷入生存危机之中。现实虽黑暗无望,但神的拯救必将到来。这是蕴藏在历史走向中的奇妙拯救,真正的智慧之人必能明白。但以理的叙事就是光辉的榜样,给绝境中仍然坚守信仰的犹太人带去劝勉与安慰。这种劝勉和安慰是通过启示性叙事来有力传达的,为处于黑夜中的民族展示出黎明的曙光。

---

① 有关这段历史,可参见 W. D. Davies & Louis Finkelstein, Chapter 8; Daniel Jeremy Silver, *A History of Judaism*, New York: Basic Books, Inc, 1974, Chapter 9; 以及 Victor Tcherikover, *Hellenistic Civilization and the Jews*, New York: Atheneum, 1970, Chapter 3—5, 等。

作者张若一，南开大学比较文学与世界文学专业 2015 级博士研究生，主要研究圣经文学，近期发表论文《〈约伯记〉的张力考察》(《金陵神学志》2013 年第 3—4 期)。

（程小娟　编）

俄罗斯文学对圣经中浪子寓言原型的阐释[*]

刘 溪

内容提要:《路加福音》里的浪子寓言在基督教思想中是原生的。包含了迷失、悔悟、宽恕、回归、父与子等多个子题的浪子寓言涵括了基督教的基本理念。浪子寓言以浪子形象原型和浪子回头情节模式或隐或现地存在于俄罗斯文学中,记载着民族文化的诸多符码及其历史变异。不同时代作家对于浪子寓言的多样阐释中蕴含着俄罗斯民族文化的演进过程,以及基督教文化对俄罗斯民族意识的渗透脉路。

关键词:圣经;浪子寓言;俄罗斯文学;回归

Parable of the Prodigal Son in Russian Literature

LIU Xi

Abstract:The parable of the Prodigal Son in the New Testament is inherent in the Christian thought. The parable of the Prodigal Son contains

---

[*] 本文系北京师范大学青年教师基金资助项目"尼·科利亚达戏剧创作研究"(项目编号SKXJS2014016)的阶段性成果。

themes of spirituallose, repentance, forgiveness and returning, which manifests as one of the central ideas in Christianity. The parable of the Prodigal Son has entered the Russian subconsciousness, and recorded the national culture codes and its historical evolutions. Within hundreds of years of Russian literature, numerous literary masters provided various philosophical thinking for the spiritual transformation of the Prodigal Son and gave extensive interpretations to the prodigal fable under the contexts of different social backgrounds.

Key words: the Holy Bible; the Prodigal Son; Russian literature; return

"浪子回头故事"是《路加福音》里一篇影响广泛的道德说教寓言,被称为"福音的精髓"。它篇幅虽短,却"包含了成长小说的雏形"①,是"西方教育或成长故事的前身"②。浪子寓言讲述一个富庶人家的小儿子向父亲讨得自己的一份家产后,离开家独自在外过着放荡堕落的生活,很快挥霍了所有财产,陷入穷困潦倒之境。最终他幡然悔悟,决心返回家中。父亲宽容地重新接纳了这个失而复得的浪子,但这却让大儿子极度生气。最后父亲规劝大儿子一道来接纳他的弟弟。

"浪子寓言"的原始意义是对耶稣离开天父,漂泊人间传播教义,并在死后回归天父身边的隐喻,也是对人类始祖亚当、夏娃离开伊甸园的隐喻,因此该寓言在基督教思想中是原生的,涵括了基督教的主要理念。"整个人类,多样化综合的亚当——就是一个浪子。在背离天父(道德伦理)之后堕落,并在经历了充满恶的世界中的苦难之后拜倒在上帝权威的脚下。"③浪子寓言召唤着世人对上帝的归顺。同时,"浪子回头"这一流传广远的寓言

---

① 刘意青:《圣经的文学阐释——理论与实践》,北京大学出版社,2004年,第271页。
② 同上,第272页。
③ Чернов А. В. ,*Евангельский текст в русской литературе XVIIi – Xx веков*. Петрозаводск, 1994,152.

早已超越了单一宗教语境,获得了与精神内容相连的多义解释:"它建立了世界和上帝关系的象征图景,指出了任何人的活动在日常生活中,在每个人的行动和话语中所具有的隐秘意义。"①关于浪子主题在文学中的出现,丘巴(Тюпа В. И.)认为:"在许多世界文学的作品中我们都遇到了浪子情节,显在的或潜在的,都再现了《路加福音》中这则寓言的故事梗概,还有那些在文本中没有再现情节,但仍将浪子主题带进读者意识中的作品。"②

在俄罗斯文学中,该则寓言以浪子形象原型和浪子回头情节模式或隐或现地存在,并经常具有宗教的、道德的、社会的、个人的、存在上的多重意义。研究者认为,在浪子寓言的故事中可以找到与俄罗斯文化所固有的二元模式的内在吻合:"二元结构的自我描述指的是将世界上的一切划分为正面的和负面的……世界被鲜明地划分为罪恶的和神圣的两部分,中间层次实际上是罪恶的层次,这种理解一直深植于俄罗斯文化的根源上。"③在浪子故事中,浪子离家在外的经历被视为在罪恶世界中的堕落和迷失,其结局则与"通往善的路要经过恶的顶峰,要经过忏悔、变形并返回到更高秩序的本质"的"某种全民族文化模式"④相符;大儿子和小儿子的结局也鲜明体现了"恶的世界与善的距离比庸俗世界与善离得更近"⑤。这样,从这个故事中就能发现俄罗斯民族文化根源的一些重要方面。

在几个世纪的俄罗斯文学史中,众多文学大师为浪子的精神历程提供了多种哲理思考,对浪子寓言进行着多义的阐释。本文通过追溯不同时代作家作品中的浪子形象与主题情节,探究其中负载的基督教文化对于俄罗

---

① Ромодановская Е. К., *Евангельский текст в русской литературе XVIIi - Xx веков*. Петрозаводск,1998,87.
② Тюпа В. И., Ромодановская Е. К. *Словарь мотивов как научная проблема. Материалы к "Словарю сюжетов и мотивов русской литературы": от сюжета к мотиву*. Под ред. В. И. Тюпы. Новосибирск,1996,5.
③ Лотман Ю. М., *О русской литературе*. СПб.,1997,596.
④ Лотман Ю. М., *О русской литературе*. СПб.,1997,597.
⑤ Лотман Ю. М., *О русской литературе*. СПб.,1997,597.

斯民族意识的渗透脉路,并解析其变形背后所蕴含的民族文化符码。

一

俄罗斯文学中有关浪子寓言的情节最早出现于十七世纪。古罗斯人生活在基督教伦理规则之下,作者们经常将自己主人公的生活与圣经相调准。这一时期的文学作品中存在的浪子寓言主题十分贴近其原本的宗教意义,体现着对于俗界众生皈依宗教的召唤。特别是圣徒传一类作品,讲述漂泊于人间的浪子在经历了种种磨难和考验后最终成为神圣信徒回到上帝身边的故事,正是以浪子寓言为原型的。除了苦难和诱惑主题,圣徒生平的叙述中总是掺杂着父的权威和子的意志之间的矛盾,由此形成许多圣徒传(如《戈列·兹洛恰斯基传奇》《萨瓦·格鲁岑传奇》《浪子寓言的喜剧》)中的基本冲突,而子的道路选择则成为情节的基础。这些作品均出现在父权制社会体系形成与发生剧烈动荡的过渡时期,"子"的命运处于时代转折的空隙中,对于上帝的悔过和赎罪成为主人公的唯一出路。

随着彼得大帝上台,十八世纪的俄罗斯文化经历了巨大变革。新旧公理都被置于怀疑之下,企图在社会中占据首位的欧洲文化与陈旧的俄罗斯民族文化之间的对抗构成俄罗斯社会生活的主要冲突,由此发生了世界观的整体转向:由内在的(与圣经理想相符的)、关心心灵救赎的哲学转向了外在的哲思,新的俄罗斯文学中讲授的内容由宗教伦理转向世俗伦理。在此背景下,浪子情节和主题被予以新的诠释。在《俄国水手瓦西里·科里奥茨基和佛罗伦萨美丽公主伊拉克莉亚的故事》《俄国贵族亚历山大的故事》《波兰小贵族之子的故事》这些作品的开头,父亲祝福儿子前去游历:离家的目的是学习科学知识,获得个人价值的确立。在这类小说中,福音书中的寓言总是在启蒙精神的原则下被思考:小说中主要展现的是与陈腐传统决裂的主人公按照"理智"生活,向往在世俗世界的成功和达到新的精神标准。

小说中均缺失了回归的情节，游历的浪子不再回到父母的家。这种主人公的不再回归和对于父母之家的忘却体现了对过去的拒绝和未来的召唤。类似小说的例子展现了上帝这一位于中世纪作家关注中心的形象已经让位于人。

二

如果说古罗斯圣徒传记的目的在于传播宗教伦理道德，并将其深植入人们内心，那么在十九世纪，基督教的世界感受已经成为俄罗斯民族意识的一部分，并开始在潜意识领域积极地发生作用："基督教主题转移到了原型层面，具有了普遍存在的属性，获得了稳固的心理布局特性，并被无意识地再现在文学作品中。"①散布于十九世纪俄罗斯文学中的浪子寓言情节和形象模式，在日常生活的情节背后出现了"存在"的因素，众多文学大师为浪子的精神历程提供了多种方案的艺术和哲理思考，并对原型予以多义的解读。巴里布洛夫（Бальбуров Э. А.）说道："如果我们审视后期的浪子主题，会发现它表现的不只是详细的情节线索，还有着对于仿古模式的偏离。"②按研究者的观点，新时期的作者们"不再以重复众所周知的情节为己任，而是要建立独特的、不与其他情节相重复的新内容"③。

在十九世纪上半期，一方面，"回归"主题对于已逝去之和谐的重建，在巴丘希金、茹可夫斯基、普希金、莱蒙托夫的作品中表现得十分鲜明，同时，浪漫主义文学家（以莱蒙托夫为代表）着重描写了魔鬼式个人对于上帝世界规则的反抗。切尔诺夫（Чернов）依据对浪子原型实现程度的不同，将十九

---

① Чернов А. В., *Архетип «блудного сына» в русской литературе XIx века. Евангельский текст в русской литературе XVIIi – Xx веков.* Петрозаводск, 1994, 152.
② Бальбуров Э. А., *Мотив и канон. Материалы к Словарю сюжетов и мотивов русской литературы: Сюжет и мотив в контексте традиции.* Вып. 2. Новосибирск, 1998, 13.
③ Бальбуров Э. А., *Мотив и канон. Материалы к Словарю сюжетов и мотивов русской литературы: Сюжет и мотив в контексте традиции.* Вып. 2. Новосибирск, 1998, 13.

世纪俄罗斯文学划分为两个方向,并将其视为"自普希金时期起俄罗斯道德伦理思想分野的一个体现"[1]。研究者认为,浪子寓言的第一种实现方式以普希金为起始,并在冈察洛夫、涅克拉索夫、陀思妥耶夫斯基、列斯科夫的作品中延续。这类作家的一个基本观点是:"人的演变是个人性质的,他们在'日常生活海洋'的漂泊中逐渐获得了对于自我的深入认知,以及对客观存在之永恒规律的企及。"[2]主人公在经历考验之后发生了内在的巨大转变,回归了自我(家庭、爱人、故乡、生活和上帝),并且,这一结果只有通过个人的经验和苦难的经历才能达到。在不同作者那里,浪子回归的方式并不相同,既是各种各样的和辩证的,又是必定发生的。

浪子回头的寓言在普希金作品中表现得尤为鲜明,作者直接地(《驿站长》《年轻人的笔记》)或间接地(《上尉的女儿》)诉诸浪子情节,将其作为小说情节发展的线索和主要人物的原型。在俄罗斯文学史上,普希金首次将宗教与世俗、古旧传统与现代文明、道德与个性心理相结合,在综合的和辩证的视角下看待浪子问题。

《驿站长》中有着双重叙述模式,作者以浪子出走和回归的宗教伦理蕴含为原型,对照着冬妮娅的人生走向。如下图所示,在浪子回头故事的每个节点,普希金均与圣经原文进行着对话。首先,冬妮娅的出奔被赋予了冲破陈旧迂腐的道德伦理训诫、寻求自我确立和个性解放的时代思想,意味着新一代人对另一种生活的选择。并且,出走后的冬妮娅完全与父亲割断了关系,没有向父亲回归,而是建立了自己的家和属于自己的历史。即使在故事最后,她也并非"回归"父亲的家,而是前去探望。浪女贵族身份和母亲身份的获得宣示着她的成功。即使冬妮娅因此失去了自己的父亲,这也是在重估个体价值的时代背景下不可避免的代价。

---

[1] Чернов А. В., Архетип «блудного сына» в русской литературе XIx века. Евангельский текст в русской литературе XVIIi – Xx веков. Петрозаводск,1994,153.

[2] Чернов А. В., Архетип «блудного сына» в русской литературе XIx века. Евангельский текст в русской литературе XVIIi – Xx веков. Петрозаводск,1994,153.

俄罗斯文学对圣经中浪子寓言原型的阐释

作品	圣经中的浪子	《驿站长》中的冬妮娅
家庭	富有	贫穷
出走	分割财产,得到父亲的允许后离去	身无分文,背着父亲与情人私奔
在外	耗尽所有,穷困潦倒	荣华富贵,生儿育女
父亲	在家等待,宽恕的	外出寻找,愤怒的
回归	父亲盛宴款待,恢复儿子的身份	贵妇省亲,但父亲已经去世
结局	回归父亲的家,成为父的儿子	建立自己的家,自己成为母亲

此外,普希金首次在俄罗斯文学史上将大儿子形象带进了有关浪子寓言的情节中,并对其予以集中阐释。实际上,《驿站长》中的第一主角并非冬妮娅,而是维林。这一原本为"父"的人物,越来越偏离了其角色设定,而走上了浪子的路。冬妮娅终未向父回归,主要原因在于维林在精神上已不配为父,他的愤怒、狭隘早已将其带离了父的位置。与其说维林是父亲,不如说他更像是圣经寓言中的大儿子(他对女婿明斯基的嫉妒一如大儿子对小儿子的态度)。父与子在普希金那里被摆到了同等位置,放在人之"存在"的永恒精神规则下予以共同的审视。并且,在有限的文学形式下,普希金复活了寓言的宗教仪式意义——人在经历了堕落、赎罪之后返回本原,且有权成为类似于上帝的人。这样,普希金一方面保留了寓言的原始宗教意义,另一方面也大大扩展了该寓言在俄罗斯文学中的价值尺度。可以说,《驿站长》对浪子主题的阐发在很大程度上决定了浪子形象在其后俄罗斯文学中的发展路径。

浪子原型也是陀思妥耶夫斯基作品中一个贯穿始终的线索,其寓言元素以不同方式渗透在陀氏的所有创作中。陀氏作品中经常重复着"出奔—考验和诱惑—忏悔和回归"的内在结构模式。并且,陀氏更感兴趣的是位于"出奔"和"回归"之间的,人在脱离上帝之后所遭受到的精神和肉体诱惑的心理冲突。正如大主教安东尼·苏罗日斯基(Сурожский Антониий)所指出的:"精神复活是陀思妥耶夫斯基在自己所有作品中所描写的内容:悔过和重生,违背道德的堕落和修正,抑或是激烈残酷的自杀;只有在这些情绪下主人公的生活才能回归正轨。"①

陀氏作品中存在着当代人乃上帝浪子的隐喻。按陀氏的观点,本是上帝之子的当代人在生活的诱惑下脱离了至高原则,他们欲按照自己的意志生活,实际上却陷入魔鬼诱惑的掌控之下;他们发起了对天父的反抗,甚至妄图取代其在人间的位置,获得决定自身生死的权利。陀氏的浪子们浸染在世界的诱惑中,并寻找着通向灵魂复活的道路,因而也总是被置于道德伦理选择的情境之下。作家让自己的主人公经历肉体和精神的双重考验,人物的复活意味着他对于人间世界的回归——回到那个曾因自己罪过所割裂的本质之所属。能够经过悔过和复活的人并不多,但作者指出了希望:"在叙述的结尾处,陀思妥耶夫斯基仍然将自己的主人公留在了通往家的路口,虽然离家尚远,但是父亲已经站在门口等待了。"②

果戈理是切尔诺夫所划分的另一方向的源头。"在果戈理尖锐的意识下有着复活的必要性及其无法实现性。"③在果戈理效仿《神曲》创作的对《死魂灵》第一部展现"堕落",第二部展现"复活"的史诗般的构想中,蕴含着浪子回头的内在情节模型。在《死魂灵》中,人物所处的生活被描绘为地狱般的图景,果戈理以犀利的笔触展现了浪子身处堕落的状态。如果说陀思妥耶夫斯基笔下人物的堕落与诱惑相联系,并向着悔过和复活的方向运动,那么果戈理笔下浪子的堕落便是相对静止的,即使在人物的前史中能看到的也只是导致堕落的成因,而关于人物未来的复活和悔过则没有丝毫迹象。即便果戈理按照"通往善的路要经过最大限度的恶"的模式构思自己的作品,但是已经达到"恶的顶峰"的果戈理的浪子们,当他们"克服了地狱的

---

① Митрополит Антоний, *Пасторское изучение людей и жизни по сочинениям Ф. М. Достоевского. Ф. М. Достоевский и православие.* Сост. А. Н. Стрижев. М., 1997, 99.

② Печерская Т. И., *Мотив блудного сына в рассказах и повестях Ф. М. Достоевского. "Вечные" сюжеты русской литературы:("блудный сын" и другие).* Новосибирск, 1996, 86.

③ Чернов А. В., *Архетип «блудного сына» в русской литературе XIx века. Евангельский текст в русской литературе XVIIi – Xx веков.* Петрозаводск, 1994, 154.

全部路程,站在了天堂门槛上的时候,情节运动便闭合了"①。"果戈理将庸俗的恶视为或溶解为突变的可能性。(与无个性相比)鲜明的个性与精神复活更接近"②,作者对那些被漫画化了的丑陋现实进行了尽情嘲笑,但在他的继承者那里,手段成为了目的本身和思想抵达的终点。如果说《死魂灵》尚属于未完成的作品,那么在《外套》中的主人公阿尔卡季身上,我们则看到了果戈理最终以某种神秘主义手法解决了回归的问题。如研究者所说:"在果戈理的世界中,道德精神规则的胜利总是有问题的,如果已经实现了,那也只是在作者的意识中。"③

在同一时代的恰达耶夫和车尔尼雪夫斯基那里,"返回过程"是不存在的。人的运动方向对于他们来说总是单向的——它是向前的,向着美好的未来,向着人工创造的正义王国前进。他们陶醉在自然科学成就之中,认为运用理性可以轻而易举地改造社会和人。他们追求着永恒不变的完美理想,但本质上这一运动是脱离根源的:内在的缺失不可避免地导致国家、领袖、集体对于个人"自我"的驱逐,对于"自我"的态度犹如对于"他者",导致了人的自我贬低。俄罗斯的"进步者们"不需要回溯本原,而需要成为"新人""特别的人"——没有过去的人。当然,这种主人公原则上是不能"回归的",他们没有回归的理由,也无处可归,注定永远地陷入被他理解为向前的、进步的,但实则是某种无限空洞的迷茫中。

可以说,浪子寓言的原型在十九世纪的俄罗斯文学中是决定性的,并构造了许多作品的情节结构。如果说十九世纪前三分之一时代的文学作品着重展现了浪子的"出奔"与"脱离",那么十九世纪中后期的文学便描绘了其"脱离"的结果——"俄罗斯的哈姆雷特"精神醒悟的痛苦折磨的过程。就这样,实际上我们在与浪子寓言原型相关的文学作品中看到了

---

① Лотман Ю. М., *О русской литературе.* СПб.,1997,597.
② Лотман Ю. М., *О русской литературе.* СПб.,1997,598.
③ Чернов А. В., *Архетип «блудного сына» в русской литературе XIx века. Евангельский текст в русской литературе XVIIi - Xx веков.* Петрозаводск,1994,154.

作家实现浪子情节的三种方案：一是浪子寓言情节的完全实现，堕落的浪子经过悔过后得以回归；二是符合浪子寓言的前半部分，描述了浪子"离家—堕落—精神死亡"的过程，并到此为止，在强烈的回归意识下仍未实现浪子的回归；第三种情况是不需要回归的浪子，他们只是向着理想的、高等的价值前进，从根本上否定了回归的必要性。这在二十世纪的苏联文学中有着大量范例，这种对于浪子寓言的发挥实际上已经否定了圣经寓言的核心理念。

三

俄罗斯在二十世纪经历了诸多激烈的变革，人们渴望着新秩序的重建。二十世纪的俄罗斯文学将注意力更多地放在了回归主题上。十九世纪，定位于基督教的价值观，归家的是儿子。二十世纪，在悲剧性的时代召唤下，归家的是父亲。十九世纪作家本着改良的态度对现有秩序进行着修补和完善，家在其中具有永恒的价值。而在二十世纪，当秩序本身已被颠覆时，作家们所进行的则是根本上的重建。主人公们总是返回已被毁坏的家，也就是出现了父亲对于那个他无法保护之家的回归，而失去家的主人公也失去了自己，返回被毁坏之家的是一个空虚的人，一个迷失的浪子。

苏联时期，占统治地位的意识形态在很大程度上决定了文学的发展道路，以致存在着多种浪子回归主题的变形方案：在社会主义现实主义航道下产出的文学以乐观情绪展开自己的回归主题；定位于传统价值的作品坚持着回归到心灵之家的最终胜利；还有一类文学作品，则展现了二十世纪新兴意识形态带来的悲剧性，使回到自己的家成为不可能。

国内战争和卫国战争结束后，一系列属于社会主义现实主义框架内的作品迫切回响着浪子回归的主题，如格拉德科夫的《水泥》、巴巴耶夫斯基的《金星英雄》、巴甫连科的《幸福》。小说的开头均是战士——主人公从前线归家,他们勇敢无畏地保卫了祖国,成为了"头上戴着镶有红星的绿色头盔,胸前戴着红星奖章的红军战士"①,与圣经中落魄的、衣衫褴褛的回家浪子不同,这类小说中的浪子回家执行了英雄—拯救者的角色,职责是将旧的、落后的家改造为新的、先进的家。主人公们返回了被毁坏之家的巢穴,但私人的家已经失去了意义,这不只是因为家庭成员的离世使回到家的主人公成为一个孤儿,还因为健在的家庭成员也已经在精神上与家相分离。小说情节并非建立在回归家庭的线索上,也不倾向于对自我的恢复,而是对于民族之家——工厂的重建,也只有在此条件下,按作者的想法,才能获得失去的幸福。这类小说的核心思想在于,脱离所有人而单独建立自己的幸福,在原则上是不可能的。小说情节的展开像是为了家乡繁荣的战斗,战后那"共同的普遍的幸福"不只是美化了主人公的无日常生活性和无家可归性,同时也赋予了英雄式的基调:"他生活在所有地方,所有地方的人们都在等待着他,他被所有地方所需要。"②——失去了私自之家的主人公成为了公共的父亲,其中显然出现了与全能上帝之使命的对等。这样,返回家并不意味着返回到父辈的或是家庭的家,而是与成功地重建民族生产和经济相联系。进入到占统治地位的意识形态空间中以后,浪子回归情节改变了自己的意义内核,而具有了新神话的性质。浪子寓言的内涵意义不再是人的精神复活以及对于私自家庭的接近,而是被汇入苏联意识形态的体系中:对于改造国家之家的信念,对于英雄主义之集体劳动的歌颂,对于真正幸福只能具有公共性的确信。也只有在遵守这些规则的前提下,主人公才能被授予爱情和个人家庭的快乐。

另一些作品定位于尚未失去的传统价值上,诉诸于圣经的本原和经典文学的经验,坚持着回归到心灵之家的最终胜利。肖洛霍夫的长篇小说《静静的顿河》结尾处揭示了与官方思想相对立的观念。混乱年代里的浪子无

---

① Гладков Ф. *Цемент*. М.:Современник,1986,9.
② Павленко П. *Счастье*. М.:Гос. изд-во худож. лит-ры,1954,260.

法确定自己存在的基础,更无法找到回家的路。阿克西纳死后,格里高利头上升起了"黑色的天空和刺眼闪耀的黑色太阳"①,这像是作者对于充满炽热感情的个人在世界上悲剧性存在的强化。但小说的结尾场景并非阿克西纳的死亡和安葬,而是格里高利对于故乡村庄的返回。回家——是几乎已经失去一切的主人公心灵的最后努力,是由天然的作为父亲的责任所引起的:"格里高利嘶哑声音地叫着自己的儿子——米申卡!……儿子!……米沙惊吓地瞅着他,低下了头,他在这个胡子拉碴的、可怕的、像是人的人身上认出了自己的父亲……所有那些格里高利在晚上低声诉说的温柔话语,现在都从他的记忆中飞出。他跪下亲吻儿子冰冷绯红的小手,只说出了一个词:儿子,儿子……这是他生活中所唯一留下来的。"②小说的结尾浓缩了所有父亲对于被他们遗弃的、被毁坏的家园的思考:在故乡之家的门槛相拥的父子是生命永恒延续的图景。肖洛霍夫无情地说出了被毁坏的家与生活的悲剧,同时以其固有的艺术力量确认了俄罗斯生活中永恒的存在基础。

苏联时期另一个情节变形方案展现了二十世纪精神坐标的移动所带来的悲剧性,使主人公回到自己的家成为不可能。在普拉东诺夫的短篇小说《回归》中,近卫军大尉伊万诺夫从战场上回到家里,但身体的回归伴随的是心灵的未回归:"不知是什么阻碍了伊万诺夫感觉到自己回来的快乐,也许是因为他太久脱离了家庭生活,不能理解甚至是最亲近的人。"③四年战争并没有夺走那些作战的人们心中对于战前和平生活的记忆,但在战后出现了更为严峻的考验:父亲和家相互地无法辨识。首先,家没有在主人公身上辨认出父亲:"你难道是父亲吗?——彼得鲁什卡问道",还有"小纳斯嘉走出屋子,看了看她已经不记得的父亲"④。父亲的位置几乎已被占据——失

---

① Шолохов М., *Тихий Дон*. М. :Гос. изд-во худож. лит-ры. 1953, Кн. 4, 441.
② Шолохов М., *Тихий Дон*. М. :Гос. изд-во худож. лит-ры. 1953, Кн. 4, 444—445.
③ Платонов А. П., *В прекрасном и яростном мире. Повести. Рассказы*. Л. :Лениздат,1979, 601.
④ Платонов А. П., *В прекрасном и яростном мире. Повести. Рассказы*. Л. :Лениздат,1979. 602.

去了自己家庭的谢苗·耶夫塞耶维奇对待伊万诺夫的孩子们"就像亲生父亲,甚至比其他的父亲还要认真"①。但伊万诺夫的主要对手却是他的儿子彼得鲁什卡。彼得在四年间承担了父亲的职责,这种替换是如此的反常,它翻转了整个家庭的传统等级,实际上将父亲剔除出了家。在普拉东诺夫的创作中,"冲突的日常生活层次被形而上地复杂化,小说超出了家庭—日常生活体裁的界限,并获得了与寓言相接近的体裁特征。"②小说的艺术时间为七天,在这一时间范围内伊万诺夫成为了父亲,经历了孤独、自私、不理解、痛苦的道路而抵达了复活:他最终从火车上跳了下来,奔向孩子们。

包含了堕落、悔悟、宽恕、回归、父与子等多个子题的浪子寓言是内在于俄罗斯文学中的经常起决定作用的构成因素。在浪子寓言中,浪子是否回归,以何种方式回归,归向何处往往是该则寓言不同变形的内在依据。在古俄罗斯时期,浪子归向上帝、耶稣,及其所代表的爱、宽容、善良等价值体系;从普希金时代开始,在人本主义视野下浪子不再归向迂腐的父,而出现了人对于自我本原的回归,此后,人对自己承担责任和独立自我建设的观点一直贯穿在俄罗斯经典作家的思考中;苏联时期,浪子归向国家之家,其行动和心理轨迹以为祖国效力为表现(并也归向附加的忠诚、勇敢、正义等价值观),回归的浪子成为了一个优秀的公民—儿子;苏联解体后的当代俄罗斯文学以重建共同民族思想和理想为目的,时而返回俄罗斯帝国的,时而返回苏联国家的范围去寻找业已逝去的典范,对于童年的记忆和对于自己精神本原的返回仍然是俄罗斯文学的主要层面。

---

① Платонов А. П. , *В прекрасном и яростном мире. Повести. Рассказы*. Л. :Лениздат,1979. 603.
② Фоменко Л. , *О природе конфликта в рассказах Платонова второй половины 1930 - х гг.* "Страна философов" Андрея Платонова: Проблемы твор - чества. М. :ИМЛИ РАН. 2003,Вып. 5,61.

而后现代主义的文学作品大多表达现代人的精神迷失，对于意义价值的迷茫和无法找到回家的路。

作者刘溪，北京外国语大学俄罗斯文学博士，北京师范大学外文学院俄文系讲师，主要从事俄罗斯文学研究。

（孙彩霞　编）

盛开于阎连科小说世界的圣经之"花"

许相全

内容提要:阎连科小说与圣经存在着密切关系。他的成功之处在于其形式和语言对圣经的使用,这种使用赋予小说以广阔的意义空间。就精神层面而言,由于缺乏圣经文化传统,对圣经教义的运用又浅尝辄止,以致影响到作品精神层面上与圣经的呼应和对接。尽管不能完全从圣经角度衡量其小说价值,但作家若能在此层面有所突破,小说的苦难世界将会得到进一步升华,以致新的意义向度得以增添。

关键词:阎连科;圣经;《日光流年》;《丁庄梦》;《四书》

The Bible in YAN Lianke's Novels

XU Xiangquan

Abstract: There are close connections between the Bible and the novel of YAN Lianke. His success lies in the using of the Bible in form and language, which gives the novels a wide space of meanings. On the spiritual level, since YAN Lianke is short of the cultural tradition of Bible and uses the doctrine in Bible quite feebly, and this affects the echoes and connections with the Bible on the spiritual level. Though it is unfair to measure the novel with the using of the Bible, should the author break through in this level, the suffering world of the novels will be further sublimed and the author may add new meanings to them.

Key words: YAN Lianke; the Bible; *RiGuang LiuNian*; *Dream of Ding village*; *The Four Books*

  阎连科小说与圣经存在着密切关系,读过《日光流年》《丁庄梦》《四书》的读者很容易得出这样一个结论。就当前研究成果来看,研究者也已注意到二者间的关系。谈到《日光流年》,有人称该小说为"中国的圣经式小说","使我们想起了《出埃及记》"。① 对《丁庄梦》,有人认为小说"以梦的预言开始故事的讲述。爷爷丁水阳的梦之旅和现实之旅的融合,也使他成为先知一样的人物"。② 他是一个世俗版的约瑟,一个被剥夺了先知神奇和神力的渺小者。对于《四书》,研究者更认定这部作品是地道的"仿圣经体"之作。

  圣经的影响力早已不限于欧美文化之内。阎连科对圣经的使用体现了中国当代作家对这一经典的跨时空回应。面对苦难而绝望的阎连科小说世界,圣经像一朵瑰丽的异域之花,给这个世界平添了亮色,但未能带来最终的安慰。

一、阎连科与圣经的关系:文学抑或宗教

  在西方文学和犹太文学里,圣经作为传统文本,对作家作品产生了极其

---

① 李国文等:《一部世纪末的奇书力作——阎连科新著〈日光流年〉研讨会纪要》,《东方艺术》1999年第2期,第19页。
② 吴雪丽:《暧昧的叙述——阅读阎连科新作〈丁庄梦〉的一个视角》,《当代文坛》2007年第1期,第112页。

深远的影响,但丁、陀思妥耶夫斯基、阿格农的创作便是实例。然而对一个乡土气息浓厚的河南作家而言,圣经显然不能构成阎连科的文化和文学传统。他并非基督徒,后天的联系也不存在。这就决定了他与欧美和犹太作家相比存在着先天短板。有人可能说,他已经获得卡夫卡奖,与世界文学的对接已经完成,与圣经的对话自然也不在话下。但联系他在国外受欢迎的作品《受活》(英文译本名为《列宁之吻》)、《丁庄梦》、《为人民服务》,以及《四书》,不难发现,学者对这一对接存有争议,因为那些作品的意识形态性似乎更引人注目。

作为一部世界文化经典,圣经具有百科全书性质。它不仅是神学著作,对犹太教、基督教、伊斯兰教发生了重要影响,而且是一部古代文学经典。就一般意义而言,文学性圣经侧重文本自身的叙事性和情感性,属于世俗层面对圣经的认知。宗教性圣经强调教义,属于在神学层面对圣经的理解,尽管还存在教派差别,而它们基本上都承认圣经的神圣性,以及它的教义来源地位。梁工曾指出:"在基督教的视野中,圣经是至高真理的文字载体,承载了上帝的神圣启示。在非宗教界的人文学者看来,圣经是人类文化史上的重要遗产,与体现出人类智慧的主要经典(古希腊文史哲著作、印度两大史诗、中国四书五经、莎士比亚戏剧、托尔斯泰小说等)具有充分的可比性,能够在同一个层面上解读和研究。"[①]作为文学经典,它蕴含了丰富的文学元素。从内容上讲,神话、准史诗、人物传记、历史文学、先知文学、启示文学、梦幻文学等都可以从中找到。从形式上讲,它富含诗歌、散文、"准小说"甚至"准戏剧"等文学类型。

按照阎连科的说法,对他影响特别深的是"作为文学书籍的圣经,而不是作为宗教圣经的圣经":"我想因为我们是没有宗教情怀的。而任何一部书的想象力都无法超越圣经的想象力。我们老是在谈一个作家的野心是要用写作把握一个世界,而不是一座村庄、一座城市,那真正把握世界、把握天

---

① 梁工:《圣经文学研究:原理和实践》,《圣经文学研究》2007年第1辑,第19页。

下的是圣经,而不是其他文学作品。圣经中几乎所有的人物内心都有一个精神的内核,或者是类似于神的东西存在。"[1]这就意味着,分析他与圣经的关系显然更应该侧重文学性圣经对他的影响。有研究者也指出,阎连科是"乡土观念极重的作家","小说的灵魂乃是从生养他的土地而来,而不是似陀思妥耶夫斯基或者北村那样从圣经而来。所以作品中展现出的,只能是对痛苦的书写,对世俗生活态度的描述,和对自我拯救的盼望。但这盼望显然只能流于痛苦再痛苦,绝望再绝望;而这没有超越的绝望,却仍为阎连科所眷恋。"[2]

事实果真如阎连科所说的那么简单吗?如果他与圣经的关系仅限于文学层面使用,这里也就不需要太多纠结了,因为只要具备基本文学素养的读者都可以看明白圣经的文学结构,更何况阎连科了。但在具体创作中,他实际上已经突破文学层面而进入宗教层面,特别是小说《四书》已经毫不掩饰地显现了对基督教教义的使用,这就使得圣经对他的影响决不像他说的那样只是"文学的圣经",而是文学与宗教二者兼而有之。

布鲁姆说过:"作家就像一个具有俄狄浦斯情结的儿子,面对文学传统这一父亲形象,两者存在一种对立关系:在时间上具有优势的父亲企图压抑和毁灭儿子以保证自己的地位,后辈则始终有一种'迟到'的感觉,处于创作主题和技巧已被前辈用完了的焦虑中,这就是'影响的焦虑'"。[3] 这种描述更多适用于传统内部作家。由于圣经的外来性,阎连科根本就没有担心过在精神上的"弑父娶母",更不像西方或犹太作家那样对圣经亦步亦趋地进行宿命式的悲剧反抗,在他小说里,宗教性圣经总会耐不住寂寞地出现。如果说在《日光流年》和《丁庄梦》里,阎连科还表现得安分守己,克制住了使

---

[1] 阎连科:《一位不做堂吉诃德,要做桑丘的作家》,《纽约时报中文网》,2013年11月22日,http://cn.nytstyle.com/books/20131122/tc22bythebook/。

[2] 魏巍:《无望的救赎——谈阎连科〈日光流年〉对死亡的书写》,《文教资料》2011年第36期,第88页。

[3] 转引自王敏:《"影响的焦虑"背后的权力意志——布鲁姆误读理论的主体性特征》,《华南师范大学学报》2011年第5期,第28页。

用教义的欲望,那么到了《四书》,教义已经走向前台,成为小说潜在意义的来源之一。

二、《日光流年》《丁庄梦》与圣经:引文的魅力

圣经在阎连科小说里以两种形式存在:一为浅层的,利用摘抄、改写或仿写的圣经句子为小说结构服务。如《日光流年》中对《摩西五经》的摘抄使用,《丁庄梦》对《创世记》中埃及人梦的使用,以及《四书》中大量出现的《创世记》经文,连同对那些经文的仿写。二为深层的,主要体现在《四书》中。孩子耶稣式的死亡,作家割肉赎罪的描写,音乐的圣母原型形象,都渗透着圣经的基督教教义。

在《日光流年》和《丁庄梦》中,圣经引文更像是被强行拽进小说里一样,无任何迹象表明圣经语句非得出现不可,作者对此也无任何说明和铺垫。但由于小说本身是成功的,就使得引文与小说的关系变得意味深长。因为有圣经点缀,小说意义被无限地扩大,引申,一个中国叙事被引入了世界文学、文化之中。就现有成果来看,研究者大都通过圣经引语认定阎连科与基督教的渊源关系,认为"小说的另一精神资源是基督教信仰",认为他已经能够自觉利用圣经母题进行中国式演绎了。有研究者就指出:"按说阎连科应该对中国传统文化的接受更多一些,可他偏偏较多地接受了圣经文学的影响。他的系列作品,接连对圣经放逐母题进行当代演绎,这是不应当被忽略的文学现象。"[1]更有人直接从忏悔、原罪等基督教母题对小说进行分析。这些不能不说是圣经带来的阅读效果,它使小说游离了文学层面而被引向了宗教。

《日光流年》卷四的标题为"奶与蜜",该卷各章都以从《摩西五经》中摘抄改写的经文为引言。摩西与司马笑笑形成参照。摩西带领以色列人前往

---

[1] 张伯南:《阎连科对圣经放逐母题的当代演绎》,《文艺评论》2013年第1期,第99页。

迦南地,司马笑笑带领三姓村人与蝗灾、饥荒搏斗,二人最终都未能完成任务。因为圣经、小说形成两个意义层面:一边是上帝保佑下的摩西,一边是无依无靠的司马笑笑,一边是充满艰辛却饱含救赎,一边是苦苦挣扎却毫无希望,三姓村与"奶与蜜"之地构成了一对奇特的对比。通过二者硬性并置,古代世界文学经典与中国当代小说,古代希伯来作家与河南作家,古代以色列英雄与现代乡土悲剧人物,以色列人与中国人,神与无可言状的神秘宿命,极为诡异地连接在了一起。小说硬性地把圣经引文插入小说叙事框架之下,强行与这一古老经典进行互文对话,在后现代"异质性并置"的叙事策略下,赋予了小说无尽的审美意义。

作为结构性存在的圣经引文扩展了小说的意义空间,形成两条叙事线索:一条是地狱般的三姓村,孤独而具有野性的司马笑笑跟天斗,跟宿命斗,另一条是悖逆却备受上帝眷顾的以色列人,因为上帝支持,摩西注定无敌,以色列人必定得救。两条叙事线索形成巨大反差,由此司马笑笑的奋斗更显孤独悲壮,充满血性、阳刚之美,平添小说的历史感和文化沉重感。也由于二者差异性过大,形成的意义空间和情感张力就更充分。在这个圣经引文与小说内容之间形成的意义和情感空间里,读者可以进行各种忠于或偏离原文的想象和解读。有学者认为"第四卷的文本独具一格……正文与圣经引文并行叙事构成了小说的并行体"。[1] 也有人认为圣经引文是小说寓言性、神话性的标志。"对于三姓村说来,人与自然的主题完全压倒了人与人的主题。这样,三姓村的故事类似于某种神话"。[2] 还有人认为:"在第四卷中,阎连科大量引用圣经故事,来观照三姓村荒年里所发生的一切。一边是,从未走出耙耧山脉的村民,一边是来自世界另一端的神话故事,两个风马牛不相及的因素在阎连科笔下被融合。中外故事的鲜明对立,历史与现

---

[1] 刘保亮:《论〈日光流年〉小说文体的意蕴》,《湖南科技学院学报》2005年第3期,第111页。
[2] 南帆:《反抗与悲剧——读阎连科的〈日光流年〉》,《当代作家评论》1999年第4期,第83页。

实的内在契合,带来阅读的无限膨胀。"①这种使用充分体现了阎连科所说的"结构是一种力量":"小说全篇分五卷写成,而每一卷的叙述方式又都有不同,第一卷是……注释叙述,第二卷是通常的章节叙述,第三卷在叙述上再次有了变化,之后,第四卷就是圣经'出埃及记'的叙述。这些变化,都给读者带来阅读上的不同效应,都加强了阅读的震撼。"②

《丁庄梦》开头引用了圣经里埃及人的三个梦,独立成卷。小说主体部分讲的则是一个现代中国农村故事,二者的关联仅仅是因为作用相似的梦。三个埃及人的梦把读者带到了遥远的埃及和古以色列,但它们作为独立一卷与全篇颇不相称,这跟《羊的门》开篇使用的圣经引文类似。跟《日光流年》相比,尽管圣经引语从章节的局部使用变成独立一卷,但二者起到的作用相似,都是采用异质性元素并置策略,把两个几乎不相干的故事强制性地联系在一起。形式上的陌生化和二者之间的巨大鸿沟造就了小说无比广阔的意义空间。对《丁庄梦》,研究者们也得出了"五彩缤纷"结论,有人指出开头梦与结尾之间的呼应关系,认为西方梦与中国梦形成了呼应,由此使小说具有了全人类意义,有人认为三个梦赋予了小说以寓言性,使之带有普遍意义,这里不再一一列举。

就这两部小说而言,与圣经的关系主要停留在形式层面。由于大都是从文学角度使用圣经——利用圣经情节、人物与小说的些微相似性进行化用和引用,使用的难度不大,但取得的表达效果是惊人的,使得小说具有了诗意的审美想象空间。

三、《四书》与圣经:从语言到宗教精神

《四书》不仅大量插入《创世记》的句子,特别是上帝创造世界部分的话

---

① 王立:《奇诡想象的寓言书写——读阎连科的〈日光流年〉》,沈阳:辽宁师范大学中国现当代文学专业硕士学位论文,2012 年,第 129 页。
② 阎连科、张学昕:《追寻结构和语言的力量》,《西部》2007 年第 12 期,第 7 页。

语,小说语言也有意模仿中文和合本圣经。如果说在《日光流年》里,阎连科还注意到圣经引文风格与小说语言存在不协调,因而进行了修改,使引文服从小说,那么到《四书》里,他已经放弃了小说的现代汉语表达方式,放弃了对圣经陌生化语言风格的防范,而转向使用圣经和合本语言改造小说语言。不仅如此,他更从宗教教义入手使用圣经,在圣经"罪与罚、受难与拯救"的框架中镶嵌进一个中国式故事;他一直认为中国文学里缺席的"忏悔者"和"拯救者"也在这部小说里出现了。他从语句上向和合本圣经靠拢,从思想上接受圣经忏悔和救赎的观念,不仅引用,更从语言和宗教层面对圣经进行了回应。

从形式上看,阎连科在《四书》里除了引用圣经经文外,最重要的变化是转入了使用圣经语言进行文体改造。有研究者认为,他回到了现代白话文的起点上,衔接白话文文学另一个被弃用的语言传统——和合本圣经开创的白话文传统进行文学创作。但相关研究并未展开。

和合本圣经出现于二十世纪初期,这是一个中国文学极其敏感也极为重要的时期。说它敏感,是因为当时的中国文学可能因为国内外某些文化上的风吹草动就会立即发生应激反应;说它重要,是因为这种反应可能最终会左右百年中国文学的发展走向。和合本圣经出于传教需要而产生。也因为传教,它需要使用更为明白的"白话文"。这是圣经翻译史上经常出现的情况。中世纪拉丁语圣经到文艺复兴之后发生了巨大变化,世俗语言进入圣经翻译,最终迎来了基督教发展的新阶段。显然,欧美人也试图用这种方式让圣经进入中国人的生活。中文和合本圣经形成的白话风格被称为"和合体",是中国白话文的最早成果之一,周作人等对它评价极高,但胡适等人却无视它的作用。因为政治、宗教因素,它没有进入中国文学语言主流之中,但在宗教领域里却影响力巨大。将近百年之后,和合本圣经依然是中国基督教会使用的主要版本,反映了和合本白话的强大生命力。

《四书》却另辟蹊径,回到中国现代文学已经抛弃的和合本圣经白话传统,重新返回到中国白话文传统的节点上。小说大量仿用圣经语言,完成了"和合体"在当代文学领域的再现。就此而言,它为中国文学发展提供了一条新路。文学是一门语言艺术,语言是文学变革的核心元素。面对当代文学的困境,有的要返回二十世纪八十年代,有的要返回五四,究竟怎么返回,莫衷一是,但大都试图从思想、题材、"主义"上入手,而无视文学最重要的元素——语言。阎连科通过《四书》给出了新的答案——欲革新文学,必先革新语言,革新语言可以返回白话原点,寻找新的语言传统。正如有研究者所言:"现代汉语书面语发展到今日,已非一个世纪以前白话文运动时所倡导的白话文体可比。当今的现代白话文,无论在语法方面,还是在词汇方面,不断出现新的欧化现象。……如果能对作为早期现代白话文的翻译语言加以系统整理,进行共时、历时的研究,其规律性的成果,必将有利于当今白话文语言的丰富……"①当代诗人杨牧等也都曾推崇和合本圣经的文体,称它为五四时代重要的语文风格,龙应台在《两本存折》中引用了和合本《传道书》的许多章节,这说明和合本圣经至今仍为作家所钟爱。《四书》的语言显然迎合了当下文学改革的需要。

谈到和合体,它主要有两个特点:一为欧化,欧化是由和合本直译的翻译原则决定的。尽管和合本遵循易懂的翻译原则,使用了当时的北京官话,但在具体实施时,由于强调圣经的神圣性,直译无可避免。二为古雅。和合本圣经的语言并未进入世俗语文领域,没有成为现代汉语的源头。这使得它较为稳固地保留了现代之初白话文的原貌。随着现代汉语继续沿着五四白话的方向大力推进,以及宗教的强大影响力,和合体的"古雅"性会越来越强。因属灵而沾染的神圣性以及随历史推移造成的语言艰涩性,奇妙地混合在一起,成了一种古香古色的中国当代"雅"语言。

欧化与古雅让《四书》沾染上了汉语圣经的文体色彩,也像一堵墙一样横亘在作品与现代读者之间。阎连科对作品是满意的,他认为《四书》的写

---

① 邢梅:《圣经官话译本对现代白话文发展的影响》,《东南学术》2013年第6期,第263页。

作是自由的，不是为了什么而写，而是一次创作的自由发泄和表达。从好的方面讲，这种语体风格是对现代白话文甚至现代文学的一次语言反思，和合本语言的特点也是小说的特点。欧化和古雅的语言承载的是一段苦难而荒谬的当代史，二者的艰涩相得益彰，形成了一种非常奇妙的和谐。艰涩的奇妙的充满神性的语言承载的却是一段人性丧失的历史，小说文体本身就形成了一个巨大的反讽结构。神性、人性，高尚、鄙俗，灵性、肉欲，神圣、荒诞，拯救、绝望等词语都会涌上读者心头，宗教与世俗之间的巨大分离由此形成。这种分离随着小说的展开而愈演愈烈，从而营造出一种彻骨裂肺的痛苦。并置的温柔与粗暴、美与丑、生存与毁灭、道德与沦丧，像一碗落进了许多沙子的美食，一旦入口，貌似的神圣与诱人，在咯吱吱的咀嚼声中就会荡然无存，留下的只有难以名状的痛苦。小说献给读者的是一次后现代异质性元素并置的盛宴。就这个层面而言，小说对文学史和文学创作都具有重大意义。

小说更试图从精神深处寻找圣经倡导的忏悔和救赎的宗教精神。因而，阎连科塑造了一个忏悔者——"作家"，和"准救赎者"——"孩子"。但无论"作家"还是"孩子"，其忏悔和拯救都是无力的。阎连科摆脱不了苦难的折磨，摆脱不了已经养成的写作惯性，在与圣经互文的时候，他的内互文发生了更大作用。"作家"血腥的、自残式的忏悔方式，让读者依稀看到了司马蓝和司马笑笑的影子，但这种自残只是一种自我安慰，不解决任何问题。"孩子"自钉十字架让读者看到的并非"替罪羊"的神圣和拯救世人的希望。由于过于侧重"自钉"的惨状，在某种程度上转移了读者的注意力。再加上，他的转变太过突兀，以及结尾中"实验"的归来，表明"孩子"给予的拯救只不过是一场虚假的安慰而已，这里重演的不过是《日光流年》《受活》等小说已经演绎过的虚假"希望"。拯救尽管来临，但获得救赎依然遥遥无期。

"作家"的忏悔是不彻底的，"孩子"的救赎是无意义的甚至牵强的，而"音乐"的圣母形象也带不来任何温情抚慰。相比于陀思妥耶夫斯基的索尼亚,"音乐"的神性被生存欲望拉低了档次,她的圣母面纱因饥饿而衣衫褴褛,她的救赎因残忍的现实而变得荒唐无力。应该说,阎连科在《四书》里试图用基督教教义搅拌这个无情世界,但不幸的是,在使用中他陷入了彷徨和疑惑。"作家""孩子""音乐"原本可以往忏悔和拯救的道路上走得更远,但阎连科无情地杀死了他们。他一以贯之的绝望笔法发挥了最终作用。小说到了中间部分之后,他习惯性地回到了老路上去。换言之,与圣经的精神互文还没有完成,他就又回到自己固有的创作模式上了。就这个角度讲,阎连科在《四书》里并没有突破自己。

深重的苦难意识再次压倒了作品试图展示出的安慰,只不过这一次的安慰来自圣经。这种压倒,也意味着圣经依然解决不了小说的苦难。阎连科曾说过:"我们没有宗教,为什么也没有写出因为没有宗教给我们的人带来的内心焦虑和不安呢?我们没有宗教,我们可以写出没有宗教的东西来,但我们也没有写出那种东西来。"[①]这句话也适用于《四书》。在无宗教的状态下,小说试图硬性对接圣经精神,是一项几乎难以完成的任务。

四、结语

在与圣经的关系方面,阎连科与西方作家的语境完全不同。他对圣经的使用显示了两面性:就作品形式而言,他利用圣经丰富了小说的语言、结构,显示了一贯主张的结构力量,体现了文体的自觉和创新。就作品内核而言,圣经与小说精神的结合不够紧密。圣经的宗教母题——忏悔、救赎等——在小说里无法得到充分表达。他试图把圣经强行植入乡土中国的土壤深处,显然有点力不从心。在他的小说世界里,这朵异域之花开放得绚丽但却无根。

阎连科不像刘震云那样用后现代笔法把乡土中国直接拖入后现代主义

[①] 阎连科、黄江苏:《超越善恶爱恨——阎连科访谈》,《南方文坛》2013年第2期,第82页。

场中，而是利用圣经语言与其异质性元素并置的后现代方式，在一种更为隐蔽的情况下使后现代主义进入了乡土中国的诉说和表达中。圣经成为阎连科小说链接世界文学的桥梁，也使他的小说具备了世界文学的性质。但这朵异域之花在小说里盛开得显然不够"接地气"，如果作者能够真正深入圣经之中，对圣经精神进一步考察，相信他的作品会实现更高层次的提升和超越。

  作者许相全，比较文学与世界文学博士，河南师范大学文学院讲师，主要研究东方文学与比较文学。近期发表论文《东方文学视域下的底层文学》（《文艺理论与批评》2015年第2期）等。

（王　鹏　编）

《马可福音》中上帝之国的法律伦理与婚姻伦理

查常平

内容提要：本文以《马可福音》中关于法律伦理与婚姻伦理方面的经文为依据,通过对文本的详细诠释,指出在以教会为表征的基督徒共同体中,在马可看来,耶稣门徒行动的合法性植根于他们与耶稣的关系。由此,上帝之国的法律伦理得自其子民与耶稣的关联,以及耶稣与上帝本身的关联;而耶稣的婚姻伦理,则建基于他对上帝造男造女的信仰,植根于他作为神子的身份。这与希腊罗马世界、犹太世界乃至当今世界的伦理观念相对立。

关键词：上帝之国;法律伦理;婚姻伦理

Law & Marriage Ethics of God's Kingdom in Mark's Gospel

ZHA Changping

Abstract: Based on the verses about the law and marriage ethics in Mark's Gospel, this paper pointed out that in Mark's mind the actions of Jesus' disciples are rooted in their relationship with Him within Christian community characterized by church. Therefore the law ethics of God's Kingdom would have been based on its people's relation with Jesus, and on the relation between Jesus and God in Himself, while the marriage ethics of Jesus on His faith in that God created male and female in the beginning, and on His identity as God's man. This kind of idea of ethics is against those in the Greco-roman world, Jewish world and contemporary age.

Key words: God's Kingdom; law ethics; marriage ethics

按照耶稣本人在福音书中的传道,亚兰文"上帝之国"中的"国度"这个概念,不应当依据通常的地名意义来理解,也不指一群人或"臣民"。它更多地带有动词的意涵,具有"上帝君临在场"(the reigning presence of God)的动力学涵义。上帝之国,即上帝本身治权的彰显(1:14—15;15:43)。① 安托万内特·克拉克·怀尔(Antoinette Clark Wire)主张把"上帝之国"翻译为"上帝的基业",因为该词组在那些言谈语录中"从未与上帝的统治或审判联系起来,而总是与上帝赐予一个国或基业联系起来,正如上帝曾经赐给大卫的那样"。② "上帝之国"一词的"重点在于自主的统治行动。上帝将藉此声明他的权柄,永远使万有符合于他的意志"。③ 它强调该词组的修饰语"上帝的"而非"国度"本身——希腊文的第二格"上帝的"有两方面涵义:作为主体的第二格,它意味着属于上帝的,上帝子民的生活在他与其同在的地方;作为客体的第二格,它意味着源于上帝的,上帝是其子民的主宰。

在耶稣关于上帝之国的教导中,存在着现在与未来的张力。现在中的上帝之国意味着:上帝通过耶稣的言语、作为,已经在人世间男女的生活、心

---

① 以下篇章与注释中凡未标明出处的经文,均出自汉语和合译本《马可福音》。
② Antoinette Clark Wire, "The God of Jesus in the Gospel Sayings Source", Fortress Press, 1995, 281.
③ D. E. Nineham, *The Gospel of St. Mark*, Pelican Commentary; London/New York: A. & C. Black, 1969, 44.

《马可福音》中上帝之国的法律伦理与婚姻伦理

灵、心智中实施治权。未来中的上帝之国意味着:尽管上帝已经在耶稣的位格中君临人类,上帝之国却未完全达成。马可并未把上帝之国完全等同于教会。在其看来,所谓的上帝之国,乃是通过与耶稣发生关联而形成的门徒共同体,其表征为地上的有形教会。这就涉及有形教会中门徒之间的法律伦理问题,以及其中男男女女之间的情感伦理问题。

一、上帝之国的法律伦理

所谓法律伦理,是指个人或共同体在社会生活中言说或行动的合法性依据。且以耶稣言谈、行动时的权柄为例来讨论。关于耶稣权柄来源的争论,记录在《马可福音》11:27—33。[①] 争论的起因,不仅因为耶稣先前有过教导(1:22)、拥有制伏污鬼(1:27)及赦罪(2:10)的权柄,他曾把那种权柄赐予十二使徒(3:14—15;6:7),而且因为他以洁净圣殿的作为(11:15—18)激怒了祭司长、文士、长老。如同今天一样,耶稣时代的耶路撒冷,市场遍布,游客拥挤。在犹太公会的管理下,市场买卖的税收流进了代表罗马政府的税吏手中。在这样一个充满商业气氛的城市,很难想象作为其核心地带的圣殿不受到商业的侵蚀。每年三月左右,犹太社会中的成年男性(二十岁或更年长)都要缴纳特别的圣殿税。本来兑换银钱的人应当坐在殿门口,他们却移到圣殿里面的外邦人院内。他们为那些来圣殿欲买取祭物、支付圣殿税的人提供犹太或推罗的硬币,以便换取希腊或罗马的钱币。

按照《利未记》所载,鸽子、斑鸠是为妇人、麻风病人、穷人预备的献祭动物。"耶稣进入圣殿,赶出殿里做买卖的人,推倒兑换银钱之人的桌子和卖鸽子之人的凳子,也不许人拿着器具从殿里经过"(11:15—16)——最后这节经文,仿佛表现出耶稣的霸道。但是,它要言说的是耶稣作为大卫式弥赛

---
① 参见《马太福音》21:23—27;《路加福音》20:1—8。

亚对于圣殿的权柄。耶稣完全控制了整个圣殿，竭力保守圣殿的神圣品质。当耶稣引用七十子译本中《以赛亚书》56:7 说"我的殿必称为万国祷告的殿"、而他们却将之变成了贼窝(耶 7:11)时，暗示洁净圣殿的行为发生在外邦人院，因为"至少，耶稣面对耶路撒冷圣殿的部分难题，是商业主义以及与此相关的不诚实行为"①。马可使用"万国"(未出现于太 21:13;路 20:46)一词，意味着圣殿(后来的教会)应当对外邦人与犹太人同时开放。耶稣洁净圣殿的行动，构成他被钉死的指控之一(14:58;15:29—30)②。与其因干犯安息日而导致法利赛人、希律党人商议怎样除灭他(3:6)一样，祭司长和文士也因耶稣触犯了他们在圣殿的威权而抱有同样的想法。那些人本来的职责是侍奉上帝;他们却把圣殿变成了市场、贼窝，忘记了那是为万国祷告的殿，亦即忘记了其职责。

公元前六世纪，犹太(Judaea)成为罗马的一个省。公会是主要的政治机构，其中一个委员会负责管理犹太十一个小国的财政。此外，公会是该省最初的公共法庭，也是犹太全地最高的法庭③。它包括代表祭司贵族的祭司长、平民贵族的长老和文士。这些以色列的领袖同耶稣在圣殿里相遇，质疑耶稣的权柄。他们的问题是耶稣的言语及行为在律法上的合法性。耶稣并未直接回应其质疑，而是反问他们，约翰施洗的权柄是来自天上还是人间、源于上帝还是人？显然，耶稣想说的是：他在圣殿拥有的传讲福音及行动的权柄，不是源于本来应该捍卫犹太传统的大祭司，也不是源于罗马帝国，而是源于天上，源于他作为神子(1:9—11;2:10—11)的特定身份。换言之，在马可看来，耶稣所言所行的合法性，植根于他与上帝的关系中。

同样，在马可那里，耶稣门徒行动(如在安息日是否禁食、做工)的权柄，

---

① John R. Donahue, Daniel J. Harrington, *The Gospel of Mark*. Minnesota: The Liturgical Press, 2002, 328.
② 另一罪状是耶稣宣告自己为基督(可 14:61;15:31—32)。
③ Joachim Jeremias, *Jerusalem in the Time of Jesus*. Philadelphia: Fortress press, 1969, 74.

不是源于作为犹太律法的安息日本身,而是源于他们与耶稣的关系(2:18—22)、源于作为安息日之主的人子本身(2:23—28)。这样,上帝之国的法律伦理,便存在于其子民(如《马可福音》中的门徒)与耶稣的关联,存在于耶稣与上帝本身的关联之中。

二、上帝之国的婚姻伦理

法利赛人询问有关离婚的问题,尽管是要试探耶稣与犹太传统中的摩西的关系,但其中的确内含了以情爱婚姻为内容的情感伦理问题(10:1—12)。耶稣的论辩,旨在揭示人事关系与男女关系(人人关系)中的人神关系向度。

法利赛人引述圣经回答耶稣的反问:"摩西许人写了休书便可以休妻。"(10:4)这段经文根据如下:"人若娶妻以后,见她有什么不合理的事,不喜悦她,就可以写休书交在她手中,打发她离开夫家。妇人离开夫家以后,可以去嫁别人。后夫若恨恶她,写休书交在她手中,打发她离开夫家,或是娶她为妻的后夫死了,打发她去的前夫,不可在妇人玷污之后再娶她为妻,因为这是耶和华所憎恶的;不可使耶和华你上帝所赐为业之地被玷污了。"(申24:1—4)这里,"离婚"的意思是"打发她离开夫家",而法利赛人直接把离婚理解为"休妻"(使女人得自由),且没有说明休妻的原因。《申命记》同时规定,在两种情形下绝对不许离婚:结婚时丈夫错误谴责妻子不是处女(申22:13—17),这样的男人将被鞭打(申25:1—3)、罚款、一生不能离婚(申22:18—19);男子若遇见没有许配人的处女与她发生了性关系,他就必须娶她为妻,一生不能离婚(申22:28—29)。

早期犹太教的《米示拿》文献对《申命记》24:1有关离婚的根据表达了三种观点:基于妻子的不贞(the House of Shammai,公元前50—公元30年);妻子做了任何不当的事情,如损坏了男人的盘子之类(the House of Hillel,约公元前 50—公元后 20 年);男人发现了更可爱的女人(Rabbi Aqiba,约公元 50—135 年)。这三种观念都强调男人休妻的合法性,认为离婚理所当然。①一般情况下,丈夫应向他的父亲和兄弟提出离婚的根据。不过早在公元前三世纪,妻子不能生小孩也构成离婚的根据之一;公元前一世纪,男女可以自由离婚;耶稣时代,离婚在上流社会极为盛行。在罗马帝国文化的这种背景下,耶稣采取了从根本上反对离婚的立场,以致与流行的世俗文化相对立。在他看来,婚姻这种人人关系中内含人神关系的意涵,其本身是上帝神圣创造行动的一部分,人不能把婚姻联系中的人分开,夫妻在婚姻中本为一体。②

耶稣时代的巴勒斯坦以及希腊罗马世界,主要还是一个父权制社会。许多婚姻都是由新娘的父亲与新郎(及其父亲)安排而成。男女双方订立婚约大约一年后举行婚礼,婚姻仪式包括签订相应的法律文件、把新娘带回新郎家里;这时妻子所拥有的一切,便自动成为丈夫的财产。而离婚包括丈夫给妻子一封休书、打发她回娘家。休书是对被离弃的妻子的保护,她可以因此而合法地自由再嫁。妻子作为丈夫的财产,涉嫌奸淫主要被视为对丈夫权利的侵害。相反,当耶稣对男性说:"凡休妻另娶的,就是犯奸淫,辜负他的妻子"(10:11)时,其间含有女权主义者主张的男女平等的激进观念。

对于耶稣这种禁止离婚的教导,只有从上帝永恒国度的角度才能理解。在上帝的永恒国度里,男人与女人今世的结合就是在永恒中的结合,不能分开。只有在这个意义上,才能理解耶稣下面的话:"凡休妻另娶的,就是犯奸淫,辜负他的妻子;妻子若离弃丈夫另嫁,也是犯奸淫了。"(10:11—12)男女并非结了婚就能成为一体,还要互相努力才能成为一体。无论对于马可同时代的教会还是今天的教会,许多基督徒夫妻忘记了努力的义务,而只想

---

① Eugene LaVerdiere, *The Beginning of the Gospel: Introducing the Gospel According to Mark*. Minnesota: The Liturgical Press, 1999, 2:70—71. 在《马可福音》10:12,耶稣也提出妻子离弃丈夫的可能性。
② 《玛拉基书》2:13—17 有着类似的立场。

拥有成为一体的权利。这往往就是基督徒婚姻遇到问题的关键原因所在。事实上,如果两个人已经成为"一体"(one flesh),就不存在离婚(no divorce)问题了。在这个意义上,"成为一体"是一种婚姻生活的理想、一种面向现实的挑战、一个神圣的律法,植根于上帝的呼召。同时,一对"上帝所配合的夫妻",其意思是他们同负一轭,共享生命的同根体验,所以人不能分开。由于其间涉及上帝之国的婚姻情感伦理,可以引申说:未婚的基督徒,在恋爱中尤其需要考虑,自己所爱的人是否就是上帝为其配合的那一位,是否就是与其能够同甘共苦的那一位?是否有着与自己根本一致的同根体验?对于已婚的基督徒夫妻,更要思考他们是否努力地在同负一轭、是否努力地在成为一体?

  人的"心硬",是法利赛人提出离婚问题的原因。"心硬"(hardness of heart)主要是一个圣经论题,因为在圣经人类学中,"心是理解、判断以及情感的根源,心硬意味着人把自己的心智、情感向真关闭了"。① "然而,就来临中的上帝之国而言,在跟随基督、人子的途中,不允许离婚"。② 另一方面,这段对话的更大背景,是论述在外邦的希腊罗马世界里做门徒的代价。人在婚姻中须学习彼此的切实相爱和忠诚。马可之所以记录下它,或许他本人所在的早期教会就存在着严重的离婚问题。耶稣的婚姻伦理,的确与希腊罗马世界,以及犹太世界,甚至今天世界的伦理观念相对立。这根源于耶稣对上帝造男造女的信仰、根源于他作为神子的身份。他不仅禁止人离婚,而且认为,就连离婚后再婚也属于犯奸淫。保罗持同样的看法(林前7:10b—11)③。

---

① John R. Donahue, Daniel J. Harrington, *The Gospel of Mark*. Minnesota: The Liturgical Press, 2002, 293. 有关"心硬"的经文包括《诗篇》95:7;《马可福音》3:5;6:52 等。
② Eugene LaVerdiere, *The Beginning of the Gospel: Introducing the Gospel According to Mark*. Minnesota: The Liturgical Press, 1999, 2:79.
③ 参见 Q(路 16:18/太 5:32),以及《马太福音》19:1—12。当然,保罗也说到不信的一方可以离去(林前 7:12—15),马太亦谈到犯奸淫后离婚的例外情况(太 5:32;19:9)。

作者查常平，中国人民大学博士，曾为英国伦敦国王学院等院校访问学者，现为四川大学基督教研究中心副教授，主要从事圣经神学、逻辑历史学研究，出版专著《新约的世界图景逻辑》《历史与逻辑——作为逻辑历史学的宗教哲学》等。

艾丽丝·门罗作品中的
圣经故事及其现代性伦理内涵

赵晓芳

内容提要：艾丽丝·门罗终其一生的作品都与圣经关联密切。门罗在作品中，通过解读、戏仿或化用四大类圣经故事，描写了在自由主义思想和多元文化发展成为主流思潮的现代社会，基督教所遭遇到的不断被世俗化、边缘化的现代性困境，及现代加拿大人因社会意义共识缺乏而产生的宗教性焦虑，并在超越性和普遍性意义层面上，思考了在重构现代社会伦理秩序过程中，基督教伦理所应有的历史责任和担当，以及现代人自我灵魂救赎所可能有的出路，即：在存在中把握生命的意义，在美德和神性的追寻中谋求生命质量的提升。

关键词：艾丽丝·门罗；圣经；现代性；伦理

Biblical Stories & their Modern Ethical Connotation in Alice MUNRO's Fictions

ZHAO Xiaofang

Abstract: All the works of Alice MUNRO have close association with the Bible. In the fictions, the contents, the dilemma of Christianity which has constantly been moving towards secularization and marginalization in modern society, and modern Canadians' religiousness anxiety due to a lack of social meaning consensus, all have been wonderfully described by discussing, parodying or borrowing the four kinds of stories from the Bible. In addition to this, on the transcendent and universal level, MUNRO has been thinking about the historical responsibility and function of Christian ethics in the process of modern social ethical order reconstruction, and the possible outlet of modern people's soul salvation toward selves: to grasp the meaning of life in existence, and to seek better quality of life in the pursuit of moral and divinity.

Key words: Alice MUNRO; the Bible; modernity; ethics

艾丽丝·门罗(Alice Munro, 1931—), 加拿大当代女作家, 2013年诺贝尔文学奖获得者, 被称为"当代的契诃夫", 及"未来百年内最有可能被广泛阅读的当代作家"。[1] 门罗出生于加拿大一个虔诚信仰爱尔兰基督新教的移民家庭, 成长于一个基督教文化浓郁的偏远小镇威汉姆, 之后, 离开威汉姆镇, 与有着传统和保守基督教思想的吉姆·门罗结婚, 相伴二十五年后离婚, 组建新家庭, 回归并定居威汉姆镇至今(门罗认为她自己这个阶段的宗教思想反而"比起先前的自己, 传统得多"[2])。回顾门罗至今八十多年的生命历程, 能发现像绝大部分加拿大人一样, 圣经是其生活中如影随形的一部分, 在她生命中重要或不重要的节点, 发挥着不可或缺的仪式作用。[3] 门罗

---

[1] Carol Mazur and Cathy Moulder. *Alice Munro: An Annotated Bibliography of Works and Criticism*. Lanham: The Scarecrow Press Inc, 2007. v.

[2] Alice Munro, "The Art of Fiction: Interview with Jeanne McCulloch and Mona Simpson". *Paris Review* Vol. 131 No. 137(1994), 226—264.

[3] 参看 Thacker Robert, *Alice Munro: Writing Her Lives*. Toronto: McClelland&Stewart Ltd, 2005。

在其作品中给予圣经极高关注度,大体通过讨论、戏仿和化用四类圣经故事,展现了现代加拿大社会普遍性的宗教困惑,且在超越性和人类普遍性意义层面上,思考了宗教的现代性困境、基督教伦理所应有的历史责任担当,及现代人自我灵魂救赎的可能出路。关注和探讨门罗作品与圣经故事的关系,对现代社会伦理秩序的构建意义重大。

目前,国内门罗研究尚处于起步阶段,已有成果中,除极少数对门罗单篇作品中的圣经素材有所提及外,[1]鲜有成果对门罗作品与圣经的关系进行关注,更遑论系统性研究;国外相关成果,一般不注重研究门罗对圣经故事的探讨或重写,而着重通过分析门罗作品和圣经的关系,进而关注门罗作品的叙事风格或伦理道德思想,如朱迪思·麦库姆斯(Judith McCombs)[2]对其小说中圣经式神秘性的研究,W. J. 基思(William John Keith)[3]、卡罗尔·L. 贝伦(Carol L. Beran)[4]、玛丽·J. 卡里埃(Marie J. Carriere)[5]、玛格达莱妮·雷德科普(Magdalene Redekop)[6]等,通过门罗作品人物与圣经故事人物之间的对比,揭示门罗作品人物的至善之德,或德性危机与朽败等,但他们从不同角度关注了门罗作品与圣经的关系,为本研究提供了重要参考和启发。

---

[1] 参见周怡:《艾丽丝·门罗短篇小说的加拿大性研究》,上海外国语大学2013年博士毕业论文;万威:《艾丽丝·门罗〈石城远望〉叙事伦理研究》,《作家》2011年第2期,第28—29页;周庭华:《逃离抑或回归——门罗的〈逃离〉对传统家庭伦理的反思》,《国外文学》2014年第3期,第119—126,159—160页。

[2] Judith McCombs, "Searching Bluebeard's Chambers:Grimm, Gothic, and Bible Mysteries in Alice Munro's 'The Love of a Good Woman'", *American Review of Canadian Studies* vol. 30, No. 3 (2000),327—348.

[3] William John. Keith, *A Sense of Style:Studies in the Art of Fiction in English-Speaking Canada*. Toronto:ECW Press,1989.

[4] Beran Carol L., "The Pursuit of Happiness:A Study of Alice Munro's Fiction". *The Social Science Journal* vol. 37, No. 3(2000):329—345.

[5] Marie J. Carriere, *Writing in the Feminine in French and English Canada:A Question of Ethics*. Toronto:University of Toronto Press,2002.

[6] Magdalene Redekop, "Alice Munro and the Scottish Nostalgic Grotesque." *Canadian Writing*. vol. 66(1998):21—43.

一、对神之在故事的探讨

探讨,即门罗在小说中通过人物直接或间接的探查和讨论,表明其特定思想和态度。故事中讨论较多的是圣经中证明神之存在和能力的内容,以神创世故事为典型代表。《创世记》开篇记载了神用语言在时空之外对世间万事万物进行的创造(创1:1—2:3),其中,人作为万物的主宰,神专门依照自己形象对其进行了独特创造(创1:26)。在圣经中,"说话本身就意味着权力",[①]由《创世记》故事所形成的神创世母题,至少昭示两点:上帝是一个完美、神圣、超越性的终极存在,凌驾于个体生命之上,为人类生活提供可依据的终极力量;人的生命源于神,向神而生是人超越自我有限性而走向无限性的唯一路径。对神之权威和大能的故事进行解构和批判,是门罗早期作品中年轻主人公们对抗世界常用的主要方法,主人公们大体通过此类讨论,以确定一个更为合理和正确的宇宙观,恋人之间(《祈祷之圈》)、夫妻之间(《慰藉》)、父母与子女(《沃克兄弟的放牛娃》)之间,彼此为了坚守自己的信仰而自选阵营、对立对抗,以圣经为武器,发起宗教与反宗教斗争,甚至不惜牺牲自己的幸福和生命,以博得信仰战争的胜利。他们一边相爱,一边在折磨中互相憎恨。当然,斗争结果大多不分胜负,且两败俱伤,体现了门罗青少年时期以注重批判,提倡个体之自由、独立为主要标志的思想特征,及两次世界大战以来,现代人对待宗教态度的矛盾性。

神之存在与否,也就是神的设定问题是圣经故事及基督教必须面对的首要问题。对于圣经故事和基督教来说,神是无可置疑的神圣性和超越性存在,神与人的关系是人们构建自我与他者关系的依据。但在现代人眼中,诸如《信仰之年》中的戴尔,《多维的世界》中的劳埃德,《慰藉》中的高中教

[①] Esther Fuchs, *Sexual Politics in the Biblical Narrative: Reading the Hebrew Bible as a Woman.* Sheffield: Sheffield Academic Press, 2000, 133.

师刘易斯等,她/他们看到的却是一个分崩离析的宗教和神圣权威不再的上帝。其中,在《信仰之年》中,戴尔居住的小镇朱比利(亦译作诸伯利)——安大略省一个典型的多元化宗教并存的小社会,一方面,人们一日三餐离不开圣经,婚丧嫁娶离不开教堂,对上帝的存在有着"深信不疑"的确认;[1]但另一方面,虽然小镇的人都手捧圣经,信仰上帝和耶稣,那里却教派众多,纷争不断,其历史可看作是"天主教与新教相对抗和竞争的历史",[2]及新教诸多教派(联合教会、浸礼会、长老会和圣公会等)内部不断纷争的历史,各个教派为了谋求自身发展而固守一隅、彼此隔绝对立,矛盾重重,信仰危机凸显。对于诸多教派和教堂中虔诚的基督徒来说,上帝是否存在这个问题是不证自明的事实,无需讨论和回答,[3]但戴尔对此并不苟同:"我想要它发生,但是我明白它必须是一个秘密。否则我怎么能和母亲、父亲、弗恩、我的朋友内奥米以及诸伯利的其他人一起活下去?"[4]伴随着不同的认知,戴尔一边虔诚地阅读圣经,感受上帝"看到创造的事物就要消失的陌生而急切的痛苦",[5]一边不断暗自试探上帝,她游走于朱比利镇不同的教堂,希望可以在不同的教堂仪式中感受到上帝的存在和恩典;她行走在路上,希望上帝秘密化作"一朵明亮的浓云降临到诸伯利",[6]包裹住她的头颅等。然而神迹从未出现,戴尔无法确信圣经故事中上帝的存在,也无法感受到他的恩典。戴尔将她失败的实验归因于上帝的冷漠和骄傲:"上帝显然不会这么快注意到如此琐碎的要求? 好像他是在炫耀。"[7]其实,戴尔也意识到自己的行为违背了圣经中的上帝诫命,《申命记》《马太福音》《路加福音》等经卷均强

---

[1] 艾丽丝·门罗:《女孩和女人们的故事》,马永波、杨于军译,南京:译林出版社,2013年,第117页。
[2] 董小川:《现代欧美国家宗教多元化的历史与现实》,上海三联书店,2008年,第270页。
[3] 艾丽丝·门罗:《女孩和女人们的故事》,第117—118页。
[4] 艾丽丝·门罗:《女孩和女人们的故事》,第118页。
[5] 艾丽丝·门罗:《女孩和女人们的故事》,第117页。
[6] 艾丽丝·门罗:《女孩和女人们的故事》,第123页。
[7] 艾丽丝·门罗:《女孩和女人们的故事》,第121页。

调:"不可试探主你的神。"(申6:16;太4:7;路4:12)但她根本无法遏制自己试探上帝的欲望,同时为了追寻到传统宗教的神圣性,还实施了偷盗圣经、对他者撒谎等诸多违背上帝诫命的行为,这表明她与传统的上帝之间始终有一道隔阂,神之在与否永远是一个未解的难题,她因之陷入现代性信仰危机中,像她的母亲一样,在宗教的边缘不断犹豫和徘徊,一边警醒地拒斥神创论,如做礼拜的时候,"会坐在那里谨慎但不加掩饰地东张西望,像一个人类学家在记录一个原始部落的行为",①一边又相信世界经过了神的"某种设计",不愿让自己"和世界上每一条树枝,每一块石头,每一根羽毛,一起在巨大无助的黑暗中散漫飘浮"。② 她们在对神圣和自我灵魂存在的不确定认知中,痛苦挣扎。可以看出,科学和理性帮助现代人分化了宗教,解构了神的存在,还自由于个体,却没能给予自由的个体生命在无法逃离的现代社会关系中结伴走下去的信念和能力。出路何在?对神之爱的重新寻找和回溯,成为门罗作品中那些有些阅历的现代人对抗生命虚无的重新尝试。

二、对神之爱/罪故事的探讨

描述神之爱的内容,以耶稣受难故事为典范代表。在圣经中,耶稣受难救赎世人的罪恶是其故事体系的重要内容,集中体现了上帝的救世计划,显出上帝无私无畏的爱,这种爱是"高贵者俯身倾顾贫穷者,美者俯身倾顾丑者,善人和圣人俯身倾顾恶人和庸人,救世主俯身倾顾税吏和罪人……使人在这一降贵屈尊行为之中,在这一'有失身份'的行动之中抵达最高境界"。③ 但是,随着现代社会发展,人们对耶稣形象及上帝救世计划的理解不断世俗化,已不同于约伯在质疑上帝的同时还持有敬畏之心,而是倾向于悬置其原有的神性使命,探索故事在社会、人生和心理层面的真实,寻求故

---

① 艾丽丝·门罗:《女孩和女人们的故事》,第112页。
② 艾丽丝·门罗:《女孩和女人们的故事》,第117—118页。
③ 刘小枫选编:《舍勒选集(上)》,上海三联书店,1999年,第443页。

事与自身生命状态的共鸣。门罗在作品中对此母题的探讨,重点不在共鸣上帝的伟大,而在发出对上帝通过杀子以救赎人之罪性的合理性的质疑,其落脚点是个体生命本身的价值,而非神之大爱。进而表达出这样的观念:宗教所给予人的不过是让有限和脆弱的世人拥有承受生活苦难的力量。

因此,门罗作品中的主人公们对神之爱有截然不同的解读,典型表现是《信仰之年》中戴尔对耶稣受难事件的思考与认知。戴尔认为,上帝的救世计划包含了两重救赎,一个是耶稣赴死做世人的赎罪祭,另一个是圣徒和殉道者效仿耶稣赴死以拯救世人。在这两重救赎中,第一种受难是"每个人都知道"的神性事件,其间耶稣会"完整地复活,明亮而永恒,坐在全能上帝的右边";[1]第二种救赎建立在人们对耶稣受难之巨大报偿的确信上,人们以肉体承受相似的痛苦,做虔诚的信徒和殉教者,是因为他们和耶稣一样明白整个事件的目的性和计划性,"最后一切都没有问题"。[2] 虽然二者都将肉体交付了相似的痛苦,而两种救赎之间的区别却十分明显,对于耶稣来说,他是神性的"降级"和"屈服",而对于圣徒和殉道者来说,就只剩下神性熄灭之后人性所呈现出的"失败",因为今人无法确认复活,[3]如果人不能复活,整个事件就是一个笑话。

依据戴尔理解,在耶稣受难事件中,更吊诡的其实是耶稣与上帝的关系。耶稣在十字架上承受了与今人在同样情况下"相同的痛苦,一点儿也不会少",他痛苦地呼喊"我的上帝,我的上帝,你为什么抛弃我?"[4]在戴尔看来,这句话表明耶稣和上帝之间失去了短暂的联系。这个短暂的失联,从耶稣的神性和人性角度可以得到不同的理解。(1)**从神性方面看**,耶稣的呼喊也是上帝计划的一部分,是事件发展必须的一个情节,因此,在复活确凿无疑的救世计划中,"我们应该知道,在我们最黑暗的时刻,我们的疑惑,我们

---

[1] 艾丽丝·门罗:《女孩和女人们的故事》,第126页。
[2] 艾丽丝·门罗:《女孩和女人们的故事》,第127页。
[3] 艾丽丝·门罗:《女孩和女人们的故事》,第127页。
[4] 艾丽丝·门罗:《女孩和女人们的故事》,第128页。

的悲惨是和耶稣同样的,了解了这一点,我们的困惑很快就会过去",①若如此,疑问就出现了,既然整个事件只是上帝设计的一幕喜剧,那么,"耶稣的痛苦真的那么深重吗?"②如果耶稣的痛苦不再具有悲剧性,则上帝对世人的爱也将变成一个幽默的玩笑。(2)**从人性方面看**,戴尔指出,假如耶稣对上帝的呼喊是耶稣真实人性的表露,他"呼喊,死去,不再复活,不再发现那都是上帝难解的戏剧呢"?③ 在这种情况下,耶稣会发现上帝的救世计划只是一个骗局,耶稣作为肉身的殉道者,根本没有复活的可能,上帝以父爱的名义对耶稣实施了杀戮,而耶稣只是上帝手中那个善良、轻信和盲从的孩子,"我的上帝,我的上帝,你为什么抛弃我?"显示了耶稣清醒之后无法承受的伤痛,因为"手脚撕裂的痛苦也比不上那种清醒后的痛苦。看穿这个世界,经历他所经历的,说他说过的话,然后看到——什么也没有"。④ 无论从神性还是人性的角度,戴尔看到的都是上帝的伪善和残忍。

与上帝伪善之爱相连的问题是,耶稣的牺牲是否可以救赎世人的原罪?当戴尔看到上帝作为一个父亲是何其伪善和残忍时,她继续发问"为什么耶稣要为我们的罪而牺牲?""为什么上帝要憎恨他创造的一切?""如果他憎恨,为什么要创造?"⑤戴尔的推理颠覆了基督教关于罪的整体思想,解构了人的原罪和罪恶的救赎所具有的神学意义。如果圣经记载的这一切真的只是上帝的一场情绪体操,那么宗教除了荒谬就只剩下伪善了。如此,神创论之下的神之爱不足以成为现代人生存下去的信念和依靠,由此解构了神之爱的正当性。

---

① 艾丽丝·门罗:《女孩和女人们的故事》,第128页。
② 艾丽丝·门罗:《女孩和女人们的故事》,第126页。
③ 艾丽丝·门罗:《女孩和女人们的故事》,第128页。
④ 艾丽丝·门罗:《女孩和女人们的故事》,第128页。
⑤ 艾丽丝·门罗:《女孩和女人们的故事》,第127页。

三、对人之爱/罪故事的戏仿

在现代社会中,神之爱充满了伪善和残忍,那么,是否人之爱就会更高尚一些呢?门罗解构神之爱的同时,并没有推举人之爱,相反,她更多注意到的是人自身携带的骄傲原罪,因为这种原罪的存在,人之爱更多呈现出的是目光短浅和疯狂自私,这部分内容通过门罗对圣经故事的戏仿得到恰切而深刻的表达。戏仿,即门罗在小说中以戏谑的态度模仿或改写圣经故事,通过冷幽默或黑色幽默的方式,取得与圣经故事完全相反的表达效果,以起到对小说本身描述之事物的反讽和警醒作用。这种方法通常在门罗中年时期作品中较为常见,主要用于展现人自身的罪恶和残忍,体现出门罗中年时期宗教伦理思想的渐变。

对人之原罪的描写是圣经故事体系保持完整性的基础。所谓原罪,源于失乐园故事,指始祖由于蛇的诱惑,违背上帝旨意偷食了智慧果,遭到上帝驱逐和流放(创2:15—3:13)。在圣经中失乐园母题大体昭示两点:一方面,罪性源于人的骄傲(想拥有和上帝一样的智慧)和欲望(对未知充满好奇,这种好奇与人自身已经拥有的物质和精神财富无关),是人类起源之初便无法剥离的一种恶,以致恶成为人性中必不可少的本质要素,是生命无法逃离的一种欠缺状态;另一方面,人的局限和软弱无法通过自我努力得到本质性改变,因为人的生命本身有罪且有限,但是人可以通过亲近神,回归神,及恪守基督教伦理的传统美德规范,诸如忏悔、谦卑、顺从、自省、圣洁等,让个体生命在神的超越性中取得意义,进而获得灵魂救赎。门罗在其中、后期发表的《多维的世界》《爱的进程》《忘情》《真实的生活》《阿尔巴尼亚圣女》《好女人的爱情》等作品中,对失乐园母题进行了频繁戏仿,一方面,通过男、女牧师等主人公们的神性与人性博弈,展现了人面对上帝时所感知的生命本身的局限、软弱,及人对超越的期盼和失望,另一方面,通过主人公们的自我救赎历程,展现了现代人企图在个体生命的存在中把握意义,其信仰重心由神向生命本身转化的过程,其经典展现是《多维的世界》对劳埃德形象的塑造。

如果说门罗写于二十世纪六十年代的《信仰之年》是直接批判上帝之爱和信徒之爱的不可靠,那么2006年发表于《纽约客》杂志的《多维的世界》,则是对这一宗教思想的重新梳理和定位。在《多维的世界》中,中年男性劳埃德因为曾经带着少女多丽逃离困苦走向安定的生活,而被多丽视为生命的权威和依靠,在他们的婚姻生活中,劳埃德也视自己为多丽的上帝,他为了惩罚妻子偶有的一次逃离——被劳埃德看作对他的一种反抗,便杀死了他和多丽的三个孩子,致使劳埃德最终被关押在"安全的机构"里,多丽留在一个陌生城市独自生活,二人怀着巨大的心灵创伤,陷入不断失败又不断努力的自我灵魂救赎过程中,不过,他们最终通过拯救他人得到了灵魂安慰和生命新生。故事戏仿圣经最核心部分在于,通过全知叙事者的零聚焦对劳埃德那上帝般的权威进行了质疑。劳埃德自认为他杀害儿子本质上是为了拯救他们免遭世间疾苦,"免除他们悲惨的命运","他们会知道,他们的妈妈离家出走,抛弃了他们。悲惨的命运"。[①] 但是门罗在故事开始一再提及劳埃德和多丽对圣经的拒斥,她想要表明的是:上帝作为耶稣的神性之父和生命之父,他对耶稣所实施的行为尚且得不到现代人的认可,而劳埃德仅仅作为孩子们普通的血亲父亲,他又有什么权力将自己的意志强加给孩子,并结束孩子们的生命呢?人对权力有如此多的骄傲和贪婪,自封为上帝,对生命和未知缺乏应有的敬畏感,只显出人的狂妄、虚伪和残忍。耶稣的死亡代表了上帝众多的非血亲子民的死亡,大家死一次,并依照上帝的计划再复活,然后众人的原罪被清洗,从而免于遭受他们自母体出生便传承的罪恶,及可能遭受的苦难。然而,劳埃德,尽管他自封为上帝,并告诉妻子多丽他看到了孩子们的复活,宣称孩子们在另一个维度生活得很快乐,但事实情况

---

① 艾丽丝·门罗:《幸福过了头》,张小意译,南京:译林出版社,2013年,第20页。

是,孩子们的确死亡了,且没有复活,复活仅仅是他的臆想。同时,上帝让耶稣在十字架上受难的目的是拯救世人,劳埃德自比上帝,他的杀子行为与上帝一样是为拯救世人,而戏剧性的结局是,他想拯救的不是普罗大众,而仅仅是对妻子的控制权,他要永远保持自己与多丽之间的暴君与奴臣关系。如果劳埃德是正确的,他的行为只能说明圣经故事自身的虚伪和残忍;如果劳埃德是不正确的,他的行为则表明门罗对现代人之爱的局限性的警醒和思考,及对以"爱"为名对生命所实施杀戮的痛恨和鞭挞。

对门罗来说,尽管《信仰之年》和《多维的世界》正式出版时间相差近四十年,岁月濡染和生活历练却让她对同一个圣经故事有了不完全相同的认知,但她一以贯之的思想是对生命的珍视,及对以爱之名进行的杀戮的批判,尤其当这种杀戮意味着对女性的戕害时,因为在两性关系中,女性的地位极其卑微,甚至"任何事情都比危如累卵的女性自我生存显得更为重要",[①]男性与女性之间是非常畸形的关系。正如《多维的世界》中,劳埃德身上以骄傲为主要内涵的原罪无法通过人自身得到救赎,人不能拔着自己的头发上天,最终只能依赖神性的力量得到灵魂的净化和救赎。在故事结尾处,多丽通过拯救一个在车祸中昏迷的孩子而得到他和劳埃德的灵魂救赎,"这个男孩躺在地上,四肢摊开,仿佛有人在雪地上摆出一个天使飞翔的造型",[②]天使般的孩子隐喻了多丽那三个已经死亡的孩子的灵魂复苏,更象征了神圣而美好的神性之爱在现世人类中的延续。

四、对恶之赎故事的化用

化用,即门罗在小说中严肃模仿或改写圣经故事,通过隐喻或平行对比的方式,取得与圣经故事完全相同的表达效果,以起到对小说本身所描述事

---

① Magdalene Redekop, *Mothers and Other Clowns: The Stories of Alice Munro.* London & New York: Routledge, 1992, 5.
② 艾丽丝·门罗:《幸福过了头》,第34页。

物的批判和警醒作用。这种方法多见于门罗晚年的作品,用来探索人性罪恶可能的救赎途径,代表着门罗思想的最终转变。

罪感意识和救赎论构成了圣经故事的核心理念。奥古斯丁说:"上帝为了拯救人而作的这一安排,是为了凭着神之公义与神之权力将我们从罪恶中解救出来。"①在圣经中,救赎论的成立是原罪论存在的结果和保障,救赎的根本是要施予他者以神性之爱,而神性之爱是圣经中一以贯之的主题。这种爱包括神于人、人于神,以及神要求人要如神爱人一样给予邻人的爱等,它不以功利性为本,不以福利为目的,而强调要"创造爱的对象",②即施予爱,其经典表达呈现在耶稣与妓女的故事中。在圣经中,耶稣对那些欲拿石头打死"行淫时被拿的妇人"的文士和法利赛人所说的话(约8:7),及耶稣对妇人苦口婆心的规劝(约8:10—11),展现了耶稣自省、谦卑、体谅和仁爱之心,他对妓女的爱与妓女自身的魅力毫无关系,纯粹属于神性的恩宠。门罗在晚期作品《声音》中通过化用此故事,表明了从生命本身出发对自我与他者施予神性之爱,及让这种爱成为社会意义的共识,是现代社会伦理秩序得以构建的可能性基础。

首先,《声音》通过母亲对待少女佩吉的态度,与母亲对待"我"的态度之对比,彰显出人之爱的有限性。在自我与他者的关系中,爱是至关重要的形态之一,"只有通过爱,才能使你所爱的人实现他的全部潜能。"③但是,从一己之私出发的爱只具有有限性,尤其是当这种爱发生在有血缘之亲的人伦关系中时,甚至会成为一种道德绑架,对他者造成伤害,正如"我们可以把冷漠说成是一种精神分裂症趋向的病理状态",④而当一种爱只能针对独个主体的时候,"对另外一个人的爱常常不能说明什么问题,只能说明他对那

---

① 奥古斯丁:《论三位一体》,周伟驰译,上海世纪出版集团,2005年,第349页。
② 云格尔:《上帝是爱:论上帝与爱的同一》,刘小枫主编:《20世纪西方宗教哲学文选(上卷)》,杨德友、董友等译,上海三联书店,1991年,第792页。
③ 维克多·弗兰克尔:《活出生命的意义》,吕娜译,北京:华夏出版社,2010年,第137页。
④ 埃里希·弗洛姆:《生命之爱》,王大鹏译,北京:国际文化出版公司,2007年,第162页。

个人的依赖。任何只爱一个人的人实际上谁也不爱",①母亲对佩吉的武断态度,与母亲对待"我"的一向武断的态度具有共通性,是这种自私之爱的典范。"自我实现背后的道德理想是对自己真实",②然而在整个事件中,在主人公"我"看来,母亲完全没有做到自我真实,她出于虚荣故意忽略了佩吉的年轻稚气和畏缩害羞与她自己的女儿是何等相像。她将自己装扮成道德英雄,并不能怀着同情和怜悯心关注一下,在佩吉所生存的这个独特的时代里——战争频仍、全社会经济大萧条,女性地位卑微不堪,女孩子常常要在十几岁就出去工作供养全家的时代,这个年轻的有很强自尊心的女孩,究竟有着怎样的经历致使她选择了妓女——一个与众不同的职业?而在佩吉没有冒犯任何人的情况下,又是谁赋予了母亲鄙视和攻击佩吉的权力?然而,母亲根本不会去思考这些问题,她只依据自己的想法行事,她所有的关爱只从她自己独有的利益出发。在母亲与孩子"我"的关系中,类似情况频繁发生,或许恐惧真的"是所有不宽容的起因",③母亲因担心失去魅力和尊严,而整日忙于自己的喜好追求,没有给予孩子有效和足够的关注,对于孩子的行为,她甚至连失望的时间也没有,更无论孩子心理世界的发展与变化,这样的情感中总会"隐藏着一种内在的敌意",④因此,母亲对佩吉的态度,不但没有引起主人公"我"的共鸣,反而使主人公想到了她自己所受的伤害,更清晰地看到了母亲对他者之爱背后隐藏的自私、狭隘和局限性。

第二,从生命本身出发的神性之爱是一种至高无上的美德,是"一种获得性的人类品质,对它的拥有与践行使我们能够获得那些内在于实践的利益",⑤它体现了爱的本质,即爱表明的不是自我同某一个人的关系,而是自

---

① 埃里希·弗洛姆:《生命之爱》,第 162 页。
② 查尔斯·泰勒:《本真性的伦理》,程炼译,上海三联书店,2012 年,第 19 页。
③ 房龙:《宽容》,刘成勇译,北京:中华书局,2012 年,第 357 页。
④ 卡伦·霍妮:《我们时代的神经症人格》,冯川译,陈维政校译,贵阳:贵州人民出版社,2004 年,第 87 页。
⑤ 阿拉斯戴尔·麦金太尔:《追寻美德》,宋继杰译,南京:译林出版社,2011 年,第 242 页。

我构建同整个世界关系时的"一种态度"和"性格上的一种倾向",[1]它强大的正面感染力,给予人无限美好的人生体验。这些体验通过主人公"我"对佩吉的认知,及空军士兵给予佩吉的关怀体现出来。故事中"我"主动与妓女佩吉"团结一致",并非由于彼此之间有什么约定,仅仅源于"我"的道德反思,及"我的生活暗含于他人的故事之中"[2]的情境性认知,主人公"我"通过佩吉孩子气的眼泪和悲伤的样子,认识到佩吉"看上去并不比我认识的那些哼哼唧唧畏畏缩缩永远在抱怨的比我大些的女孩成熟多少"[3],她和主人公"我"一样,也"不是厚脸皮","她有太多地方让我想到了自己":[4]她们都是希望得到他者的理解与尊重,但是却一直受着社会和他者武断伤害的孩子。虽然佩吉选择了妓女——这个可能给社会带来更多伤害的职业,且她因为这个职业是"多么不配"得到他者诚挚的关怀,但是作为一个无辜的与众不同的生命,她同样值得得到他者的友善与关爱,正如主人公"我"内心发出的强大呼声:"他们的声音在向我保证,我,同样值得被爱。"[5]所以,"我"甚至羡慕佩吉,因为在一个男性从不被倡导对女性温柔以待的世界里,佩吉能被空军士兵小伙子们"可以如此友善"且不含功利性的安慰包围,而那些安慰她的人,"仿佛甘愿在她面前俯首低眉,剖献忠心",佩吉是个"多么幸运"的女孩,"能接受祝福是多么奇妙"。[6]故事中空军士兵对佩吉的关爱,与耶稣对妓女的抚慰,有同等分量的感染力,而"我"如文士和法利赛人一样,在神性之爱的感染下,受到心灵震动,默默反思自己的罪恶和行为。

空军士兵与妓女佩吉的故事,不但使主人公"我"看到了生活美好的一面,而且影响到了主人公对自我与他者关系的认知,尤其是对她与母亲之间

---

[1] 埃里希·弗洛姆:《爱的艺术》,李健鸣译,上海译文出版社,2008年,第42页。
[2] 迈克尔·桑德尔:《公正》,朱慧玲译,北京:中信出版社,2012年,第257页。
[3] 艾丽丝·门罗:《亲爱的生活》,姚媛译,北京:十月文艺出版社,第275页。
[4] 艾丽丝·门罗:《亲爱的生活》,第276页。
[5] 艾丽丝·门罗:《亲爱的生活》,第277页。
[6] 艾丽丝·门罗:《亲爱的生活》,第276页。

关系的认知。一个有真正关切之心却不愿意冒险付诸行动的人,被麦金太尔称为"懦夫",①而且,"……如果我们不得不面对和回应自己和他人的脆弱性和无能,我们需要德性",②在追寻美德的旅途中,行为比思想更重要;且这种行动必须从自我开始,"这个个体可能是我们中间的任何一位。没有人能够花时间四下观望,等待别人去做他本人厌恶去做的事情"。③ 因此,一方面,主人公"我"体验到了母亲之言行的负面力量,另一方面,主人公开始学着从仁爱的角度理解母亲,学着去主动化解她对母亲的的怨恨,这是神性之爱感染下,"我"所作出的更为重要的改变,也是门罗在其文集中所表达的核心思想,是她想说出的"最初,最后,也最亲密的话"。④

"某些生活形式实际上高于别的",⑤但这并不是说人性就没有一个更高的衡量标准,一切只能是相对而生,走向中庸主义,因为"不可公度性的种种结果决定了抗议者们除了自身之外没有任何其他人可以说话",⑥所以,若说传统道德文化是一个尚未完成的叙事,那么我们对传统的继承就是"延续、活化,就是一种面对未来的创造",⑦直至实现至善的美德——神性之爱。门罗通过晚年的作品《声音》,完成了其由圣经故事而来的,对现代性困境与出路的重新认知与思考,为现代社会伦理秩序的构建提供了重要启示。

五、结语:圣经故事与现代性伦理内涵

门罗作品中的现代人对圣经的理解有别于传统,体现出独具时代性的

---

① 阿拉斯戴尔·麦金太尔:《追寻美德》,第244页。
② Alasdair MacIntyre, *Dependent Rational Animals: Why Human Beings Need Virtue*, London: Duckworth, 1999, 5.
③ 荣格等:《潜意识与心灵成长》,张月译,上海三联书店,2009年,第79页。
④ 艾丽丝·门罗:《亲爱的生活》,第239页。
⑤ 查尔斯·泰勒:《本真性的伦理》,第22页。
⑥ 阿拉斯戴尔·麦金太尔:《追寻美德》,第91页。
⑦ 秦越存:《追寻美德之路——麦金太尔对现代西方伦理危机的反思》,北京:中央编辑出版社,2008年,第219页。

伦理内涵。

　　首先,彰显出信仰的现代性困境。英国作为整个欧美启蒙运动的发源地,一贯崇尚实用、尊重理性、经验和事实,其在宗教政策方面相对保守和温和,宗教宽容思想贯穿英国在加拿大的统治始终,使得宗教多元化成为加拿大宗教发展的首要特点。随着社会多元化思想发展带来的宗教所谓的"分殊化的过程",①及现代社会理性化标准的权度,②社会非但未消解自由主义思潮原初携带的诸矛盾,反而在现代社会中形成新的伦理难题和困境,如多元化与社会意义共识的缺失。当人与神彻底失联,理性不能完全兑现最初的承诺,生命剩下的唯有虚无,犹如《信仰之年》中耶稣于绝望中对上帝抛弃自己的控诉,及《慰藉》中刘易斯对现代人生存状态的精辟总结:"创世说和达尔文的后裔们为了软弱无力的一代人的灵魂的斗争。"③正因为现代人的"软弱无力"——他们既质疑神创论,又不能完全接纳达尔文的进化论,最终致使自我灵魂无处安放,只能在迷茫中痛苦徘徊。

　　其次,由人性走向神性,由宗教走向宗教性,是现代生命可能寻到的意义出路。从宗教本身来看,正如神学家蒂利希所强调的,完整的宗教由现实维度和神圣维度组成,后者更为重要,④例如,"宗教性"是超越于社会诸多存在形式之上的超越性神圣精神,构成现代人与他者的关系基础,⑤而现实维度的宗教只是世俗化的形式,是"一种安慰性幻想的社会倒影";⑥从社会伦理秩序发展来看,个体生命对神圣维度的重视和追寻,是现代宗教从以教

---

① 参阅卢曼:《宗教的功能》、渝之:《卢曼的自由主义社会理论的宗教观》,《道风:基督教文化评论》,香港道风书社,1996年第5辑,第227—248页。
② 刘小枫:《个体信仰与文化理论》,成都:四川人民出版社,1997年,第229页。
③ 艾丽丝·门罗:《恨,友谊,追求,爱情,婚姻》,马永波、杨于军译,南京:译林出版社,2013年,第150页。
④ 蒂利希:《蒂利希选集(上)》,上海三联书店,1999年,第185—186页。
⑤ 参看刘小枫:《西美尔论现代人与宗教》,西美尔:《现代人与宗教》,曹卫东等译,北京:中国人民大学出版社,2010年,第8页。
⑥ 参看刘小枫:《西美尔论现代人与宗教》,西美尔:《现代人与宗教》,第6页。

会为制度基础的"有形宗教"体制转化为以个体虔信为基础的"无形宗教"①的必然结果。因此,如果人与上帝的分离不可避免,而人又不能脱离群体独自生活,那么在意义共识缺失的时代,落脚于生命自身的神性,在存在中追寻生命超越和至善美德,是生命最可能的出路。

总的来说,门罗青年时期的作品常通过解构圣经故事,将上帝与强盗、小偷、骗子、精神病人、妓女等并置,让进化论与神创论互斗等方式表达对基督教神圣原则的怀疑,她借用圣经故事的独特方式,虽然曾使宗教信仰颇为复杂的威汉姆镇人感觉受到了"嘲笑的""居高临下的"羞辱,②但从历史发展的现代性进程看,此乃基督教在现代社会发展中面临困境的典型展现,也是现代社会伦理秩序构建面临困境的典型展现。门罗中、晚年的作品发生了思想渐变,更关注生命本身之神性的凸显和追寻,这种转变为其早年作品中的宗教困惑提供了极具时代性的探索和答案。门罗曾向公众表明她的作品主要关注的内容是人们"如何活着的问题",③的确,门罗通过在其作品中几十年不间断地讨论和化用圣经故事,思考人、神关系,将现代社会问题的解决落脚于个体生命价值和意义的实现,建构了独特的现代性伦理价值观。通过借用圣经故事,门罗在作品中对现代社会困境提供了卓越而典型的诊断,也为现代性情绪的表达和困境的解决提供了重要启迪。

作者赵晓芳,河南伊川人,河南大学讲师,河南大学文学院比较文学与世界文学专业博士候选人,主要研究加拿大文学。

---

① 卢克曼:《无形的宗教》,覃方明译,北京:中国人民大学出版社,2010年,第101—102页。
② Thacker Robert, *Alice Munro: Writing Her Lives*. 335.
③ Thacker Robert, *Alice Munro: Writing Her Lives*. 334.

编后记
AFTERWORD

　　本辑卷首的领头栏目是"唯物论圣经阅读",它示意唯物论的基本原理——主张物质第一性,意识第二性;物质决定意识,意识是客观事物在人脑中的反映——无疑亦适用于圣经研究,且被一批当代圣经学者所自觉地采用。依据该栏目作者之一布丽奇特·卡尔提供的信息,二十世纪六十年代欧洲政治和神学曾历经扣人心弦的变革,致使阅读圣经的多种新方法——诸如政治释经学、社会历史释经学、非唯心论释经学、唯物论释经学等——相继登场,演示出圣经阐释的种种新颖景观。这些方法往往侧重于对圣经历史背景的社会批判性分析,且踊跃参与社会现实斗争的政治实践;将唯物论视为一种科学方法论,而非某种封闭的哲学或意识形态体系,因而有助于摒弃普遍存在于传统释经学中的唯心主义。它明确回避特权阶层的释经理念及其实践,认同其自身作为某种释经工具,应致力于把圣经从唯心论传统及其阅读惯例中解放出来,使读者得以重新获得圣经文本传递的原初信息,亦即其本真涵义。

　　罗兰·博尔在其《庄园制与村社制:论古代以色列神圣经济》一文中聚焦于古代以色列群体的物质生活地位和阶级关系,透视公元前一千纪初期古代以色列的社会性质,提出当年的经济冲突集中表现为领主庄园制与村社农业生产制之间的矛盾;寓有约瑟与雅各冲突的《创世记》和《出埃及记》、智慧诗章《约伯记》和《箴言》,乃是以不同方式反映了上述对立和冲突。余莲秀在《复原古代以色列边缘群体:方法论思考》中则着眼于古代以色列边缘群体的生存实况,包括他们被动减缓压迫与积极反抗的各种形式,考察了当年官方公开话语与民间地下记述之间的空间,意在复原实存于《希伯来圣经》中的来自边缘群体的诸般反抗形式,解码那些看似顺从却实属反抗的行为。另一位学者皮克斯利在其《简论革命者弥迦》中透过阶级斗争的视角大胆提出:"根据弥迦对犹大民族和耶路撒冷的预言,在细读和对比《以赛亚书》的基础上,结合对当时动荡不安的政治形势、农村地区薄弱护卫力量的分析,可以挑战以往的学术共识,假设该先知策划了一场意在重新分配土地的农民起义"。同样地借助于唯物史观,理查德·A. 霍斯利将其目光投向耶稣运动兴起的社会历史背景,认为当年"社会局势风起云涌,不同阶层的矛盾斗争在犹大和加利利地区愈演愈烈;面对罗马帝国及希律王室的强权统治,平民阶层、奋锐党人、文士阶层以及耶路撒冷贵族大祭司等不同社会群体表现各异,却都在不同程度上塑造着耶稣运动的历史文化语境"。布鲁斯·沃辛顿则另辟蹊径地剖析了《马太福音》中的民粹主义元素,诸如领袖的独特性、国家围绕新兴政治核心进行的重构等。所有这些探讨,均立足于一个普遍适用的理论前提"存在决定意识",对渗透于圣经中的经济、政治、文化、社会、历史元素做出令人信服的剖析。

随后的"专题论述"栏目尝试为读者奉献几篇富于深度的专门研究。谢大卫教授从接受史维度梳理了一个被历代释经家争论不休的课题:载于《约翰福音》7:53—8:11 的"行淫时被拿的妇人"是否为约翰所作,是否应该被纳入正典?他发现,第二圣殿犹太教的处境有助于理解该文的敏感性,而《苏珊娜与长老的故事》与该文在教会经文选篇中的并置,以及历代神学家对它的诠释,都支持其"隶属于真实耶稣故事"的解读。托雷夫·艾葛文雄辩地论证了基督教的犹太教渊源和犹太教的基督教渊源,认为早期基督教有着犹太教背景,拉比犹太教也是通过与基督教会的论战并辩证地接纳了对方的优点才形成的。克瑞斯蒂娜·佩特森在其《想象基督的身体》中则从集体性身体的概念出发,主要采用比较方法,从历史和经济层面分析了摩拉维亚弟兄会诗班演讲与《哥林多前书》中基督集体性身体概念的差异及其缘由。

随后的"圣经与翻译""圣经与神话""圣经与文学""圣经与伦理"栏目刊登了十余篇论述,除了少数是长者的手笔外,均出自内地年轻学者。它们各呈亮色,各显千秋,固然难免摆脱某些稚嫩之处,而总体上堪称令人欣慰,使人对汉语圣经文学研究的前景充满信心。